Handbuch

der

Eisenhüttenkunde

von

Dr. C. J. B. Karsten.

Fünfter Theil,

enthaltend die Erläuterung der Kupfertafeln und das Register.

Dritte, ganz umgearbeitete Ausgabe.

Berlin.

Gedruckt und verlegt bei G. Reimer.

1841.

Erläuterung
der Kupfertafeln. *)

Tafel I.

Fig. 1 — 7. beziehen sich auf die Geschichte des Eisenhüttenwesens und sind im §. 8. erläutert.

Fig. 8. Profil eines Probir-Ofens nebst zugehörendem Deckel Fig. 9. (§. 427.).

Fig. 10 — 12. Probir-Ofen, welcher auf der Gleiwitzer Eisengießerei angewendet wird. Fig. 10. Vorder-Ansicht; Fig. 11. Längen-Profil, Fig. 12. der runde Rost in der obern Ansicht (§. 427).

Fig. 13, 14. Probirofen, welcher in Cornwallis angewendet wird. Fig. 13. Längen-Profil; Fig. 14. Vorder-Ansicht (§. 427.).

Fig. 15. Quer-Profil; Fig. 16. Vorder-Ansicht eines Probir-Ofens mit Muffel-Vorrichtung (§. 427).

*) Die betreffenden Paragraphen des Textes sind der Erklärung der Figuren überall beigefügt, sowohl bei denjenigen Figuren, welche ihre vollständige Erläuterung schon im Text gefunden haben, und worüber daher die beigefügten Paragraphen nachzusehen sind, als auch bei denjenigen Figuren, bei welchen sich die vollständige Erläuterung im Text nicht findet. Es ist zu bemerken, daß §§. 1 — 336. zu Th. I.; §§. 337 — 618. zu Th. II.; §§. 619 bis 849. zu Th. III., und §§. 850 — 1122. zu Th. IV. des Textes gehören.

Fig. 17. 18. Probirofen mit Gebläse, statt des natürlichen Luftzuges (§. 427.).

Fig. 19. stellt die äußere Ansicht, Fig. 20. das Quer-Profil, Fig. 21. die Ober-Ansicht, Fig. 22. nebst Fig. 23. den Grundriß nach der punctirten gebrochenen Linie AB, eines auf der K. Eisengießerei bei Berlin befindlichen Probirofens mit Gebläse dar (§. 427.).

Fig. 24 25. Erz-Röstofen.

Fig. 24. Quer-Profil. Die linke Hälfte dasjenige nach der Linie AC, die rechte Hälfte dasjenige nach der Linie AB in Fig. 25.; Fig. 25. Grundriß nach der Linie DE Fig. 24. Zwischen dem Schachtfutter c (Kernschacht) und dem Rauhschacht e ist der mit kleinen Ziegelstücken ausgefüllte Füllungsraum ausgespart. Die gußeisernen Stäbe a des Rostes ruhen auf zwei gußeisernen Balken α. In geringer Höhe über dem Rost befinden sich an zwei entgegengesetzten Seiten des Ofens zwei Oeffnungen bb, welche durch die Rauhmauer und den Kernschacht durchgeführt sind, und zum Herausziehen des gerösteten Eisensteins (oder auch des gebrannten Kalks, wenn der Ofen zum Kalkbrennen benutzt wird) dienen. Zu den Auszieh-Oeffnungen gelangt man durch das Gewölbe MM, welches innerhalb der Rauhmauer um den Ofen geführt ist. Die Auszieh-Oeffnungen werden durch gußeiserne Platten d getragen und gedeckt. Der Raum Q unter dem Rost ist nicht sowohl zum Aschenfall und zur Aufnahme des durchfallenden Sandes und Röstekleins, als vielmehr zum Luft-Kanal bestimmt (§. 452.).

Fig. 26. 27. stellen einen andern Röst-Ofen dar, Fig 26. Quer-Profil nach der Linie AB Fig. 27.; Fig. 27. Grundriß des Ofens nach der Linie CD in Fig. 26. Dieser Ofen ist mit drei Auszieh-Oeffnungen a, a, a und mit drei Rostfeuerungen b, b, b versehen. Die Sohle des Ofens besteht aus einer niedrigen gemauerten dreiseitigen Pyramide, deren drei

Flächen nach den 3 Auszieh-Oeffnungen gerichtet sind, damit das geröstete Erz auf den schiefen Flächen leichter zu den Auszieh-Oeffnungen hinabrollt. Damit bei dem Ausziehen des gerösteten Erzes die Flamme durch den Gegenzug weniger gedrückt werde, sind die Fuchsöffnungen etwas höher als die Auszieh-Oeffnungen angelegt (§. 452.).

Tafel II.

Fig. 1 — 3. Läutertrommelwäsche auf der Königl. Eisensteingrube Louise bei Horrhausen.

Bei der Läutertrommel, welche durch ein oberschlägtiges Wasserrad von 9 Fuß Höhe in Betrieb gesetzt wird, sind zu unterscheiden:

1) das Gatter I,
2) das Kopfstück K,
3) die Schnecke im Innern der Trommel.
4) das Endstück L, und
5) die Achse M.

Das Gatter I der Trommel besteht aus 5′ 4″ langen, $\frac{1}{4}$″ starken, $\frac{3}{4}$″ breiten schmiedeeisernen Schienen, welche mit $\frac{1}{3}$″ Spielraum von einander, innerhalb an 4 Ringen von Schmiedeisen angeniethet sind und hierdurch einen gatterförmigen Cylinder (das Gatter) von 3′ Durchmesser bilden. An den beiden äußern Ringen a und b von $\frac{1}{4}$″ Stärke und 2″ Breite sind die sämmtlichen Schienen des Gatters, an den beiden innern Ringen e und c, von $\frac{1}{4}$″ Stärke und $1\frac{1}{4}$″ Breite, aber diese Schienen nur wechselsweise, eine um die andere, angeniethet. Das Gatter von dieser Construction dient zum Austragen eines Eisensteins von mittlerem Korn.

Das Kopfstück K der Trommel, welches genau mit dem Gatter verbunden ist, besteht aus Gußeisen und hat den innern Durchmesser des Gatters zu seinem äußern Durchmesser; es ist

2″ tief in das Gatter hineingeschoben und mittelst Schrauben, welche durch den Ring a hindurchgehen, befestigt. Nach der dem Wasserrade zugekehrten Stirnseite ist dieses Kopfstück wie ein abgekürzter Kegel abgestumpft und daselbst ganz offen, um den Eisenstein in die Trommel zu bringen.

Der Eisenstein wird mittelst eines aus Eisenblech gefertigten und mit einem Aufsatz l von Holz versehenen Trichters U, durch die Oeffnung des Kopfstücks in die Trommel geworfen. Damit der Trichter bei der Bewegung der Trommel durch den Rand der Ausmündung des Kopfstücks nicht berührt werde, und auch kein Eisenstein zwischen dem Trichter und der Ausmündung des Kopfstücks durchfallen könne, hängt derselbe schwebend in dieser Ausmündung, indem er mit seinem obern Rande, auf Lagerhölzern n ruht, die mit Streben m unterstützt sind, welche, so wie erstere, mit dem Lager der Trommelaxe und dem Schützenkastengerüste verbunden sind.

Die innerhalb der Trommel, von der einen Stirnseite bis zur andern, sich durchwindende spiralförmige Fläche (Schnecke) ist aus 1½ Linien starkem Eisenblech gefertigt; ihr äußerer Rand ist bei jeder Windung derselben mittelst kleiner angenietheter Dübel, welche durch die Schienen des Trommelgatters und durch den Mantel des Kopfstücks K durch dazu gebohrte Löcher durchgehen und mit Muttern versehen sind, an der innern Fläche der Trommel befestigt. Von der Ausmündung des Kopfstücks ist der Anfang der Schneckenfläche 5 Zoll entfernt, damit der durch den Trichter einzuwerfende Eisenstein dieselbe nicht beschädige.

Das dem Kopfstück der Trommel gegenüberstehende Endstück L, an welchem das Ende der Schnecke angeschraubt ist, besteht aus Gußeisen, und bildet eine mit einem 2″ breiten Rande versehene Scheibe, an welcher sich ein etwa ⅓ der Kreisfläche betragender Ausschnitt f befindet, durch den die gröbern Wascheisensteinstücke ausgetragen werden, während die feinern Theile zwischen den Stäben des Gatters durchfallen. In der Mitte des Endstücks befindet sich eine viereckige Oeffnung, durch welche die Axe der Trommel durchgeführt und daselbst befestigt ist.

Die $9\frac{1}{2}'$ lange 2 Zoll im Quadrat starke geschmiedete Axe der Trommel, in drei Lagern bei b, i, k sich drehend und deshalb dort abgedreht, ist an 4 Stellen mit der Trommel verbunden, nämlich in der viereckigen Oeffnung des Endstücks L, in der viereckigen Oeffnung, welche den Mittelpunkt eines gußeisernen dreiarmigen Kreuzes bildet, (welches in das Kopfstück K, 3'' von dessen äußerm Rande eingesetzt und mittelst Schrauben an dem Mantel des Kopfstücks befestigt ist), ferner in den beiden viereckigen Oeffnungen zweier anderer, aber geschmiedeter, in gleichen Abständen von den vorigen Befestigungspunkten, angebrachter dreiarmiger Kreuze, deren Arme an den Enden mit Laschen versehen und an dem innern Rand der Schnecke so angeschraubt sind, daß diese Kreuze vertikal auf der Trommelaxe stehen.

Die gußeisernen Lager der Axe, b, i, k sind in zwei Lagerhölzer TT eingelassen, deren jedes durch 2 Strebhölzer NN in Gestalt eines Dreiecks unterstützt ist. Diese Strebhölzer sind auf die Schwellen OO eingezapft, und unter sich noch durch die Spannriegel P, kurz unterhalb der Lagerhölzer T, verbunden. Mit dem innern, zu diesem Zweck verlängerten Zapfen der Wasserradwelle ist die Trommelaxe vermittelst der Muffe H zusammengekuppelt.

Die Trommel bewegt sich frei in einem Kasten von dreieckigem Querschnitt. Die 4 Wände des Kastens bestehen aus gußeisernen Platten. Die Form der beiden vertikalstehenden Stirnplatten Q ergiebt sich aus Fig. 2., woselbst auch in der vordern Stirnplatte die an der Sohle des Kastens befindliche, mit einer kleinen Schütze verschließbare Oeffnung x, ersichtlich ist, durch welche von Zeit zu Zeit der niedergeschlagene

Schlamm aus dem Kasten abgelassen wird. Beide Stirnplatten ruhen auf den Schwellhölzern OO und sind zugleich an den Strebehölzern NN mittelst Schrauben befestigt. Die Seitenplatten, von denen die vordere R (Fig. 1. und 3.) 7′ 11″ lang und $5\frac{1}{2}$′ breit, die hintere V (Fig. 3.) bei derselben Länge nur 4′ breit ist, sind in der Sohle des Kastens unter einem Winkel von 85°, mittelst eines an der einen dieser beiden Platten angegossenen Randes, der demselben Winkel entspricht, durch Schrauben mit einander verbunden. In gleicher Art sind die beiden Seitenplatten an den beiden Stirnplatten mittelst Schrauben befestigt, zu welchem Zweck an der schmalen Seite der Seitenplatten R und V rechtwinklicht vorspringende Ränder angegossen sind. Durch Anwendung eines aus Eisenfeilspähnen, Thon und Essig bereiteten Kittes, ist der Kasten in seinen Zusammensetzungen wasserdicht verkittet.

In dem Trommelkasten liegt 8″ unter der Trommel eine durchlöcherte und gegen die vordere Seitenplatte geneigte Eisenplatte q (wie in Fig. 2. punctirt angegeben), welche das durch das Trommelgatter durchfallende Haufwerk aufnimmt, gegen die vordere Seitenplatte R führt und zugleich den Schlamm von dem Haufwerk separirt, indem derselbe durch die Löcher der Platte auf die Sohle des Kastens gelangt und von dort durch die Ausmündung x abgeführt wird. Das in dem Kasten auf der Platte q dicht an der vordern Seitenplatte R sich sammelnde Haufwerk wird mittelst einer Krücke (Kiste) herausgezogen und auf den vor dem Kasten daselbst befindlichen gediehlten Boden (Heerd) W gebracht. Zum richtigen Auflager für die Platte q ist an den beiden Seitenplatten V und R inwendig ein Vorsprung angegossen.

Der Kasten oder Sumpf y, Fig. 2. und 3., welcher stets mit Wasser gefüllt ist, dient zum Einweichen des zu waschenden Eisensteins, um das Ablösen des anklebenden Lettens zu erleichtern.

Während des Betriebes der Waschmaschine, und während

zwei Arbeiter beschäftigt sind den Eisenstein aus dem Sumpf y durch den Trichter U in die Trommel zu werfen, strömt aus den beiden an dem Schützenwasserkasten angebrachten Röhren o, p Fig. 1. u. 2. ununterbrochen reines Wasser in die Trommel und von hier durch die Zwischenräume des Trommelgatters nach dem Wasserkasten, welcher letztere zum Abspülen des Waschsteins stets voll Wasser gehalten wird.

Die Läutertrommel dreht sich nach der in Fig. 2. bei L mit einem Pfeil angedeuteten Richtung, damit beim Herausziehen des Haufwerks aus dem Kasten mittelst der Krücke, dieselbe von den Stäben des Trommelgatters nicht ergriffen und in den Kasten hineingezogen werde.

Nachdem der Waschstein sämmtliche Windungen der Schnecke durchlaufen hat und die davon gelösten kleineren Theile nebst dem Schlamm durch die Zwischenräume des Trommelgatters in den Kasten hinabgestürzt sind, werden die zurückgebliebenen gröberen Theile bei jedesmaliger Umdrehung der Trommel durch die Oeffnung f Fig. 2. des Endstücks L der Trommel, vonselbst herausgeworfen und fallen über das daselbst dicht anschließende abschüssige Sturzbette z Fig. 2. u. 3. auf den Klaubetisch S. Das Auswerfen erfolgt nur beim Aufsteigen der Oeffnung f, nicht aber bei dem Niedergange derselben.

Der aus dem Wasserkasten herausgezogene und auf dem Heerde W ausgebreitete Waschstein kann nun noch, durch Herunterlassen der Schütze r, ferner mit Wasser überströmt und noch mehr gereinigt werden, weshalb dieser Heerd eine Neigung abwärts von der Trommel erhält (§. 446.).

Fig. 4. und 5. Ober-Ansicht und Vertikal-Durchschnitt von einer gemauerten runden Holz-Meilerstätte (§. 498.).

Fig. 6. u. 7. Ober-Ansicht und Vertikal-Durchschnitt von einer gemauerten und mit einer gegossenen eisernen Platte versehenen Meilerstätte zur Holzverkohlung (§. 499.).

Fig. 8., 9. u. 10. Holz-Trocknungs-Ofen zu Montagney in der Franche-Comté in Frankreich. Fig. 9. Längen-Profil des Ofens nach der Linie mn in den Grundrissen Fig. 8. u. 9. — Fig. 8. Grundriß nach der Linie rs in Fig. 9. durch die Trockenkammer des Ofens. — Fig. 10. Grundriß nach der Linie op, durch den Raum unter dem aus gußeisernen Platten bestehenden Fußboden der Trockenkammer (§. 483.).

Tafel III.

Fig. 1. u. 2. a. b. Holz-Trocknungs-Ofen (§. 483.).

Fig. 3. Aufriß, Fig. 4. Grundriß und Fig. 5. Quer-Profil eines Holz-Trocknungs-Ofens (§. 483.).

Fig. 6. Meiler zum Verkohlen des Holzes mit liegenden Holzscheiten (§. 500.).

Fig. 7. 8. Desgleichen mit stehenden Scheiten (§. 501.).

Fig. 9—11. Verkohlung des Holzes in Haufen (§. 505.).

Fig. 12. 13. Desgl. mit Essiggewinnung (§§. 507. 508.).

Fig. 14—18. Schwarzischer Holz-Verkohlungs-Ofen. Fig. 14. Ober-Ansicht, Fig. 15. Quer-Profil nach der Linie CD in Fig. 14; Fig. 16. Längen-Profil nach AB in Fig. 14.

Zu dem Verkohlungs-Raum a Fig. 15. u. 16. führen auf der einen Giebelseite des Ofens die großen Oeffnungen b b, durch die das Holz in den Ofen eingesetzt und die fertigen Kohlen herausgezogen werden. Während der Verkohlung sind sie vermauert und mit eisernen Thüren verschlossen. Auf jeder Giebelseite des Ofens befinden sich zwei Feuerungsstätten c c, deren Profil Fig. 17. darstellt. d d sind Oeffnungen, welche mit gußeisernen Röhren versehen sind, aus denen die bei dem Verkohlen sich entwickelnden Dämpfe abziehen und aus denen auch der schon verdichtete Theer abfließt. Zur Beförderung des Abfließens ist die Sohle des Verkohlungsraums nach diesen Röhren d d hin abschüssig mit Ziegeln gepflastert. Vermittelst der gebogenen gußeisernen Röhren e, e Fig. 15., welche zugleich den Luftzutritt zu dem Ofen durch die Röhren dd verhindern, indem sie stets mit Flüssigkeit gesperrt sind, fließt der Theer in die Gefäße ff, aus denen er öfter ausgeschöpft wird. gg, gg 2c. sind gußeiserne Röhren, durch welche der Rauch und die Dämpfe, um sich zu verdichten und zuletzt aus dem Schornstein abzuziehen, fortgeleitet werden. In den hölzernen, mit Zwingen zusammengehaltenen Bütten oder Kasten b, werden die Dämpfe zu Holzsäure und Theeröhl verdichtet. Der Schornstein i, durch welchen die Dämpfe, die sich in den Kasten bb nicht verdichtet haben, abziehen, und dessen Quer-Profil nach der Richtung der Röhren g, Fig. 18. darstellt, hat unterhalb der Einmündung der Röhren g einen kleinen Feuerungsraum k, in welchem bei Beginn der Arbeit zur Bewirkung des Luftzuges etwas Feuer angemacht wird. Die beiden senkrechten Giebelwände des Ofens sind die längsten Seiten desselben und lehnen sich an das Gewölbe an, welches über die kurzen Seitenwände gespannt ist. Die Feuerstätten cc liegen nach Fig. 17. unter einem rechten Winkel gebrochen und bilden dadurch eine Art von Brücke, über welche die glühenden Dämpfe und die Flamme hinwegstreichen müssen, damit die in den Feuerungsstätten etwa noch nicht vollständig zersetzte atmosphärische Luft ganz zerlegt wird und das zu verkohlende Holz im Ofen nicht angreift (§. 513.).

Tafel IV.

Fig. 1. Profil von einem Ofen zum Trocknen des Torfes (§. 520.).

Fig. 2. Profil von einem Torf-Verkohlungs-Ofen, durch dessen Mitte genommen (§. 524.).

Fig. 3. u. 4. Torf-Verkohlungs-Ofen. Fig. 4. Grundriß nach AB in Fig. 3.; Fig. 4. Vertikales Profil desselben nach der Linie CD in Fig. 3. (§. 524.).

Fig. 5. u. 6. Meiler zur Steinkohlen-Verkoakung. Fig. 5. ist zum Theil Längen-Durchschnitt, zum Theil äußere Ansicht von einem solchen Meiler. Fig. 6. der Querdurchschnitt desselben (§. 549.).

Fig. 7. Mittlerer Durchschnitt eines runden Meilers zur Steinkohlen-Verkoakung; Fig. 8. Grundriß desselben im verkleinerten Maaßstabe (§. 549.).

Fig. 9 — 11. Meiler in pyramidaler Gestalt, zum Verkoaken von kleinen Steinkohlen (§. 551.). Fig. 9. ist zum Theil Längen-Profil durch die Mitte des Meilers, zum Theil äußere Ansicht, sowohl mit noch vorhandener, als mit schon weggenommener Umfassung mit gußeisernen Platten. Fig. 10. Quer-Durchschnitt und Fig. 11. Ober-Ansicht dieses Meilers, mit und ohne die Einfassungs-Platten (§. 551.).

Fig. 12. Meiler zu demselben Zweck, aber in runder äußerer Gestalt. Fig. 12. die obere Ansicht der Umfassungs-Platten; Fig. 13. der Grundriß, zur Erläuterung der für die Herstellung der Züge zu treffenden Einrichtungen (§. 551.).

Fig. 14—17. Schlesischer Ofen zum Verkoaken kleiner Steinkohlen. Fig. 14. die vordere Ansicht, Fig. 15. Quer-Profil nach der Linie EF in Fig. 16., Fig. 17. Längendurchschnitt nach der Linie CD in Fig. 16., und Fig. 16. Grundriß des Ofens über dem Heerde nach der Linie AB in Fig. 14. (§. 552.).

Fig. 18. Längen-Durchschnitt und Fig. 19. Vorder-Ansicht eines Ofens zum Verkoaken kleiner Steinkohlen (§. 555.).

Fig. 20 — 23. Holz-Verkohlungs-Ofen mit Rost, durch welchen die Luft in den Ofen tritt und mittelst einer Thür vor dem Aschenfall regulirt werden kann. Fig. 20. Vorder-Ansicht, Fig. 21. Grundriß über der Sohle des Verkohlungsraumes, Fig. 22. Quer-Profil nach AB im Grundriß Fig. 21. und Fig. 23. Profil nach der Länge des Rostes nach der Linie CD in Fig 21. (§. 511.).

Tafel V.

Fig. 1 — 4. Ofen zur Verkohlung von Steinkohlen in großen Stücken, um gleichzeitig Theer zu gewinnen. Fig. 1. vertikaler Durchschnitt des Ofens, Fig. 2. äußere Ansicht desselben. Fig. 3. die Rostplatte von Gußeisen, welche sich über der Rostöffnung bei b Fig. 1. befindet. Fig. 4. Ansicht und Längen-Durchschnitt einer der gußeisernen Röhren mit zugehörigem Verschlußstöpsel, welche in die Zuglöcher bei d Fig. 1. und 2. eingesetzt sind (§. 550.).

Fig. 5 bis 7. Ofen zur Verkohlung kleiner Steinkohlen. Fig. 6. äußere Ansicht von der Seite der Einsetz-Oeffnungen, Fig. 5. Längen-Profil nach AB in Fig. 7.; und Fig. 7. Grundriß des Ofens, unmittelbar über der Sohle des Verkoakungsraumes genommen (§. 554.).

Fig. 8 — 12. Verkohlungs-Ofen zu kleinen Steinkohlen. Fig. 8. die äußere Ansicht des Ofens an der Einsetz-Seite, Fig. 9. Quer-Profil nach AB in Fig. 11.; Fig. 10. Längen-Durchschnitt nach CD in Fig. 11.; Fig. 11. Grundriß des Ofens in der Höhe der Mitte der Seitenzüge genommen Fig. 12. die innere Ansicht der gußeisernen auf der innern Seite mit Ziegeln ausgefüllten Einsetzthür des Ofens (§. 553.).

Fig. 13. Längen-Profil eines ähnlichen Verkoakungs-Ofens mit Vorrichtung zur Gewinnung von Steinkohlentheer (§. 553.).

Fig. 14. Vertikal-Durchschnitt von einem kleinen Wassertrommel-Gebläse, dessen Luftsammelraum in Form einer gewöhnlichen mit eisernen Reifen umlegten Tonne, innerhalb eines ausgemauerten Bassins, im Wasser auf Schwellhölzern, aber ohne einen Boden, aufgestellt ist (§. 564.).

Fig. 15 — 20. Wassertrommel-Gebläse. Fig. 16. Ober-Ansicht desselben mit der Wasserzuleitung und dem Schützenzuge. Fig. 17. Durchschnitt des Zuleitungs-Kanals und des

Gerinnes zur Einmündung des Wassers in die Lutten, nach der Linie CD in Fig. 16.; Fig. 15. Ansicht des ganzen Wassertrommel-Gebläses nach der Linie AB in Fig. 16., worin zugleich die eine der beiden Lutten, die zur Düse führende Windleitungsröhre und das Gefäß in dessen oberen Boden die Lutten und das Windleitungsrohr eingesetzt sind, der Vollständigkeit wegen in vertikalem Querschnitt angegeben sind.

Fig. 18. Ober-Ansicht des Gefäßes, durch dessen obern Boden die beiden Lutten Wasser und verdichtete Luft in dasselbe führen; Fig. 19. Vertikal-Durchschnitt desselben nach AB in Fig. 18. Fig. 20. stellt das Profil des obern Theiles einer Lutte mit seiner Einmündung, und den Querschnitt einer Lutte durch die Lufteinsaugungsöffnungen derselben, in vergrößertem Maaßstabe dar.

. Das in ganz gewöhnlicher Art aus vertikalen Stäben mit Ober- und Unter-Boden zusammengesetzte und mit eisernen Reifen beschlagene hölzerne Gefäß T, Fig. 18. 19., hat in seinem obern Boden 3 runde Oeffnungen, in deren eins das Windableitungsrohr B, und in die beiden andern die beiden Lutten AA mit ihren nntern Enden luftdicht eingesetzt sind, wie solches auch in Fig. 15. zu ersehen ist. Dasselbe steht innerhalb eines mit Mauerwerk abgeschlossenen Raumes auf freier Erde. Innerhalb des Gefäßes ist, in etwa zwei Drittel seiner Höhe, ein Sturzbrett tt auf den an der innern Seitenfläche des Fasses angebrachten Knaggen befestigt und in der Mitte mit einer Stütze s unterstützt. Auf dieses Sturzbrett stürzt das aus den beiden Lutten herabfallende Wasser, theils um die Gewalt desselben zu brechen, damit es den Boden des Gefäßes nicht beschädige, theils um durch die Zertheilung desselben in dünne Strahlen die gebundene Luft auszutreiben. Auf der einen Seite des Gefäßes ist dicht am Boden desselben ein Rohr f mit aufwärts gebogener Ausmündung angebracht, so daß zwar das durch die Lutten in das Gefäß stürzende Wasser durch dieses Rohr seinen Abfluß erhalte, aber innerhalb des Gefäßes immer noch Wasser in ungefähr ⅛ der Höhe des ersteren zurückbleibe, damit die durch die Lutten zugleich mit dem Wasser in das Gefäß hineingetriebene verdichtete Luft nicht einen Ausweg durch das Wasserableitungs-Rohr, sondern nur allein durch das Windleitungsrohr B nach der Düse D nehme. Um in das Innere des Gefäßes gelangen zu können, ist auf dem obern Boden Fig. 18. u. 19. desselben eine luftdicht schließende und mit einem Riegel F befestigte Klappe H angebracht.

Die aus einzelnen hölzernen Stäben, wie bei gewöhnlichen Fässern, zusammengesetzten und in 2½ füßigen Entfernungen mit eisernen Reifen gebundenen beiden Lutten AA sind, 3½ Fuß abwärts von ihrem oberen Ende, in einem und demselben horizontalen Querschnitt, wie in Fig. 15. und 17. und in größerem Maaßstabe in Fig. 20. zu ersehen, mit 4 einander gegenüberstehenden, schräg gegen den Wasserstrahl gerichteten convergirenden Oeffnungen a a versehen, durch welche die äußere Luft in die Lutten dringt. Zu demselben Zweck sind in der Mitte der Höhe der Lutten zwei gleiche Oeffnungen a' Fig. 15. vorhanden.

Wenn das in die Einmündung der Lutten einstürzende Wasser auch den ganzen innern Querschnitt derselben ausfüllt, so kann dieses doch, wegen der beschleunigten Geschwindigkeit des niederfallenden Wasserstrahls, nicht in den untern Querschnitten stattfinden. Weil nun durch jeden Querschnitt der Lutten in derselben Zeit gleich viel Wasser strömt, so kann, abgesehen von den durch Friction veranlaßten Hindernissen des Wassers an der innern Fläche der Lutten, welche, wegen der bedeutenden Weite der Lutten zu deren Länge, nur unbedeutend sein werden, der Wasserstrahl die Lutten nur in den obern Querschnitten ganz ausfüllen; weiter unten werden sich neben dem Wasserstrahl luftleere Räume bilden, die durch die Luftsaugeöffnungen a und a' mit Luft ausgefüllt werden. Diese Luft wird durch den Wasserstrahl ebenfalls mit in das Gefäß T geführt. Die beiden Lutten erweitern sich oben bei ihrer Einmündung G (Fig. 15. 16. 17. 20.), damit das einströmende Wasser ihren innern Querschnitt vollständig ausfülle. Vermittelst der kleinen Gerinne F F, welche mit dem, hier von gemauerten Bögen getragenen, in seinen Seitenwänden und der Sohle massiv von Mauerwerk in Cementmörtel aufgeführten Zuleitungskanal R (Fig. 16. 17.) in Verbindung stehen und durch die Schützen V, mittelst der Hebel L geschlossen und geöffnet werden können, wird das Wasser aus dem Zuleitungskanal in die Einmündungen der Lutten geführt. Um das Wasser des Zuleitungskanals in die Gerinne FF hineinzuzwängen, ist in demselben das Schutzbrett S in Falze der Seitenwände des Kanals eingesetzt, welches überdies noch durch die beiden Stützen QQ, die sich mit ihren obern Enden an die befestigte Bohle P anlehnen, gehalten wird (§. 565.).

Fig. 21— 22. stellen den untern Theil eines andern Wassertrommel-Gebläses dar. Fig. 21. ist der vertikale Durchschnitt durch die Mitte der beiden Lutten-Gefäße, Fig. 22. die innere Ansicht eines Lutten-Gefäßes nach abgenommener Vorderwand (§. 563.).

Fig. 23. bis 29. sind verschiedene Constructionen der Lutten zu den Wassertrommelgebläsen (§. 565.).

Tafel VI.

Fig. 1. Ansicht eines gewöhnlichen ledernen Balgens (§. 574.).

Fig. 2. Oberansicht, Fig. 3. Längenansicht eines andern gewöhnlichen ledernen Balgens (§. 574.).

Fig. 4. Seiten-Ansicht, Fig. 5. Hinter-Ansicht nach AB in Fig. 6., Fig. 6. Ober-Ansicht, Fig. 7. Profil nach CD in Fig. 6., von einem runden, ledernen Doppelbalgen (§. 575.).

Fig. 8. Längen-Profil; Fig. 9. Ober-Ansicht eines ledernen Doppelbalgens. (§. 576.).

Fig. 10 — 17. Hölzerner einfacher Balgen mit seinen einzelnen Theilen (§. 579.). Fig. 10. Ober-Ansicht, Fig. 13. Längen-Profil. Fig. 15. Seiten-Ansicht des Unterkastens des Balgen. Fig. 11. Ober-Ansicht des Oberkastens. Fig. 12. Seiten-Ansicht desselben. Fig. 14. Seiten-Ansicht des vollständig aus Ober- und Unterkasten zusammengesetzten Balgens. Fig. 16. die innere Längen-Ansicht. Fig. 17. die Ober-Ansicht der Liederungs-Leisten des Unterkastens des vorigen Balgens mit seinen Hacken, Kröpfen und Federn armirt (§. 579.).

Fig. 18. bis 20. Lederner Doppelbalgen. Fig. 18. Vertikal-Durchschnitt desselben im Zustande der Ruhe nach Austreibung der im mittlern Raum befindlich gewesenen Luft. Fig. 19. Aeußere Ansicht des Balgens in seiner größten Entwickelung, und Fig. 20. Horizontaler Durchschnitt nach der Linie AB in Fig. 18.

A ist der untere, B der mittlere und C der obere Luftbehälter. E sind die Pfosten des Blasebalg-Gerüstes. An dem einen Ende des doppelarmigen Hebels F ist an einer Kette die eiserne Zugstange G befestigt, welche der beweglichen hölzernen Platte LL, durch den Hebel F eine auf- und niedergehende Bewegung ertheilt, damit die Räume A und B abwechselnd erweitert und verengt werden. An der Verlängerung H, der vorgedachten Zugstange ist an deren unterm Ende das Gewicht I angehängt, welches die Platte L, nachdem sie gehoben worden, wieder herunter in die vorige Lage zieht. Die Zugstange G sowohl als ihre Verlängerung H (welche übrigens mit der untern oder Fußplatte nicht in Verbindung steht, indem solche an dem unter ihr durchgehenden Riegel befestigt ist unddadurch und mit Hülfe der beiden Pfosten EE in stets gleichbleibender Entfernung von der Platte M gehalten wird) bewegen sich innerhalb eines besondern in Falten gelegten ledernen Schlauches, der sich in demselben Verhältniß wie die Räume A, B, C in vertikaler Richtung erweitert und zusammenzieht. Das gewöhnliche an dem Blasebalg aufgehängte Gewicht I beträgt 55 bis 60 Pfund. Die in dem Raum A durch den Niedergang der Platte L verdichtete Luft, wird durch das Oeffnen der Ventilklappe b in den besondern, mit faltigem Leder abgeschlossenen Raum K, und von hier bei dem Erheben der Platte L durch das geöffnete Ventil c in den gemeinschaftlichen Windbehälter C geführt. Da sich durch das Erheben der Platte L der Raum A erweitert, so drängt sich die äußere dichtere atmosphärische Luft in denselben, indem sie das Einlaßventil a erhebt, welches sich wieder schließt, sobald die Platte L die niedergehende Bewegung beginnt. Zugleich erweitert sich der Raum B durch den Niedergang der Platte L, es schließt sich das Ventil d, wogegen das Ventil e geöffnet wird und das Eintreten der äußern Luft in den Raum B gestattet. Der Ventilraum ist bei e mit einem Mantel f abgesperrt, damit hier nur die äußere Luft in den Raum B, aber nicht in den Raum C dringen könne. Bei dem Erheben der Platte L schließt sich das Ventil e, es wird die Luft in dem Raum B verdichtet und tritt durch das nun geöffnete Ventil d in den gemeinschaftlichen Windsammlungs-Raum C und wird von da in die Düse D geführt. Die Ventile d und c haben eigentlich nicht die Lage wie sie in Fig. 18. angegeben ist, sondern die in Fig. 20. bemerkte. Beide Ventile würden in Fig. 18. nicht sichtbar sein, sie sind aber mit angedeutet, um die Art der Wirkung des Balgens einleuchtend zu machen. Weil bei dem angegebenen Mechanismus, sowohl bei dem Erheben als bei dem Niedergange der Platte L, beständig Luft in den Raum C und von da zur Düse geführt wird, so wirkt der Balgen um so mehr als Doppelbalgen, als auch der Raum C selbst, sich erweitern und verengen kann (§. 576.).

Fig. 21. bis 24. Ein lederner Doppelbalgen anderer Art (§. 676.). Fig. 21. ein durch die Mitte der Düse geführter Vertikal-Durchschnitt. Fig. 22. Stirn-Ansicht, oder die Ansicht von der Seite des Balgens, welche der Düse entgegengesetzt ist. Fig. 23. Aeußere Seiten-Ansicht der Kurbel-Vorrichtung, welche auf der, der Düse entgegengesetzten Seite des Balgens angebracht ist und welche zur Bewegung des Balgens dient. Fig. 24. Ansicht der Düse, nebst Düsenkasten und einem Theil des Doppelbalgens selbst, von der Form-Seite aus gesehen.

In einem eisernen Kasten b, welcher die Gestalt einer umgekehrten vierseitigen abgestumpften Pyramide hat, ist ein aufrecht stehender lederner Balgen gegen die der Düse zugekehrten Seite des Kastens befestigt. Mit der eisernen Platte c, welche die Grundfläche des Kastens b bildet, ist der Balgen vermittelst acht Schrauben d an der Grundplatte e befestigt, welche letztere in zwei starken Sohlschwellen f ganz eingelassen ist. Zur Verstärkung des Kastens b sind an seiner der Düse zugekehrten Seite und an der dieser entgegengesetzten Seite, außerhalb die gußeisernen Rahmen g angeschraubt. Um dem Kasten die erforderliche Stabilität zu geben, sind an der vordern und hintern Seite desselben, oben gegen die Rahmen g und unten gegen die Schwellen f, die 4 gußeisernen Streben h angeschraubt. Auf dem Kasten b ist eine gußeiserne Platte i festgeschraubt, welche zugleich als Deckel des Kastens dient. Der mittlere Theil der Düsenseite des Kastens b tritt 3″ tief kastenartig in den ledernen Balgen hinein (Fig. 21. 24.), und in jenem kastenartigen Einsprunge befinden sich neben einander 3 Oeffnungen, von denen die beiden äußeren mit Ventilklappen e′ Fig. 24. versehenen mit dem ledernen Balgen in Verbindung stehen und zum Hineinführen der Luft in denselben dienen. Die mittlere, größere Oeffnung steht ebenfalls mit dem Innern des ledernen Balgens in Verbindung, an ihrem äußern mit Schraubenlöchern versehenen Rande ist aber ein kastenförmiger Hals k luftdicht angeschraubt, welcher wieder mit einem gußeisernen Kasten l luftdicht durch Schrauben verbunden ist. Der Kasten l communicirt mit dem Halse k durch eine Oeffnung von der Größe des Querschnittes des Halses, welche durch die Ventilklappe o geschlossen werden kann. Die Befestigung dieses Kastens l an dem Hals k geschieht mittelst der Schrauben p und der vorstehenden Ränder o. Die der Ventilklappe o entgegenstehende Seite des Kastens l ist mit einem angegossenen röhrenförmigen Ansatz versehen, welcher mit der Düse in Verbindung steht. Der obere Theil des Kastens l ist mit der Deckplatte i durch einen röhrenförmigen Ansatz, und durch die Oeffnung z in der Platte i zugleich mit dem auf dieser Platte befestigten balgenähnlichen runden ledernen Luftbehälter y verbunden, welcher als Windregulator dient und daher mit angemessenen Gewichten beschwert werden muß. Damit die ledernen Wände und der Deckel des Luftbehälters bei dem Betriebe des Gebläses nicht aus der bestimmten Richtung kommen, ist auf den Deckel desselben eine Kolbenstange c′ lothrecht befestigt, welche sich in einer an der Vorrichtung d′ angebrachten Leere lothrecht frei bewegen kann. Mit dem innern Raum des Kastens b kommunicirt der Luftbehälter y vermittelst der mit der Ventilklappe b′ versehenen Oeffnung a′. Die Oeffnung z bleibt stets offen und ist daher nicht mit einer Ventilklappe versehen. Mit der äußern Luft communicirt der Kasten b durch die mit Ventilklappen versehenen Oeffnungen f′ f′ Fig. 21. 22. In der, der Düsenseite des Kastens b entgegengesetzten, Seite desselben befindet sich eine viereckige Oeffnung, an deren äußerem Rande ein gußeiserner viereckiger Ansatz und an diesem wieder ein anderer halbcylindrischer Ansatz (Trommel) x mittelst Schrauben befestigt ist. In den beiden vertikalen Wänden dieses Ansatzes und der Trommel x ist die horizontale Welle q beweglich, an deren einem Ende die Bewegungs-Kurbel r, und an dem andern

Ende das die Gleichförmigkeit der Bewegung befördernde Schwungrad s angebracht sind. Innerhalb der luftdichten Trommel x bildet die Welle durch 4 rechtwinklichte Umbiegungen einen (gebrochenen) Krumzapfen, welcher mittelst der Zugstange n (Fig 21.) beweglich mit der Rückseite des ledernen Balgens a verbunden ist, und welcher letztere auf diese Weise bei der jedesmaligen Umdrehung der Welle q eine hin und hergehende Bewegung macht. Wenn der lederne Balgen a bei der Bewegung der Welle q sich öffnet, d. h. wenn die bewegliche Rückseite desselben sich gegen die Bewegungswelle q hinneigt, so wird die Luft in dem Balgenraum verdünnt; die äußere dichtere Luft schließt die Ventilklappe n, öffnet anderseits die beiden Ventilklappen e' (Fig. 21. 24.) und tritt in den Balgen. Durch das Oeffnen des Balgens a wird aber zugleich die Luft innerhalb des Kastens b (also außerhalb des Balgens) comprimirt, hierdurch schließen sich die Klappen der mit der äußern Luft communicirenden Oeffnungen f'f' (Fig. 21. u. 22), es öffnet sich die Ventilklappe b', und die comprimirte Luft entweicht aus dem Kasten b durch die Oeffnung a' in den Luftbehälter y, von wo sie durch die Oeffnung z dem Kasten l und endlich der Düse zugeführt wird. Bei der Zusammenpressung des Balgens a schließt sich die Ventilklappe b' und es tritt die äußere Luft durch die sich nun öffnenden Ventilklappen f' in den Kasten b; ferner schließen sich hierdurch die innerhalb des Balgen a befindlichen Ventilklappen e'e' (Fig. 21. 24.) und es öffnet sich die Ventilklappe n, wodurch die comprimirte Luft aus dem Balgen in den Kasten l und von hier der Düse zugeführt wird.

Tafel VII.

Fig 1 — 9. Ein gewöhnliches hölzernes Kasten-Gebläse, nebst den einzelnen Theilen desselben. Fig. 1. Seiten-Ansicht des Gebläses. Fig 2. Quer-Profil. Fig 3. Längen-Profil des Windkastens. Fig 4. Quer-Profil und Fig 5 die Ober-Ansicht desselben ohne die Decke. Fig. 6. Längen-Ansicht des Gebläsekastens. Fig 7. Längen-Profil desselben und des Kolbens in demselben, nach der gebrochenen Linie ABCDEF in Fig. 8. Fig. 8. Grundriß des Gebläsekastens nach der Linie AB in Fig. 6., zugleich auch Ober-Ansicht des Kolbens. Fig. 9. Unter-Ansicht des Gebläsekastens und des Kolbens.

Das in drei Gebinden von Kiefern-Holz verbundene Gebläse-Gerüst ruht auf drei Schwellen a Fig. 1. 2., von denen jede auf drei eingerammten Pfählen eingezapft ist.

Die Bewegung der Kolben wird in Peitz, wo dies Gebläse aufgestellt ist, durch ein unterschlägtiges Wasserrad bewirkt. Das auf die Welle aufgekeilte gußeiserne Getriebrad greift in das größere Getriebrad, welches an der Wasserseite auf die gußeiserne achtkantige Daumen- oder Hebewelle aufgekeilt ist. Das innere Lager der Wasserradwelle ist in dem Quer-Riegel b (Fig. 1. 2.) eingesetzt und befestigt, in diesem Riegel hat auch das Lager des hintern Endes der Daumwelle seinen Sitz. Das Lager des Vorder-Endes der Daumwelle ist in den Quer-Riegel c des Gerüstes eingelassen. Auf diese Daum- oder Hebewelle sind die beiden gußeisernen Wellfüße, welche die Stelle der sonst gewöhnlichen Hebedaumen vertreten, aufgekeilt. Jeder dieser Wellfüße hat zwei steigende Bogen, von denen der eine zur Erhebung des Kolbens vermittelst der hölzernen Kolbenstange, der andere auf der entgegengesetzten Seite zum sanften Hinabgleiten der Kolbenstange und des Kolbens dient.

Die Wellfüße (Epicycloiden) greifen sowohl bei dem Erheben als bei dem Niedergange der Kolben gegen die kleinen Frictionsräder e e. Die Zapfenlager jedes Frictionsrades sind in gußeiserne Lagerplatten f eingesetzt und mit Schrauben befestigt und die Lagerplatten f zu beiden Seiten der Kolbenstange, an deren unteres Ende eingelassen und mittelst dreier durchgehender Schraubenbolzen daran befestigt. Damit die Kolbenstangen bei ihrem niedrigsten Stande nicht auf den Wellfüßen aufliegen, erhalten sie auf ihrer Vorderseite kurze mit einem Schwalbenschwanz eingezapfte Arme E, mit welchen sich dieselben bei ihrem niedrigsten Stande auf die Schwelle u aufsetzen.

Die Leitstangen F, welche die Kolbenstangen bei ihrem Auf- und Niedergange in eine wenigstens annähernd lothrechte Lage erhalten sollen, sind an ihrem vordern Ende zu beiden Seiten mit mittelst Splintbolzen befestigten, geschmiedeten Schienen armirt, und mit diesen Schienen, vermittelst eines Splintbolzens mit den angeschäffteten Platten f der Kolben, beweglich verbunden. Die nach hinten gekehrten Enden dieser Leitstangen sind in kleinen hölzernen, mit Ringen beschlagenen Wellen g, g, Fig. 2. eingezapft und der durchgehende Zapfen ist mit einem Keil befestigt. Diese kleinen Wellen bewegen sich mit ihren Zapfen in den kleinen Säulen h h h h Fig. 2., welche zwischen den beiden Haupt-Riegeln i i, wie in Fig. 1. punktirt angedeutet, eingezapft sind. Die Riegel i i sind zwischen den Stielen k eingezapft.

Damit die Kolbenstangen und Kolben bei ihrem Niedergange nicht mit ihrem ganzen Gewicht auf den Wellfüßen herabgleiten, sind erstere mit den hölzernen Balanciers G, G, Fig. 1. in Verbindung gesetzt, auf welchen hölzerne Kasten, zur Aufnahme von Beschwerungsgewichten an deren hintern Enden, befestigt sind. Die vordern geschlitzten Enden der Balanciers sind mit durchlochten Bolzenringen versehen, durch welche, zur beweglichen Verbindung der Balanciers mit den geschmiedeten Verbindungsstangen l l Fig. 1. Splintbolzen gesteckt und befestigt sind. Die untern Enden dieser Verbindungsstangen sind mittelst Splintbolzen mit den, an den Kolbenstangen angeschäfften, gußeisernen Platten f f beweglich verbunden. Auf den Balanciers sind in deren Mitte gußeiserne Platten (Wiegenfüße) m Fig. 1. eingelassen und mittelst Bolzen festgeschraubt, mit denen sich die Balanciers auf den gußeisernen geraden Lagerplatten bewegen, welche in den hölzernen Angewelle-Lagerhölzern n eingelassen sind. Bei dieser walzenförmigen Bewegung der Balanciers haben die in den Beschwerungskasten befindlichen Gegengewichte, im nachtheiligsten Moment in Beziehung auf die Ueberwindung der Trägheit der Kolben und Kolbenstangen, nämlich bei dem Beginn des Erhebens der Kolben, das größte statische Last = Moment, und gegen das Ende des Erhebens der Kolben, also in dem vortheilhaftesten Moment, das kleinste statische Last = Moment, welches daher für die Erhebung der Kolben nachtheilig zu sein scheint. Diese ungleichförmige Bewegung ist aber sowohl für das Niedergehen der Kolben als auch bei deren Erhebung vortheilhaft. Für den aufsteigenden Kolben erfordert nämlich die zunehmende Verdichtung der Luft über dem Kolben, bei dessen höchstem Stande die größte Kraft, und bei seinem niedrigsten Stand die kleinste Kraft zur Erhebung, welche Differenz durch das Trägheitsmoment der Kolbenstange und des Kolbens allein, wegen der langsamen Bewegung, nicht ausgeglichen werden würde. Für den niedergehenden Kolben ist das Zunehmen des Last = Moments der Beschwerungs = Gewichte in den Kasten H deshalb vortheilhaft, weil die Geschwindigkeiten der Kolben, also auch die dadurch erzeugten Wirkungen, wie die Quadratwurzeln aus den Fallhöhen zunehmen.

Die Gebläsekasten A Fig. 1. 2. ruhen, mit den an ihnen befestigten Leisten o, zwischen je zwei Gerüst=Gebinden, in Einschnitten der obern Querriegel p des Gerüstes. Damit bei dem Erheben der Kolben die Gebläsekasten nicht mit in die Höhe gehoben werden können, sind über denselben die beiden Hölzer qq gelegt und mittelst Schraubenbolzen befestigt, welche durch diese Hölzer durch die Rahmen r und durch die Riegel p hindurch gehen.

Die Windlade (Windsammlungskasten) C, welche auf den beiden Gebläsekasten luftdicht aufliegt, und mit ihnen durch die beiden Ventilklappen ss Fig. 2. in Verbindung steht, wird mittelst der beiden Hölzer tt gegen die Gebläsekasten gepreßt.

Diese Hölzer sind mittelst Schraubenbolzen an den Hölzern q q angebolzt. Auf dem Deckel der Windlade ist die gußeiserne Ausmündungs-Röhre, welche zur Düse führt, luftdicht mit Schrauben befestigt.

Der Längendurchschnitt Fig. 3., das Quer-Profil Fig. 4., und die Ober-Ansicht der Windlade, ohne das Deckelstück Fig. 5., stellen nach doppeltem Maaßstabe die Einrichtung des Sammelkastens noch deutlicher dar. Die hölzernen Ventilklappen s s, welche die Ventilöffnungen schließen, durch welche die Windlade mit den Gebläsekasten communicirt, sind gegen den Boden der Windlade geneigt, damit sie sich bei ihrem Erheben nicht überschlagen, sich aber auch leichter wieder schließen. Sie sind mit starkem Fahlleder an den am Boden des Windkastens befestigten Knaggen, mit vielen kleinen Nägeln, beweglich aber luftdicht, befestigt (Fig. 4. u. 5.). Ueber den beiden Ventilklappen befinden sich im Deckel der Windlade Oeffnungen, um zu den Ventilen gelangen zu können, welche mit Deckeln verschlossen werden, die durch Schraubenbolzen und untergelegten Schafpelz gedichtet sind.

Die Gebläsekasten, welche Fig. 6. in der Längen-Ansicht, Fig. 7. im Längen-Profil, nach ABCDEF in Fig. 8., Fig. 8. im Grundriß nach AB in Fig. 6., und Fig. 9. in der untern Ansicht, nebst dem armirten Kolben, in doppeltem Maaßstabe darstellen, sind aus zweizölligen reinen (astfreien) kiefernen Bohlen an den Ecken verzinkt, in der Art zusammengesetzt, daß die Bohlen in ihrer Dicke zur Hälfte vorher aufgetrennt, die aufgetrennten Hälften aber verwechselt und dann wieder auf einander geleimt werden, um ein nachheriges Werfen derselben zu verhüten. Auf der innern Seite sind die Wände der Kasten noch 1 Zoll stark mit Linden-, Erlen- oder Birnbaumholz (vor der Zusammensetzung des Kastens) furnirt, dessen Längenholz mit der Richtung der Bewegung des Kolben übereinstimmt, damit sich die Liederungsleisten x x x des Kolbens Fig. 7. 8.

gleichmäßig an dieser Furnirung anschließen. In den Figuren 7 bis 9 ist diese Furnirung mit o bezeichnet.

Der Kolben besteht aus, mit den Jahresringen kreuzweis über einander geleimten und verdübelten zweizölligen Bohlen, ist also 4 Zoll stark. Unter dem Kolben ist ein Rahm f Fig. 9. befestigt, in welchen die 4 Strebebänder, welche in den Kolbenstangen eingezapft sind, mit Versatzungen eingreifen. Der Rand des Kolbens ist auf allen Seiten von oben nach unten abgeschmiegt, damit der Kolben bei seiner nur annähernd lothrechten Bewegung mit dem Futter des Gebläsekastens nicht in Berührung komme. Die Verdichtungs-Vorrichtungen (Liederung) des Kolbens, bestehend aus den Leisten x von Weißbuchenholz, Kröpfen (Windleisten Hacken) y, Klammern m und Federn z und l Fig. 8., werden in derselben Art angebracht und befestigt, wie bei den Unterkasten der hölzernen Balgengebläse. Die beiden Ventilöffnungen a a (Fig. 7—9) sind durch ähnlich construirte hölzerne Ventilklappen wie bei der Windlade beweglich und luftdicht verschließbar, und werden durch einen Riemen gegen das Ueberschlagen bei ihrer Erhebung gesichert.[1] Die Kolbenstange B ist mit ihrem obern Ende 1 Zoll tief in einem auf der Unterseite des Kolbens angenagelten Rahmen b, Fig. 7. u. 9. dergestallt eingelassen, daß sie mit dem Stirnenende (Hirnseite) gegen die Unterseite des Kolbens gerichtet ist. Sie wird mittelst eines starken 18 Zoll tief hineinreichenden Schraubenbolzens, welcher durch zwei andere horizontal durchreichende Schraubenbolzen befestigt ist, mit dem Kolben fest verbunden, und zwar so, daß die Mutter auf der Oberseite des Kolbens auf das Gewinde des Schraubenbolzens aufgeschraubt wird. g, g, g, g, Fig. 9. sind die Versatzungs-Vertiefungen für die 4 Kolben-Strebebänder; Fig. 6—9. die beiden auf den kurzen Außenseiten der Gebläsekasten eingeschobenen starken Leisten, mit welchen dieselben auf den Gerüstriegeln ruhen (§§ 583. 584.).

Fig. 10. Längen-Profil eines Balgengebläses

mit beweglichem Unterkasten, dessen Oberkasten als Windsammlungskasten dient (§. 582.).

Fig. 11—15. Ketten-Gebläse. Fig. 11. das Profil des Gebläses. Fig. 12. Unter-Ansicht der gegossenen runden Stege für die bewegliche Befestigung der Klappen. Fig. 13. Ober-Ansicht derselben mit einer darauf angegebenen Scheibe. Fig. 14. das Profil von zwei Stegen nebst Klappen und Kette in der Lage des Niederganges der Kette, nebst Stegen und Klappen, nach der Linie AB in Fig. 13. Fig. 15. das Profil derselben nach der Linie CD in Fig. 12. in der Lage des Erhebens der Kette nebst Zubehör.

Ueber einem ausgemauerten runden Bassin ist ein hölzernes Gehäuse F aufgestellt, in welchem über dem gußeisernen Leitrade a, welches sich in den zwischen den Streben ff angebrachten Lagern g bewegt, die Kette mit ihren Stegen und Scheiben frei aufgehängt wird. Sie bildet in dieser Lage eine Kettenlinie ohne Ende, welche auf der einen Seite durch eine nach dieser Kettenlinie gekrümmte, aus einzelnen eisernen Cylindern luftdicht zusammengesetzte Röhre b geführt ist, auf der andern Seite aber, mit welcher sie die steigende Bewegung macht, frei herabhängt. Die Röhre b mündet in einen gußeisernen, zum Theil in dem Wasser des Bassins stehenden Kasten c, mit dessen Deckel sie luftdicht verbunden ist. Der Kasten c, welcher einen offenen Boden hat, damit die Kette mit den Scheiben in ihrer Bewegung nicht gehindert wird, und damit das Wasser aus dem Bassin bis zu der erforderlichen Höhe aufsteigen kann, ist aus einzelnen Platten luftdicht zusammengeschraubt. Der innere über dem Wasser mit verdichteter Luft gefüllte Raum, communicirt mit der gußeisernen Windleitungsröhre d, deren vorderes gekrümmtes Ende auf dem Deckel des Kastens c luftdicht festgeschraubt ist.

Mit der Kette sind in kurzen Entfernungen gegossene runde Ringe (Stege) g verbunden, auf denen zwei Deckel z von

Eisenblech mittelst Charnieren beweglich befestigt sind. Bei dem Niedergange der Kette in der Röhre b schlagen diese Deckel z vermöge ihres Gewichts auf die Stege g und bilden so eine geschlossene Scheibe, mit welcher sie in der Röhre b als Liederungskolben für das durch die Zuleitungsröhre e einströmende Wasser, als Stoßfläche gegen das Wasser Behufs der Bewegung der Kette mit Scheiben, und zur Bildung der Zellenräume zur Aufnahme der Luft und Wasserschichten dienen. Bei der Erhebung der Kette und Scheiben und nach dem Durchgange durch den gußeisernen Kasten, schlagen die Klappen z durch ihr eigenes Gewicht von den Stegen g gegen die Kette zurück und legen sich mit Hülfe der an ihnen angebrachten Ausbauchungen α, Fig. 11. 13. 15. dicht an die Kette an. Fig. 12. stellt in vergrößertem Maasstabe die Unter-Ansicht des Steges g (von Gußeisen) mit seinen Rippen und der Leiste für die Befestigung der Charniere der Deckel z dar. Fig. 15. ist das Profil zweier Stege g und Deckel z nebst Kette, in der Lage des Erhebens der Kette, nach der Linie CD in Fig. 12. Fig. 13. die Ober-Ansicht des Steges g mit einem darauf gezeichneten geschlossenen Deckel z in der Lage des Niederganges der Kette durch die Röhre b Fig. 11., und Fig. 14. das Profil zweier Stege mit den geschlossenen Deckeln z für dieselbe Lage der Kette und Zubehör, nach der Linie AB in Fig. 13. (§. 568.).

Tafel VIII.

Fig. 1. 2. Widholmgebläse. Fig. 1. Längen-Durchschnitt, Fig. 2. Grundriß nach AB in Fig. 1. (§. 581.).

Fig. 3—6. Tonnen-Gebläse. Fig. 3. Aufriß oder Stirn-Ansicht, Fig. 4. Ober-Ansicht desselben mit einem Theil des dasselbe in Betrieb setzenden oberschlägtigen Wasserrades und mit den Getriebrädern. Fig. 5. Querschnitt und Fig. 6. Längen-Durchschnitt einer Gebläsetonne (§. 571.).

Fig. 7.— 9. Ventilator-Gebläse (§. 572).

Fig. 7. Seiten = Ansicht von der Windausströmungs = Seite, Fig. 7 *a* die Ober = Ansicht des Lagers für die über dem Ventilator = Gebläse befindliche Welle des großen Riem = Rades. Fig. 8. Vertikal = Längen = Durchschnitt und Fig. 9. Horizontal=Durchschnitt des Gebläse = Gehäuses und zugleich Ober = Ansicht des Flügel = Rades darin, dessen Vorder = Ansicht aus Fig. 8. ersichtlich ist. Das Gehäuse a, worin sich das Flügelrad um seine Axe bewegt, hat die Gestalt eines Cylinders, dessen Grundfläche im Umfange eine Schneckenlinie bildet. Oben ist es mit einer horizontal auslaufenden Ausmündung b versehen, welche zur Ausströmung des Windes dient, den eine mit der Ausmündung verbundene Windleitung zur Düse führt. Das Gehäuse ist aus luftdicht verbundenen Eisenblechtafeln in der Art zusammengesetzt, daß die beiden vertikalen Seiten, deren Umfang eine Schneckenlinie bildet, mit ihrem Rande vor dem schneckenförmig gebogenen Mantel 2¼ Zoll vorstehen. In die dadurch, außerhalb auf dem Mantel, an diesen vorstehenden Rändern gebildeten Ecken sind gefalzte Blechstreifen in Kitt eingelegt und an dem Mantel so wie an dem Rand der vordern vertikalen Wand durch starke Niethen, und an dem Rand der hintern nach den Riemrädern hin gelegenen vertikalen Seitenwand mittelst kleiner Schrauben und Muttern befestigt. Die Schraubenbefestigung ist nothwendig, um durch Lösung dieser Schrauben, bei vorkommender Schadhaftigkeit des Flügel = Rades, leichter zu demselben gelangen zu können. Auf beiden Seiten des Gehäuses sind von Eisenblech kastenförmige Ansatzstücke c angeniethet, welche dem Gehäuse zu Ständern oder Füßen dienen, und da sie mit dem Innern des Gehäuses durch die 2½' im Durchmesser großen runden Oeffnungen d Fig. 9. 10. communiciren, zugleich die äußere Luft, durch die unten an ihrem Fuß zu diesem Zweck vorhandenen Oeffnungen, den rotirenden Windflügeln innerhalb des Gehäuses zuführen. An diesen Ständern sind auch die Lager der durch das Gehäuse durchreichenden Flügelwelle mittelst

Schrauben befestigt. Außer durch diese Ständer wird das Gehäuse noch durch die daran befestigten mit Fußplatten versehenen gußeisernen Ständerplatten e unterstützt.

Das Flügelrad von Gußeisen hat 4 Arme g, in deren äußeren Enden, in dazu angebrachten Schlitzen, ein eiserner Kranz i eingelassen und mit Schrauben befestigt ist, wodurch die Arme eine größere Festigkeit erhalten. Jeder Flügelarm hat 2 Schraubenlöcher, durch welche die 10″ breiten und 2′ langen Flügel h von Eisenblech mittelst Schrauben befestigt sind.

Die Bewegung des Flügelrades wird durch die Bewegung der Welle k Fig. 7. bewirkt, indem das an dem einen Ende der Welle k befestigte große Riemrad l mit dem kleinen auf der Flügelradwelle befestigten Riemrädchen m durch einen Riemen in Verbindung gesetzt wird. Die Bewegung der Welle k geschieht durch irgend eine Kraft, welche an dem Zapfen n der Welle k, durch eine Kurbel oder durch ein Rad rc. in Wirkung tritt.

Durch die Bewegung des Flügelrades wird der Luft in dem Gehäuse eine drehende Bewegung ertheilt, wodurch sie, wegen der Centrifugalkraft, immer mehr von der Achse des Flügelrades entfernt und gegen den Mantel des Gehäuses zugetrieben wird. Indem sie hier die größte Geschwindigkeit (fast die der äußern Peripherie des Flügelrades) erhält, wird sie, der Richtung der Bewegung des Flügelrades folgend, aus der Ausströmungs-Oeffnung b Fig. 8. hinausgetrieben. Weil durch das fortwährende Entfernen der Luft von der Axe des Flügelrades dort eine verdünnte Luft, erzeugt wird, so drängt sich die äußere dichtere atmosphärische Luft durch die runde Oeffnung d Fig. 8., 9. in das Gehäuse und ersetzt ununterbrochen die durch die Windflügel herausgetriebene Luft, so daß während der Rotirung des Flügelrades auch ununterbrochen Wind aus der Ausmündung b zur Düse strömt, dessen Pressung und Quantität von der Geschwindigkeit des Flügelrades abhängig ist.

Fig. 10 — 12. Ventilator-Gebläse anderer Construction (§. 572.).

Fig. 10. ist zur Hälfte (links) Vertikal-Durchschnitt, zur Hälfte (rechts) äußere Ansicht, Fig. 11. horizontaler Querschnitt durch die Axe des Gebläses. Fig. 12. stellt einen Theil der Flügelradwelle und der Flügelarme, zum vierten Theil der natürlichen Größe dar. Das Gehäuse dieses ebenfalls aus Eisenblech construirten Ventilator-Gebläses hat ebenfalls eine schneckenförmige Gestalt. Auf den Außenseiten seiner vertikalen Seitenwände ist es durch horizontale schwache eiserne Schienen verstärkt, welche mittelst kleiner Schrauben befestigt sind. Durch diese und mehre andere Schrauben wird der Mantel des Gehäuses zugleich mit seinen vertikalen Seitenwänden verbunden. Die Ausmündungsöffnung b ist nicht oberhalb des Flügelrades, sondern zur Seite desselben am Fuße des Gehäuses angebracht, und hier mit einem nach unten fortgeführten gemauerten Windleitungs-Kanal luftdicht verbunden, aus welchem der Wind der Düse zugeführt wird. Die Ausmündungsröhre vertritt auf dieser Seite zugleich den Fuß des Gehäuses, welcher auf der andern Seite durch die mit eisernen Schienen verstärkten Verlängerungen c der vertikalen Seitenwände des Gehäuses gebildet ist. Im Innern des Gehäuses sind, parallel mit dem Mantel desselben, 3 Scheidewände a, a', a'', an den vertikalen Gehäusewänden in der Art befestigt, daß die a' um das Doppelte der Entfernung a'' von der innern Mantelfläche entfernt ist, a aber um das Dreifache dieser Entfernung, und daß die der Bewegungsrichtung des Flügelrades zugekehrten Enden dieser Scheidewände den Umfang des Flügelrades fast berühren, während die hinteren Enden dieser Wände wenigstens 9'' über die Vorder-Enden der folgenden hinaus reichen. Durch diese Wände soll die, von dem Flügelrade, von dessen Axe nach seiner Peripherie hin getriebene Luft, aufgefangen und der Ausmündung vollständiger zugeführt werden.

Das Flügelrad hat (nach Art der Wasserräder) zwei vertikale Kränze von Eisenblech, zwischen denen 8 kreisbogenförmige und gegen die Richtung der Bewegung des Rades convex gekrümmte eisenblecherne Flügel in gleichen Entfernungen von einander befestigt sind. Die Befestigung der Flügel an den innern Seiten der Kränze geschieht durch Niethen. Zu diesem Zweck haben die Schaufeln an jedem Ende einen Falz, der wegen der Krümmung der Schaufeln, bevor er umgebogen wird, in kurzen Entfernungen von einander Einschnitte erhält (Fig. 10.), um dadurch die Umbiegung ausführbar zu machen. Mit diesem Falz sind die Flügel an den Kränzen angeniethet. Jede Schaufel ist an zwei, nach derselben gebogenen, eisernen Armen befestigt, von welchen (Fig. 10. u. 11.), weil sie durch die Flügelradwelle hindurchgehen, 16 Stück erforderlich sind.

Fig. 12. zeigt in $\frac{1}{4}$ der natürlichen Größe die Zusammensetzung der Arme in der Flügelradwelle. Diese erhält ihre Bewegung in bolzenförmigen metallenen Lagern α, welche rund ausgebohrte Löcher haben, in denen sich die Zapfen der Flügelwelle drehen. Das vordere Lager ist mittelst eines Bügels fest an dem Lagerständer d angeschraubt; das andere, welches in eine horizontal durch den Lagerständer durchgehende Oeffnung gesteckt ist, kann vermittelst der mit einem Griff versehenen Schraube β gegen die Stirn des Flügelwellenzapfens daselbst gedrückt werden. Der vordere gußeiserne Lagerständer d ist unten an der Außenseite der Schwelle e mit Schrauben befestigt, und wird oben durch eine Ankerschiene f festgehalten. Die vertikalen Seitenwände des Gehäuses haben jede im Mittelpunkt eine kreisrunde Oeffnung, welche mit einer auf dem äußern Rande angenietheten runden Schiene verstärkt ist. Diese Oeffnungen, welche den lichten Durchmesser der vertikalen Flügelradkränze zur Weite haben und durch welche die Flügelradwelle durchgeführt ist, dienen zum Einströmen der äußern Luft.

Die Bewegung dieses Ventilator-Gebläses geschieht ebenfalls durch Riemscheiben, zu welchem Zweck auf der Flügelwelle der kleine Riem-Würtel (kleines Riemrad) b befestigt ist.

Fig. 13. Vertikaler Durchschnitt eines doppelt wirkenden gußeisernen Gebläse-Cylinders mit seiner Armatur; als Deckel, Boden, Kolben, Stopfungs-Büchse, Ventilen 2c. im Augenblick des Niederganges des Kolbens dargestellt (§. 589.).

Der Deckel a des Cylinders und der Boden b desselben sind mit zwei angegossenen horizontal auslaufenden Hälsen c c versehen, in denen sich die Ventile zum Einlassen der atmosphärischen Luft und zum Auslassen der verdichteten Luft über und unter dem Kolben befinden. Die Ventile d d sind Auslaßventile über und unter dem Kolben, aus welchen der Wind aus den Hälsen c' c' in den Sammelkasten e strömt. f, f sind die Einlaßventile. Der Deckel g ist mit dem Sammelkasten durch kleine Schraubenbolzen befestigt und in gleicher Art auch mit dem Futter des Ventiles d luftdicht verbunden. Die Verbindung des Sammelkastens mit dem Cylinder und den Hälsen c' des Deckels und Bodens ergiebt sich unmittelbar aus der Zeichnung. Um zu den Ventilen d, d, in dem Sammelkasten gelangen zu können, dienen der Deckel g und die mittelst eines durch Schrauben luftdicht geschlossenen Deckels bedeckte Seiten-Oeffnung h des Sammelkastens. Die hölzernen Futter der beiden hölzernen Ventilklappen f f, zum Einlassen der äußern Luft, sind mitttelst eiserner Rahmen und Schrauben an den Rändern der Hälse c, c befestigt. In diesen vertikal liegenden hölzernen Futtern haben die Ventilklappen einen schrägen Anschlag, um sich durch ihr Gewicht schneller und leichter zu schließen. Die eisernen, ebenfalls mit Leder gelioderten Ventilklappen d sind mittelst der eisernen Schienen δ und mit Schrauben an dem Rande des Deckel- und des Boden-Halses befestigt. Die Stopfungsbüchse k ist in der Zeichnung im Durchschnitt dargestellt. Die Deckplatte l der Stopfungsbüchse wird mittelst zweier Schraubenbolzen n, deren an ihren untern Enden angebrachte Oehre an den angegossenen Ansätzen der Stopfungsbüchse festgesteckt sind, gegen die Stopfungsbüchse angezogen. Die gußeiserne Kolbenplatte p hat zu ihrer Verstärkung vier oder auch mehr angegossene Verstärkungsrippen q, welche mit dem Rande r auf der Kolbenplatte, und mit der in deren Mittelpunkt befindlichen conisch ausgebohrten Büchse o, worin die Kolbenstange mit ihrem untern conischen Ende mittelst eines Keiles t befestigt ist, in Verbindung stehen. Der Raum über der Kolbenplatte p, zwischen dem concentrischen Rande r und der innern Cylinderfläche, dient zur Anbringung der Kolbenliederung. Um den schädlichen Raum zu vermindern, wird der Raum über der Kolbenplatte p zwischen dem Rande r und den Verstärkungsrippen q mit Holz ausgefüllt. Zu demselben Zweck befindet sich in der Bodenplatte b die Vertiefung v, in welche der unterhalb der Kolbenplatte p hervorragende Theil der Büchse o bei dem tiefsten Stande des Kolbens hineintritt.

Fig. 14. Profil von einem Kolben mit seiner Liederung (§. 592.).

Fig. 15. Aeußere Ansicht eines hölzernen Ventil-Rahmens (Ventilsitzes) a in Fig. 17. Fig. 16. Ansicht der Ventilklappe b nach der mit einem Pfeil in Fig. 17. angedeuteten Richtung (§. 590.).

Fig. 17. und 18 Profile von Cylinder- (Deckel und Boden) Hälsen mit den daran befestigten Ventilsitzen und Ventilen (§. 590.).

Fig. 19. Vertikaler Durchschnitt von einer Cylinderkolben-Liederung (§. 592.).

Fig. 20. Eine andere Art von Cylinderkolben-Liederung (§. 593.).

Tafel IX.

Fig. 1 — 3 so wie Fig. 4. und 5. stellen Vorrichtungen zu Liederungen gußeiserner Gebläse-Cylinderkolben dar, welche in den §§. 592. 593. vollständig erläutert sind.

Fig. 6—8., 9 — 12., 13., 14., 15., 16. und 17. bis 20. sind Darstellungen von verschieden construirten Windmessern, welche im §. 607. schon ihre Erläuterung gefunden haben.

Fig. 21. 22. gehören zur Erläuterung der Einrichtungen bei den Wasserregulatoren (§. 598.).

Fig. 23 — 25. Ein Wasser-Regulator. Fig. 23. zum Theil Ober-Ansicht, zum Theil Grundriß; Fig. 24. Querprofil nach der Linie AB in Fig 23.; Fig. 25. Querprofil nach CD in Fig. 23.

Das Wasserbassin, in welchem der aus gußeisernen Platten construirte Windkasten (Regulator) steht, ist in den Seitenwänden a und in seinem Boden b (Sohle) von Mauerwerk angefertigt. Um es völlig wasserdicht zu erhalten, ist das Mauerwerk mit hölzernen Bohlen verschaalt. Die Fugen der Verschaalung sind kalfatert und mit hölzernen Leisten benagelt. Zur Befestigung der Bohlen des Gediehles sind in die gemauerte Sohle des Bassins Langschwellen c eingemauert, über welche Zangen d von starken Bohlen eingelassen sind. Die Verschaalung der Seitenwände ist an den in das Mauerwerk derselben vertikal eingesetzten starken Dübelhölzern e befestigt. Der parallelepipedische unten offene Windkasten besteht sowohl in seinen Wänden als in seiner Decke aus einzelnen gußeisernen Platten. Die Seitenplatten sind an ihren vertikalen Stößen auf der innern Seite des Kastens mit vorstehenden durchlochten Rändern versehen, mittelst welcher sie durch Schrauben an einander geschraubt sind. Eben solche vorstehende durchlochte Ränder haben diese Seitenplatten auch an ihren obern horizontalen Seiten, auf welchen die Deckplatten des Windkastens festgeschraubt sind. Ehe die Platten in ihren Falzen fest zusammengeschraubt werden, legt man in letztere mit Kitt betünchte Hanfstreifen als Verdichtungsmittel ein. Der Windkasten steht auf allen 4 Seiten $2\frac{2}{3}$' von den Seitenwänden des Bassins (Wasserkastens) ab und ist von selbigen abgesteift. Zu diesem Zweck sind längs der Wände des Bassins, über den Schwellen c und Zangen d der Sohle desselben, gußeiserne Platten l lothrecht aufgestellt und befestigt, welche mit zwei hervortretenden Laschen versehen sind, in deren Schlitzlöcher die Spreitzen m mit ihren hintern Enden eingelegt werden. Mit ihrem vordern gabelförmigen Ende umfassen die Spreitzen m die lothrecht gegen den Windkasten, nach ihrer schmalen Seite (Dicke) gestellten, gußeisernen Zwingenplatten n und pressen letztere gegen die Seitenwände des Windkastens. Die oberen Spreitzen liegen zugleich mit dem gabelförmigen Ende $1\frac{1}{2}$'' auf den Deckelplatten des Windkastens, die unteren aber, welche mit ihrer unteren Kante in gleicher Höhe mit der Unterkante des Windkastens (13'' von der Sohle des Bassins) sich befinden, sind mit ihrem gabelförmigen vordern Ende auf einer an den Zwingenplatten n unten auf einer Seite angeschraubten Lasche o aufgelagert, die, weil sie breiter ist als die Zwingenplatten n, zugleich dem Windkasten, an dem untern Rande der Seitenplatten desselben, zum Auflager dient. Auf der Deckplatte des Windkastens sind 2' $1\frac{1}{2}$'' hoch Werksteine (oder in deren Ermangelung Mauerwerk) aufgeführt, theils zur Beschwerung, theils um den ganzen Windkasten in lothrechter Richtung zu erhalten. Von diesem Mauerwerk ist bis zur Umfassungsmauer des Bassins ein um den ganzen Windkasten herumgehendes Gewölbe gespannt, welches den zwischen dem Windkasten und den Bassin-Wänden befindlichen Raum überdeckt. Das Gewölbe sowohl als das Deck- oder Mauerwerk auf der Deckplatte des Windkastens ist bis zur Hüttensohle mit Erde ausgefüllt, und darüber mit Feldsteinen gepflastert. Durch die Röhre f wird nöthigenfalls (bei Reparaturen) das Wasser aus dem Bassin abgelassen, vermittelst der Röhre f' wird das Bassin etwa bis zur halben Tiefe mit Wasser gefüllt. Die beiden Röhren-Oeffnungen i i communiciren mit den Windleitungs-Röhren vom Gebläse, indem sie die Gebläseluft in den Windkasten führen. Durch die auf die runden Oeffnungen i'i' vermittelst Schrauben zu befestigenden Röhren wird die in dem Windkasten regulirte Gebläseluft den Düsen zugeführt. Die beiden luftdicht zu verschließenden Oeffnungen kk dienen als Einsteige- oder Fahrlöcher, um in den Windkasten bei vorkommender Schadhaftigkeit gelangen zu können (§. 598.).

Tafel X.

Fig. 1—4. Gebläse-Cylinder auf der Laurahütte in Oberschlesien.

Fig. 1. Profil des Gebläse-Cylinders in seiner vollständigen Zusammensetzung mit den Ventilkasten und Ausblase-Communications-Röhren d nach der gebrochenen Linie CDEF in Fig. 3. Fig. 2. Profil nach der Linie AB in Fig. 3. durch die Axen der Ausblase-Communicationsröhren d. Fig. 3. Ober-Ansicht des Cylinders mit dem obern Ventilkasten k. Fig. 4. Ober-Ansicht des Untersatzes b Fig. 1. 2. 3.

Der Untersatz oder das Bodenstück b, worauf der Gebläse-Cylinder mit seinem unteren vorstehenden Rande festgeschraubt ist, ruht auf einem Pfeiler von Quadersteinen. Er bildet den Boden des Gebläse-Cylinders und hat eine concentrische Vertiefung i Fig. 4., welche 3 Ausmündungen llm enthält, von denen die beiden einander gegenüberstehenden ll, von oblongem Querschnitt, die Sauge-Ventilklappen für die Luft unterhalb des Kolbens enthalten und zugleich auch zur Reinigung des Cylinders dienen können. Die dritte Ausmündung m, ebenfalls von oblongem Querschnitt, dient zum Ausströmen des Windes unterhalb des Gebläsekolbens in den untern Ventilkasten k und ist zu diesem Behuf mit letzterem durch Schrauben verbunden.

Der Deckel des Gebläse-Cylinders besteht aus zwei Theilen n und p. Der Theil n, ein ringförmiges Stück von gleichem innern Durchmesser und gleicher Eisenstärke mit dem Cylinder, hat nach der Seite des obern Ventilkastens k eine Ausmündung o von oblongem Querschnitt und ist mit diesem, durch ein besonderes eingeschobenes Zwischenstück q, und mit dem Ventilstück r, vermittelst Schrauben verbunden. Die Verbindung des Ringstücks n mit dem Gebläsecylinder geschieht durch Schrauben, durch den obern hervortretenden Rand des Cylinders und den untern hervortretenden Rand des Ringstücks.

Der Theil p, welcher den eigentlichen Deckel des Gebläse-Cylinders bildet, greift zum größten Theil in das Ringstück n hinein, und ist mit seinem obern vorstehenden Rande vermittelst Schraubenbolzen an demselben befestigt. Dieser Deckel ist in der Mitte mit einem kleinen angegossenen hohlen Cylinder, der Stopfungsbüchse, versehen, durch welche sich in darin angebrachter Liederung die Kolbenstange luftdicht bewegt. Der kleine Rand g wird mittelst 4 kleiner Schrauben mit der eigentlichen Stopfungsbüchse verbunden. Zur Aufnahme der Saugventile für die Luft, oberhalb des Kolbens, sind an dem Deckel 4 kleine Cylinder f von 18 Zoll lichtem Durchmesser angegossen, an deren oberem hervorragenden Rande die kleinen cylinderförmigen Einsatzstücke, mit ihrem ebenfalls hervorragenden Rande, durch 4 kleine Schrauben befestigt sind, welche, wie im Profil Fig. 1. durch punctirte Linien angedeutet ist, in die Cylinder f hineingepaßt sind, und darin mit ihrem unteren Rande den Anschlag für die Ventilscheiben s bilden. Diese Ventilscheiben werden durch 4 zugehörige Hebelsysteme vermittelst der Gegengewichte a im annähernden Gleichgewicht erhalten, so daß solche nur schwach gegen ihre zugehörigen Ansätze gepreßt werden, da dies im hinreichenden Maaße durch den gepreßten Wind bei der Heraufbewegung des Kolbens geschieht, bei Herunterbewegung der Kolben sich aber eben so leicht öffnen können. Durch die 4 Röhren d d d d, welche zwischen dem obern und untern Windkasten k k in die zu diesem Zweck an den Windkasten angegossenen kurzen Ansätze luftdicht eingesetzt sind, wird der Wind bei dem Erheben des Kolbens aus dem obern Windkasten dem untern zugeführt, wo er dann weiter durch die Ausblaseröhre e zur Düse (oder zum Regulator u. s. f.) gelangt. In dem obern Windkasten sowohl wie in dem untern befinden sich zwei Ventilklappen b b und b′ b′, zu welchen man, bei etwaiger Schadhaftigkeit durch die mit einer Deckplatte c luftdicht verschlossene oblonge Oeffnung gelangen kann, indem man die Schrauben löst, mit welchen die Platte c angeschraubt ist. Fig. 4 *a* und 4 *b* zeigen eine solche Ventilklappe, erstere im Profil, letztere in der Ansicht, nach doppeltem Maaßstabe.

Die Kapseln t, t, t, t auf dem obern Windkasten über den Röhren d, d, d, d werden herausgenommen, wenn die Röhren gereinigt werden sollen.

Fig. 5—10. Gußeiserner Blase-Cylinder auf der Hütte zu Lavoulte (Ardèche) in Frankreich.

Fig. 5. Der Vertikal-Durchschnitt des Cylinders durch seine Axe zeigt zugleich den Längen-Durchschnitt des obern und untern Windkastens a und a′. Die Windkasten, von denen der obere auf der gußeisernen Deckplatte c, der untere aber unter der Bodenplatte d des Cylinders angeschraubt ist, enthalten jeder 3 Einlaß- und 3 Auslaß-Ventilklappen, welche erstere mit d d′ und letztere mit e und e′ bezeichnet sind. Das an einer Kette hängende Gegengewicht f bewirkt das Verschließen der unteren Einlaß-Ventilklappen beim Niedergange des Cylinderkolbens. Beide Windkasten communiciren durch die aus Eisenblech construirte Röhre g, welche vermittelst der Hauptröhre h den verdichteten Wind nach dem Regulator führt. Die äußere Ansicht des obern Windkastens von der Einlaß-Seite für den Wind zeigt Fig. 6.; die innere Ansicht desselben von der Auslaß-Seite zeigt Fig. 8., und Fig. 7. einen horizontalen Querschnitt nach der Linie AB in Fig. 5.

Die mit einer angeschraubten Platte luftdicht verschlössene Oeffnung i der Deckplatte des Cylinders, dient zum Einsteigen bei vorkommenden neuen Liederungen des Kolbens. Der Kolben, welcher im Durchschnitt des Cylinders Fig. 5. im mittlern Durchschnitt zu sehen ist, und wovon Fig. 9. ein Stück Profil und Fig. 10. einen Theil der obern Ansicht nach einem größern Maaßstabe, mit seiner Liederung darstellt, besteht aus einer gußeisernen auf beiden Seiten mit centrischen Rippen verstärkten Platte. Die oberen und unteren Rippen liegen in Abwechselung gegen einander. Der Rand dieser kreisrunden Kolbenplatte bildet, wie Fig. 9. zeigt, einen doppelten Hals d mit einer auf beiden Seiten bis zur Höhe der Rippen sich erhebenden concentrischen Hervorragung e. In die hierdurch zwischen dem Hals d und der Hervorragung (Feder) e, auf beiden Seiten der Kolbenplatte sich bildende Vertiefung, welche ausgedreht ist, werden Lederstreifen f f eingelegt, die sich ungefähr 1½ Zoll gegen die innere Cylinderwand erheben. Die Lederstreifen werden durch 8 Segmente von Gußeisen, vermittelst durchgehender Schraubenbolzen b, in die genannten Vertiefungen hinein und fest angepreßt. Die Bolzen b haben in ihrer Mitte einen kurzen rechtwinklicht hervortretenden Ansatz, mit welchem sie, nachdem sie durch die dazu bestimmte Oeffnung c in die Vertiefung der Cylinderplatte hineingesteckt sind und hier eine viertel Kreiswendung in einer dazu angebrachten Seiten-Oeffnung gemacht haben, sowohl gegen die obere als gegen die untere Seite der Kolbenplatte Widerstand leisten, und daher, bei Anschraubung der oberen und unteren Mutter, in unverrückbarer fester Lage nach vertikaler Richtung erhalten werden (§. 589.).

Fig. 11—13. Eine Stopfungsbüchse für die Kolbenstange der Blase-Cylinder (§. 591.).

Fig. 10. Obere Ansicht des Deckels a im Profil Fig. 12; Fig. 12. Profil der Stopfungsbüchse, zeigt die Kolbenstange d, den Deckel a und die Schraubenbolzen b, mit welchen der Deckel a gegen die Stopfungsbüchse e angezogen wird. Diese Schraubenbolzen sind an ihrem untern Ende mit einem Oehr versehen, mit welchem sie über die beiden an der Stopfungsbüchse angegossenen Knöpfe c übergreifen und so mit der Stopfungsbüchse fest verbunden sind und eben so leicht auch wieder gelößt werden können.

Fig. 14. Profil durch die Axe eines andern Gebläse-Cylinders von Gußeisen. Sowohl der obere als untere Windkasten sind, ersterer mit der oberen oder der Deckplatte, letzterer mit der Bodenplatte des Cylinders in einem Stück gegossen. In diesen Windkasten sind die Einlaß-Ventilklappen aa und bb angebracht, die Auslaß-Ventilklappen c und d befinden sich in besondern an den Windkasten angeschraubten kurzen Röhrenstücken e und f. Durch diese Ventilröhrenstücke wird der gepreßte Wind der Communications-Röhre g zugeführt, von wo er weiter nach dem Regulator geleitet wird. Der Cylinderkolben besteht aus einer gußeisernen Platte i, oberhalb welcher Verstärkungsrippen h centrisch gegen eine von dem Rande der Kolbenplatte 6 Zoll nach Innen zurücktretende und 8 Zoll hohe concentrische Rippe k auslaufen. Der Raum zwischen dieser letztern Rippe k und dem Rande der Kolbenplatte dient zur Befestigung der Kolbenliederung. Diese Liederung besteht aus ringförmigen Lederstreifen, zwischen welchen 2 übereinander gelegte segmentförmige Holz- oder besser Korkstreifen eingepaßt und gegen die concentrische Rippe k gelegt werden. Mit ihren äußern Rändern umschließen die Lederstreifen die Korksegmente, und indem sie sich gegen die innere Cylinderfläche anlegen, nähern sich ihre Ränder dieser Fläche bis auf $\frac{1}{4}$ Zoll. Auf die oberen Lederringstreifen wird ein gußeiserner concentrischer Ring m aufgelegt und mittelst kleiner Schraubenbolzen gegen die Liederung und die Kolbenplatte fest angezogen, wodurch zugleich die scharfe Anpressung der Liederung gegen die innere Cylinderfläche bewirkt wird.

Tafel XI.

Fig. 1. 2. Ein Trocken=Regulator.

Fig. 1. Ober=Ansicht. Fig. 2. Vertikal=Durchschnitt des Regulators nach der Linie AB in Fig. 1.

Der Regulator hat die Gestalt eines gewöhnlichen Gebläse-Cylinders, mit dem Unterschiede daß ersterer zwar mit einem Boden, aber nicht mit einem Deckel versehen ist. In dem genau concentrisch ausgebohrten Cylinder bewegt sich ein schwerer Kolben von ganz gleicher Construction und Liederung, wie bei den Gebläse=Cylindern, auf und nieder. Damit der Kolben bei seinem Auf= und Niedergange durch die verschiedene Pressung der Luft im Regulator stets in horizontal schwebender Bewegung erhalten werde, ist er mit einer Kolbenstange b verbunden, welche an dem Kolben vermittelst des Keiles d befestigt ist. Die Kolbenstange bewegt sich innerhalb einer an dem obern Rand des Regulator=Cylinders befestigten Leere e. Damit der Kolben bei einer starken Pressung des Windes nicht herausgehoben werde, ist mit demselben ein Sicherheitsventil (Kegelventil) c verbunden. Das Ventil c ist mittelst der Stange g mit einem doppelarmigen Hebel f, welcher seinen Stützpunct innerhalb des Schlitzes des mit dem Kolben durch Schrauben verbundenen kleinen Ständers h erhält, in Verbindung gesetzt. Sobald der Kolben durch eine ungewöhnlich starke Luftpressung in dem Regulator zu hoch gehoben wird, so berührt der freie Hebelsarm die Unterseite des Riegels e, welcher die Leere der Kolbenstange bildet, und öffnet dadurch das Sicherheits=Ventil c. In dem Boden des Regulators befinden sich zwei Oeffnungen a, a, von denen die eine mit der Windleitungsröhre vom Gebläse, die andere mit der, welche den Wind aus dem

Regulator zur Düse, oder zum Wind-Erhitzungs-Apparat führt, in Verbindung steht. Die Windleitungsröhren sind an dem vorstehenden Rand der eben genannten Oeffnungen luftdicht festgeschraubt (§. 597.).

Fig. 3—7. Regulator mit unveränderlichem Inhalt. Fig. 3. äußere Ansicht des Regulators, Fig. 4. ein Theil des Grundrisses desselben nach der Linie AB in Fig. 3.; Fig. 5. Seiten-Ansicht des Untersatzes und der Haupt-Windleitung an demselben; Fig. 6. ist im untern Theil Profil, im obern Theil äußere Ansicht des oben auf dem Regulator angebrachten Sicherheits-Ventiles nach doppeltem Maaßstabe. Fig. 7. ist ein Stück Profil des Sockels durch dessen Einsteigethür genommen, ebenfalls im doppelten Maaßstabe.

Der Regulator bildet eine aus einzelnen horizontalen Zonen von Eisenblech zusammengesetzte und in der Zusammensetzung luftdicht vernietheте Kugel. Jede Zone besteht hier aus 36 an einander genietheten Eisenblechtafeln von $2\frac{1}{2}$ Linien Dicke. Jede Hälfte des kugelförmigen Regulators ist zuvor für sich in den einzelnen Zonen angefertigt, und dann erst werden beide Halbkugeln mittelst eines Gurtbandes von starkem Eisenblech, welches die Ränder der beiden Halbkugeln übergreift, mit einander verbunden und durch Nieten befestigt. Vermittelst der beiden, an der untern Hälfte des kugelförmigen Regulators luftdicht durch kleine Schrauben befestigten gußeisernen Röhren aa, wird die verdichtete Luft aus dem Gebläse dem Regulator zugeführt. Der Regulator steht auf einem cylindrischen Sockel von Gußeisen, mit welchem er luftdicht verbunden ist und zugleich mit ihm communicirt. An der Seite des Sockels, welcher auf einer, auf einem festen Fundament befestigten Sohlplatte angebolzt ist, befindet sich eine angegossene kurze Ansatz-Röhre, mit welcher die Haupt-Windleitungsröhre b, welche den Wind aus dem Regulator abführt, verbunden ist. Die Haupt-Windleitungsröhre b ist auf der Hütte zu Decazeville, wo sich dieser Regulator befindet, aus zwei halben Cylindern, die von einzelnen Eisenblechtafeln zusammengesetzt sind, vermittelst Bändern von Schmiedeeisen zusammen verbunden. An der Seite des Sockels ist eine luftdicht schließende Einsteigethür e angebracht, um vermittelst dieser in das Innere des Regulators und in die Haupt-Windleitungsröhre gelangen zu können, wie in Fig. 7. zu ersehen ist. Das oben auf dem Regulator angebrachte Sicherheits-Ventil, welches Fig. 6. in doppeltem Maaßstabe noch deutlicher darstellt, wird über seinem Deckel mit gußeisernen, auf den kleinen Kolbenstiel aufgesteckten Ringen d, der Pressung des Windes in dem Regulator angemessen, beschwert (§. 595.).

Fig. 8. 9. Regulator mit unveränderlichem Inhalt in Form eines Sphäroids. Fig. 8. Längen-Ansicht. Fig. 9. Stirn-Ansicht des Regulators. Er ruht auf zwei niedrigen gußeisernen Sockeln, welche durch gute Fundamente unterstützt sind. Die Länge oder die große Axe des Regulators beträgt 30 und die Höhe oder die kleine Axe desselben 20 Fuß. Durch die mit dem Regulator luftdicht verbundenen Röhren a a, wird demselben von den Gebläse-Cylindern die verdichtete Luft zugeführt. Die in der Mitte des Regulators angebrachte Röhre führt den Wind aus demselben der Düse zu. Oben auf dem Regulator ist ebenfalls ein Sicherheits-Ventil angebracht, welches mit einem kleinen doppelarmigen Hebel verbunden ist, welcher der erforderlichen Winddichtigkeit gemäß beschwert wird (§. 595.).

Fig. 10—14. Vorrichtung zur Erhitzung der Gebläseluft durch die Gichtflamme. Fig. 10. Durchschnitt des Apparats nach der Linie AB in Fig. 12.; Fig. 11. Hinter-Ansicht; Fig. 12. Horizontaler Durchschnitt nach CD in Fig. 11.; Fig. 13. Ober-Ansicht desselben. Fig. 14. Querschnitt der gußeisernen Erhitzungs-Röhren in ihrer Zusammensetzung.

Der Erhitzungs-Apparat besteht aus einem an der Gicht a anstoßenden von feuerfesten Steinen aufgeführten gut verankerten Ofen. Von der Gicht an hat er eine Höhe von 8′ 5″ und an seiner Grundfläche ist er 8′ 6″ lang und 8′ 3″ breit. Der Ofen ist oben mit einer gußeisernen Deckplatte p bedeckt und geschlossen, welche nahe in ihrer Mitte mit einer 6″ im Quadrat großen Oeffnung v, die zur Reinigung der gußeisernen Röhren dient, und außerdem noch mit einer 16″ im Quadrat großen Oeffnung für den Schornstein q versehen ist, welcher die aus der Gicht in den Luft-Erhitzungs-Apparat eingetretene Flamme, nachdem solche den größeren Theil ihrer Hitze an die gußeisernen Luft-Erhitzungsröhren abgesetzt hat, abführen soll. Der Schornstein ist unmittelbar auf der Deckplatte p, und über derselben 5′ hoch aufgeführt und gut verankert. Der obere Rand des Schornsteins ist mit einer gußeisernen Platte w bedeckt, welche eine 16″ im Quadrat große Oeffnung für die Schlotte hat, die zugleich zur Befestigung des kleinen Ständers y dient, in welchem der Hebel x mittelst der Zugstange z zur Verschließung der Schlotte mit der Verschlußplatte r bewegt wird. Außerhalb des Schornsteins ist die Deckplatte p mit einer Ziegelschicht bedeckt, um die Abkühlung der Platten durch die äußere Luft zu verhindern. In der an der Gicht zunächst anstoßenden Mauer des Apparats befindet sich der schräg aufwärts führende Fuchs b, durch welchen die zum Erhitzen des Windes erforderliche Flamme aus der Gicht in den Wärme-Ofen tritt. Damit dies vollständig bewirkt werde, erweitert sich die Gicht halsförmig in der Breite des Fuchses, wie in Fig. 10. 12. und 13. bei c zu ersehen ist. Ueber der äußern Oeffnung stützt sich das Mauerwerk des Wärme-Ofens auf einem dazu eingelegten gußeisernen Balken α. Um die Hitze in dem Wärme-Ofen verstärken zu können, ist über dessen Sohle eine mit einem Rost versehene Feuerung und eine dazu erforderliche Einheitzthür angebracht, wie solches aus Fig. 10. hervorgeht. Die gußeisernen Winderhitzungs-Röhren i, welche 6' 1" lang, 7" im Lichten weit sind und $1\frac{1}{8}$" Eisenstärke haben, werden nur auf eine Länge von 4' von der Flamme berührt, indem sie mit dem übrigen Theil ihrer Länge in den beiden Scheidewänden f, f, die ihnen zum Auflager dienen, eingemauert sind. Sie liegen aber nicht unmittelbar auf dem Mauerwerk dieser Scheidewände, sondern auf den gußeisernen durchgehenden Platten h mit ihren Hälsen auf. Die Hälse oder Muffen k der Röhren i, welche die Knieröhren l aufnehmen und dadurch eine fortlaufende Röhrenleitung bilden, lassen zwischen sich und diesen einen leeren Raum von $\frac{3}{8}$", welcher mit Eisenkitt luftdicht ausgefüllt wird. Um diesen leeren Zwischenraum von gleicher Weite bei der Zusammensetzung der Röhren zu bewirken, bedient man sich dreier Stellschrauben, Fig. 14., welche zugleich zur Befestigung der Röhren-Verbindung dienen. Die der Gicht zunächst liegende Mauer e und die derselben gegenüberliegende e' sind die beiden stärksten Außenmauern des Wärm-Ofens; die beiden Seitenmauern o o sind nur von geringer Dicke, weil sie nur dazu dienen, den Raum für die Knieröhren l zu schließen und sie vor Abkühlung zu sichern, indem die Scheidewände f f schon mit zur festen Verbindung des Ofens beitragen. In Fig. 10. und 11. sind t t mit gußeisernen Platten eingefaßte und mit Schiebern versehene Oeffnungen, um die Röhren von dem sich öfter auf ihnen ansammelnden Gichtsande zu reinigen. Vermittelst der Aschenfallthür kann der durch den Rost durchfallende Gichtsand zugleich mit der Kohlen-Asche von der Hülfefeuerung herausgeschafft werden. Die beiden Oeffnungen β Fig. 10., welche auf Fig. 13. punctirt angegeben und welche mit ähnlichen Schiebern, wie die unter t bezeichneten, verschließbar sind, dienen dazu, atmosphärische Luft in den Apparat hineinzulassen, um die vollkommnere Verbrennung der mit der Gichtflamme verbundenen brennbaren Gase zu bewirken und dadurch den Grad der Temperatur zu bestimmen, bis zu welchem der Wind erhitzt werden soll. Die Röhre n Fig. 12. führt die kalte Luft von dem Gebläse in die innern Röhren des Wärm-Ofens. Wie die Wärmröhren innerhalb des Wärm-Ofens mit einander communiciren, ist aus den Figuren 10. 11. 12. ersichtlich. Die comprimirte kalte Luft tritt aus der Einmündungs-Röhre n in die Röhre No. 1. Fig. 10., durchläuft dann, indem sie fortwährend an Erhitzung zunimmt, nach der Reihefolge die Röhren No. 2. 3. 4. ꝛc. und nimmt zuletzt, wenn sie den höchsten Grad der Erhitzung erreicht hat, ihren Ausweg aus dem Wärm-Ofen durch die Röhre No. 16., von wo sie vermittelst m Fig. 12. der Düse zugeführt wird (§. 601.).

Tafel XII.

Fig. 1—4. Doppelt wirkendes hölzernes Kasten-Gebläse. Fig. 1. Stirn- oder Quer-Ansicht und Fig. 2. Längen-Ansicht des Gebläses. Fig. 3. Ober-Ansicht und Fig. 4. Vertikal-Durchschnitt des Gebläsekastens. Der viereckige Gebläsekasten a besteht aus hölzernen Wänden, welche, in derselben Art wie bei Tafel VII. Fig. 1 — 9. erwähnt worden, aus doppelt über einander geleimten Brettern construirt sind. Der Gebläsekasten besteht also eigentlich aus zwei in einander geschobenen und aneinander geleimten hölzernen Kasten, von denen der innere aus Elsen- oder Birnbaumholz, der äußere aber aus astfreiem reinem Kiefernholz zusammengesetzt ist. Das 1 zöllige Längenholz (die Jahre des Holzes) des innern Kastens ist in vertikaler, also mit der Bewegung der Kolben gleichlaufender Richtung auf den innern Seiten des äußern Kastens aufgeleimt (fournirt), wodurch ein luftdichtes Anschließen der Kolbenliederung bezweckt wird. Der äußere Kasten besteht aus $1\frac{1}{2}$ zölligen horizontal zusammen gespundeten und verleimten Brettern, welche an den Ecken des Kastens, nachdem vorher die Seitenwände des innern Kastens einzeln aufgeleimt worden, mit sogenannten verzinkten Zapfen mit einander verbunden sind. Da das Gebläse doppelt wirkend ist, so erhält der Gebläsekasten einen Deckel b und einen Boden c. Beide sind bei diesem Gebläse von Gußeisen und haben, der Deckel auf der oberen, der Boden auf der unteren Seite zwei diagonal sich kreuzende Verstärkungsrippen. Der Deckel ist auf seiner unteren und der Boden auf seiner oberen Seite mit einem zwei Zoll hervortretenden angegossenen Rande versehen, mit welchem beide die vier Wände des hölzernen Gebläsekastens oben und unten fest und luftdicht übergreifen und einschließen. Der Deckel und der Boden des Gebläsekastens sind mittelst langer Schraubenbolzen d mit einander fest vereinigt und dadurch luftdicht mit dem obern und untern Rande des Gebläsekastens verbunden. Auf der oberen Seite des Deckels b ist der Windkasten e, und an der unteren Seite des Bodens c der Windkasten f angegossen. In beiden Windkasten, so wie in dem Deckel und in dem Boden des Gebläsekastens befinden sich die mit Ventilklappen k und i versehenen Ventilöffnungen. Durch erstere strömt die über dem Kolben verdichtete Luft in den Windkasten e und durch letztere die unter dem Kolben verdichtete Luft in den Windkasten f. Beide Windkasten e und f communiciren durch die luftdicht eingesetzte Röhre l. Um zu den Ventilen k und i in den Windkasten gelangen zu können, sind an dem obern Windkasten lothrecht über dem Ventil k, und bei dem untern Windkasten lothrecht unter dem Ventil i, Oeffnungen angebracht, welche durch luftdicht angeschraubte Platten h und h' geschlossen werden. (Fig. 1. 2. 3.). Zum Einströmen der atmosphärischen Luft in den Raum des Gebläsekastens über dem Kolben ist die Ventil-Oeffnung m in dem Deckel, und zum Einströmen unter dem Kolben die Ventil-Oeffnung n in dem Boden bestimmt. Um leichter zu schließen, ist die Ventilklappe m an dem Deckel des Gebläsekastens, und die Ventilklappe i am Boden desselben, innerhalb des unteren Windkastens, mit einem Gegengewicht mittelst der Hebel o und g versehen.

Der Kolben besteht aus einer von 2″ starken astfreien kiefernen Bohlen zusammengespundeten und verleimten Platte p. Auf dieser Platte ist ein aus $\frac{3}{4}$zölligen Brettern zusammengesetzter Rahmen s, und unter derselben ein eben solcher Rahmen r von $1\frac{1}{4}$zölligen Brettern, mittelst durch beide Rahmen und durch die Platte hindurchgehender kleiner Schraubenbolzen in der Art befestigt und verleimt, daß beide Rahmen auf allen 4 Seiten 3″ vor der äußern Kante der Platte p hervortreten. Hierdurch bildet sich an der äußern Kante der Platte p und zwischen den Rahmen r und s eine Nuth, in welche die weißbuchenen Liederungsleisten u (Fig. 4.) eingelegt sind, und mittelst Federn, von der Platte p aus, gegen die innern Wände des Gebläsekastens gedrückt werden. In der Richtung ihrer Länge werden diese Liederungsleisten durch Spannfedern auseinandergezogen und dadurch gegen die Ecken des Gebläsekastens gepreßt. Der obere Rahmen s ist, bündig mit der Kolbenplatte p mit einer Brettverkleidung ausgefüllt, eben so auch der untere Rahmen r mit der Unterseite der Platte p, wodurch nicht allein der Kolben mehr Festigkeit und eine größere Dicke zur bessern Befestigung der Kolbenstange erhält, sondern auch der schädliche Raum über und unter dem Kolben vermindert wird. In der Mitte des Kolbens ist eine gußeiserne kegelförmige Hülse, welche durch die ganze Dicke des Kolbens reicht, von unten nach oben eingesetzt, und mittelst Schraubenbolzen befestigt, welche durch den unten an derselben hervortretenden Rand und durch den Kolben hindurchgehen. Zur Aufnahme der Kolbenstange ist die Hülse konisch ausgebohrt, und die Kolbenstange mit ihrem konischen Theil darin eingeschmirgelt und mittelst eines Splintes befestigt. Die in ihrer ganzen Länge unterhalb des Kolbens $2\frac{1}{8}$″ starke Kolbenstange verlängert sich oberhalb desselben in der Stärke von nur $1\frac{1}{2}$″ und geht durch die in der Mitte des Deckels des Gebläsekastens befindliche Oeffnung in einer solchen Länge hindurch, daß das über dem Deckel hervorragende

Ende derselben noch 12″ über den Deckel des Gebläsekastens hinausreicht, wenn der Kolben seinen tiefsten Stand erreicht hat. An diesem obern Ende der Kolbenstange ist eine starke Oese angebracht, welche unten mit einer bundförmigen Mutter versehen ist, mittelst welcher dieselbe an der am obern Ende der Kolbenstange angedrehten Schraube festgeschraubt ist. Dies ist nothwendig, damit die Kolbenstange, bei ihrer Befestigung in dem Kolben, nach Abschraubung der mit dem Mutterbunde versehenen Oese, mit ihrem obern schwächeren Theil durch die Hülse des Kolbens durchgesteckt werden kann. An der Oese ist ein breites und starkes hanfenes Gurtband q befestigt, welches um eine Leitrolle t geführt, an dem andern Ende ein Gewicht von etwa 2 Ctr. trägt, um dem Kolben, der Kolben- und der Bläuelstange mit Zubehör das Gleichgewicht zu halten und eine gleichförmigere Bewegung des Kolbens hervorzubringen. Auf dem Deckel des Gebläsekastens, so wie unter dem Boden desselben, sind Stopfungsbüchsen wie bei den gußeisernen Gebläse-Cylindern angebracht, in denen die Kolbenstange sich luftdicht bewegt. Das untere Ende der Kolbenstange ist mit einer runden Oese versehen, durch welche die sogenannte Mützenwelle u durchgeht, welche die Kolbenstange mit der Bläuelstange beweglich verbindet. Die hölzerne Bläuelstange hat zu diesem Zweck an ihrem obern Ende einen aus zwei Hälften bestehenden gußeisernen, mit zwei durchgehenden Schraubenbolzen befestigten Ansatz, an dessen beiden seitwärts sich ausbiegenden Enden zwei eiserne Bügel mit Stellkeilen befestigt sind, welche zwei Oesen bilden, durch welche die Mützenwelle u durchgeht und zwar so, daß die Oese der Kolbenstange sich in der Mitte zwischen beiden Oesen der Bläuelstange, auf der Mützenwelle befindet. Auf den beiden schwächeren runden Endzapfen der Mützenwelle sind 5 Zoll im Quadrat starke eiserne Scheiben aufgesteckt, und durch vorgesteckte Splinte durch die Zapfen gegen das Abfallen gesichert. Diese Scheiben bewegen sich bei der Auf- und Niederbewegung der Kolbenstange und Bläuelstange zwischen den dazu an den gußeisernen Leitschienen w angebrachten geschliffenen Falzen, wodurch die Mützenwelle gezwungen wird, die Kolbenstange senkrecht auf und nieder zu bewegen. Die oberen Enden der Leitschienen w, deren zwei Paar für jeden Gebläsekasten angebracht sind, erhalten ihre Befestigung an den Verstärkungsleisten des Bodens des Gebläsekastens mittelst Schraubenbolzen; mit ihren unteren Enden sind sie in die beiden, an den Gerüststielen x mit Schraubenbolzen befestigten Riegel z eingelassen und mit Schraubenbolzen befestigt. Innerhalb der beiden Riegel z und der beiden Gerüststiele x bewegt sich die Bläuelstange frei. Das Unterende der Bläuelstange erhält ebenfalls einen gußeisernen, mittelst Schraubenbolzen befestigten Ansatz, welcher, wie am obern Ende, mittelst eines durch eiserne Stellkeile befestigten eisernen Bügels, mit der Warze des Krumzapfens an der Vorgelegewelle beweglich verbunden ist. Auf der Vorgelegewelle, an deren beiden Enden sich die Krummzapfen zur Bewegung der beiden Bläuel- und Kolbenstangen für die beiden Gebläsekasten befinden, ist das gußeiserne Getriebrad befestigt, welches durch das auf der Wasserradwelle befindliche Getriebrad von gleichem Durchmesser in Bewegung gesetzt wird. Die beiden Gebläsekasten erhalten ihre feste Stellung sowohl durch die unter ihren Deckeln befestigten gußeisernen Leitschienen w, als auch durch die oben an den inneren Seiten der Gerüststiele x mittelst Schraubenbolzen befestigten starken hölzernen Laschen α, in welche Schlitze horizontal eingestemmt sind, in denen die Boden der Gebläsekasten mit ihren hervorragenden Rändern ein festes Auflager haben. Außerdem erhalten die Gebläsekasten auch noch dadurch eine feste Stellung, daß sie fest zwischen den Balken β eingeklemmt sind, und daß von den Schraubenbolzen, welche den Deckel der Gebläsekasten mit dem Boden derselben verbinden, diejenigen, welche sich zunächst der Balken β befinden, zugleich durch letztere durchgeführt sind. Die untern Windkasten f der beiden Gebläsekasten sind mittelst der beiden gußeisernen Windleitungsröhren γ mit der Röhre δ verbunden, welche den Wind beider Gebläse aufnimmt und vermittelst der mit dem Ansatz ε derselben verbundenen Röhrenleitung ζ weiter der Düse zuführt.

Da die Gebläsekasten doppelt wirkend eingerichtet sind und zwei dergleichen zugleich in Betrieb gesetzt werden, so läßt sich annehmen, daß auch, ohne Anwendung eines Regulators, der Wind mit hinlänglicher Gleichförmigkeit aus der Düse strömt. Uebrigens würden sich statt der viereckigen hölzernen Gebläsekasten auch hölzerne Cylinder dauerhaft construiren und sehr zweckmäßig in Anwendung bringen lassen, wodurch zugleich eine luftdichtere Kolbenliederung bewirkt werden könnte.

Die Wirkungsart dieser doppelt wirkenden hölzernen Kastengebläse ist dieselbe wie bei den doppelt wirkenden Cylindergebläsen. Bei dem Erheben des Kolbens verdünnt sich die Luft in dem Raum unterhalb desselben, die dichtere äußere Luft öffnet das Ventil bei n Fig. 4. und dringt in den Raum unter dem Kolben, so wie zugleich die dichtere Luft in dem untern Windkasten das Ventil c schließt. Ueber dem Kolben wird durch die Erhebung desselben die Luft im Gebläsekasten verdichtet, hierdurch schließt sich das Ventil bei m, und es öffnet sich das Ventil k innerhalb des obern Windkastens und die verdichtete Luft dringt aus dem obern Raum des Gebläsekastens in den obern Windkasten e, strömt durch die Röhre l und durch den untern Windkasten f nach der Röhre γ, von wo sie durch die Röhre δ der gemeinschaftlichen Röhre ζ und endlich der Düse zugeführt wird. Bei dem Niedergange des Kolbens findet das Oeffnen und Schließen der genannten Ventilöffnungen umgekehrt statt; die unterhalb des Kolbens verdichtete Luft strömt durch den untern Windkasten f vermittelst der Röhre γ und der folgenden δ, ζ der Düse zu (§. 585.).

Fig. 5 — 7. Apparat zur Erhitzung der Gebläseluft. Fig. 5. Längendurchschnitt nach der Linie AB in Fig. 7.; Fig. 6. Quer-Profil nach CD in Fig. 7., und Fig. 7. Grundriß nach EF in Fig. 6.

Der Heitzungs-Apparat bildet einen besondern, für sich bestehenden, außerhalb des Hütten-Gebäudes errichteten und mit einer gußeisernen Bedachung versehenen Ofen. Der in der Mitte des Ofens nach seiner Länge geführte Feuerungs-Raum a besteht aus einem, durch zwei hinter einander liegende Reihen von Roststäben gebildeten Rost, unter welchem sich der Aschenfallraum b befindet. Auf den Giebelseiten des Ofens sind innerhalb der Nieschen c die Einheitzöffnungen d angebracht, gegen deren unteren Kanten der Rost vertieft liegt. Zu beiden Seiten des Feuerungsraumes liegen der Länge nach in dazu gemauerten Kanälen die beiden an ihren Enden abgeschlossenen gußeisernen Röhren e und f Fig. 6., welche beide, damit sie nicht zu sehr von der Hitze leiden, durch eine Schicht feuerfester Ziegel g von dem Feuerungsraum getrennt sind. An jeder dieser beiden Röhren sind 14 dicht an einander befindliche kurze Ansatzröhren h gegossen, in welche eben so viel zweischenkliche, oben gebogene Röhren k mit den untern Enden ihrer Schenkel mittelst eines feuerfesten Kittes luftdicht eingesetzt sind. Diese Röhren k, durch welche die beiden Röhren e und f mit einander communiciren, bilden, längs ihrer Schenkel, durch die an denselben angegossenen Rippen i, zu beiden Seiten des Feuerraumes geschlossene Wände, durch welche die Flamme der Feuerung bis zu den gebogenen Theilen dieser Röhren zusammengehalten wird, wo solche dann zwischen diesen Röhrenbogen, bis wohin die Rippen i nicht reichen, ihren nächsten Ausgang nimmt. *)

*) Die Rippen dürfen jedoch nicht unmittelbar an einander stoßen, weil das ganze Röhrensystem durch die Ausdehnung bei starker Erhitzung verschoben werden könnte. Deshalb läßt man die Rippen zuweilen ganz fehlen, bei welcher Einrichtung jedoch der

Damit die Flamme noch mehr zurückgehalten und genöthigt wird, ihre Hitze an die Röhren k an der andern Seite derselben abzusetzen, sind solche in einer von feuerfesten Ziegeln aufgeführten Kapelle l eingeschlossen, so daß zwischen dieser und den Außenseiten der Röhren ein durchschnittlich 4" breiter Raum m gebildet wird, in welchen die Flamme, nachdem sie durch die Zwischenräume der obern Bogentheile der Röhren k gedrungen ist, treten muß. Zwischen den Längenwänden der Kapelle und den äußern Längenwänden des Ofens befindet sich ein $3\frac{1}{2}$" breiter Raum n (Fig. 5. u. 6.), welcher oberhalb der Kapelle überwölbt ist. Dieser Raum steht mit dem Raum m, vermittelst der unten in den Seitenwänden der Kapelle angebrachten Oeffnungen o in Verbindung und mündet zuletzt oben in die an den Giebelenden des Ofens aufgeführten Schornsteine p p Fig. 5. aus. Zwischen den Giebelwänden des Ofens und denen der Kapelle befinden sich die für sich abgeschlossenen Räume q q Fig. 5. 7., welche durch die eingeschlossene Luftschicht die Abkühlung der daran liegenden Kapellenwände verhindern. Die von dem Gebläse durch die Röhren r zugeführte kalte Luft wird vermittelst der communicirenden Röhren t und s Fig. 6. in die Röhre f geleitet, durchströmt von hier aus sämmtliche Röhren k, wird hier erhitzt und vereinigt sich dann als erhitzte Luft in der Röhre e; von dort aus durchströmt sie die communicirenden Röhren w, v, z, und wird endlich durch die Röhre x der Düse zugeführt. Soll die kalte Luft nicht erhitzt werden, also den Wärmofen nicht durchströmen, so werden die Ventile in den Röhren t und v durch die Vorrichtungen bei α und β geschlossen, das Ventil bei γ geöffnet, wodurch dann die kalte Luft, von der Röhre r aus, die Röhre y durchströmt und dann durch die Röhren z, x der Düse zugeführt wird (§. 601).

---

obere, gebogene Theil der Schenkelröhren k weniger stark erhitzt wird.

Fig. 8—11. Vorrichtung zur Erhitzung der Gebläseluft bei Kupolöfen; auf der Eisengießerei zu Berlin. Fig. 8. Vertikal-Durchschnitt nach AB im Grundriß Fig. 10. und nach IK, LM in Fig 9.; Fig. 9. Vertikal-Durchschnitt nach CD, EF in Fig. 8. und nach GH in Fig. 10.; Fig. 10. Grundriß nach NO in Fig. 8. von dem Kupolofen nebst der Wind-Erhitzungs-Vorrichtung.

Im Inneren des Schornstein-Mantels a ist lothrecht über der Gicht des Kupolofens, auf den beiden mit Verstärkungsrippen versehenen eingemauerten gußeisernen Balkenplatten b, und auf den quer darüberliegenden Platten c, 2½′ über der Gicht, eine 2 Fuß im Quadrat im Lichten weite Schlotte d von Mauerziegeln aufgeführt, deren obere Oeffnung in den Schornstein mündet. Innerhalb dieser Schlotte sind zwei mit parallelen Schenkeln von gleicher Länge versehene, im Lichten 5½″ weite gußeiserne gebogene Röhren e und f über einem eingemauerten eisernen Riegel g mit ihren gebogenen Theilen lothrecht aufgehängt. Die unteren Enden der vorderen Schenkel der beiden gebogenen Röhren e und f sind mittelst einer, an beiden Enden mit Muffen versehenen Knieröhre h (Fig. 8.) verbunden und mit feuerfestem Kitt luftdicht verkittet. Der andere Schenkel der Röhre f ist mit der gebogenen Röhre i, Fig. 8. 10 verbunden, welche, vermittelst der mit einander communicirenden Röhren k, l, m, n (Fig. 8.) die kalte Luft von dem Gebläse in die innerhalb der Schlotte d aufgehängten mit einander communicirenden Wind-Erhitzungsröhren e, f, h leiten. Durch das zweimalige lothrechte Aufsteigen und zweimalige Niedergehen in den 6′ langen Schenkeln der Röhren e und f, wird die kalte Gebläseluft hinlänglich durch die aus der Gicht des Kupolofens in die Schlotte d tretende Flamme erhitzt, welche letztere durch die drei etwas schräg aufgestellten gußeisernen Platten o, p, q zusammengehalten und in die Schlotte hineingeleitet wird. Die erhitzte Gebläseluft tritt aus dem rechten Schenkel der Röhre e Fig. 9. in die gebogene Röhre r, von dieser in die gebogene Röhre s, dann in die lothrechte mit einer sogenannten Schiebemuffe versehene Röhre t, von hier in die ebenfalls gegossene Schieberöhre u, aus welcher sie mittelst der blechernen Knieröhre v der Düse zugeführt wird. Innerhalb der Schlotte d sind die gebogene Verbindungsröhre b, so wie die Röhren r und i, unterhalb ihrer Muffen, durch den eingemauerten eisernen Riegel v unterstützt. Um nach Erforderniß größere Quantitäten Eisen in dem Kupolofen halten zu können, ist derselbe mit 3 senkrecht über einanderliegenden Formöffnungen α, β, γ, Fig. 8. 9., versehen, weshalb eine Vorrichtung angebracht ist, der Düse die erforderliche höhere oder niedrigere Stellung zu ertheilen. Dieses geschieht dadurch, daß die mit der Düse in Verbindung stehende Röhre u, (die Schieberöhre) in lothrechter Richtung in der Schiebemuffe w, wie das Profil A zeigt, verschiebbar ist. Zu diesem Ende ist die Röhre t, welche durch Verankerung in der anstoßenden Mauer eine für sich feste Stellung erhält, mit einer langen Muffe w versehen, deren lichter Durchmesser um 1 Zoll größer ist als der äußere Durchmesser der Schieberöhre u. Unten gegen die Randscheibe der Schiebemuffe w ist eine andere mit einer kurzen (3″ langen) ausgebohrten Röhre versehene Randscheibe x luftdicht angeschraubt, in deren Röhre die auf ihrer äußern Fläche abgedrehte Schieberöhre u genau passend eingeschmirgelt ist und auf diese Weise in der Schiebemuffe w, luftdicht schließend, lothrecht verschoben werden kann, weshalb auch die Randscheibe x mit ihrer kurzen Röhre luftdicht schließend 1″ tief in die Schiebemuffe w greift. Das Erheben und das Herunterlassen der Schieberöhre u geschieht mittelst der unter derselben angebrachten, mit Sperrrad und Sperrhacken versehenen Winde-Vorrichtung z, Fig. 9. Fig. 11. A ist die Ansicht dieser Winde von der Seite des Sperrrades, Fig. 11. B das Profil und Fig. 11. C die Vorder-Ansicht derselben, Fig. 11. D ist der Schlüssel, mit welchem die Welle des Windegetriebes und Sperrrades an dem viereckigen Zapfen a, gedreht wird. Vermittelst des Schlüssels *d* Fig. 8 — 10., wird die Düse y zum Theil in die Röhre v hineingezogen, wenn dieselbe eine höhere oder niedrigere Stellung erhalten soll, weshalb es nothwendig ist, daß sie in der Röhre v, wenn sie darin wieder vorwärts und in eine der Formen des Kupolofens hineingeschoben ist, luftdicht anschließt. Die Röhre m kann vermittelst des Ventiles s abgesperrt werden, wenn dieser Kupolofen außer Betrieb gesetzt und die Gebläseluft dem zweiten Kupolofen nur allein zugeführt werden soll (§. 601.).

Tafel XIII.

Fig. 1 — 5. Vorrichtung zur Erhitzung der Gebläseluft bei Kupolöfen; zu Gleiwitz.

Fig. 1. Vertikal-Durchschnitt nach IKLM in Fig. 2.; Fig. 2. Längen-Ansicht; Fig. 3. Grundriß nach OP in Fig. 2.; Fig. 4. Grundriß nach GH in Fig. 2. und Fig. 5. Vertikal-Durchschnitt nach ABCDEF in Fig. 2.

Unter einer gemeinschaftlichen, auf einem gußeisernen und von 10 gußeisernen Pfeilern getragenen Gebälk ruhenden Esse (Doppelesse) sind die beiden Kupolöfen A und B aufgestellt. Jeder dieser beiden Kupolöfen hat 2 einander gegenüberliegende sogenannte Wasserdüsen-Formen, durch deren hohle Räume, vermittelst der in Fig. 3. punctirt angedeuteten Röhrenleitungen, Behufs ihrer Abkühlung fortwährend Wasser zu- und abgeleitet wird. Innerhalb der beiden Essen, welche zusammen die Doppelesse bilden, sind bei dem Kupolofen A 2′ 7″ und bei dem Kupolofen B 1′ 7″ über der Gicht auf den gußeisernen Platten a, welche durch gußeiserne Consolen b unterstützt werden, besondere Erhitzungs-Räume (Kapellen) von feuerfesten Ziegeln aufgeführt, die in ihren Wänden gut verankert sind. Die Gewölbe c dieser Kapellen, welche die Gichtflamme etwas zurückhalten sollen, um die Erhitzung der innerhalb der Kapellen aufgestellten Luft-Erhitzungsröhren möglichst vollständig zu bewirken, haben nach der Seite der Stirnmauern der Kapellen schmale Ausschnitte, wie in Fig. 1. und auch in Fig. 2. punctirt angegeben ist, durch welche die Gichtflamme zuletzt in die Essen entweicht. In die Kapelle über der Gicht des Kupolofens A wird die Gichtflamme mittelst dreier auf der Gicht winkelrecht zusammengestellter gußeiserner Platten d, e, f geleitet (Fig. 1.). Bei dem Kupolofen B geschieht solches mittelst eines aufgestellten halben gußeisernen Trichters g (Fig. 5.). Innerhalb der Kapelle über der Gicht des Kupolofens A sind vier gebogene Röhren h, i, k, l aufgestellt, von denen l Fig. 4. mit der Röhre m, welche die kalte Luft vom Gebläse zuführt, communicirt. Die Röhre h communicirt mit ihrem einen untern Ende mit der aus zwei Theilen zusammengesetzten lothrechten Röhre n, diese wiederum mit der halbkreisförmig gebogenen horizontal um den Sockel des Kupolofens halb herumgeführten Röhre o, die mit den beiden lothrechten Röhren p und q in Verbindung steht, an denen die beiden Düsen angebracht sind. Die andern beiden untern Enden der beiden Röhren h und l sind mit den beiden Röhren i und k, so wie diese selbst durch Knieröhren mit einander verbunden, durch welche die Röhren h, i, k, l, zugleich ihre feste Stellung auf den Consolplatten a erhalten. Die kalte Luft strömt mittelst der Zuleitungsröhre m in den Erhitzungs-Apparat, durchströmt, während sie von der Gichtflamme erhitzt wird, nach den in Fig. 1., 4. mit einem Pfeil angedeuteten Richtungen, nach der Reihenfolge die Luft-Erhitzungs-Röhren l, k, i, h und wird von hier vermittelst der communicirenden Röhren n, o den beiden Düsenröhren p und q, und aus diesen den Düsen zugeführt. Auf dem Deckel des Düsenstockes q ist zugleich ein blecherner Kasten r für den Windmesser angebracht. In gleicher Art sind in der Erhitzungskapelle über der Gicht des Kupolofens B die beiden enggebogenen Röhren t, u, und die weitgebogenen Röhren v, w, x, welche an ihren untern Enden vermittelst Knieröhren, durch welche sie zugleich auf den Consolplatten a ihr Auflager erhalten, communiciren, in der Reihefolge t, o, v, w, x mit einander verbunden. Die kalte Luft vom Gebläse wird durch die Zuleitungsröhre s in die Erhitzungskapelle und zwar unmittelbar in die Röhre t geleitet; sie durchströmt, indem sie erhitzt wird, in den mit einem Pfeil angedeuteten Richtungen, nach der Reihefolge die Röhren o, v, w, x, von letzterer x gelangt sie mittelst der kurzen vertikalen Röhre y nach der halbrundgebogenen über der Gichtplatte liegenden Röhre z, von wo sie durch die beiden lothrecht geführten Röhren tz nach den Düsen strömt (§. 601.).

Fig. 6 — 9. Vorrichtung zur Erhitzung der Gebläseluft bei den Kupolöfen, zu Saynerhütte.

Fig. 6. Aeußere Ansicht dieser Vorrichtung mit Fußgestell, Fig. 7 Vertikal-Durchschnitt nach AB in Fig. 8.; Fig. 8. Horizontaler Querschnitt nach EF in Fig. 6. und 7.; Fig. 9. Vertikaldurchschnitt des untern Kastens B nach CD in Fig. 8.

Der Apparat besteht aus zwei hohlen ringförmigen 7″ im Quadrat im Lichten weiten gußeisernen Kasten A und B, welche lothrecht über einander, in horizontaler Lage, aufgestellt sind. Jeder Kasten ist durch 12 kleine centrische Scheidewände in 12 besondere Räume geschieden, wie in Fig. 8. punctirt angedeutet ist, von denen jeder einzelne Raum des untern Kastens B mit dem entsprechenden lothrecht darüber befindlichen Raum des obern Kastens A durch eine 3″ im Lichten weite, gußeiserne Röhre communicirt, so daß die 24 Räume beider Kasten durch diese Röhren in Verbindung stehen, die zugleich dem obern Kasten B zur Unterstützung dienen. Diese Röhren sind mittelst der an ihren Enden winkelrecht hervorragenden Ränder (Scheiben), welche (Fig. 8.) ringförmige Ausschnitte bilden, an der untern Seite des Oberkastens und an der obern Seite des untern Kastens durch kleine Schrauben α luftdicht befestigt. Je zwei der kleinen Räume oder Kammern jedes Kastens communiciren mit einander durch eine in der gemeinschaftlichen Scheidewand angebrachten runden Oeffnung (Fig. 7. 9.) a und zwar auf folgende Weise: Die Kammer No. 1. im obern Kasten, welche sich lothrecht über No. 2. des untern Kastens (Fig. 8.) befindet, communicirt mittelst einer kurzen Ansatzröhre c Fig. 6. mit der Windleitungsröhre d vom Gebläse. Aus dieser Kammer wird der Wind durch die lothrechte Röhre nach der Kammer No. 2. im untern Kasten, von hier durch die Oeffnung in der Scheidewand nach No. 3. desselben Kastens geführt; von dort steigt die Luft mittelst der lothrechten Röhre nach No. 4. im Oberkasten, strömt von da durch die Oeffnung in der Scheidewand nach No. 5. in demselben Kasten, fällt dann lothrecht mittelst der Röhre nach No. 6. in den Unterkasten, strömt von hier nach No. 7. desselben Kastens, steigt nun mittelst der Röhre nach No. 8. im Oberkasten, strömt von hier in die nebenbefindliche Kammer No. 9. und fällt lothrecht durch die Röhre nach No. 10. im untern Kasten, steigt und fällt in der angegebenen Reihenfolge nach der mit Pfeilen angedeuteten Richtung so fort, bis sie zu der Kammer No. 23. des Unterkastens gelangt, von wo sie, nach der auf dem durchlaufenen Wege statt gefundenen Erhitzung, durch die mit der Ansatzröhre b in Verbindung stehenden Röhre (Fig. 6. 9.) der Düse des Kupolofens zugeführt wird. Der Erhitzungs-Apparat ruht mit seinem untern Kasten B mittelst dreier unter demselben angeschraubter gußeiserner Ständer g (Füße) auf der Gichtplatte f des Kupolofens (§. 601.).

Fig. 10—12. Gebläseluft-Erhitzungs-Apparat bei Schmiedefeuern.

Fig. 10. Grundriß eines mit dergleichen Apparat verbundenen Schmiedefeuers nach der Linie AB in Fig. 12.; Fig. 12. Vertikal-Durchschnitt des Schmiedefeuers durch die Düsen-Oeffnung des Erhitzungs-Apparats nach der Linie CD in Fig. 10.;

Fig. 11. Ansicht des Apparats von der Gebläse-Seite aus gesehen, nach abgenommener Deckplatte.

Der Apparat besteht aus einem gußeisernen, halbkreisförmigen Kasten Fig. 11., dessen $1\frac{1}{2}$ Zoll starker Boden, nachdem der Kasten vertikal in der Formmauer des Schmiedefeuers (Fig. 10, 12.) befestigt worden, dem Feuer zugewendet ist. Im Innern des Kastens wird durch die beiden gekrümmten Scheidewände a und b, welche $\frac{3}{4}''$ stark sind, ein labyrinthähnlicher Gang gebildet. Der $\frac{3}{4}$ Zoll starke Deckel, welcher die Form und Größe des Kastens hat, wird luftdicht aufgeschraubt, wozu die in Fig. 11. angedeuteten Löcher c dienen.

Der Deckel ist mit zwei angegossenen Ansatzröhren d, e, Fig. 10. versehen, von denen d vermittelst der beiden gebogenen Röhren f, g, mit der Düse, e aber mit dem Gebläse verbunden ist. In der Mitte des Kastens befindet sich die durch dessen Deckel durchgeführte Oeffnung h (Fig. 11.) für die Düse. Von dem Gebläse strömt der kalte Wind vermittelst der Ansatzröhre e Fig. 10., durch die punctirt in Fig. 11. angegebene Oeffnung i des Deckels, in den Kasten, und durchströmt, indem er erhitzt wird, in der mit Pfeilen angedeuteten Richtung, den labyrinthförmigen Kanal desselben, bis er durch die im Deckel befindliche, in Fig. 11. punctirt angedeutete Oeffnung k, mittelst der Ansatzröhre d Fig. 10., und der beiden gebogenen Röhren f, g, Fig. 10., wie auch in Fig. 11. punctirt angedeutet ist, der Düse zugeführt wird. Die beiden Röhren f und g sind mittelst ovaler Randscheiben verbunden, von denen die eine mit zwei lang geschlitzten Schraubenlöchern versehen ist, um nach Lösung der Schrauben die Röhre g zurückziehen zu können, wenn die Düse gereinigt oder ausgebessert werden soll (§. 601.).

Fig. 13., 14. Vorrichtung zur Erhitzung der Gebläseluft bei den Frischfeuern; zu Eisenspalterei bei Neustadt-Eberswalde.

Fig. 13. Längen-Durchschnitt des Frischfeuers, lothrecht durch die Düse und Form genommen, und zugleich Vorder-Ansicht der Wind-Erhitzungsröhren; Fig. 14. lothrechter Querdurchschnitt des Feuers mit der Seiten-Ansicht der Wind-Erhitzungsröhren.

Innerhalb der Esse sind, $2\frac{1}{2}'$ über der Düse, vier gußeiserne Wind-Erhitzungsröhren a, b, c, d, von denen eine jede aus 3 einzelnen Röhrenstücken mit Muffen luftdicht zusammengesetzt ist, mit den Vorsprüngen ihrer Muffen auf und zwischen den durch die Esse durchreichenden eingemauerten starken Ankerschienen e lothrecht aufgehängt. Diejenigen Paare der Ankerschienen, zwischen welchen die Röhren durchgehen, sind durch Schraubenbolzen g mit einander verbunden, um zu verhüten daß sie nicht aus einander weichen und daß die Röhren nicht zwischen ihnen durchfallen. Die Röhre a ist sowohl in Fig. 13. als auch in Fig. 14. nicht sichtbar, indem sie in Fig. 13. durch die Röhre d, und in Fig. 14. durch die Röhre b verdeckt wird. Die beiden Röhren a und b, so wie die c und d sind oben, die beiden Röhren c und b aber unten, mittelst der an ihren gebogenen Enden befindlichen verticalen Randscheiben durch kleine Schraubenbolzen luftdicht an einander befestigt, wodurch die Röhren a, b, c, d mit einander communiciren. Damit die Flammenhitze des Feuers so viel als möglich den Röhren mitgetheilt werde und nicht zu schnell aus der Esse entweiche, sind die Röhren innerhalb der Esse mit einem oben völlig geschlossenen Eisenblechmantel h, der unten über dem Feuer offen ist, eingeschlossen. Die Röhre a, Fig. 13. hinter der Röhre d befindlich, ist mittelst der horizontal durch die Formmauer geführten Röhre i, mit der Röhre k, welche die kalte Luft vom Gebläse zuführt, communicirend verbunden; eben so communicirt die vertikale Röhre d mittelst der horizontal durch die Formmauer geführten Röhre l mit der lothrechten, oben gebogenen Röhre m, welche durch die Knieröhre n mit der

Düse verbunden ist. Die Gebläseluft strömt mittelst der Röhre k in die Röhre i, durchströmt dann steigend und fallend nach einander die Röhren a, b, c, d in den mit einem Pfeil angedeuteten Richtungen und wird durch die mit einander communicirenden Röhren l, m, n der Düse zugeführt. Soll mit erhitzter Luft gefrischt werden, so wird das Kegelventil (Hahn) o in der Röhre k geöffnet, und das Ventil p in der Röhre q, welche die Gebläseluft unmittelbar der Düsenröhre n zuführt, geschlossen. Soll mit kalter Luft gefrischt werden, so wird das Ventil p geöffnet und das Ventil o geschlossen. Mittelst des Ventils r in der Düsen-Röhre n kann der Wind in letzterer abgesperrt werden. Die Vorrichtung bei s dient dazu, die Düse vor- oder rückwärts zu schieben (§. 601.).

Fig. 15. 16. Windsammel- und Windsperrungs-Kasten für erhitzte Gebläseluft.

Fig. 15. Vertikal-Durchschnitt durch die Axen der Ein- und Ausmündungs-Röhren der Luft, oder nach der Linie AB in Fig. 16.; Fig. 16. ein senkrecht auf den vorigen geführter Vertikal-Durchschnitt nach der Linie CD in Fig. 15.

Durch die Ansatzröhre b Fig. 15. des Windkastens a, wird die Gebläseluft hineingeführt. Mittelst der Röhre c wird der Wind zur Düse geleitet und die Röhre e dient zum Ausströmen des überflüssigen erhitzten Windes, besonders in solchen Zeitmomenten wo man seiner zur Arbeit nicht bedarf, damit der Wind bei dem Verschließen der Röhre c, im Erhitzungsapparat nicht in der Bewegung aufgehalten wird, welches eine zu starke Erhitzung des Apparates und dadurch eine Zerstörung desselben zur Folge haben könnte.

Die inneren Ränder der beiden Röhren c und e sind auf ihrer äußern Fläche abgedreht, und so angebracht, daß eine Drehklappe d sich genau an denselben anschließen kann. Diese Drehklappe ist von Gußeisen, und auf beiden Seiten mit einem vorspringenden auf der äußern Fläche abgedrehten Rande versehen, mit welchem sie die inneren Ränder der Röhren, je nach ihrer jedesmaligen Lage bedeckt. Sie ist an einer eisernen Spindel mittelst zweier gabelförmigen Bänder (welche A in doppeltem Maaßstabe vorstellt) befestigt, welche außerhalb des Kastens verlängert und daselbst mit einem Handgriff versehen ist, mit welchem die Klappe zur Verschließung der Röhre c oder e gedrehet wird.

Die Drehklappe d stellt Fig. B in doppeltem Maaßstabe dar (§. 604.).

Tafel XIV.

Fig. 1 — 3. Schieberventil am Windheizungs-Apparat; auf der Saynerhütte zu Coblenz.

Fig. 1. Grundriß nach CD in Fig. 2.; Fig. 2. Längen-Durchschnitt nach AB in Fig. 1.; Fig. 3. Quer-Durchschnitt nach EF in Fig. 1. des Schieberventils. Es besteht aus der Unterplatte a und der Oberplatte b, von denen erstere auf der Unterseite und letztere auf der Oberseite mit einer 3″ langen Ansatzröhre e und f versehen ist; ferner aus der Kranzleiste c und dem Schieber d. Die innere Kante des Kranzes c ist abgeschrägt und geschliffen, damit der Schieber, welcher auf die Unterplatte a luftdicht aufgeschliffen und ebenfalls an den Kanten schräg getheilt und geschliffen ist, luftdicht hin und hergeschoben werden kann, wie Fig. 2. bei g zeigt. Die einzelnen Theile werden auf ihren correspondirenden Seiten mit Eisenkitt überstrichen, mit den kleinen Schrauben i zusammengeschoben, dann die Ansatzröhren e und f in beide Röhren gesteckt, zwischen welchen die Absperrung stattfinden soll, und endlich die Scheiben der letztgedachten Röhren an der Ober- und Unterplatte mittelst Schraubenbolzen, durch die großen Schraubenlöcher h befestigt, nachdem sie vorher mit Eisenkitt bestrichen worden sind (§. 605.).

Fig. 4. Querdurchschnitt einer doppelt gekrümmten

Windleitungsröhre zum Wind-Erhitzungs-Apparat. a die Oeffnung zur Anbringung des Sicherheits-Ventils für den heißen Wind. Bei b wird die Röhre durch untergelegte Eisenschienen getragen, und bei c ist die Verbindung der Röhren ersichtlich. Die Randscheiben der Röhren werden abgedreht um genau mit ihren Flächen zusammen zu passen. Bei der Zusammensetzung legt man auf die untere Scheibe bei c, innerhalb der Schraubenlöcher, einen ¼ Zoll starken Ring von weichem Kupferdrath, und einen zweiten außerhalb derselben, füllt den übrigen Raum mit Eisenkitt aus, und schraubt die Randscheiben der Röhren mittelst Schraubenbolzen so fest zusammen, daß der Kupferdraht etwas platt gedrückt wird und die Fuge luftdicht geschlossen ist (§. 605.).

Fig. 5. Vertikal-Durchschnitt und Ober-Ansicht der Stopfungsbüchse zur Ausdehnung der Röhrenleitung bei dem Wind-Erhitzungs-Apparat.

a die Röhre, welche sich vertikal in der Muffe b bewegt. c die Stopfungsbüchse im Durchschnitt und Grundriß, und d die aus weichem Thon und Graphit bestehende Verdichtung. Indem der Stopfungsbüchsenring durch Schrauben fest an die Muffe b geschraubt wird, preßt sich die Verdichtung d zusammen. Diese Verdichtungsart ist indeß nicht ganz zweckmäßig, weil sie leicht Wind durchläßt, wenn die Röhren stark erhitzt werden und dann der Thon zusammentrocknet, wodurch Fugen und Risse entstehen. Vorzuziehen ist es, die äußere Fläche des untern Endes der Röhre a, und die innere Fläche der Muffe b abzudrehen und auszubohren und genau passend in einander zu schleifen (§. 605.).

Fig. 6 7. Düsen-Einrichtung bei Anwendung von heißem Winde. Die Düse, welche aus so starkem Eisenblech gefertigt ist, daß sie eine hinreichende Elasticität behält, besteht aus zwei Theilen, von denen der hintere Theil auf das verjüngt abgedrehte Ende des gußeisernen Windrohrs a aufgeschoben und die Fuge daselbst mit weißem Thon verdichtet wird. Um das Vorderende des hintern Düsentheils ist ein kleiner Wulst b gelegt, über welchen der vordere Theil der Düse geschoben wird, um sie dadurch nach allen Richtungen bewegen zu können. Hierdurch und durch die Elasticität des Bleches des hintern Düsentheils auf dem Windrohre a, ist man im Stande, die Lage der Düse an der Mündung um einige Zolle zu verändern. Die Fuge, welche sich bei der Zusammensetzung beider Düsentheile und dem Rundstabe b bildet, wird mit weißem Thon verdichtet, und beide Theile werden mittelst auf beiden Seiten befindlichen Hacken, wie Fig. 6. zeigt, an einander befestigt. Durch diese zweitheilige Düse wird es leicht möglich, durch Aufstecken einer andern Düsenspitze, die Düsenweite augenblicklich zu verändern (§. 605.).

Fig. 8—12. Eine Wasserform bei Anwendung des erhitzten Windes.

Fig. 8. Vorder-Ansicht; Fig. 9. Vertikaler Längendurchschnitt; Fig. 10. Grundriß; Fig. 11. eine perspectivische Ansicht der Wasserform. Sie ist von Kupfer und hat hohle Wände. Die Metallstärke an den Seiten ist $\frac{1}{4}$ Zoll, vorn am Rüssel $1\frac{1}{4}$ Zoll und an der hintern weitesten Seite $\frac{3}{4}$ Zoll. Sie ist aus dem Ganzen gegossen und wiegt 52 Pfund. Um den hohlen Raum überall mit Wasser zu erfüllen, wird solches mittelst der untern Röhre a Fig. 11. hineingeleitet, und durch die obere Röhre b wieder abgeführt. Die beiden bleiernen Wasserleitungsröhren a und b Fig. 11., welche in Fig. 12. in der Hälfte der natürlichen Größe im Profil und in der Vorder-Ansicht dargestellt sind, haben folgende Einrichtung. Die bleierne Röhre wird mit ihrem vordern Ende durch die runde Oeffnung einer länglich geschmiedeten eisernen Platte a gesteckt, der etwa $\frac{1}{4}$ Zoll über die Oeffnung der Platte hervorragende Rand der Röhre von innen nach außen über den Rand der Oeffnung der Platte, wie bei c, herumgenietet und glatt gefeilt. Alsdann wird die eiserne Platte a, mit dem umgenietheten Rande c der Röhre, mittelst der beiden durch die kleinen Löcher der Platte a gesteckten Schrauben an die Form (Fig. 11.) festgeschraubt und dadurch ein luftdichtes Anschließen der Röhre an die Form bewirkt (§. 605.).

Fig. 13. Grundriß; Fig. 14. Vordere Ansicht; Fig. 15. Längendurchschnitt eines kleinen kupfernen Formfutters, welches in die Form, wenn diese zu weit geworden ist, hineingesteckt wird, um ihr wieder die richtige Weite am Rüssel zu zu geben. Bevor die kleine Form hineingesteckt wird, bestreicht man sie mit weißem Thon. Zur größeren Stabilität wird ein dünner Eisenstab gegen den Boden der Form gepreßt und mit dem andern Ende im Form-Gewölbe festgestellt. Die Anwendung des Formfutters erspart das öftere Erneuern der Form, welches immer den Betrieb stört und Zeit raubt.

Fig. 16—18. Apparat zur Erhitzung der Gebläseluft bei Frischfeuern.

Fig 16. Vertikaler Durchschnitt, Fig. 17. Ansicht von der innern Seite der Esse, Fig. 18. Ansicht von der Seite des Gebläses gesehen. Der Apparat besteht aus einem gußeisernen Kasten b, dessen Gestalt die Figuren 16 — 18. ergeben. Der Kasten hat hinten an der Seite nach dem Gebläse drei kurze angegossene Ansatzröhren, von denen die obere größere, welche die Gebläseluft in den Apparat führt, mit der Röhre c luftdicht verbunden ist; die beiden kleineren neben einander befindlichen Ansatzröhren stehen mit den krumm gebogenen Düsenröhren d, d in Verbindung, durch welche die erhitzte Luft aus dem Apparat in die beiden vorhandenen Formen geleitet wird. Wo nur eine Form angewendet wird, ist auch nur eine Röhre d erforderlich. a ist eine 2″ starke, aus Thonsteinen gefertigte Schutzwand, um den untern Theil des Apparats der Flamme nicht unmittelbar auszusetzen. Die Düsenröhren d sind eine jede mit einem Absperrungshahn versehen (§. 605.).

Fig. 19. Windleitungs- und Düsen-Vorrichtungen bei einem mit erhitzter Luft betriebenen Frischfeuer. a ist die vertikale Windzuleitungsröhre vom Gebläse, welche auf einem hölzernen Fußgestell b ruht. Oben auf der Formseite ist eine Ansatzröhre angegossen, deren Muffe mit der horizontal durch die Formmauer d durchgeführten Röhre e verbunden ist, welche die kalte Gebläseluft in die innerhalb der Esse und oberhalb des Luft-Erhitzungskastens f, steigend und fallend geführten und durch Anker befestigten Luft-Erhitzungsröhren leitet, aus denen sie in den Wind-Erhitzungskasten f strömt, um hier noch stärker erhitzt zu werden. Aus dem Erhitzungskasten f wird der erhitzte Wind, mittelst der Knieröhre g, dem Kegelventil h zugeführt, welches in dem, am untern Ende der Zuleitungsröhre a befindlichen Knie seinen Sitz hat, von welchem derselbe dann durch das Knierohr i nach der Düse k strömt. Soll nicht mit erhitztem, sondern mit kaltem Wind gefrischt werden, so wird der kalte Wind in der Röhre e vermittelst der Ventilklappe l abgesperrt und das Ventil h im Knie am untern Ende der Zuleitungsröhre a so gedreht, daß durch dasselbe und mittelst der Ansatzröhre m, die Röhre g, welche die erhitzte Luft zur Düse führte, nicht mehr mit der Düse communicirt, sondern die Seiten-Ventilöffnung von der Röhre m abgewendet, und der Röhre a zugekehrt ist, wodurch die kalte Gebläseluft von der Röhre a durch das Ventil strömt und mittelst dem Knierohr i der Düse zugeführt wird. Bei n befindet sich in der Röhre g eine mit einem Spund verschlossene Oeffnung, in welche der Windmesser eingesetzt wird, um die Pressung des heißen Windes zu messen. Der Wind-Erhitzungskasten hat die Gestalt des vorhin beschriebenen Wind-Erhitzungs-Apparats.

Die Zusammensetzung des Ventils h mit dem Knierohr i, und dessen Sitz in dem am untern Ende der Windleitungsröhre a befindlichen Knierohr m, so wie die Düse k in ihrer

Verbindung mit der Röhre i, stellen die Figuren 23 a — 23 c dar. Fig. 23 a ist ein horizontaler Querschnitt durch das Ventil (Hahn) b, durch das horizontale Knieende m, durch das Knierohr i und die Düse k (hier in entgegengesetzter Lage gezeichnet); Fig. 23 b ist die Vorder-Ansicht des Ventils mit dem Knierohr m und Fig. 23 c die Seiten-Ansicht. Das Ventil b, oder eigentlich der Ventilhahn, ist ein hohler abgekürzter, im Boden offener Kegel, welcher in einen andern hohlen Kegel o, der mit dem Knierohr m aus dem Ganzen gegossen ist und welcher mit den beiden Schenkeln des Knierohrs m durch runde Seiten-Oeffnungen communicirt, die um einen Quadranten von einander entfernt sind, genau hineinpaßt und in demselben drehbar ist. Damit er luftdicht schließe, ist der innere Kegel b (Hahn) auf seiner äußern Fläche abgedreht, und der äußere Kegel o auf seiner innern Fläche genau ausgebohrt, und beide zusammengeschliffen. Im innern Kegel b befindet sich seitwärts eine runde Oeffnung, mittelst welcher er mit dem vertikalen Schenkel oder mit dem horizontalen Schenkel des Knierohrs m durch Drehen in Verbindung gesetzt werden kann, so daß entweder aus der Röhre a (Fig. 19.) die kalte Gebläseluft, oder aus der Röhre g die erhitzte Gebläseluft in den Ventilkegel tritt. In beiden Fällen communicirt der Ventilkegel b mit dem Knierohre i, welches mit der Düse verbunden ist. Das Knierohr ist mit einem seiner Schenkel in den äußern Kegel o in der Art luftdicht eingesetzt und verdichtet, daß die Verdichtung mittelst eines an dem Rand des äußern Kegels angeschraubten und mit einem runden Rand in denselben hineingreifenden Deckels p zusammengepreßt und gegen das Herausfallen gesichert ist. An dem mit dem Ventilkegel aus dem Ganzen gegossenen Deckel ist eine Kurbel q mit ihrer Spindel r angeschraubt, welche letztere durch einen angeschraubten Bügel s durchgeht. Mittelst dieser Kurbel wird der Ventilkegel b gedreht. Die Düse k, welche aus zwei Theilen besteht, deren vorderer, die Spitze oder die eigentliche Düse bildender Theil auf dem hintern aufgeschmirgelt und dann festgeschraubt wird, ist mit ihrem hintern Ende in eine hohle (kugelförmige) Nuß t luftdicht eingesetzt und eingeschmirgelt. Diese Nuß wird von der an dem Knierohr i angegossenen, inwendig dem Durchmesser der Nuß entsprechend ausgebohrten Muffe u, und von der inwendig ebenfalls dem Durchmesser der Nuß entsprechend ausgebohrten Kapsel v, welche mit einem Rand über die Muffe u greift und an derselben festgeschraubt ist, luftdicht umfaßt, jedoch dergestalt, daß die Kapsel v mit ihrem Rande bei w noch $\frac{3}{4}$" bis 1" von dem Rande der Nußöffnung, in welche das hintere Ende der Düse eingesetzt ist, zurücksteht. Durch diese Einrichtung und durch die Verbindung mit der Nuß t, kann der Düse jede beliebige Seitenbewegung ertheilt werden, ohne daß dabei Wind verloren geht. Die hohle Nuß t, welche in die Muffe u und Kapsel v gut eingeschmirgelt wird, ist nach der Seite der Röhre i mit einer der Weite derselben entsprechenden runden Oeffnung versehen, so daß die Nuß mit der Röhre i auch bei jeder Bewegung der erstern nebst der Düse, stets in Verbindung bleibt (§. 605.).

Fig. 24. Vorrichtung zur Absperrung des Windes. a Vertikaler Längendurchschnit eines Theils der Windleitungsröhre e mit der Ventilklappe l; b horizontaler Längendurchschnitt der Röhre mit der Klappe; c Profil der Röhre mit der Ansicht der Klappe. Die Röhre e, in welcher sich die Sperrklappe befindet, ist ein besonderes Röhrenstück, welches als Muffe auf die Fig. 19. durch die Formmauer durchgeführte horizontale Röhre luftdicht aufgeschoben wird. Die Klappe besteht aus zwei an einander genietheten eisernen Scheiben, zwischen denen die Spindel durchgeht, an welcher die Klappe mittelst einer Kurbel beweglich ist. Sie dreht sich luftdicht innerhalb eines abgedrehten und von der innern Fläche der Röhre etwas vorstehenden Randes. An der Klappe sind auf beiden

Seiten kleine eiserne Winkeleisen genietbet, welche das Zurückschlagen nach dem Oeffnen noch verhindern sollen, weshalb es nothwendig ist, daß sich diese Winkel nicht in gleichen Entfernungen von der Axe der Scheibe befinden.

Fig. 20. Seiten-Ansicht einer Windzuleitungs- und Düsen-Vorrichtnng bei einem mit erhitzter Gebläseluft betriebenen Frischfeuer, welche mit der in Fig. 19. dargestellten im Ganzen übereinkommt, und bei welcher der Wind-Erhitzungs-Apparat ganz derselbe wie dort ist. Der Unterschied in der Windzuleitung besteht darin, daß die Gebläseluft nicht vertikal von oben nach unten, sondern von unten nach oben, hier vermittelst der Röhre a, dem Erhitzungsapparat zugeführt wird. Ferner befindet sich der Sitz des Ventilkegels nicht, wie bei Fig. 19., in der Richtung der Axe der Röhre a, sondern hier seitwärts derselben in der Ansatzröhre b, mit welcher zugleich die Röhre g, wie bei Fig. 19. communicirt, welche dem Ventilsitz (dem äußern Kegel) die erhitzte Luft aus dem Wind-Erhitzungs-Apparat f zuführt.

Fig. 25 a. ist der horizontale Querschnitt des Ventilsitzes. a die Zuleitungsröhre der Gebläseluft, b das Ansatzrohr mit dem Ventilsitz o, i das in dem Ventilsitz luftdicht mit Stopfung eingesetzte Knierohr i, welches mit der Düse communicirt, und h der hohle Ventilkegel, welcher ganz wie bei Fig. 23 a. gestaltet und ebenfalls im Boden offen ist. Auf der Seite hat derselbe ebenfalls eine runde Oeffnung, mit welcher er, je nachdem er gedreht wird, mit der Röhre a oder mit der Ansatzröhre b und der Röhre g (Fig. 20.) communicirt. Mit seiner Bodenöffnung bleibt er vermittelst des Knierohrs i stets in Communication mit der Düse.

Fig. 25 b. Vorder-Ansicht des Ventilsitzes o mit der Zuleitungsröhre a und der Ansatzröhre b.

Fig. 25 c. zeigt den Stopfungsdeckel p (Fig. 25 a.) in der Ansicht.

Fig. 26 a. Horizontaler Längen-Durchschnitt einer Doppel-Ventilsitz-Röhre für eine Frischfeuer-Doppelesse.

Fig. 26 b. Ansicht von der hintern Seite. a Ventilkegel innerhalb der Ventilsitze b; d die Communicationsöffnung, durch welche die Gebläseluft aus der Zuleitungsröhre g (Fig. 26 b.) in den Raum h geführt wird; c die Ansatzröhren, in welche die Röhren luftdicht eingesetzt sind, die mit dem Luftheizungs-Apparat unmittelbar communiciren; e die mit den Düsen in Verbindung stehenden Knieröhren, f die Verdichtungsdeckel für die Röhren e in den Ventilsitzen.

Fig. 21 a—d. Düsen-Vorrichtung für einen mit Koaks betriebenen Hohofen. Fig. 21 a. Längendurchschnitt; Fig. 21 b. Aeußere Ansicht; Fig. 21 d. Hintere Ansicht, Fig. 21 c. Grundriß des Schieberventils unten an der Einmündung des Knierohrs der Vorrichtung. Das Knierohr a, welches mittelst der Randscheibe seiner Einmündung b mit derjenigen der Windzuleitungsröhre durch Schrauben verbunden ist, erhält dicht an dieser Einmündung ein Schieberventil c Fig. 21 a., durch dessen Schieber die Oeffnung d verschlossen, also der Wind von der Zuleitungsröhre nach dem Knierohr a abgesperrt werden kann. Der durch die angenietheten Falzhacken i luftdicht an die Platte h Fig. 21 a. innerhalb anschließende Schieber e Fig. 21 c. bekommt seine schiebende Bewegung durch die Schraube f, deren Mutter in die Verschlußplatte z (welche mit dem Rand des Schieberventilkastens durch Schrauben verbunden ist) eingeschnitten und an der untern Seite des Schiebers bei k drehbar befestigt wird. Mittelst einer auf den Zapfen g der Schraube gesteckten Kurbel (Fig. 21 b.) wird die Schraube f gedreht, und der Schieber e, je nach der Richtung der Drehung, vor und zurückgeschoben. An dem Ende des andern Schenkels des Knierohrs a bildet die daselbst angegossene Muffe l (Fig. 21 a.) eine Stopfungsbüchse, welche inwendig gut ausgebohrt ist, und daselbst einen vorspringenden Rand o hat. m ist der angeschraubte Deckel, welcher das Verdichtungs-Material zusammenpreßt. In die Stopfungsbüchse ist die Röhre a eingeschoben und mit ihrem abgedrehten Theil darin verschiebbar. Dieses Verschieben der Röhre n geschieht, ähnlich wie bei dem Schieberventile, mittelst einer Schraube p, deren Mutter in dem am innern Rand der Röhre n angeschraubten Bügel q eingeschnitten ist. Da wo die Schraubenspindel durch die Röhre a durchgeführt ist, dreht sich solche mittelst einer angeschmiedeten abgedrehten, durch einen Bügel s an ihr Lager angepreßten Kugel r. Außerhalb der Röhre a wird die Schraube mittelst einer Kurbel gedreht. Innerhalb des andern muffenförmigen Endes t der Röhre n und der luftdicht darauf geschobenen und festgeschraubten, innerhalb abgedrehten Kapsel u ist (wie bei Fig. 23a — Fig. 23c beschrieben) die aus zwei Theilen zusammengesetzte Düse v mit einer hohlen, außerhalb abgedrehten Nuß w luftdicht beweglich. Durch diese hohle Nuß communicirt die Düse mit der Röhre n bei jeder Stellung der Düse. Die Befestigung der Nuß mit dem hintern Ende der Düse weicht hier von der bei Fig. 21a — 21c. beschriebenen darin ab, daß hier die Röhre n in der Röhre a, dort aber das hintere Ende der Düse in der Nuß verschiebbar ist. Die Verbindung des Halses x der Nuß w mit dem hintern Ende des hintern Düsentheiles, ist aus Fig. 21a. und 21b. ersichtlich (§. 605.).

Fig 22a— 22c. Düsen-Vorrichtung für einen mit Holzkohlen bei kalter und warmer Luft betriebenen Hohofen. Fig. 22a. Aeußere Ansicht; Fig. 22b. Vertikaler Längen-Durchschnitt; Fig. 22c. Hintere oder Quer-Ansicht der Vorrichtung.

In die Muffe der Röhre f, welche die kalte Luft vom Gebläse zuleitet, ist der lothrechte Schenkel einer Knieröhre luftdicht eingesetzt, während der andere Schenkel g horizontal der

Düse zugekehrt ist. Auf dem Knierohr ist, senkrecht über dem Schenkel b, ein kurzes Ansatzrohr a angegossen, in welchem die Röhre, welche die erhitzte Luft dem Knierohr zuführt, luftdicht eingesetzt ist. In den Schenkel g des Knierohrs wird das Rohr h eben so verschiebbar luftdicht eingeschoben, wie bei Fig. 21 a. beschrieben worden, und in ähnlicher Art ist auch die Düse k mittelst der Nuß i mit der Röhre communicirend und beweglich verbunden. Der zwischen den beiden Röhren a und b durchgeführte Theil der Röhre g ist offen, die Oeffnung ausgebohrt und in dieselbe ein hohler Ventilkegel m eingeschmirgelt, welcher mit seiner runden Seitenöffnung, je nachdem er gedreht wird, mit der Röhre a oder b, oder auch mit keiner von beiden communicirt. Mit seinem offenen, der Röhre zugekehrten Theil communicirt der Kegel stets mit der Düse mittelst der Röhren g, h. An dem nach der Außenseite gekehrten Deckel des Ventilkegels ist ein sechseckiger Kopf d angegossen, an welchem derselbe mittelst eines Schlüssels nach Erforderniß gedreht wird. Die Verschiebung der Röhre h geschieht auf ähnliche Weise wie bei Fig. 21 a. beschrieben worden, mittelst der Schraube ec, deren Spindel durch den Kopf des Deckels des Ventilkegels luftdicht durchgeführt ist. Außerhalb dreht sich die Spindel in dem Bügel n, welcher an dem Knierohr festgeschraubt ist. Die Bewegung der Schraube geschieht mittelst der Kurbel o. Bei der in Fig. 22 b. angedeuteten Stellung des Kegels ist der erhitzte Wind von der Röhre a abgesperrt und dem kalten Winde vom Gebläse durch die Röhre b der Zutritt in den Kegel und von da zur Düse eröffnet (§. 605.).

Tafel XV.

Fig. 1 — 3. Zustellung eines Blauofens.

Fig. 1. Grundriß nach AB in Fig. 3.; Fig. 2. Ansicht von der Abstichseite; Fig. 3. Vertikal-Durchschnitt nach CD in Fig. 1.

Die in Fig. 1. punctirten Linien bezeichnen den $1\frac{1}{2}$ Fuß dicken, aus zwei Steinen zusammengesetzten Bodenstein c Fig. 3., auf welchem die Gestellsteine d aufgesetzt sind und zwar centrisch mit ihren Fugen. e ist der untere Schlußstein, in welchem die Abstichöffnung f und das Schlackenloch g (Schlitz) zum Schlakkenlaufen, eingehauen sind. Der Schlitz zum Schlackenloch wird mit feuerfestem Thon zugestopft, worin unter der Form das eigentliche Schlackenloch eingestemmt wird. h Fig. 2. und 3. sind zwei obere Schlußsteine, in deren Fugen das Lichtloch a eingestemmt ist. Vor dem Lichtloch ist die gußeiserne Platte b, um das Entweichen der Hitze durch die Fugen zu verhindern. Ueber den Steinen h und den Gestellsteinen d werden die übrigen Gestellsteine kranzförmig bis zur Rast aufgemauert. In Fig. 1. und 3. ist i der Heerd zum Formen der Flossen und zum Scheibenreißen. k Fig. 1. und 3. sind Wände von Mauerziegeln (§. 635.).

Fig. 4., 5. Hohofen-Zustellung mit Sandsteinen. Fig. 4. Vertikaler Längendurchschnitt; Fig. 5. Vertikaler Querdurchschnitt durch die beiden gegenüberliegenden Formöffnungen (§. 640.).

Fig. 6—12. Hohofen-Zustellung mit Masse.

Fig. 6. Vertikaler Längen-Durchschnitt nach AB in Fig. 8. und 9.; Fig. 7. Vorder-Ansicht; Fig 8. Grundriß nach CD in Fig. 6. und 7.; Fig. 9. Grundriß nach EF in Fig. 6. und 7.; Fig. 10. Längen-Durchschnitt; Fig. 11. Längen-Ansicht des zusammengesetzten hölzernen Kastens, um welchen die Zustellungsmasse in 3 bis 4zölligen Schichten angeschüttet und festgestampft und dadurch der innere Raum für das Gestell gebildet wird. Der untere Theil des Kastens besteht aus zwei hölzernen Seitenwänden d aus Brettern von der Höhe des Heerdes. Bei der Aufstellung dieser beiden Seitenwände werden zwischen denselben Brettstücke s in Gestalt des lichten Querschnitts des untern Kastens lothrecht aufgestellt und zugleich mit ihren Seitenkanten in die auf den innern Seiten der Wände d, mittelst der angenagelten Leisten r gebildeten Nuthen eingeschoben, wodurch die Seitenwände d auseinandergespreizt und gegen das Ausweichen bei dem Einstampfen der Masse gesichert werden. Der Hintertheil q des untern Kastens (Heerdkastens) besteht aus einem aus Brettern gefertigten halben abgekürzten Kegel q, dessen Wandbretter (Mantel) unten an einem halbcirkelförmigen Bodenbrett und oben an einem halbcirkelförmigen Brettkranz angenagelt sind. Ueber diesen Hintertheil q werden, in dem Verhältniß wie mit der Anfüllung und Feststampfung der Masse um den ganzen Kasten vorgeschritten wird, nach und nach die abgekürzt kegelförmigen Kasten f, n, p, übereinander aufgestellt, und damit kein Verschieben derselben durch das Anstampfen der Masse erfolge, die Kränze dieser ebenfalls zweitheiligen hohlen abgekürzten Kegel mit darüber genagelte Leisten an einander befestigt. Um die Kasten p, n, f, q, nach Vollendung der Zustellung leichter herausnehmen zu können, sind sie zweitheilig angefertigt.

Fig. 13. 14. Schöpfheerd bei den Holzkohlen-Hohöfen.

Fig. 13. Grund der Hohofen-Zustellung in der Höhe der Formen. Fig. 14. Profil derselben nach AB in Fig. 13.

Die Zustellung ist, mit Ausnahme des Tümpelsteins a und der Backen b des Vorheerds, welche aus Sandstein bestehen, in Masse (von Thon und zerstoßenen feuerfesten Ziegelbrocken) ausgeführt. Der Schöpfheerd c hat die Form eines abgekürzten Kegels unten von 9″ oben von 12″ Durchmesser; seine Tiefe ist gleich der Tiefe des Hohofenheerdes und seine Sohle liegt mit der des Hohofenheerdes in gleicher Horizontale. Der Damm zwischen dem Schöpfheerd und dem Hohofenheerde hat an der Sohle der Heerdes eine Stärke von 16″ und zwischen dem Rande des Hohofen- und des Schöpfheerdes eine Stärke von 13 Zoll (§. 647.).

Fig. 15 — 16. Schöpfheerd mittelst eines doppelten Vorheerdes.

Fig. 15. Vertikaler Längen-Durchschnitt; Fig. 16. Grundriß der Massen-Zustellung nach der Linie AB in Fig. 15. (§. 640.).

Fig. 17 — 19. Apparat zur Erhitzung der Gebläseluft bei Hohöfen.

Fig. 17. Vertikal-Durchschnitt des Wind-Erhitzungs-Apparats mit einem Theil der Gicht und des Hohofenschachtes, nach der Linie CD in Fig. 18.; Fig. 18. Grundriß desselben mit der Ober-Ansicht der Gicht; Fig. 19. Vertikal-Durchschnitt einer der krummen hufeisenförmigen Wind-Erhitzungsröhren.

Der $5\frac{1}{4}$ Fuß lange, und $4\frac{1}{4}$ Fuß breite Heitzofen steht mit seiner langen Seite mit der Gichtöffnung so in Verbindung, daß die Gicht völlig frei bleibt. Der Fuchs a Fig. 17., welcher an der Gicht keinen besonders einmündenden Hals hat, ist 2 Fuß lang und 15 Zoll hoch und auf einer Seite mit zwei schräg eingemauerten und befestigten Seitenplatten b vor seiner Einmündung versehen, welche einen schräg aufwärts stehenden Schlitz bilden, in welchen ein gußeiserner Schieber zur Absperrung der Gichtflamme eingeschoben werden kann. Die Fuchsöffnung, deren innere Kanten abgerundet gebrochen sind (Fig. 18. punctirt), erweitert sich dadurch nach Innen und ihre untere Seite rundet sich bogenförmig in den Heitzofen aufwärts steigend. Sie ist mit einer $3\frac{1}{2}''$ starken $1' 9''$ breiten gußeisernen Platte c bedeckt, auf welcher das Mauerwerk des Ofens über der Fuchsöffnung Auflager findet. Diese Platte ist um die Dicke der Röhrenmuffe d breiter als die Stärke des Mauerwerks, theils um die zu starke Wirkung der Gichtflamme gegen die Röhrenmuffe zu mäßigen und die unmittelbare Berührung der Flamme abzuhalten, theils um die Flamme mehr in die Mitte des Heitzofens zu leiten. Zu beiden Seiten der innerhalb des

Ofens aufsteigenden Gichtflamme liegen, 9″ von einander entfernt, die beiden horizontalen und in den kurzen äußern Wänden eingemauerten Muffenröhren d und e. Beide Muffenröhren sind auf ihrer obern Seite mit 5 angegossenen Muffen versehen. In je zwei der einander gegenüberliegenden Muffen sind 5 hufeisenförmige krumme Röhren f Fig. 17. eingesetzt, luftdicht verkittet und auf diese Weise die Röhren d und e mit einander in Verbindung gebracht. Die beiden offenen Enden der Muffenröhre d werden mit den abwärtsführenden Röhren verbunden, welche den erhitzten Wind zu den Düsen der Formen führen. Die Muffenröhre e, welche an beiden Enden geschlossen ist, hat in ihrer Mitte eine durch die Wand des Ofens durchreichende Ansatzröhre g, mit welcher die Röhre, welche die kalte Gebläseluft in die Muffenröhre e leitet, luftdicht verbunden ist. Der innere Raum des Ofens, von dessen Wänden die Röhren 4½″ abstehen, ist mit einer Ueberwölbung geschlossen, in deren Mitte sich eine Essen-Oeffnung von 12″ im Quadrat befindet, über welche die Esse 2′ hoch aufgeführt und mit einem gußeisernen Verschlußdeckel zur Regulirung des Flammenzuges verbunden ist. Die Wände des Heizofens sind mittelst Anker und gußeiserner Ankerplatten i verankert. Die gußeisernen hufeisenförmigen Röhren f haben oben auf ihrer äußern Rundung eine runde, mit einem hervortretenden viereckigen Rand versehenen Oeffnung k Fig. 19., welche mittelst eines schwalbenschwanzförmig eingeschobenen Schiebers luftdicht verschlossen wird. Die Oeffnung dient dazu, um die Absperrung eines oder beider Schenkel der Röhre, bei eintretender Schadhaftigkeit derselben, bewirken zu können, welches dadurch geschieht, daß man in den schadhaften Schenkel eine genau passende Kugel von oben durch die Oeffnung k hinabläßt und solche mit trockenem Sande bedeckt. Ohne diese Vorrichtung würde der ganze Apparat unbrauchbar werden können, wenn auch nur an einem Schenkel der Röhren f eine schadhafte Stelle entsteht (§. 601.).

Tafel XVI.

Fig. 1—4. Holzkohlen-Hohofen zu Creutzburgerhütte in Ober-Schlesien. Die Schachthöhe des Ofens beträgt 28½ Fuß.

Fig. 1. Aeußere Ansicht des Hohofens von den Formseiten; Fig. 2. Vertikaler Durchschnitt nach AB in Fig. 4.; Fig. 3. Vertikaler Durchschnitt nach CD in Fig. 4.

Das Fundament ruht auf einem Pfahlrost, indem ein guter Baugrund sich erst in bedeutender Tiefe vorgefunden hat. Die ungewöhnliche Tiefe des Fundaments erklärt sich daraus, daß der Pfahlrost, der sich nie über den niedrigsten Grundwasserstand erheben darf, wenn er nicht der Fäulniß ausgesetzt sein soll, in einer bedeutenden Tiefe unter der Hüttensohle liegt. In dem Fundament kreuzen sich zwei überwölbte Kanäle e. In dem einen Kanal liegt die Windleitungsröhre p, welche die Gebläseluft aus der Gebläseröhre q der einen Form zuführt; der andere Kanal hat keinen andern Zweck, als um durch ihn bequem zum Zusammensetzen der Röhre p zu gelangen. Beide Kanäle dienen zugleich zur Ableitung der Feuchtigkeit und Abhaltung derselben von der Sohle des Hohofenschachtes. Die Hohofenmauerung hat auf 3 Seiten mit gußeisernen Tragebalken r überdeckte und mit dem Heerdraum in Verbindung stehende Oeffnungen, von denen die beiden einander gegenüberliegenden (die sogenannten Formgewölbe) zur Aufnahme der beiden Gebläseformen, die andere zum Arbeits-Gewölbe (s Fig. 3.) bestimmt sind. Die Zustellung d ist in Masse aus Thon und zerstoßenen feuerfesten Ziegeln ausgeführt; nur der Wallstein a, der Tümpelstein t und die beiden vordern Heerdbackensteine c bestehen aus Sandstein. Das Ausfüllungsmauerwerk g des Gestellraums um die Massen-Zustellung, die Rast y über dem Gestell und das Schachtfutter oder der Kernschacht h sind von feuerfesten Ziegeln ausgeführt, von denen die zum Kernschacht verwendeten eine der Gestalt des Schachtes entsprechende Form erhalten. Der Kernschacht wird von dem Mantelschacht (Rauhschacht) u umgeben, doch so, daß zwischen beiden Schächten ein 1½" breiter Raum m bleibt, damit der Kernschacht sich frei für sich ausdehnen könne. Der Rauh- oder Mantelschacht n ist von dem Rauh-Gemäuer durch einen 3 Zoll breiten, mit kleinen Ziegelstücken oder Schlacken ausgefüllten Zwischenraum w getrennt, welcher die aus dem Rauhgemäuer sich entwickelten Dämpfe mittelst der Kanäle k abführt. Die Gestellmasse des Heerdbodens liegt auf Sand l. Das Rauhgemäuer v sowohl als die Windmauer z sind auf allen 4 Seiten, in kurzen Entfernungen von einander, durch durchgehende Anker, welche außerhalb mittelst viereckiger Ankerplatten mit Splinten befestigt sind, gegen Risse gesichert (§. 652.).

Fig. 5. und 6. Holzkohlen-Hohofen zu Peitz zum Verschmelzen von Raaseneisenstein. Fig. 5. Vertikaler Durchschnitt nach AB in Fig. 6.; und Fig. 6. Durchschnitt des Fundaments und des Pfahlrostes.

Der Hohofen ist wegen des schlammigen und lettigen Bodens auf einem aus 144 eingerammten Pfählen bestehenden Pfahlrost fundamentirt. Die Grundpfähle a stehen auf allen Seiten 2½' von einander entfernt. Auf den Grundpfählen a sind 12 Stück Grundschwellen b aufgezapft, über welche 3 Zangen c eingekämmt sind. Zwischen den Zangen c sind die Grundschwellen mit 3zölligen Bohlen bediehlt, auf denen unmittelbar das 2 Fuß hohe Bankett d von Feldsteinen, und über diesem das Fundament bis zur Hüttensohle von Mauerziegeln aufgeführt ist. Innerhalb des Fundaments kreuzen sich zwei 12" breite, 14" hohe überwölbte Kanäle e in diagonaler Lage, die ihre Ausmündungen 2' über der Hüttensohle, auf der Außenseite des Rauhgemäuers bei g haben und zur Abführung der Mauerwerksfeuchtigkeit dienen. Der Hohofen ist sowohl in seinem Hauptkörper auf den äußern Seiten der Rauhmauer, als auch in den Windmauern mit Böschung aufgeführt. Die Zustellungsmasse besteht aus Thon und gebrannten zerstoßenen Kieseln, nur der Tümpelstein, die Heerdbacken und der Formstein sind Sandstein. Der Wallstein i ist von feuerfesten Ziegeln ohne Vorder- und Hinter-Böschung angefertigt. Die Arbeits-Oeffnung ist mit einem Gewölbe oben geschlossen. Der Kernschacht h von feuerfesten Ziegeln, ist dicht an dem Rauhschacht anschließend aufgeführt. Die Ziegel sind, wie immer, aus Kreisringstücken angefertigt. Zwischen der Rauhmauer und dem Rauhschacht ist der 12″ breite Raum k mit kleinen Ziegelstücken lose ausgefüllt. Er steht mit den Kanälen l in Verbindung und dient zur Abführung der Feuchtigkeit. Die Verankerung ist wie bei dem vorigen Hohofen (§. 652.).

Fig. 7. und 8. Ein hoher Steyermärkischer Blauofen (der Wrbna-Ofen zu Eisenerz) im Vertikal-Durchschnitt in Fig. 7. nach der Linie AB in Fig. 8. und im Horizontal-Durchschnitt in Fig. 8. nach der Linie CD in Fig. 7.

Das Gestell ist von Sandsteinen und hat unter seiner Sohle sich kreuzende Kanäle a zur Abführung der Feuchtigkeit. Das Schachtfutter (der Kernschacht) b ist durch einen 6 Zoll breiten mit zerschlagenen Ziegelstücken ausgefüllten Raum c von der Rauhmauer getrennt, damit es sich ohne Nachtheil für die Rauhmauer ausdehnen könne, und zugleich auch die Dämpfe durch die Kanäle d abgeführt werden. In der 3 Fuß hohen Brustöffnung befindet sich die 12″ breite Stichöffnung e zum Ablassen der Schlacke und des Eisens. Der Ofen ist vom Boden bis zur Gicht 36 Wiener Fuß hoch; die Gicht 20 Zoll und der Kohlensack $8\frac{1}{2}$ Fuß weit. Der Schacht hat die Gestalt zweier abgekürzter Kegel, von denen der obere 24, der untere 12 Fuß hoch ist, und deren gemeinschaftliche Grundflächen den Kohlensack bilden. Ein eigentliches Ober-Gestell ist bei diesem Ofen nicht vorhanden, indem die innere Fläche des untern Schachtkegels, bis zur Form, die Stelle der Rast und des Ober-Gestelles vertritt. Die Zustellungssteine sind so zusammengesetzt, daß ihre Fugen central nach dem Mittelpunct des Schachtes liegen. Die beiden einander gegenüberliegenden Formen sind 18 und 20 Zoll vom Boden entfernt und ihre Axen haben die im Grundriß punctirt angegebene Richtung. Das Arbeits- und die beiden Form-Gewölbe sind mit einem massiven Gewölbe geschlossen. Die Rauhmauer sowohl als die hohe Windmauer sind mit starker Böschung aufgeführt. Die Windmauer verengt sich oben bis auf $3\frac{1}{2}$ Fuß Weite. In der Windmauer führt die Oeffnung f zur Gicht (§. 652.).

Fig. 9—11. Ein Stückofen zu Steinahammer.

Fig. 9. Ansicht dieses Ofens von der Arbeitsseite; Fig. 10. Vertikal-Durchschnitt nach der Linie AB in Fig. 11. und Fig. 11. horizontaler Querschnitt nach CD in Fig. 10.

Der Ofen ist, im Rauhgemäuer sowohl als in der Windmauer, mit Böschung aufgeführt. Er hat kein Gestelle, indem dasselbe durch den bis auf die Sohle hinabreichenden Kernschacht a, dessen Gestalt aus der Zeichnung hervorgeht, vertreten wird. Er wird von der Rauhmauer durch einen mit Ziegelstücken ausgefüllten Zwischenraum b, von 3″ Weite, zur Abführung der Dämpfe und um das Ausdehnen des Kernschachtes ohne Nachtheil des Rauhgemäuers zu gestatten, getrennt. Der Ofen hat nur eine Form. Das Arbeits-Gewölbe, so wie das Form-Gewölbe sind in der Nähe des Kernschachtes mit gußeisernen Tragebalken c überdeckt, welche die Rauhmauer tragen; der vordere Theil derselben ist aber mit Gewölben überspannt. Die Verankerung dieses kleinen Ofens, deren Splinte durch sämmtliche übereinander liegende Ankerköpfe (nach der älteren Art) durchreichen, ergiebt sich aus der Zeichnung (§§. 630. 631.).

Tafel XVII.

Fig. 1 — 4. Hohofen mit Koaks betrieben; auf der Königshütte in Oberschlesien.

Fig. 1. Vertikaler Durchschnitt nach der Linie AB in Fig. 3; Fig. 2. Aeußere Ansicht von der Arbeitsseite; Fig. 4. Ober-Ansicht, Fig. 3. Horizontaler Durchschnitt nach der Linie CD in Fig. 1.

Der Ofen ist im horizontalen Querschnitt des Fundaments einschließlich der Höhe der Plinte, nämlich der Höhe über der Hüttensohle, ein Quadrat. Von hier ab stumpfen sich die vier Ecken bossirend ab, bis der Querschnitt in der Höhe von $21\frac{1}{2}$ Fuß über der Hüttensohle ein regelmäßiges Achteck bildet. Der zunächst obere Theil der Rauhmauer bis zur Oberkante der Windmauer ist ein abgekürzter Kegel, dessen Grundfläche den inneren Durchmesser des Achtecks zum Durchmesser hat. Der Ofen, welcher mit drei Formen betrieben wird, liefert Roheisen für die Frischhütten, und es befinden sich auf der Königshütte vier Oefen von derselben Gestalt.

Der Ofen hat ein dreifaches Futter m von feuerfesten Ziegeln, von denen jedes durch eine Hinterfüllung n mit Ziegelbrocken von dem folgenden getrennt ist, so daß drei Füllungsräume n vorhanden sind. Soll dem Ofenschacht eine größere Weite, wenigstens im Kohlensack, gegeben werden, so kann das innere Futter abgebrochen werden, indem zwei Schachtfutter genügen. Die Verankerung der Rauhmauer besteht bei dem oberen konischen Theil des Ofens aus geschmiedeten eisernen Reifen p, deren einzelne Theile klauenartig mit einander verbunden sind, und welche auf kleinen eingemauerten eisernen Stützen ruhen; bei dem unteren Theil aus durchgehenden geschmiedeten Ankern q, welche außerhalb durch gußeiserne Ankerplatten r und durch davorgesteckte geschmiedete eiserne Splinte befestigt sind.

Die Zustellung d ist aus feuerfester Masse, welche eine

Sandschicht b zur Unterlage hat, und nur das vordere Stück des Bodens c, so wie der darauf liegende Wallstein e bestehen aus Sandstein. Unter der Sandschicht b befinden sich zwei sich kreuzende, mit gußeisernen Platten bedeckte Feuchtigkeits-Abzugs-Kanäle a, welche innerhalb der Form-Gewölbe unter den Formen ausmünden. Zur Abhaltung der Feuchtigkeit aus dem Fundament von dem Gestell ist in dem ersteren ein 6 Fuß breiter überwölbter Kanal angelegt. Die Gewölbe der Form- und Arbeitsöffnungen sind nur zum kleinsten Theil gewölbt, indem die Rauhmauer zum größten Theil von starken gußeisernen Tragebalken o getragen wird. Die Hintermauerung des Gestelles d ist bei l mit Mauerziegeln ausgeführt. Der Wallstein ist auf der vordern Seite mit einer gußeisernen Platte f armirt, die mit einer daran gegossenen Leiste versehen ist, auf welcher die gußeiserne Schlackenplatte g ruht, welche von der Schlackenleiste h seitwärts begränzt wird, und welche letztere ebenfalls in einer an der Wallsteinplatte angegossenen Nuth ein Auflager hat.

Auf dem Tümpeleisen i von Schmiedeeisen ruht die gußeiserne Tümpelplatte k, welche den Tümpelstein nicht allein gegen den unmittelbaren Zutritt der kalten atmosphärischen Luft, sondern auch vor Beschädigungen schützt. z, z sind zwei gußeiserne Backenplatten zu beiden Seiten der Tümpelnische, deren Backen oder Seitenmauern dadurch gegen Beschädigungen bei der Arbeit im Heerde mit dem Arbeitsgezähe geschützt werden. Für die Windleitungsröhren zu den 3 Formen so wie auch Behufs der Communication, befindet sich in der Rauhmauer ein den Gestellraum umgebender überwölbter cirkelrunder Gang, welcher auch das Arbeits- und die Form-Gewölbe mit einander verbindet. Bei der Windleitung sind w die Kasten für die Windmesser, v die Windsperrungskasten, u die ledernen Schläuche, welche (bei Anwendung von kaltem Winde) die gegossenen Düsen mit den Windsperrungskasten verbinden. s sind die kupfernen Formen.

Der Gichtboden ist mit gußeisernen Kranzplatten x und zwar so belegt, daß die Dämpfe aus den Füllungsräumen n zwischen ihnen Ableitung finden. Ueber der Gichtöffnung liegt die Schienenstraße tz, auf welcher die Erz- und Kohlen-Wagen über den Schacht geschoben und dann ausgeleert werden (§. 652.).

Fig. 5—6. Hohofen bei Koaks betrieben, auf der Hütte zu Lavoulte.

Fig. 5. Vertikaler Durchschnitt des Ofens mit der Chablonen-Vorrichtung zur Construction des Rauhschachtes und des Kernschachtes, nach der Linie AB in Fig. 6.; Fig. 6. Horizontaler Durchschnitt desselben nach CD in Fig. 5.

Durch beide Figuren soll hier nur gezeigt werden, welcher Mittel man sich bedient, um bei dem Bau der Hohöfen den Rauhschacht, so wie die Kernschächte, nach den denselben zum Grunde liegenden Profilen aufzuführen.

Wenn das Rauhgemäuer des Ofens den Scheitel des Arbeitsgewölbes und der Formgewölbe erreicht hat, und die eben genannten Gewölbe geschlossen sind, so wird in der Mitte des Gestellraums des Ofens b, der Chablonenbaum a und b lothrecht aufgestellt, indem er mit dem untern Ende seines vierkantig bearbeiteten Untertheils a in die Vertiefung einer gußeisernen Platte c eingesetzt wird, welche zu diesem (einstweiligen) Zweck in die Sohle des Gestellraums eingelassen und befestigt ist. In der vertikalen Stellung wird dieser Baum durch vier sich kreuzende Hölzer dd, ee, welche paarweise den Baum umfassen und an einander durch Schraubenbolzen befestigt sind, gehalten. Die untern Hölzer dd liegen über den gewölbten Bögen f, und sind durch ein verlorenes Mauerwerk befestigt; die oberen ee liegen auf den gußeisernen eingemauerten Tragebalken gg fest auf, und sind gegen Seitenverschiebung ebenfalls durch Vermauerung gesichert. Der Theil b des Baumes über den Hölzern dd, ee, ist rund, mit schwacher Verjüngung nach oben bearbeitet, und reicht bis zur Gicht. Mit diesem Theil b des Baumes ist eine aus langen und kurzen Brettern zusammengesetzte Chablone in der Art verbunden, daß sie sich in vertikaler Lage rings um den Baum b drehen läßt. In dieser Absicht sind an den Chablonen zwei geschmiedete Halsbänder befestigt, von denen das untere h mit seinem Ringe den untern Theil des Baumes b umfaßt, und zugleich daselbst auf einer gußeisernen Sattelplatte i ruht, welche auf dem daselbst vorhandenen Absatz, der durch den untern viereckigen Theil a des Baumes sich bildet, ein festes Auflager erhält. Das obere Halsband k umfaßt mit seinem Halse oder Ringe den obern Theil des Baumes b, oben zunächst der Gicht. An den Querleisten l des Chablonen-Gestelles sind die eigentlichen Chablonenbretter m und n fest angenagelt, von denen n die Chablone zur Mauerung des Rauhschachtes und m die zur Anfertigung des Kernschacht-Mauerwerks andeutet. Damit sich das Chablonengestell in lothrechter Richtung nicht in sich selbst verschieben könne, sind die Querleisten l durch Strebeleisten o mit dem, dem Baum b zunächst stehenden lothrechten Hauptbrett p verbunden. Da der Chablonenbaum, während der Aufführung des Rauhmauerwerks und des Rauhschachtes, nur an dem untern Theile a durch seinen feststehenden Fuß, und durch die Hölzer dd, ee in lothrechter Lage gehalten werden kann, so muß derselbe eine beträchtliche Stärke haben, damit das an demselben angehängte Chablonengestell ihn nicht aus der lothrechten Stellung verrückt; indem er noch nicht an dem obern Ende befestigt werden kann. Wenn er aber auch bedeutend stark und das Chablonengestell so leicht ist, als es zur erforderlichen Stabilität nur irgend angefertigt werden kann, so wird er doch nicht vollkommen vertikal bleiben, und vielleicht am obern Ende $\frac{1}{4}$ bis $\frac{1}{2}$ Zoll seitwärts von der Vertikale abweichen. Bei der Aufführung des Rauhschachtes würde dieser Fehler zwar keinen Nachtheil herbeiführen, bei der Aufmauerung des Kernschachtes aber, und besonders des eigentlichen Schachtfutters, darf eine solche Abweichung von der lothrechten Stellung nicht vorkommen. Nachdem sämmtliches Rauhgemäuer mit dem Rauhschacht bis zur Gichthöhe vollendet, die in dem Rauhmauerwerk erforderlichen Feuchtigkeits-Abzugskanäle angelegt, die nöthigen Verankerungen darin angebracht und auch die Windmauern über der Gicht aufgeführt worden sind, so wird zur Anfertigung des Kernschachtes von besonders dazu geformten feuerfesten Ziegeln geschritten. Zu diesem Ende werden zuerst vier ringstückförmige Platten q über die vier Winkel des Gestellraums so gelegt, daß sie genau in der Grundfläche des darauf aufzuführenden Kernschachtes liegen und zugleich den (mit zerkleinerten Ziegeln u. s. f. auszufüllenden) Zwischenraum r darstellen, um welchen der Kernschacht von dem Rauhschacht ringsum abstehen soll. Nachdem oben auf der Gicht, über dem Rauhschacht, die gußeiserne Kranzplatte s aufgelegt worden ist, welche den aufzuführenden Kernschacht oben begränzt und dessen Kante gegen Beschädigungen bei dem Aufgeben der Gichten schützt, wird über dieselbe eine gußeiserne Platte t gelegt und an den Enden befestigt. An dieser Platte ist das obere Ende des Chablonenbaums b mit dem daran angebrachten Zapfen so befestigt, daß er während des Gebrauchs der Chablone bei Aufführung des Kernschachtes durchaus nicht von der Vertikale abweichen kann. Auf diese Weise kann die Axe des Kernschachtes ganz genau in der vertikalen Richtung erhalten werden. Demnächst wird das Chablonenbrett n, welches zur Aufführung des Rauhschachtes gedient hat, losgetrennt und die hervorragenden Enden der Leisten l werden bis an das Kernschacht-Chablonenbrett m genau verschnitten. Ist der Kernschacht nach der Chablone Schicht für Schicht horizontal, bis zur Gicht aufgeführt, so wird das Chablonen-Gestell auseinandergenommen, die

Zwingenhölzer dd, ee werden gelöst, durchgeschnitten und selbige, nachdem vorher der Chablonenbaum aus dem Schacht gezogen worden, aus ihrem Auflager herausgezogen, worauf mit der Anfertigung der Zustellung und der Rast vorgeschritten wird (§. 652).

Fig. 7—9. Hohofen-Zustellung ohne Wallstein mit einer gemauerten Heerd- oder Wallbrüstung.

Fig. 7. Vertikaler Durchschnitt des Gestelles nach der punctirten Linie AB in Fig. 9.; Fig. 8. Vordere Ansicht des Vorheerdes und der Ofenbrust; Fig. 9. Grundriß nach der Linie CD in Fig. 7.

Das Gestell ist hier von feuerfesten Sandsteinen angefertigt; a der Bodenstein, b die beiden Backensteine, c der Tümpelstein, d der Rückstein, e das Tümpeleisen, f das Tümpelblech oder die Tümpelplatte, gg die gußeisernen Tragebalken.

Statt des sonst gewöhnlichen abgeschrägten Wallsteins ist der Vorheerd durch eine vertikale Brust- oder Wallmauer h von feuerfesten Ziegeln geschlossen, in deren Mitte, also auch in der Mitte des Vorheerds, ein vertikaler, 9 Zoll hoher, bis auf den Boden des Heerdes hinabreichender, außerhalb 1½ Zoll, an der innern Seite aber 4½ Zoll weiter Schlitz i angebracht ist. An der äußeren Seite der Wallmauer h sind zwei 2½ Zoll breite, 1 Zoll starke geschmiedete Schienen k, k, die untere mit ihrer Oberkante gegen den untern Rand des Schlitzes i, die obere mit ihrer Unterkante gegen den obern Rand desselben, horizontal, durch Schraubenmuttern an den Gewinden der eingemauerten Ankerbolzen l befestigt, und die Enden beider Schienen in die Seitenbrustmauern des Gestellraums eingelassen. Die Oberseite der Wallmauer ist, zum Schutz gegen die Beschädigungen durch das Arbeits-Gezähe, mit einer gußeisernen Deckplatte m belegt. In jeder der beiden Schienen kk sind zu beiden Seiten des Schlitzes i zwei außerhalb hervortretende mit Splintschlitzen versehene Bolzen n eingeniethet. Mittelst dieser Bolzen n ist eine gußeiserne Guß- oder Abstichplatte o vor dem Schlitz i der Wallmauer, gegen dieselbe, und an den Schienen k mittelst Splinten befestigt. In der Mitte ist diese, auf der inneren Seite mit Thon bestrichene Platte mit vier bis 5 lothrecht über einander befindlichen und mit dem Schlitz i der Wallmauer correspondirenden $\frac{3}{4}$ bis 1 Zoll weiten Oeffnungen p versehen, die sich nach innen erweitern. Diese, ebenfalls mit Thon ausgestrichenen Oeffnungen dienen zum Ablassen des geschmolzenen Roheisens in die vor die Wallmauer gestellten Pfannen und Gießkellen. Nach erfolgtem Abstich werden die Oeffnungen wieder mit Thonpfropfen verstopft. Durch diese einfache Vorrichtung läßt sich zu jeder Zeit ohne Störung des Ganges des Ofens, und ohne Belästigung durch die Schlacke, flüssiges hitziges Eisen aus dem Heerde zum Betrieb der Gießerei erhalten. Die Gußplatte o kann, wenn sie unbrauchbar geworden ist, auf leichte Weise erneuert werden. Die inneren Winkel q an der Wallmauer und den Heerdbackensteinen werden mit einer Thonmasse, welche mit Quarzsand vermengt ist, ausgestampft, um die scharfen Ecken und Kanten zu brechen, welche zum Ansetzen von erstarrter Schlacke Anlaß geben würden (§. 647.).

Tafel XVIII.

Fig. 1—4. Koaks-Hohofen auf der Eisengießerei bei Gleiwitz in Oberschlesien.

Fig. 1. Vertikal-Durchschnitt des Ofens nach der Linie CD in Fig. 4.; Fig. 2. Vertikal-Durchschnitt nach AB in Fig. 4.; Fig. 3. Vorder-Ansicht des Ofens und Fig. 4. Horizontal-Querschnitt nach der Linie EF in Fig. 1. u. 2.

Der Ofen ist auf gutem Baugrund ohne einen Rost fundamentirt. Theils zur Ersparung von Mauerwerk, theils zur Abführung der Feuchtigkeit und theils um Raum für die Windleitungsröhren zu gewinnen, sind durch das Fundament drei parallel laufende, mit gothischen oder Spitzbögen überwölbte Gewölbe a durchgeführt, die eine lichte Weite von 7¾′ und eine Höhe von 11½ Fuß haben. Die Wände oder Pfeiler dieser Kanäle haben eine Stärke von 3 Fuß (Fig. 1. und 2.). Das 3′ hohe Plinten-Mauerwerk des Ofens ist lothrecht, das darauf aufgeführte Rauhgemäuer und die Windmauer aber sind auf allen vier äußern Seiten stark geböscht, so daß die äußern Seiten des Rauhmauerwerks mit denen der Windmauer in einer Ebene liegen. Der Ofen hat zwei einander gegenüberliegende Formgewölbe, indem er mit zwei Formen betrieben wird. Die beiden Formgewölbe und das Arbeitsgewölbe sind größtentheils mit gußeisernen Tragebalken o, welche die Rauhmauerung tragen, überdeckt, und nur gegen die äußern Seiten sind die Formgewölbe mit 1½′ starken und das Arbeits-Gewölbe mit 2½′ starken halbcirkelförmigen Bögen überwölbt. Auf der vierten Seite des Ofens, dem Arbeitsgewölbe gegenüber, ist in Fig. 1. und 2. ein drittes Formgewölbe angegeben, wenn ein Betrieb mit 3 Formen statt finden sollte. Im Grundriß Fig. 4. ist dieses Formgewölbe nicht angedeutet, indem nur zwei Formen in Anwendung sind. Die Verankerung des Ofens besteht aus gußeisernen Ankern n, und aus gußeisernen, durch die außerhalb der Rauhmauer hervorragenden Ankerköpfe durchgesteckten Splinten r. Die Anker liegen in den horizontal durch den Ofen durchgeführten zum Abzug der Feuchtigkeit bestimmten Kanälen c. Da die Anker hierin hinlänglichen Spielraum haben, so läßt sich ein etwa zersprengter Anker leicht gegen einen neuen auswechseln. Unten nach dem Schmelzraum hin sind die Anker in kürzeren Entfernungen von einander angebracht, weil hier durch die größere Hitze die stärkste Ausdehnung des Rauhgemäuers zu besorgen ist. Die Windmauer erhält ihre Befestigung nur durch schwache geschmiedete Anker. Unter dem Gestellraum kreuzen sich zwei kleine Kanäle c zur Abführung der Feuchtigkeit, welche mit gußeisernen Platten bedeckt und innerhalb der Gestellausfutterung unter den Formöffnungen mit lothrechter Ausmündung in die Höhe geführt sind. Mit Ausschluß des Tümpelsteins g, eines Theils des Bodens p unter dem Wallstein, der Vorderbacken h und des Wallsteins q, welche aus Sandstein bestehen, ist die Zustellung a in Masse ausgeführt. Das übrige Ausfüllungsmauerwerk f des Gestelles besteht aus feuerfesten Ziegeln. Der von der Gicht bis zum Boden 40 Fuß hohe, oben an der Gicht 4′ 3″ im cylindrischen, 2′ hohen, Kohlensack 10′ und unten an der Rast $2\frac{3}{4}$′ weite Kernschacht ist in der Rasthöhe einfach, und über derselben doppelt, von feuersten ringstückförmig gefertigten Ziegeln aufgeführt. Zwischen dem Kernschacht und dem Rauhschacht befindet sich in gewöhnlicher Art der Zwischenraum e, welcher mit kleinen Ziegelstücken ausgefüllt ist. In gleicher Höhe mit der Hüttensohle ist in der Rauhmauer, rings um den Gestellraum, ein $2\frac{3}{4}$′ breiter, $7\frac{1}{2}$′ hoher überwölbter Gang, theils zur Ersparung von Mauerwerk, theils zur kürzeren Communication von dem Arbeitsgewölbe nach den Formen, theils zur Aufnahme der Windleitungsröhren für die dem Gebläse entfernter gelegene Form, angelegt. Die Windleitungsröhren liegen darin auf Kreuzböcken Fig. 1. u. 2. Innerhalb der Formgewölbe befinden sich die Windsperrungskasten m, von welchen der Wind bei der Anwendung von kaltem Winde mittelst lederner Schläuche zu den gußeisernen Düsen k und dann weiter in die Form i geführt wird. Vor dem Wallstein q, dessen vordere Seite mit einer gußeisernen Platte bedeckt ist, befindet sich eine flach geböschte bis auf den Wallstein reichende Sandauffülluug z, über welche die Schlacke abläuft. Zur Seite des Wallsteins ist die Abstichöffnung t (Fig. 3.) angebracht (§. 652.).

Fig. 5. und 6. Holzkohlen-Hohofen zur Verschmelzung von Spatheisenstein Behufs der Rohstahlerzeugung. Fig. 5. Vertikal-Durchschnitt nach der Linie CD in Fig. 6.; Fig. 6. Grundriß nach AB in Fig. 5.

Die Construction des nur 25 Fuß hohen Ofenschachtes, so wie die übrigen Dimensionen desselben ergeben sich aus der Zeichnung. Im Fundament kreuzen sich zwei 3' breite, $1\frac{1}{3}$' hohe überwölbte Kanäle a, welche nach den Formseiten offen sind und zum Abführen der Feuchtigkeit dienen. Zunächst unter dem Gestell befinden sich ebenfalls 6 sich kreuzende mit gußeisernen Platten bedeckte kleine Abzugskanäle b. Der Ofen hat ein Arbeits- und drei Form-Gewölbe, wird jedoch nur mit zwei Formen betrieben. Die Zustellung c mit der Rast bestehen aus Thonmasse, der Tümpelstein d, die beiden Vorderbacken e, der Wallstein f und der Bodenstein g sind von Sandstein. Der Gestellraum ist mit einer runden Mauer h von feuerfesten Ziegeln eingeschlossen, auf welcher der Kernschacht i von eben solchen Ziegeln aufgeführt ist. Zwischen dem Kernschacht i und dem Rauhschacht k befindet sich ein 9 Zoll breiter mit Ziegelstücken ausgefüllter Raum l, welcher zur Abführung der Dämpfe dient und dem Kernschacht Ausdehnung gestattet. Der Rauhschacht ist $1\frac{1}{2}$' stark von Thonschiefer in Lehm aufgeführt. Den Rauhschacht umgiebt ein mit Ziegelstücken ausgefüllter Raum m, dann folgt ein zweiter $1\frac{1}{2}$ Fuß starker, von Mauerziegeln in Lehm aufgeführter Rauhschacht n, den eine trockene Ziegelmauerung o einschließt, und endlich das in Kalkmörtel mit Mauerziegeln angefertigte Rauhgemäuer. Im Rauhgemäuer befinden sich die (Fig. 6.) lothrecht aufsteigenden Feuchtigkeits-Abzüge q. Da der Ofen mit 3 den Kernschacht umgebenden lose ausgefüllten Zwischenräumen aufgeführt ist, so bedarf er keiner Verankerung. Die Form- und das Arbeitsgewölbe sind mit Gewölben oben geschlossen (§. 652.).

Fig. 7—10. Hohofen mit gußeisernem Mantel statt der Rauhmauer. Fig. 7. Vertikal-Durchschnitt nach AB in Fig. 10.; Fig. 8. Aeußere Ansicht von der Arbeitsseite; Fig. 9. Horizontaler Querschnitt nach CD in Fig. 7. und Fig. 10. Grundriß des Ofens nach EF in Fig. 7.

Wegen des geringen Umfanges eines solchen Ofens ohne Rauhmauer bedarf derselbe auch nur eines Fundamentes von geringem Umfange. Das Fundament erfordert aber einen guten festen Baugrund und muß sich in einzelnen Absätzen nach seiner Grundfläche hin verbreitern. Die Feuchtigkeits-Abzugs-Kanäle liegen im Fundament. Auf die obere Fundament-Abgleichung wird eine ringförmige, mit einem aufstehenden Rand b versehene gußeiserne Platte a gelegt, welche entweder aus dem Ganzen oder aus einzelnen Theilen zusammengesetzt ist. Auf dieser Fußplatte stehen innerhalb des Randes b (mit einigem Spielraum wegen der Ausdehnung durch die Hitze) die bogenförmig gegossenen Platten c, welche unter einander und mit den kleinern Platten d unter den beiden Formöffnungen, und unter den Platten e neben der Arbeits-Oeffnung mittelst Schließbolzen und Schließkeilen f, verbunden sind. Die beiden Platten e müssen, wegen des Ausbrechens des alten und des Wiedereinsetzens eines neuen Gestelles, leicht abgenommen und wieder vorgebracht werden können. Der übrige Theil des Ofens besteht aus gegossenen Ringen (welche entweder im Ganzen, oder aus zusammen verbundenen Bogenstücken gefertigt werden können) von 3 bis 4 Zoll Stärke für Hohöfen mittlerer Größe. Für kleine Oefen können sie schwächer, für große Koaks-Hohöfen aber müssen sie stärker sein. Jeder Ring ist etwa 1′ hoch und auf der obern und untern Seite, Fig. 7., mit Falzen versehen. In den Falzen dürfen die Ringe nicht genau schließen, damit ungleiche Ausdehnungen kein Springen der Ringe herbeiführen. Sämmtliche Zusammensetzungsfugen des Mantels werden mit reinem weichem Lehm vor der Zusammensetzung bestrichen. Der unterste Ring des obern Ofentheils, welcher bei einem Holzkohlen-Ofen keinen gemauerten Kernschacht erfordert, erhält eine gegossene runde Fußplatte g, welche bis an die Ringstärke mit 12 bis 15″ von einander entfernt stehenden, schon beim Guß berücksichtigten Einschnitten g′ und angegossenen Winkelrippen h versehen ist, damit bei der Ausdehnung des Ringes der Fuß g nicht gesprengt werde, und damit derselbe den Obertheil sicher unterstützt.

Nach Verhältniß der Stärke einer in Mauerung zu setzenden Gichtsohle i, wird entweder der zweite oder dritte Ring von oben, mit angegossenen Knaggen (Consolen) k versehen, auf welcher der Tragkranz l zur Unterstützung der gußeisernen Gichtsohlenplatten ruht, welche an ihren untern Flächen entweder mit Tragrippen oder mit zwischengelegten untergreifenden eisernen Tragbalken versehen sind. Die äußern Enden der Gichtsohlenplatten oder der Tragbalken und Platten können auf beliebige Weise entweder durch einige um den Ofen gestellte Pfeiler und darauf ruhende Gewölbbögen rc. oder durch das Hüttengebäude selbst, oder auch durch einige von dem Absatz g ausgehende gußeiserne Stützen getragen werden. Für Koaksöfen muß der Kernschacht, wegen der nachtheiligen Einwirkung der Koaks auf das Gußeisen, bis zur Gicht hinaufgeführt werden.

Bei der Anlage des Fundaments ist auf einen 1½ bis 2 Fuß unter der Hüttensohle vertieften Gestellraum Bedacht zu nehmen, innerhalb dessen die zur Ableitung der Dämpfe erforderlichen Kanäle n angelegt werden. Nach der Beschaffenheit der feuerfesten Ziegel und der Größe des Ofens beträgt die Stärke der Kernschachtmauer von 9 bis 18 Zoll, welche letztere Stärke auch für Koaksöfen hinreichend ist. Zur Ausfüllung des Raumes zwischen dem Gestell können Ziegel von minder guter Beschaffenheit angewendet werden. Zwischen dem Mantel und dem Kernschacht ist der Zwischenraum von 2 — 4 Zoll, je nach der Größe der Oefen, mit kleinen losen Steinstücken rc. auszufüllen, damit der Kernschacht sich nicht unmittelbar gegen den Mantel ausdehnt. Das Gestell unter der Rast, so wie die gußeisernen Tragebalken über der Arbeits- und den beiden Formöffnungen, nicht zu fest zwischen den Gestellsteinen und dem eisernen Mantel zu vermauern, ist nothwendig, daher sie zweckmäßiger ebenfalls mit loser Füllung umgeben werden, damit die Ausdehnung des Gestelles den gußeisernen Mantel nicht zersprenge. Die Dimensionen des Gestelles richten sich nach dem Betriebs-Material und dem Zweck des Ofens, weshalb auch für die Zeichnungen kein Maaßstab gegeben ist (§. 652.).

Tafel XIX.

Fig. 1—4. Hohofen mit freistehendem Gestell, dessen Schächte auf Tragesäulen ruhen. Ein in dieser Art construirter Hohofen ist zu Hayange (Mosel-Depart.) schon seit dem Jahr 1838 im Betriebe.

Fig. 1. Grundriß des Ofens nach AB in Fig. 3.; Fig. 2. äußere Ansicht von der Arbeitsseite; Fig. 3. vertikaler Durchschnitt nach CD in Fig. 1.; Fig. 4. vertikaler Durchschnitt nach EF in Fig 1.

Der Rauhschacht a des Ofens, welcher von einer eigentlichen Rauhmauer nicht weiter umgeben wird, hat die Gestalt eines abgekürzten Kegels und ist von Werk- oder Quadersteinen aufgeführt. Er ruht auf einer runden, aus vier einzelnen Stücken zusammengesetzten gußeisernen Kranzplatte e, welche von 8 gußeisernen hohl gegossenen Säulen getragen wird, die ein von Werksteinen aufgeführtes gut fundamentirtes rundes Sockelmauerwerk v zu ihrer Grundlage haben. Die Stöße der Kranzplatte e treffen jedesmal auf die Mitte der Säulen und sind an denselben mittelst Schrauben-Dübel befestigt. An den Säulen sind auf den, dem Gestell zugekehrten Seiten Consolen mit kleinen Trageplatten angegossen, welche eine aus drei Theilen zusammengesetzte gußeiserne Kranzplatte f tragen, auf welcher der Kernschacht (c und d) des Ofens ruht. Die Zusammensetzung dieser Platte ist bei e' Fig. 1. zu ersehen. Der innere Theil d des Kernschachtes ist hier von Sandstein, der äußere Theil desselben von feuerfesten Ziegeln aufgeführt. Die Füllung oder der Raum b zwischen dem Rauhschacht und dem Kernschacht ist mit nicht zu fein zerschlagenen Ziegelstücken und Schlacken ausgefüllt, um der Ausdehnung des Kernschachtes nachzugeben. Das Gestell des Ofens steht frei für sich innerhalb der gußeisernen Säulen und schließt sich mit seiner aus feuerbeständigen Steinen aufgeführten Rast an dem Kernschacht an. Um ohne Nachtheil für den Kernschacht ein neues Gestell einsetzen zu können, wenn das frühere schadhaft geworden ist, sind die folgenden Einrichtungen getroffen. Innerhalb des Sokkels v der gußeisernen Säulen wird das Fundament des Gestelles auf festen Baugrund, und in Ermangelung desselben auf einen hölzernen Rost oder Pfahlwerk, gelegt und in seinen Banketts mit denen des Sockels verbunden. Im Fundament befinden sich die mit gußeisernen Platten bedeckten Kanäle q, Fig. 3. die in Fig. 4. punctirt angedeutet sind, zur Ableitung der Feuchtigkeit. Sie stehen mit lothrechten gußeisernen Abzugsröhren p Fig. 1. in Verbindung, welche außerhalb des Gestelles auf der Hüttensohle ausmünden. Zwischen den Kanälen q und der Sohle des Gestelles, ist durch das Fundament ein (in den Zeichnungen nicht angedeuteter) überwölbter Kanal horizontal durchgeführt, welcher die Windleitungsröhren für die beiden Formen aufnimmt. Da das Fundament des Gestelles dem Sockelmauerwerk v der gußeisernen Säulen nahe liegt, so ist es zweckmäßiger, nicht, wie in Fig. 3. und 4. angedeutet, die Fundamente getrennt, sondern das Fundament unter dem ganzen Ofenraum im Ganzen aufzuführen. Auf der obern Abgleichung des Gestellraum-Fundaments ist die äußere Umfassungsmauer s des Gestellraums in vieleckiger Form Fig. 1. bis zur Rast mit feuerbeständigen Werksteinen, von da ab aber bis zur gußeisernen Kranzplatte n, mit feuerfesten Ziegeln aufgemauert, und hat drei Einschnitte oder Oeffnungen, zwei für die beiden Formen und eine für die Arbeitsseite. In diesen Gestellraum wird das Gestell von feuerbeständigen Steinen t eingesetzt, wobei auf die zur Ableitung der Dämpfe erforderlichen Kanäle unter dem Boden des Gestelles, welche in der Zeichnung nicht angedeutet worden sind, Rücksicht genommen werden muß. Die Gestellraumsmauer s ist mit einem aus gußeisernen Platten r bestehenden Mantel umgeben. Diese Platten zwischen denen und der Gestellraumsmauer s ein kleiner Spielraum bleibt, damit sich die letztere ohne nachtheiligen Einfluß auf die Platten ausdehnen könne, stehen mit ihren untern Kanten in dem Fundamentmauerwerk und mit ihren obern Kanten gegen die Kranzplatte n und dienen diesen zugleich mit zur Unterstützung. Auf den äußern Seiten sind die Mantelplatten r durch lothrecht herabgehende bogenförmige Rippen verstärkt. Die Kranzplatte n, welche aus zwei Theilen zusammengesetzt ist, und theils auf der Gestellraumsmauer s, theils auf den Mantelplatten r ruht, ist auf der untern, außerhalb vor der Mauer s hervortretenden Seite, durch bogenförmige Rippen verstärkt, welche zugleich dazu dienen, sowohl die Mantelplatten r, als auch die schräg gestellten gußeisernen Trägerplatten k an der Arbeitsöffnung, welche sich oben daran anlehnen, festzuhalten. Man läßt ihnen zugleich einigen Spielraum damit sie durch die Ausdehnung der Gestellraumsmauer nicht gesprengt werden. Zwischen der Gestellraumsmauer s und dem Gestell t ist der Spielraum u mit kleinen Thonziegelstücken ausgefüllt. Die mit bogenförmigen Verstärkungsrippen versehenen starken schräggestellten Trägerplatten k dienen zur Befestigung der an ihnen angelehnten gußeisernen Seitenplatten m und j der Tümpelnische, so wie auch zur Unterstützung der Kranzplatte n. Unmittelbar auf der Kranzplatte n ist eine Umfangsmauer b von Werksteinen aufgeführt, welche mit zwei umgelegten eisernen Ringen zusammengehalten wird. Das über der Umfangsmauer b aufgeführte Mauerwerk besteht aus Mauerziegeln und ist so nach Außen heraus abgetreppt, daß es sich (Fig. 3. und 4.) an dem über der Kranzplatte f aufgeführten unteren Mauerwerk des

Kernschachtes anschließt. Das Ausfüllungsmauerwerk über dem Gestell zwischen der Rastmauer d' und der Umfassungsmauer b besteht ebenfalls aus Mauerziegeln, aber die Rast d' über dem Gestell ist in dreifachen Schichten von feuerfesten Ziegeln angefertigt und wird von einem dazu vorgerichteten Einschnitt des Kernschachtes d aufgenommen. Oben auf dem Gesimse der Rauhmauer a liegt eine gußeiserne Kranzplatte y, welche mit Armen z' versehen ist, die das aus Eisenblech bestehende Sohlwerk der Gichtkammer tragen.

Zwischen den beiden Säulen zu beiden Seiten der Arbeitsöffnung (des Arbeitsgewölbes) ist an einer kleinen mit angegossenen Console die Bogenplatte z eingesetzt, welche im horizontalen Querschnitt einen mit der Kranzplatte e concentrischen Bogen bildet, und oben mittelst der Dübel (Zapfen) befestigt ist, welche auf der unteren Seite der Kranzplatte e, an welcher sie oben anschließt, eingegossen sind. An den Stellen x, x', x'' ꝛc. sind schmiedeeiserne Ankerringe um den Ofen angebracht, an den Stellen x'', x''' und x'' werden nach der Beschaffenheit der Mauermaterialien zwei dergleichen Ankerringe umgelegt. Der Rauhschacht a erhält über jeder horizontalen Fuge, welche die Werksteine daselbst bilden, einen solchen Ankerring rings um den Ofen (§. 652.).

Fig. 5., 6. Schwedischer Hohofen mit Erdzimmerung. Fig. 5. Vertikaler Durchschnitt des Ofens durch das Arbeitsgewölbe desselben; Fig 6. äußere Ansicht von der Arbeitsseite.

Der Ofen hat ein Pfahlwerk oder einen hölzernen Rost zum Fundament. Er besteht aus quer über einander gelegten, nur auf der obern und untern Seite bearbeiteten Ganzhölzern a, welche dicht aneinanderliegen. Die Rauhmauer b und die Gestellraumsmauer c, sind von behauenen Werksteinen aufgeführt und erstere ist auf allen Seiten mit Ankern, die entweder in den Stoß- oder in den Längen-Fugen durchgeführt sind, verankert. Die Arbeitsöffnung und die Formöffnung sind mit gußeisernen Tragbalken f überdeckt. Der Kernschacht ist in bedeutender Stärke von feuerfesten Ziegeln aufgeführt. Zwischen demselben und dem Rauhgemäuer ist der 10″ weite Zwischenraum i mit Ziegelstücken ausgefüllt, um die Dämpfe abzuleiten und dem Kernschacht eine ungehinderte Ausdehnung zu gestatten. Das Rauhmauerwerk ist bis 2′ 9″ über der Unterkante des obersten Tragebalkens der Arbeits- und Formöffnungen in voller Stärke von Werksteinen aufgeführt, von da ab aber nur der Rauhschacht e bis zur Gicht in einer Stärke von $3\frac{1}{2}$′ von Werksteinen aufgemauert und der übrige Theil der Rauhmauer, über der massiven Rauhmauer b und außerhalb des Rauhschachtes e bis zur Gichthöhe, durch eine Erdauffüllung g, welche mit Schrotwänden außerhalb eingefaßt ist, vervollständigt, um dadurch an Mauerwerk zu sparen. Zu diesem Zweck sind über einer Steinschicht h, ganze Balken l, die nur auf der obern, untern und vordern Seite bearbeitet sind, mit der äußern Fläche der Rauhmauer bündig, an den Ecken des Ofens mit ihren Enden durch Zinkzapfen zu sogenannten Schrotwänden verbunden, welche die Erdausfüllung g zusammenhalten. Diese Balken l sind zur Holzersparung an den Zapfenenden schwächer als an den Stammenden beschlagen, und dann so verwechselt gelegt, daß ein Stammende des obern Balkens über dem Zopfende des untern zu liegen kommt, damit, abgesehen von der hierdurch erlangten gleichförmigen Festigkeit der Wände, die obere horizontale Abgleichung derselben nicht durch Keilstücke, sondern durch ganze durchreichende Balken bewerkstelligt werden kann. Die Fugen zwischen den Balken sind mit Bohlen k ausgefüllt, damit sich die Erdausfüllung nicht herausdrücke. Die Schrotwände werden außerdem noch auf jeder Seite durch 3 starke geschmiedete Ankerschienen m befestigt, von denen die äußeren durch Anker n mit denen der entgegengesetzten Schrotwand verbunden sind, folglich der Länge nach durch die Erdausfüllung durchgehen, — die mittleren aber durch geschlossene, ein Viereck bildende Ankerbänder o, die mit ihren inneren Winkeln die genannten Ankerschienen l umfassen und mit ihren Seiten den Rauhschacht e einschließen, verankert sind. Um das Holzwerk der Schrotwände zu conserviren, ist auf der innern Seite derselben eine schwache Lehmschicht gegengestampft, und um die Feuchtigkeit der Erdausfüllung von dem Rauhschacht e abzuhalten, ist derselbe durch eine 6 Zoll starke Ziegelbrockenschicht p von der Erdausfüllung getrennt.

Die Anfüllung der Lehmschicht gegen die innern Seiten der Schrotwände, und der Ziegelbrocken gegen die äußere Seite des Rauhschachtes, geschieht gleichzeitig mit der Anfertigung der Erdausfüllung g, und zwar schichtenweise, um die Ausfüllung gehörig feststampfen zu können. Außerdem sind um die Holzwände noch hölzerne, an den Ecken festverbundene Ankerbalken q gelegt, welche durch eiserne Stützen r, die an den Wänden angeschraubt sind, getragen werden (§. 652.).

Tafel XX.

Fig. 1 — 3. Winderhitzungs-Apparat, bei dem Hohofen zu Veckerhagen in Kurhessen.

Fig. 1. Vertikaler Querschnitt des Apparats nach der gebrochenen Linie ABCD in Fig. 2; Fig. 2. Grundriß nach der Linie EFGH in Fig. 1. Fig. 3, A die Längen-Ansicht, B die Seiten-Ansicht, C die untere (innere) Ansicht und D die obere Ansicht eines der sogenannten Kuppen oder gußeisernen Kasten aus denen die Decke des Apparats zusammengesetzt ist.

In der Gichtöffnung ist ein gußeiserner Ring a in Gestalt eines hohlen abgekürzten Kegels dergestalt eingesetzt, daß er auf seinem untern Kranze b ruht und die innere Fläche der Gicht bildet. Inwendig hat dieser Ring, 6 Zoll von oben, einen 4 Zoll nach Innen hineintretenden Kranz c, auf welchem ein zweiter Ring d, von der Höhe des ersteren mit seinem außerhalb angegossenen Rand e ruht, und in dem Ring a frei hängt, so daß zwischen beiden Ringen a und b ein 5¾ " weiter, oben durch die beiden Kränze c und e und die darauf gebrachte Sandausfüllung f geschlossener Zwischenraum g verbleibt, in welchen die heißen Gase eintreten und mittelst der Oeffnung h in den Heizapparat, mittelst i nach einer Dampfmaschine und mittelst einer dritten Oeffnung nach einem Verkohlungsofen gelangen. Diese Oeffnungen sind mit angegossenen Ansatzröhren versehen, welche mit den Leitungsröhren verbunden sind. Der innere Ring d ist innerhalb des Ringes a dergestalt aufgehängt, daß seine innere Wandfläche genau in der verlängerten Schachtfläche liegt. 5½ Zoll unterhalb des untern Randes des Ringes d ist die Mauer des Kernschachtes gegen den untern Rand des Ringes a hin, schräg eingezogen, wodurch sich eine Einmündung für den hohlen Raum g bildet, durch welche die heißen Gase eindringen, ohne durch die aufgegebenen Gichten daran verhindert zu werden. Der an dem Ringe a angegossene Hals h, welcher die heißen Gase nach dem Wärme-Apparat führt, ist 15 " lang, 5¾ " hoch und 16½" weit, und mit einem Schieber versehen, durch welchen der Zutritt der heißen Gase nach dem Wärmeofen regulirt werden kann. Der Hals h hat unten eine Oeffnung i, welche mit einem unterhalb des Halses h befindlichen Canal k communicirt, durch welchen den aus dem Hohofenschacht dem Wärmeapparat zuströmenden heißen Gasen athmosphärische Luft zugeführt wird, um durch das Verbrennen des Kohlenoxydgases die Hitze zu steigern.

Der Wärmeofen besteht aus einem 3 ' 1 " breiten, 3 ' 9 " tiefen, 8 ' 4 " langen, inwendig mit feuerfesten Steinen aufgeführten hohlen Raum, der sich zum größten Theil innerhalb der Rauhmauer befindet, außerhalb derselben aber noch 2 ' 7 " vorspringt und dort auf gußeisernen Platten l ruht, welche von 6 Stück gußeisernen in der Rauhmauer gut verankerten

Consolen m getragen werden. Im Grundriß Fig. 2. sind 2 dieser Consolen oder Träger m angedeutet. In der Vorderwand n befinden sich die mit Steinen leicht aber luftdicht verschlossenen, in Fig. 2. punctirt angedeuteten Reinigungsöffnungen c, durch die man auch zugleich in den Ofen gelangen kann.

Im Wärmofen liegen 4 aus parallel gekrümmten Schenkeln bestehende Erwärmungsröhren p von ovalem Querschnitt, welche im Lichten $8\frac{1}{2}$ " breit, $5\frac{3}{4}$ " hoch und aus dem Ganzen gegossen sind, um den Apparat möglichst luftdicht zu erhalten. In dem Wärmofen ruhen die Röhren auf eisernen Untersatzstücken q, welche bei der unteren Röhre auf die Sohle des Ofens und bei den übrigen Röhren, zwischen denselben aufgestellt werden. Die Enden der Schenkel der Röhren p sind in der Brustmauer n luftdicht vermauert, und reichen durch dieselbe hindurch. Die einen dieser über einander liegenden Schenkel der Röhren p sind mittelst Randscheiben und Schrauben mit den Hälsen der lothrecht herabgehenden 10" weiten Röhre r, welche den kalten Wind von dem Gebläse in die Wärmeröhren leitet, die andern mit der lothrecht herabgeführten Röhre s von gleicher Weite, welche den heißen Wind zu den Düsen führt, luftdicht verbunden.

Die Röhren r und s sind oben auf ähnliche Weise, wie die Deckplatten bei den Einsteigeöffnungen der Dampfkessel, von Innen nach Außen, gegen einen nach Innen vorspringenden Rand, mit einem durch Schraubenbolzen angezogenen Deckel t luftdicht verschlossen. Auf diesem Rande liegt eine runde Platte u, durch welche die Schraubenbolzen durchgehen und gegen welche die Muttern angedreht werden (Fig. 1.).

Da der Querschnitt der 4 Wärmröhren zusammen ziemlich doppelt so groß ist als der des Windzuleitungsrohrs r, so beträgt die Geschwindigkeit des Windes in den Wärmeröhren etwa die Hälfte von derjenigen in der Zuleitungsröhre r, weshalb die Erwärmung des Windes in den Erwärmungsröhren p etwa so groß sein wird, als wenn sich statt dieser Röhren nur ein gebogenes Schenkelrohr von der doppelten Länge der Röhren p und von der lichten Weite der Zuleitungsröhre r, in dem Wärmapparat befände.

Die zweite Röhre p vom Boden des Apparats abgerechnet, hat zu beiden Seiten horizontal herumlaufende angegossene Ränder v, auf welchen innerhalb und außerhalb der Röhrenschenkel die gußeisernen Platten w aufliegen, wodurch der Ofenraum in zwei über einander liegende Räume getheilt wird, welche vermittelst der Oeffnungen x Fig. 2. mit einander in Verbindung stehen. Das heiße Gas strömt aus dem Hals h zuerst in den obern Raum, dann durch die Oeffnungen k in den untern Raum, und entweicht von hier durch den Kanal z aus dem Wärmofen. Der unter dem Wärmofen fortgeführte Kanal z ist innerhalb des Ofens mit einer gußeisernen und mit einer Oeffnung von der Breite des Kanals versehenen Platte bedeckt. Aus dieser Oeffnung strömen die zur Erhitzung benutzten Gase in den Kanal, und aus diesem in die 22′ hohe Esse.

Die Decke des Ofens besteht aus sogenannten Kuppen α, oder aus Kasten von Gußeisen, welche mit feuerfesten Ziegeln nach der Länge gewölbeartig ausgemauert sind. Um diesem Gewölbe Widerlager und Festigkeit zu geben, (obgleich die Kasten oben schmaler als unten sind, wie aus den Figuren BA bis D zu ersehen ist) sind die Kasten oben länger als unten. Diese Kuppen werden quer über den Wärmofen dicht an einander gesetzt, und die dadurch sich bildenden im Querschnitt dreieckigen Zwischenräume werden, nachdem die Fugen mit Lehm verstrichen worden, mit Sand ausgefüllt. Zur größeren Haltbarkeit haben diese Kuppen oben Verstärkungsrippen. Die Dauer derselben soll sich schon mehrfach bewährt haben. Der Kitt zur luftdichten Zusammensetzung der sämmtlichen Windleitungsröhren besteht aus einem Gemenge von $\frac{2}{3}$ feinen Eisenfeilspähnen und $\frac{1}{3}$ gut geschlämmtem Thon, dem Volum nach, welches mit Esse besprengt wird, bis es sich zum Teige kneten läßt. Die Masse erhitzt sich, und muß sogleich warm verbraucht werden (§. 601.).

Fig. 4—8. Hohofen-Zustellung zum Abstechen des Roheisens für die Gießerei.

Fig. 4. Aeußere Ansicht des Hohofen-Gestelles von der Arbeitsseite, Fig. 5. Vertikaler Längendurchschnitt durch die Mitte des Heerdes, Fig. 6. Grundriß desselben, Fig. 7. Vorderansicht der Abstichplatte i. Fig. 8. Oberansicht der Wallplatte.

Der Gestellraum a ist mit zwei Wasserformen versehen, weil der Ofen mit heißem Wind betrieben wird. Das Tümpeleisen besteht aus einem fünfkantig gegossenen Eisen, welches, um es gegen die zu starke Erhitzung zu schützen, der Länge nach eine 2 Zoll weite Höhlung erhalten hat, in deren eine Endöffnung kalte Luft einströmt und aus der andern, als erhitzte Luft, in einen von den zur Seite der Tümpelnische angebrachten Räumen, welche zum Trocknen kleinen Kerne für die Gießerei dienen, wieder ausströmt.

Die beiden schräg aufrecht stehenden gußeisernen Backenplatten d, stehen unten in Ausschnitten in den Deckplatten e für die zu beiden Seiten des Wallsteins l befindlichen Seitenmauern, und greifen mit ihrem oberen Ende hinter den zweiten Tragebalken des Arbeitsgewölbes. Oben sind an diesen Backen in den dazu bestimmten Einschnitten gußeiserne Kapitäle eingesetzt und festgeschraubt, um die Backenplatten mittelst Schrauben anzuspannen, zu welchem Zweck die Schraubenbolzen in dem ersten Tragebalken befestigt sind. Diese Kapitäle, die mehr der Zierde als eines nothwendigen Zweckes wegen angebracht sind, lassen sich verschieben und können auch ganz abgenommen werden. Hinter den Backenplatten d sind die beiden Backenmauern der Tümpelnische von Ziegeln aufgeführt, mit Ausnahme der beiden Sohlstücke f, welche aus Gußeisen bestehen, um dem Gezäbe, bei der Arbeit im Heerde, ein Widerlager zu gewähren. Der bequemeren Construction wegen besteht das Tümpelblech aus 6 einzelnen Gußeisenplatten, welche, auf ihrer äußern Seite eine Ebene bildend, bis zum ersten Tragebalken reichen. Die zu beiden Seiten der Tümpelnische angebrachten Trockenkämmerchen sind mit Gußeisenplatten eingefaßt, durch Platten in Flächen abgetheilt und mit blechernen Verschlußthüren versehen.

Vor den beiden Seitenmauern, welche den Wallstein einschließen, und vor dem Wallstein selbst, der vorn mit diesen Mauern eine vertikale Ebene bildet, befindet sich die sogenannte Dammplatte b. Mit ihren beiden Enden greift diese Platte in die Gestellkammerwände einige Zoll weit ein, und reicht mit ihrer untern Kante 8 bis 10 " in die Hüttensohle hinein, indem sie mit den Seitenmauern zu beiden Seiten des Wallsteins, in gleicher Höhe über der Hüttensohle liegt. Oben wird ihre Oberkante von den beiden Deckplatten e, welche die Seitenmauern bedeckt, mit überdeckt. In der Mitte erhält die Dammplatte von oben herab einen Abschnitt, in welchen die Abstichplatte i (Fig. 7.) genau passend eingesetzt wird. Diese Platte ist unten durch eine Leiste verstärkt, mit welcher sie sich an einer anderen Leiste anschließt, welche der Dammplatte b zur Verstärkung dient. Mittelst der beiden auf die Leiste der Dammplatte lothrecht aufgestellten und durch Splintbolzen n befestigten Leisten kk, welche über die Abstichplatte zugleich übergreifen, erhält die letztere eine feste Lage. Sie hat 3 Oeffnungen, von denen die mittlere mit einem Ansatz versehene, die in dem Wallstein eingehauene Abstichöffnung ringsum begrenzt. Die aus Fig. 4. ersichtliche, links von der mittleren liegende Oeffnung dient zum Abstechen des Roheisens und ist in gewöhnlicher Art in den Vorderbacken des Heerdes angebracht. Die dritte Oeffnung ist nur der symmetrischen Anordnung wegen angedeutet. Die Leisten k gestatten eine leichte Auswechslung der Abstichplatte i, wenn sie schadhaft geworden ist. Der Wallstein l, dessen innere dem Heerde zugekehrte Seite 1 Zoll Böschung hat, reicht in das Vordergestell hinein. Der Mitte des Heerdes entsprechend befindet sich in dem Wallstein, in gleicher Höhe mit dem Heerdboden, ein 1½ " weites Achstichloch, welches sich nach der äußeren Seite trichterförmig bis zur correspondirenden Oeffnung in der gußeisernen Abstichplatte i erweitert. Der enge Theil dieser Abstichöffnung darf bei dem Einsetzen des Wallsteins nicht ganz durchgebohrt werden, sondern es müssen etwa ½ Zoll in der Steinmasse zurückbleiben, damit das kalte Eisen zu Anfange der Kampagne die Stichöffnung nicht verstopft. Erst wenn das Eisen im Heerde hinreichende Hitze erlangt hat, wird der noch stehen gebliebene Theil des Steins behutsam durchgeschlagen. Um indeß bei diesem Durchschlagen ein Lossplittern der innern Kante der Stichöffnungen zu verhindern, kann man sie auch sogleich ganz durchbohren, und beim Beginn der Kampagne mit einem genau schließenden Thonpfropfen verstopfen.

Zum genauen Einpassen des Wallsteins bedient man sich eines guten feuerfesten Thonmörtels. Sind die Seiten des Wallsteins mit Ziegeln gut vermauert, so wird die Deckplatte m, welche Fig. 8. in der Oberansicht zeigt, aufgelegt. Diese zwei Zoll starke Platte paßt mit ihrem mittlerem breiterem Theil genau zwischen den beiden Backenplatten dd, schließt sich an den beiden Deckplattten e, e, Fig. 6. an, und umfaßt mit ihren Ausschnitten pp Fig. 8. oben die beiden Ohren o, o, Fig. 6 und 7 der Abstichplatte i. Wenn eine tiefere Lage der Wallsteindeckplatte m, welche hier zu 2 " unter dem Tümpel angenommen worden, verlangt wird, so ist dies sehr wohl zulässig, wegen des 5 Zoll betragenden Abstandes des Wallsteins vom Tümpel und des 3 " hohen Abstandes der Wallsteinplatte m, von der Oberkante der Abstichplatte i in deren Ausschnitt

Auf der obern Seite der Wallsteinplatte m sind zwei 3" hohe Leisten q Fig. 4, 5, 6 und 8. angebracht, welche zum Schlakkenlauf und dem Arbeitsgezähe zum Widerlager dienen. Auf der untern Seite der Platte m sind zwei Knaggen angegossen, mit welchen dieselbe über die Abstichplatte i greift, wodurch die Wallsteindeckplatte eine festere Lage bei den Reinigungsarbeiten im Gestell erhält.

Vor der Abstichplatte i liegt in der Hüttensohle entweder ein flacher zum Ein- und Ausheben desselben, mit Henkeln versehener Kessel r, oder die Abstichgrube ist aus starkem Gestübbe so haltbar ausgeschlagen, daß sie statt des Kessels das ablaufende Eisen aufnehmen kann. Nach dem Abstich werden der Kessel, oder die Kesselgrube, mit gußeisernen Platten bedeckt, um den ungehinderten Ablauf der Schlacke zu gestatten und die Heerdarbeit nicht zu behindern. — Die Auswechslung einzelner schadhafter Theile, ja selbst des Wallsteins während der Kampagne, ist bei dieser Einrichtung der Zustelluug leicht ausführbar. (§. 647.)

Fig. 9, 10. Düsen-Einrichtung zu Frischfeuern nebst Windsperrungs-Vorrichtung. Die Vorrichtung ist mit der auf Taf. XIV. Fig. 19. 23. a, b, c und Fig. 20. 25 a, b, dargestellten, übereinstimmend. Der Unterschied der hier dargestellten gegen die dort angegebene Einrichtung der Nußbewegung besteht darin, daß die der Nuß e correspondirend ausgebohrte Muffe b des Kniegrohrs a, eine hervorragende Randscheibe c hat, gegen welche die ebenfalls ausgebohrte und mit einer Randscheibe versehene Kapsel d, nachdem die Nuß in die Muffe b eingesetzt worden, mit ihrer Randscheibe mittelst kleiner Schraubenbolzen angezogen wird. Damit sich die Randscheibe der Kapsel d bei der Seitenbewegung der Düse nicht seitwärts verschieben könne, greift dieselbe, mit einem kleinen rechtwinklich daran befindlichen Rand, genau passend noch über die äußere Kante der Randscheibe c der Muffe b. Durch diese Einrichtung mit den Randscheiben, und dadurch, daß zwischen denselben, nachdem die Nuß c durch die Kapsel d gegen die innere Fläche der Muffe b luftdicht beweglich angezogen worden, ein kleiner Zwischenraum verbleibt, wird das luftdichte Schließen der eingeschmirgelten Nuß bewirkt und es lassen sich die Nuß und Kapsel auch dann noch ohne Nachtheil anwenden, wenn beide durch längeren Gebrauch schon abgenutzt seyn sollten.

Fig. 11a—11d. Gichtwagen zum Aufgeben der Schmelzmaterialien bei dem Hohofen.

Fig. 11a Längenansicht, Fig. 11b Queransicht, Fig. 11c Querprofil nach AB in Fig. 11d, und Fig. 11d Oberansicht des Gichtwagens.

Der hier dargestellte Wagen ist, wegen seiner geringen Kastenhöhe, zum Aufgeben der Erzgichten bestimmt, indem für die Kohlengichten eine größere Höhe der Kasten erforderlich ist. Er besteht aus einem gußeisernen Gestell, welches aus zwei gegossenen Längenschienen d und zwei Querschienen e, mittelst Schrauben verbunden, zusammengesetzt ist. Unterhalb der Längenschienen d sind die geschmiedeten Axen f eingelegt und mittelst eines darunter gelegten, durch die Schrauben α an den Schienen d angezogenen Bandes befestigt. Die Räder sind von Gußeisen und an der innern Seite mit einem Rande versehen, um nicht aus den Schienen der Gichtbahn auszuweichen. Der Gichtkasten ist auf dem Wagengestell mittelst Schrauben befestigt. Er wird aus Tafeln von starkem Eisenblech, die inwendig durch eine angemiethete geschmiedete Schiene eine Verstärkung erhalten, zusammengesetzt. Durch die 4 geschmiedeten Schienen g, welche oben an den beiden Seiten des Kastens und unten an den Enden der Wagengestellschienen angeschraubt sind, wird der Kasten oben abgesteift und zum Theil getragen. Der Boden des Kastens besteht aus zwei ½ Zoll starken, nach der Länge des Wagens in der Mitte zusammenstoßenden gegossenen eisernen Klappen, welche unten an dem Rand des Kastens mittelst Charnierbändern h beweglich befestigt sind, indem der eine Lappen der Charnierbänder auf der Unterseite der Bodenklappen, der andere aber an der Seitenwand und an den Schienen d angeschraubt ist, wodurch zugleich der untere Theil des Kastens an den Schienen d befestigt ist und von denselben getragen wird. An dem oberen Rande des Kastens ist ein kleiner Hebelständer k mit einem geschlitzten Blatt mittelst 4 Schrauben dergestalt befestigt, daß das Blatt mit seinem Schlitz gabelförmig die Kastenwand übergreift. In dem obern Schlitz von k ist mittelst eines durchgesteckten Splintbolzens ein eiserner doppelarmiger Hebel beweglich, an dessen langen in den Kasten hineinreichenden Hebelsarm c vier eiserne Zug- oder Trageschienen m beweglich befestigt und mit den beiden Bodenklappen durch starke Oesen in der Art paarweise verbunden sind, daß durch das Niedersinken des Hebels c die Bodenklappen sich in der Mitte nach unten öffnen, und durch das Erheben desselben sich unten an dem Kasten anschließen. Soll der Boden des Kastens geschlossen werden, so wird zur Verlängerung des Hebels b ein 2" starker hölzerner Arm in die beiden an dem Hebel b befestigten Oesen eingesteckt, der Hebel b niedergedrückt, die am untern Ende der am Hebel b beweglich befestigten Zugstange a angebrachte Oese über die geschlitzte Haltestange l gezogen und vermittelst des durch den Schlitz der Stange l durchgesteckten Keils a befestigt. Der Keil a hängt der Bequemlichkeit wegen an einer Kette. Befindet sich der mit Erz und Kohlen gefüllte Gichtwagen über der Gicht des Ofens, so hat man nur nöthig den Keil a zu lösen, alsdann öffnen sich die Bodenklappen von selbst nach unten und das Material senkt sich aus dem Kasten in die Ofengicht. (§ 657.)

Fig. 12. a. b. Tiegelofen zum Umschmelzen des Roheisens, der mit einem ledernen Balgen betrieben wird.

Fig. 12a. Aeußere Ansicht des Ofens mit dem Balgen,
Fig. 12b. Vertikaldurchschnitt des Ofens.

Der untere Theil des Ofens besteht aus einem viereckigen gußeisernen Kasten a, welcher unten an einer gußeisernen, rings um mit einem nach oben vortretenden Rande versehenen Platte b von 2′ im Quadrat angegossen ist, mit welcher der Kasten auf einer gemauerten Sockel c ruht. In die Oeffnung d des Kastens a ist die Düse des Balgens luftdicht eingesetzt, wodurch sich der Raum a mit Wind anfüllt. Der gußeiserne abgekürzt kegelförmige Obertheil f des Ofens schließt sich mit seinem untern Rande genau passend an dem Windkasten a an. Der Tiegel wird nicht unmittelbar auf den Rost f sondern auf den feuerfesten Stein g gestellt. Damit der Obertheil f von der Feuerung nicht zu sehr leide, ist er inwendig ½″ dick mit Thon ausgeschmiert. Zum Zusammenhalten der Hitze dient die Blechhaube k, welche mit der kleinen Esse i versehen ist. Der Balgen ruht mit seinem hölzernen Kopf auf dem Rand m der Platte b; mit seinem Hintertheil ist er zwischen zwei in Schwellen o eingezapften und durch die Streben p festgehaltenen Ständern n befestigt. In den auf beiden Ständern befestigten Lagern ist eine eiserne Welle und auf dieser eine Scheibe r beweglich, über welcher sich eine Kette zur Bewegung des Balgens auf und abwickelt. Diese Bewegung wird durch das Hin- und Herschwingen des am vorderen Ende der Welle herabhängenden Hebelarms oder Schwengels q bewerkstelligt (§. 720.).

Tafel XXI.

Fig. 1—31. Profile von verschiedenen Hohofen- und Blauofen-Schächten, welche im §. 651. erläutert sind.

Tafel XXII.

Fig. 1—7. Hohofen, dessen Kernschacht durch eiserne Bänder statt der Rauhmauer zusammengehalten wird.

Fig. 1. Vertikaler Durchschnitt des Ofens ohne das Gestelle; Fig. 2. Aeußere Ansicht von der Arbeitsseite: Fig. 3. Grundriß nach AB in Fig. 1.; Fig. 4. Obere Ansicht des Ofens; Fig. 5. zeigt in der Ober- und Vorder-Ansicht die Zusammensetzung der geschmiedeten Bänder oder Ankerringe mittelst Schraubenbolzen; Fig. 6. Grundriß des Gestelles durch die Formöffnungen; Fig. 7 a. (nach dreifachem Maaßstabe) Ober-Ansicht eines Theils des gußeisernen Tragkranzes mit dessen Zusammensetzung über den Trageständern; Fig. 7 b. Perspectivische Ansicht eines Segments des Tragekranzes.

Zur Ersparung des Rauhgemäuers besteht der Hohofen nur aus einem von feuerfesten Ziegeln auf einem gußeisernen Kranz a aufgeführten runden Kernschacht b, welcher von dem Tragkranze a an bis 7¼′ unter der Gicht, mit starken geschmiedeten Ringen, welche in 6zölligen Entfernungen horizontal um den Kernschacht gelegt sind, verankert ist. Die Verbindung und Befestigung der einzelnen Stücke jedes Ringes an einander geschieht (Fig. 5.) an einer an dem Kernschacht angelegten Ankerschiene a, deren mehre angebracht sind. Durch die Schraubenlöcher jedes der beiden zu verbindenden Enden der Ankerringstücke werden zuerst die Schrauben von Innen nach Außen durchgesteckt, so daß der Kopf der Schraube nach Innen gegen den Kernschacht anliegt, welches auch bei den Schrauben der an dem Kernschacht anliegenden Ankerschiene der Fall ist. Die Enden der Ankerringstücke werden scharf gegen die Seitenkanten der Ankerschiene a, mit derselben bündig angezogen, über dieselben wird eine für die durchreichenden Schrauben durchlochte Schiene b, so angelegt, daß die sämmtlichen Schraubengewinde durch diese durchreichen und dann werden die Muttern fest in den Gewinden angeschraubt. Bei dieser Einrichtung lassen sich gesprengte Ringstücke leicht gegen andere auswechseln. Der Tragekranz a Fig. 1., 2., 3., welcher aus 8 einzelnen Kreissegmenten besteht, welche immer über einem der 8 gußeisernen Trageständer c zusammengesetzt und an der mitangegossenen Deckplatte mittelst 4 Schraubenbolzen befestigt werden, hat auf der äußern Kante einen lothrecht nach unten angegossenen Verstärkungsrand c Fig. 7b., mit welchem derselbe in einem Einschnitt auf der äußern Seite der Trageständer c Fig. 1. aufliegt. Die 8 Trageständer c, welche aus 3 Zoll starken, aufrechtstehenden, an den inneren Seiten mit 3 Zoll starken und in der Mitte gebauchten Verstärkungsrippen versehenen Platten bestehen, sind mit ihrem Fuß in einem dem obern Kranz a ganz gleichen Kranz d eingelassen und an demselben eben so wie oben, mittelst Schraubenbolzen befestigt. Der Kranz d liegt auf einer von guten festen Werksteinen aufgeführten Sockel, deren Fundament sich in mehren Absätzen nach unten verbreiternd, auf gutem festem Baugrund gelagert sein muß. Im Fundament befinden sich die gewöhnlichen überwölbten Kanäle zum Abzug der Feuchtigkeit. In den von den Trageständern begränzten Raum wird das Gestell, welches in der Zeichnung für drei Formen eingerichtet ist, so eingesetzt, daß zwischen denselben und den Trageständern ein Zwischenraum von 1 bis $1\frac{1}{2}$ Zoll verbleibt, damit ein Zersprengen verhindert werde. Das Gestell ist daher ganz frei für sich aufgeführt und schließt sich nur mit der Rast an dem Kernschacht an. Die Windzuleitungsröhren zu den 3 Formen des Ofen ergeben sich aus der Zeichnung (§. 652.).

Fig. 8. bis 11. Großer Hohofen zu Dowlais mit schwacher Schachtmauer, die durch eiserne Ankerringe zusammengehalten wird.

Fig. 8. Vertikal-Durchschnitt nach AB in Fig. 10.; Fig. 9. Aeußere Ansicht von einer der beiden Formseiten; Fig. 10. Grundriß nach CD in Fig. 1. und Fig. 11. Obere Ansicht.

Der untere, den Gestellraum einschließende Theil dieses Ofens bis zur halben Höhe der Rast, bildet im horizontalen Querschnitt ein regelmäßiges Achteck. Von dort ab ist der nur $1\frac{1}{2}$ Fuß starke Kernschacht mit feuerbeständigen Steinen cylindrisch bis oben zur Windmauer hinaufgeführt. Die Windmauer c, welche $9\frac{1}{2}$ Fuß hoch ist, hat nur 14 Zoll Stärke, und da ihre innere Fläche mit der Schachtfläche gleiche Flucht hält, so bildet sich außerhalb derselben auf der Gichtmauer ein 4″ breiter Absatz rings um dieselbe, welcher zum Auflager des mit einem Geländer eingefaßten eisernen Gichtbodens e dient. An der vom Ofen abgewendeten Seite wird der Gichtboden durch geschmiedete eiserne Streben d getragen, welche an dem Ankerring f der Schachtmauer durch Schrauben befestigt sind. Zum gleichmäßigen Aufgeben der Gichten sind auf dem Gichtboden in dem Windmauer c 5 Oeffnungen (Fig. 8., 9. u. 11.) angebracht durch welche die Gichten eingebracht und gleichförmig in dem Gichtraum vertheilt werden. Mit dem Gichtboden steht die Gichtbahn g Fig. 9., 11. in Verbindung, auf welcher die Materialien mittelst Gichtwagen transportirt werden.

Auf der äußern Seite ist der von der Rast bis zur Gicht durchgängig 16 Fuß weite Schacht b mit starken geschmiedeten eisernen Ankerringen in 6zölligen Entfernungen von einander, in ähnlicher Art wie bei dem vorher beschriebenen Hohofen erläutert worden, verankert nnd auch in ähnlicher Weise die Verbindung der einzelnen Ringstücke der Ankerringe ausgeführt. In der Höhe der Oberkante der beiden Formgewölbe und des Arbeitsgewölbes ist, bündig mit den äußern Mauerflächen, ein gußeiserner achteckiger Ankerkranz (welcher also über den Arbeits- und Formöffnungen unten frei liegt) und ein zweiter da, wo die achteckige Mauerung aufhört, eingemauert. Diese aus einzelnen Platten bestehenden beiden Ankerkränze erhalten dadurch die Befestigung, daß auf die in den Ecken an einanderstoßenden Platten h (Fig. 10.) kurze Eckplatten i aufgelegt werden, an welchen sie mittelst 8 starker Schraubenbolzen befestigt sind (§. 652.).

Fig. 12. a, b, c Sturz- oder Senkofen. a Seiten-

Ansicht, b Ansicht von der Ausgußseite und c vertikaler Durchschnitt durch die beiden Formen des aus seinen Lagern herausgenommenen Ofens.

Die äußere Hülle oder der Mantel des Ofens hat eine tonnenähnliche Gestalt und ist aus einzelnen $\frac{1}{8}$'' starken Eisenblechtafeln zusammengeniethet die einen gegossenen Boden umfassen. Oben an der Gicht ist ein besonderer Kranz angeniethet der einen ringsum horizontal hervortretenden Rand hat, um das Eisen und die Kohlen beim Aufgeben in dem Schacht zusammenzuhalten. Zu beiden Seiten des Ofens ist eine in zwei Arme b sich theilende geschmiedete Schiene a angeniethet, an welcher die beiden Zapfen k eingeschweißt sind, mittelst deren der Sturzofen in den Lagern der gußeisernen Ständer b beweglich (kippbar) ist. Statt dieser Art der Befestigung der Zapfen k, kann man solche auch mit einen um den Ofen befestigten Ring verbinden. Die Entfernung der Zapfen vom Boden des Ofens richtet sich nach der Lage des Schwerpunktes des mit Roheisen angefüllten Sammelraums im Ofen. Der Schwerpunkt darf sich höchstens nur 1 Zoll über der Axe der Zapfen befinden. Die Zapfenlager in den Ständern b liegen so hoch über der Hüttensohle, daß der Boden des Ofens 9'' über der Hüttensohle hängt. Gegen die untern mit Schraubengewinden hervorragenden Enden der beiden angeniethcten Schenkel b der Schiene a, sind zwei Trageschienen c festgeschraubt, welche den Boden des Ofens unterstützen. Zwischen diesen beiden Schenkeln b ist, unterhalb der Drehungszapfen, in dem Blechmantel des Ofens an beiden Seiten die Formöffnung ausgeschnitten. An der vordern Seite sind ebenfalls zwei Oeffnungen in dem Mantel über einander angebracht. Die obere f, dient zum Ausgießen des geschmolzenen Eisens und wird während des Schmelzens mit einer eingepaßten Platte von feuerfestem Thon und einem vorgeschobenen Riegel verschlossen. Unter der Oeffnung f wird an zwei dazu befestigten Hacken in eine geschmiedete mit Thon ausgestrichene Gußrinne angehängt, wenn das Eisen in große Pfannen abgelassen werden soll. Wird das Eisen aber in kleinen Kellen vergossen, so fließt es über das an der Unterkante der Oeffnung f befestigte Gußblech, welches ebenfalls mit Thon ausgestrichen ist. Zur kippenden Bewegung des Ofens in den Zapfenlagern ist in den am Ofenmantel angenietheten Oesen i ein 5 bis 9 Fuß langer Hebelsarm k befestigt, welcher während des Schmelzens durch einen Hacken in unverrückbarer Lage gehalten wird, damit der Ofen durch irgend einen Stoß nicht umschlage. Die Oeffnung g unterhalb der Ausgußöffnung f wird nur bei vorkommenden Reparaturen, oder auch um Schlacken und angesinterte Massen mit der Brechstange abzulösen, geöffnet (§. 724.).

Fig. 13. a, b. Kupolofen mit Koaks zu betreiben. a Vertikaler Durchschnitt durch die Mitte der Form und der Abstichöffnung, b Grundriß des Ofens durch die Mitte der Form.

Der Mantel des Kupolofens bildet im horizontalen Querschnitt ein Achteck, indem er aus 8 gußeisernen Platten a zusammengesetzt ist. Diese Platten haben an ihren vertikalen Seiten hervorstehende mit Schraubenlöchern versehene Ränder b, mittelst deren sie durch Schrauben mit einander verbunden sind. Der Ofen steht auf einem gemauerten mit einem Feuchtigkeits-Abzugskanal c versehenen Fundament d, auf welchem eine mit hervortretenden Rändern versehene Bodenplatte e liegt, welche die Gestalt des Ofen-Querschnitts erhält. Innerhalb dieser Ränder steht der Ofen mit seinen Seiten- oder Mantelplatten. Oben ist er mit einer gußeisernen Deckplatte g bedeckt, welche auf der untern Seite doppelte hervortretende Ränder hat, die eine Nuth bilden, in welche die Oberkanten der Seitenplatten a eingreifen und dadurch festgehalten werden. In der Mitte ist die Deckplatte mit einer runden Oeffnung von gleichem Durchmesser mit der Gichtöffnung versehen. Um die Deckplatte bei den Schachtreparaturen leichter abnehmen zu können, wird sie aus zwei oder mehr Stücken zusammengesetzt. Zwischen dem aus feuerfesten Ziegeln aufgeführten Schacht f und dem Mantel des Ofens bleibt, zur Verminderung der Wärmeableitung, ein Zwischenraum der mit Asche oder Schutt ausgefüllt wird. Die Sohle des Heerdes über der Bodenplatte ist mit feuerfestem, mit reinem Quarzsand vermengtem Thon fest ausgestampft, und erhält von allen Seiten nach der Abstichöffnung i hin eine Neigung, um das vollständige Ablaufen des Eisens beim Abstich zu befördern. Der Ofen wird nur mit einer Form betrieben, welche dem Abstich gegenüber liegt. An der Abstichseite erhält die Bodenplatte e eine etwas gegen den Horizont geneigte Verlängerung k, über welche das flüssige Roheisen abläuft, weshalb sie mit Lehm oder Thon überzogen ist.

Fig. 14. a, b, c Kupolofen mit zwei Formen. a Vertikal-Durchschnitt des Ofens durch die beiden Formen; b äußere Ansicht desselben an der Abstichseite; c Horizontal-Querschnitt durch die Mitte der Formen.

Der Mantel ist aus einem Stück in der Mitte mit einer Verstärkung gegossen. Deckel und Bodenplatte sind jede aus dem Ganzen gegossen und haben ebenfalls vorstehende Ränder, die hier zugleich Gesimsleisten bilden, mit denen sie den gußeisernen Mantel umfassen. Der Ofen ist ebenfalls mit einer Füllung b versehen. Die Heerdsohle d besteht aus festgestampftem Thon der mit Quarz vermengt ist. Unter der Heerdsohle ist das Fundament mit Schutt zur Abführung der Feuchtigkeit ausgefüllt. Die beiden Formen f sind von Gußeisen und liegen in beträchtlicher Höhe über dem Heerdboden, um viel flüssiges Eisen in dem Heerd oder Sammelraum halten zu können.

Um das Erstarren oder Mattwerden des zuerst niedergeschmolzenen Roheisens zu verhindern, legt man zwei oder mehr Formen in 10 bis 12zölliger Entfernung über einander, und verschließt die jedesmalige untere Formöffnung mit Thon, wenn das niedergeschmolzene Eisen die Höhe der Form erreicht hat, worauf die nächstfolgende Form geöffnet wird (§. 725.).

Fig. 15. stellt in der Stirn-Ansicht und in dem Längen-Durchschnitt eine gußeiserne Wasserform zu einem Kupolofen dar. Die Oeffnungen α und β haben die Bestimmung vermittelst einer kleinen Röhre das kalte Wasser in den hohlen Raum der Form zu leiten, und das erwärmte Wasser mittelst einer abwärts gebogenen kleinen Röhre wieder abzuleiten.

Fig. 16. a, b, c. Großer Kupolofen. a Vertikal-Durchschnitt nach AB in Fig. 16 c; b Seiten-Ansicht; c obere Ansicht des Ofens.

Der Ofen ruht mit seiner gußeisernen Sohlplatte b auf einem gemauerten achteckigen Fundament. Die Sohlplatte hat oben einen vorspringenden Rand, um die 8 gußeisernen Seitenplatten a, aus denen der Mantel des Ofens besteht, einzufassen und festzuhalten. In der Höhe von 11″ über der Sohlplatte ist der gußeiserne Mantel in 6zölligen Entfernungen von 7 Stück 4 Zoll breiten ⅝ Zoll starken, aus zwei Theilen bestehenden Ankerbändern d umgeben, welche die Mantelplatten a fest zusammenhalten. Die rechtwinklich aufgebogenen Enden der beiden Theile jedes Ankerbandes sind mittelst Schrauben und Schraubenlöchern α mit einander verbunden. Die beiden Mantelplatten a auf den beiden Formseiten sind zwischen den 7 Ankerbändern d, mit 6 runden Formöffnungen versehen, welche mittelst kleiner gußeiserner Schieber b, die in an der Mantelplatte angegossenen Falzleisten verschiebbar sind, verschlossen werden können. Die vordere Mantelplatte a an der Abstichseite hat unten bei c einen Ausschnitt für die Abstichöffnung, welche mit einer gußeisernen und mit Thon überzogenen geneigten Abstichrinne e versehen ist. Um den Ofen noch mehr zu erhöhen, ist auf dem Mantel ein gußeisernes hohles Cylinderstück f aufgesetzt. Die gußeiserne Kranz- oder Deckplatte i hat den Schacht k bei dem Aufgeben der Gichten vor Beschädigung zu schützen.

Der Schacht ist aus thonhaltigem Quarzsand in folgender Art angefertigt. Nachdem auf der Sohle des Ofens eine einige Zoll starke Bettung gemacht worden ist, welche sich schwach gegen die Mündung der Abstichöffnung neigt, stellt man vertikal in der Axe des Ofens einen hölzernen Cylinder von der ganzen Schachthöhe auf, dessen Durchmesser etwas geringer ist, als der des obern Theils des Schachtes, dann füllt und stampft man den Zwischenraum zwischen dem hölzernen Cylinder und dem gußeisernen Ofenmantel mit thonigem Quarzsand fest aus, zieht den hölzernen Cylinder heraus und verschneidet die innere Wand des Schachtes ringsherum bis zu der Weite und Gestalt welche er erhalten soll. Ein solcher Schacht muß, wenn man eine gute Masse gewählt hat, 5 bis 6 Monat aushalten, wenn wöchentlich 6 Mal geschmolzen wird (§. 726.).

Tafel XXIII.

Fig. 1. Flammenofen-Essen und deren Theile (§. 749.). Vertikaler Durchschnitt einer in einzelnen Absätzen aufgeführten massiven Flammenofen-Esse. Die den eigentlichen Essenschacht umgebende äußere Mauer (Rauhmauer) a wird in einzelnen Absätzen aufgeführt, theils um an Mauerwerk zu sparen, und die Belastung des Fundaments zu vermindern, theils um den untern Theil der Esse zu verstärken, weil hier die Hitze am stärksten ist und die Rauhmauer der Ausdehnung des Essenfutters b den größten Widerstand entgegensetzen muß. Nächstdem muß der untere Theil der Rauhmauer die ganze Last der obern tragen; es wird also die rückwirkende Festigkeit des Mauermaterials in den untern Querschnitten mehr in Anspruch genommen, als in den obern Querschnitten, weshalb die Belastung für den unteren Theil des Mauerwerks auf einen größern Querschnitt vertheilt werden muß. Zu den Rauhmauern müssen zwar überhaupt feste und gut gebrannte Mauerziegel angewendet werden, aber zu den untern Theilen sind vorzugsweise die besten Ziegel auszuwählen. Bei dem Aufführen der Essenmauern sind starke Fugen zu vermeiden, auch darf kein zu fetter und zum Aufreißen Anlaß gebender Mörtel angewendet werden. Recht enge Fugen sind fast das einzige Mittel, um das unvermeidliche Setzen des Mauerwerks zu vermindern und zu bewirken, daß dasselbe gleichförmig erfolge, damit die Mittellinie (Axe) der Esse von der lothrechten Linie nicht abweiche. Der Essenschacht b ist ganz frei für sich innerhalb der Essenmauer a aufgeführt. Es sind dazu gute feuerfeste Thonziegel, besonders in den unteren Theilen anzuwenden. Der Zwischenraum c zwischen dem Rauhschacht a und dem Essenschacht b, welcher 2 bis 3 Zoll Weite hat, ist mit kleinen Ziegelbrocken ausgefüllt, um sowohl das Zersprengen des Rauhschachtes durch die Ausdehnung des Essenfutters b, zu verhindern, als auch um die Hitze in dem Essenschacht zusammen zu halten. Da dieser Esse sehr starke Rauhmauern zugetheilt sind, so ist sie nicht mit einer Verankerung versehen, welche sonst nie fehlen darf, besonders wenn man sich auf die Güte der Mauerziegel, oder auf eine recht genaue Ausführung der Maurerarbeit nicht verlassen kann. d ist der Fuchs des Flammenofens, oder die Einmündung der Flamme in den Essenschacht.

Fig. 2. stellt eine andere gleichfalls in mehren Absätzen aufgeführte Flammenofen-Esse dar, bei welcher die äußeren Absätze nicht horizontal, sondern schräg ausgeführt (abgewässert) sind, damit das Regenwasser keinen Aufenthalt finde, und zum schnellen Verwittern der Ziegel Veranlassung gebe, wie es bei den horizontalen Absätzen, vorzüglich im Winter, bei wechselndem Frost- und Thau-Wetter, der Fall ist — Die Esse ist auf allen Seiten verankert, indem in jedem abgesetzten Theil der Rauhmauer acht geschmiedete Anker durch dieselbe gelegt und diese vermittelst geschmiedeter Splinte, welche durch die Ankerköpfe gesteckt werden, befestigt sind.

Fig. 3. a Vertikal-Durchschnitt einer Puddling Flammenofen = Esse. Die Esse ruhet auf vier gußeisernen hohlen Säulen, welche auf einer gußeisernen viereckigen Kranzplatte a stehen, die unmittelbar auf ein massives Fundament aufgelegt wird. Die Säulen tragen eine gußeiserne Kranzplatte auf welcher die Rauhmauer b von gewöhnlichen Ziegeln aufgeführt ist. Die von feuerfesten Ziegeln aufgeführte Futtermauer c ist auf vier geschmiedeten eisernen Stäben d gelagert, welche auf den in den innern Winkeln des obern Tragekranzes Fig 3 b angegossenen, nach innen vorspringenden Eckstücken a ruhen. Die Futtermauer c steht auf allen Seiten zwei Zoll von der Rauhmauer ab, und nur einzelne Ziegel sind in 3½ Fuß Höhe mit einander in Verband gesetzt, um der Futtermauer durch die Verbindung mit der Rauhmauer mehr Haltbarkeit zu geben. Der dadurch gebildete, 2 Zoll weite hohle Raum, den die atmosphärische Luft durchstreicht, dient zur Abkühlung der Futtermauer c und zur Verhütung des schnellern Wegschmelzens derselben. Auf der Esse liegt eine gußeiserne viereckige Kranzplatte e, deren innere viereckige Oeffnung mit der obern Schachtweite correspondirt. Diese Kranzplatte dient als Lagerplatte für die Essen-Verschlußplatte f, welche mittelst einer Hebel- und einer daran befestigten Zugstangen-Vorrichtung nach Umständen geöffnet und geschlossen werden kann. Im untern Drittel ihrer Höhe ist die Rauhmauer um ⅓ stärker und der dadurch gebildete Absatz abgetreppt. Die Esse hat keine Verankerung.

Fig. 4. Esse für einen Flammenofen zum Umschmelzen des Roheisens mit Holz, in der äußern Ansicht. Die Rauhmauer ist bis etwas über die Hälfte lothrecht aufgeführt, worauf zwei Absätze in kurzer Entfernung über einander folgen, über denen der obere Theil der Rauhmauer nach oben verjüngt aufgemauert ist.

Fig. 5. Profil einer Esse deren Rauhmauer sich an allen Seiten nach oben verjüngt. Diese Construction erfordert vorzügliche Genauigkeit in der Ausführung der Maurerarbeit.

Fig. 6—11. Eine Doppel-Esse welche von gußeisernen Trageständern getragen wird. Fig. 6. Längen-Ansicht; Fig. 7. Quer-Ansicht; Fig. 8. vertikaler Durchschnitt durch beide Essenschächte; Fig. 9. vertikaler Durchschnitt durch einen Essenschacht; Fig. 10. horizontaler Durchschnitt nach AB in Fig. 6. und Fig. 11. horizontaler Durchschnitt nach CD in Fig. 6.

Die 6 Trageständer a, welche die Esse unterstützen, sind 9″ im Quadrat stark, 7′ 7″ hoch und haben kreuzförmig angegossene Füße und eben so gebildete Kopfstücke Da sie eine Esse von 54 Fuß Höhe zu tragen haben, mußten sie die starken Dimensionen in der Zeichnung erhalten. Die Trageständer ruhen mit ihrem Fuß auf einer gußeisernen Sohlplatte b, welche unmittelbar auf dem Fundament liegt. Ueber die Köpfe der Trageständer sind, nach der langen Seite der Esse, die 3½″ starken Trageplatten c, und quer über diese die Trageplatten d gelegt.

Auf diesen Trageplatten c und d ist sowohl die Rauhmauer f, als auch der Kernschacht (Futtermauer) e, letzterer von feuerfesten Thonziegeln aufgemauert. Der Rauhschacht ist in 4 einzelnen Absätzen aufgeführt, welche schräg abgewässert sind. In jedem Absatztheil der Rauhmauer sind 3 Anker durch jede kurze Seite der Rauhmauer, und 3 dergleichen durch die mittlere Kernschachtmauer, an den Stellen durchgeführt, wo sich die beiden Kernschächte mit ihren Futtermauern berühren. Die Kernschächte erhalten nämlich jeder auf allen 4 Seiten vollständige Futtermauern, und keine beiden gemeinschaftliche Futtermauer, damit wenn der eine Kernschacht schadhaft geworden ist, doch der andere noch benutzt werden kann.

Die Anker reichen mit ihren durchlochten Köpfen durch die langen Seiten der Rauhmauer hindurch. Durch drei über einander befindliche derselben, ist immer ein Ankersplint von Schmiedeeisen durchgesteckt. Der Kernschacht schließt sich zwar dicht an der Rauhmauer an, ist aber mit derselben nicht unmittelbar verbunden. In die auf der Sohlplatte b aufgeführten untern Theile der Kernschächte, münden die Füchse der beiden auf den kurzen Seiten der Doppelesse liegenden Oefen durch die Mündungen g, g ein. Durch die verschließbaren Oeffnungen b, b gelangt man unter den Füchsen in die Esse, besonders dienen sie aber zur Herausschaffung der von dem Ofenheerd niedergestoßenen Schlacken.

Fig. 12—25. Doppelesse von anderer Construction und Verankerung, für Puddling Frischöfen.

Fig. 12. Ansicht von der langen, Fig. 13. Ansicht von der schmalen Seite; Fig. 14. vertikaler Durchschnitt durch beide Essenschächte; Fig. 15. Ansicht der oberen Verschlußklappe von der schmalen Seite der Esse; Fig. 16. die Verschlußklappe von der langen Seite der Esse; Fig. 17. untere Ansicht der gußeisernen Deckplatte auch der Essenmündung; Fig. 18. obere Ansicht der Essenmündung und der Deckplatte; Fig. 19. horizontaler Durchschnitt nach AB in Fig. 12; Fig. 21. horizontaler Durchschnitt nach CD in Fig. 12; Fig. 23. horizontaler Durchschnitt nach EF in Fig. 12; Fig 25. horizontaler Durchschnitt nach GH in Fig. 12.

Die Esse wird ebenfalls von 6 gußeisernen Trageständern getragen,. welche plattenartig gegossen und mit dicken Verstärkungsrippen versehen sind, die sich bei dem Fuß und Kopf herausschweifen, um dem Fuß mehr Stabilität und dem Kopf auch mehr Auflager für die gußeisernen oder geschmiedeten Tragebalken zu geben. Die Trageständer liegen auf einer auf dem Fundament gelagerten gußeisernen Sohlplatte. Nach der langen Seite der Esse liegen auf den Köpfen der Trageständer 10 Tragebalken, und quer über den letzteren 13 Tragebalken, wie Fig. 24. im Grundriß zeigt, auf denen die Rauhmauern a mit den Kernschächten b aufgemauert sind. Die von feuerfesten Ziegeln aufgeführten Kernschächte stehen an allen Seiten 2 Zoll von der Rauhmauer ab, wodurch der Raum zur Füllung gebildet wird. Auch die beiden Kernschächte sind nicht unmittelbar mit einander verbunden, indem sich zwischen beiden ein Zwischenraum befindet. Die Rauhmauern sind in drei Absätzen aufgeführt; jeder Absatz springt über dem nächst untern um 5 Zoll zurück. Die Kanten und Ecken jedes Absatzes sind durch Einfassungen von gegossenem Winkeleisen c geschützt. Die untern und obern Enden dieser Winkeleisen werden durch gußeiserne Regenplatten festgehalten, welche zugleich die Absätze der Essen schützen und bedecken. Die Verbindung der Winkeleisen mit den Regenplatten ergiebt sich aus der untern Ansicht der, von oben gerechnet, zweiten Regenplatte Fig. 20. bei α. In dem mittlern Theil der Absätze der Rauhmauer werden diese Winkeleisen noch durch geschmiedete Bänder d verankert, welche die ganze Esse nebst den Winkeleisen umfassen. Sie bestehen aus zwei Theilen, deren Enden an zwei diagonal gegenüber gelegenen Ecken, woselbst sie vorstehende Ohren bilden, durch Schrauben an einander befestigt sind, wie der Grundriß Fig. 23. bei β zeigt. Diese Ankerbänder werden durch kleine gußeiserne Knaggen γ unterstützt, welche an den Ecken der Winkeleisen angegossen sind, wie aus Fig. 12 — 14. und im Grundriß aus Fig. 22. hervorgeht. Die unteren Enden der Winkeleisen des untern Absatzes werden vorzugsweise durch ein solches Ankerband festgehalten, weil sie hier durch Regenplatten nicht befestigt sind. Die Construction der gußeisernen Regenplatten ist in der äußeren Ansicht aus Fig. 12. und 13.; im Durchschnitt aus Fig. 14., in der obern Ansicht aus Fig. 18, 19, 21. und in der untern Ansicht aus Fig. 20. zu ersehen. Sie bestehen aus vier Theilen, die auf ihren langen Seiten mit einer Ueberfalzung über einander greifen und mittelst Schrauben befestigt sind. Die mit einem doppelarmigen Hebel verbundenen Essenklappen sind in der vordern Ansicht in Fig. 16., und in der Seitenansicht in Fig. 15. mit der Vorrichtung zur Befestigung des Hebelständers dargestellt. Fig. 26. zeigt in größerem Maaßstabe die Verbindung der Ankerbänder an den Ecken.

Fig. 27 A, eine gußeiserne Vorsetzthür vor die Schürlöcher und Fig. 27 B eine dergleichen vor die Arbeitsöffnung der Flammenöfen. Sie sind mit Griffen a versehen, kastenartig gegossen und dieser kastenartige Raum ist mit feuerfesten Ziegeln ausgemauert. Mit der ausgemauerten Seite werden sie gegen die Oeffnungen gestellt, welche sie verschließen sollen. (§§. 742. 750.)

Tafel XXIV.

Fig. 1 — 5. Esse für Puddlings-Oefen, auf der Alvenslebenhütte in Oberschlesien.

Fig. 1. Vertikaler Durchschnitt der Esse nach AB in Fig. 3., Fig. 2 äußere Ansicht an der dem Puddlingsofen gegenüberliegenden Seite der Esse, Fig. 3. Grundriß nach der Linie GHIK in Fig. 1.; Fig. 4. Grundriß nach CD in Fig. 1.

Die Rauhmauer mit dem Kernschacht der Esse wird von vier gußeisernen 5′ 9″ hohen Trageständern a getragen, welche mit ihren angegossenen Fußplatten auf der gußeisernen Sohlplatte b stehen und an derselben festgeschraubt sind, wie aus Fig. 3. zu ersehen ist. Ueber den an den Trageständern angegossenen Deckplatten liegen die beiden Trageplatten cc, und quer über diesen die beiden Trageplatten dd. Auf diesen Trageplatten sind die Rauhmauer f und der Kernschacht h, erstere von gewöhnlichen Ziegeln, letzterer von feuerfesten Ziegeln aufgeführt. Die untern Trageplatten c übergreifen die obern d, und die obern wieder die untern mit an ihren Enden angegossenen Nasen, wodurch eine gegenseitige Verankerung bewirkt wird. Die Trageständer a bestehen aus zwei starken Platten ee, welche in 5 zölligem Abstand von einander mit den Fuß- und Deckplatten und den kleinen Verbindungsrippen g aus dem Ganzen gegossen sind. Die Rauhmauer f ist in drei Absätzen aufgeführt, und erhält in dem untern Absatz 16 Zoll, in dem zweiten 8 Zoll, und in dem obersten 4 Zoll Stärke. Die äußeren 4″ breiten Vorsprünge der Absätze sind abgewässert, um dem Regenwasser Abzug zu gewähren. Die Rauhmauer ist in jedem Absatz dreifach verankert; die außerhalb der Rauhmauer auf allen 4 Seiten hervortretenden Ankerköpfe sind, Fig. 1. und 2., mit durchgesteckten Splinten befestigt. In dem untern Theil der Rauhmauer sind 9 Zoll breite, 9 Fuß 5 Zoll hohe Nischen i ausgespart, welche bis an den Kernschacht h durchreichen, theils um den untern, stark erhitzten Theil des Kernschachtes abzukühlen, theils und vorzüglich, um bei den öfter vorkommenden Reparaturen dieses Theils des Kernschachtes, leichter zu demselben gelangen zu können. Von der Rauhmauer ist der Kernschacht überall durch einen 1" weiten Zwischenraum getrennt, um Spielraum zu erhalten sich frei auszudehnen, ohne die Rauhmauer zu beschädigen. Der Kernschacht ist nur einen halben Stein stark von feuerfesten Ziegeln aufgeführt; damit er aber, indem er durch die Hitze ausgedehnt und dadurch nicht bloß gegen die Rauhmauer (oder vielmehr gegen den zur Vermeidung dieses Druckes stehen gebliebenen Zwischenraum) gepreßt, sondern auch in die Höhe gehoben wird, seine Haltung und Stabilität nicht verliert, ist er an einzelnen Stellen k, wie aus der Zeichnung hervorgeht, in der Stärke eines ganzen Ziegels dergestalt mit der Rauhmauer in Verbindung gesetzt, daß er sich zwar ungehindert heben, aber bei dem Wiederzusammenziehen sich auch ungehindert senken kann, zu welchem Zweck in der Rauhmauer 5 Bühnen oder Ausschnitte angebracht sind, in denen sich die 1 Stein starken Steinschichten heben können und bei dem Kaltwerden des Schachtes bei eingestelltem Betriebe, eine sichere Unterlage oder Auffattelung finden, wenn sie sich wieder zusammenziehen oder wieder senken.

Durch diese Einrichtung wird die auf- und niedergehende Bewegung der Kernschachtmauer beim Erhitzen und Abkühlen des Schachtes auf 5 Punkte vertheilt, so daß jeder von diesen 5 Abtheilungen des Schachtes nur für sich ausgedehnt und wieder zusammengezogen wird. Unter jedem der durch die vorspringenden Ziegel gebildeten Aufsattelungskränze k des Kernschachtes, sind die untern Kanten der Ausschnitte oder Tragebühnen der Rauhmauer, in der Mitte 3 Zoll breit schräg ausgelocht, wodurch kleine Oeffnungen gebildet werden, mittelst deren die atmosphärische Luft in dem Zwischenraum zwischen der Rauhmauer und dem Kernschacht ganz ganz frei communicirt. In Fig. 4. sind diese Oeffnungen mit α bezeichnet, und in Fig. 1. punktirt bei α angedeutet. Oben ist die Esse mit einer Klappe l in gewöhnlicher Art mittelst einer Hebelvorrichtung, Fig. 1. und 2. verschließbar. Der untere Theil des Kernschachtes, unterhalb der Trageplatten zwischen den Trageständern a, ist 1 Stein stark von feuerfesten Ziegeln aufgemauert und es befindet sich darin die Fuchsöffnung n. Die Oeffnung m unterhalb des Fuchses in der Kernschachtmauer dient zur Herausschaffung der Schlacke und zum Einsteigen in den Kernschacht. (§. 749.)

Fig. 6 — 9. Puddlingsofen-Esse mit einem aus gußeisernen Platten bestehenden Mantel.

Fig. 6. Vertikaler Durchschnitt der Esse nach der Linie GH in Fig. 8.; Fig. 7. die äußere Ansicht der Esse von der dem Ofen entgegengesetzten Seite; Fig. 8. Grundriß nach der gebrochen punktirten Linie CDEF in Fig. 6; Fig. 9. Grundriß nach AB in Fig. 6.

Die Esse mit dem Kernschacht ruht auf einer von 4 gußeisernen Trageständern a unterstützten, aus dem Ganzen gegossenen gußeisernen Trageplatte b, welche in der Mitte mit der viereckigen Oeffnung für den Kernschacht versehen ist. Die Trageständer a, welche mit ihren angegossenen Deckplatten unter der Trageplatte b, und mit ihren ebenfalls angegossenen Fußplatten auf der Sohlplatte c mittelst Schraubenbolzen festgeschraubt sind, bestehen aus rechtwinklich aneinander gegossenen Platten, welche oben mit den Deckplatten und an ihrem untern Ende mit ihren Fußplatten aus dem

Ganzen gegossen sind. Die gußeisernen Platten, welche den Kernschacht einschließen, sind, wie Fig. 7. zeigt, verbandmäßig über einander zusammengesetzt, die Platten treffen nämlich mit ihren horizontalen Zusammensetzungen allemal auf die Mitte oder halbe Höhe der rechtwinklich an denselben befestigten Seitenplatten. Sämmtliche Platten haben rechtwinklich nach Außen hervortretende horizontale Ränder, mittelst deren sie übereinander durch Schrauben befestigt sind. Behufs ihrer Zusammensetzung an den vertikalen Kanten, sind die Platten, an zwei gegenüberstehenden Seiten des Mantels, mit vorstehenden Rändern an der äußern Seite dieser Kanten versehen. Durch diese Ränder sind in 8″ Entfernung Löcher zur Aufnahme von Bolzen gebohrt, welche ihre Befestigung mittelst Splinten erhalten. Diese Splintbolzen sind bei den vertikalen Zusammensetzungen deshalb gewählt, um leichter und schneller die Auswechselung einer schadhaft gewordenen Platte zu bewirken; außerdem sind auch die Splintbolzen weniger kostbar als die Schraubenbolzen. An diesem Mantel schließt sich der Kernschacht aus feuerfesten Ziegeln dicht und ohne Spielraum an. Damit sich aber der Kernschacht nicht zu sehr erhitze, sind bei dem Puddlingsofen zu Wetter die gußeisernen Mantelplatten der Esse mit eingebohrten Löchern, in kurzen Entfernungen von einander, versehen, wodurch die äußere Luft Zutritt zu den äußern Wänden des Kernschachtes erhält. Da die Anfertigung solcher gebohrten Löcher kostbar ist, so sind, bei der hier dargestellten Esse, in den Mantelplatten viereckige Luftzutritts-Oeffnungen sogleich mit eingegossen. Innerhalb des gußeisernen Mantels ist der Kernschacht ½ Ziegel stark, und unterhalb desselben zwischen den Trageständern zu einem Ziegel Stärke angenommen. (§. 749.)

Fig. 10—12. Eine mit einem Mantel von Eisenblech eingefaßte Flammenofen-Esse.

Fig. 10. Vertikaler Durchschnitt; Fig. 11. äußere Ansicht,

Fig. 12. Horizontaler Durchschnitt der Esse nach **AB** in Fig. 10.

Der Blechmantel hat die Gestalt eines abgekürzten Kegels und verjüngt sich nach der obern Mündung. Um ihn leichter anfertigen zu können, ist er aus drei Haupttheilen zusammengesetzt. Vor der Aufstellung des Mantels über der von den Trageständern a unterstützten Trageplatte b, wird jeder von diesen drei Haupttheilen für sich aus den aneinander genietheten Blechtafeln zusammengesetzt. Zu diesem Zweck werden für jeden Haupttheil zuerst die einzelnen Ringe, jeder aus 4 Blechtafeln, angefertigt, und die Dimensionen der zusammen zu niethenden einzelnen Tafeln zu einem Ringe so gewählt, daß der fertige Ring der Verjüngung des Mantels entspricht. Dann werden die zu einem Haupttheil erforderlichen Ringe nach der Reihenfolge ihrer Größe so weit auf einander geschoben, daß jeder Ring mit dem darauf folgenden durch Niethe verbunden werden kann. Auf das obere und untere Ende eines jeden Haupttheiles wird ein gußeiserner mit einer Randscheibe versehener Ring c Fig. 10. und 11. aufgeschoben und mittelst Schrauben befestigt. Mittelst dieser Randschrauben, die mit correspondirenden Schraubenlöchern versehen sind, werden die einzelnen Haupttheile des Mantels, und zwar der erste unmittelbar an der Trageplatte b, dann die folgenden einer an dem andern festgeschraubt. In jedem Haupttheil ist in einer Blechtafel eines Ringes eine Thüre von Eisenblech angebracht, welche sich mittelst zweier Riegel fest verschließen läßt, um bei vorkommenden Reparaturen zu dem Kernschacht gelangen zu können. Die zur Anfertigung des Mantels angewendeten Blechtafeln können aus schwachen Kesselblech-Ausschußtafeln bestehen. Ueber die Dauer solcher Essen bei Puddlings- und Schweißöfen sind noch keine zuverlässigen Erfahrungen gesammelt. Bei Dampfmaschinen-Feuerungen sind sie schon nach Verlauf von 5 Jahren gänzlich durchgebrannt.

Der Kernschacht ist bis zur halben Höhe der Esse 1 Stein stark und dann ½ Stein stark von feuerfesten Ziegeln aufgeführt. Die Mündung der Esse ist ebenfalls mittelst einer Hebelvorrichtung durch eine Klappe zu verschließen. (§. 749.)

Fig. 13, 14. Flammenöfen mit geneigtem Heerde bei Steinkohlen-Feuerung.

Fig. 13. Vertikaler Längendurchschnitt des Ofens, Fig. 14. Grundriß nach der Linie AB in Fig. 13.

Die Futtermauern d des Ofens, die Umfassung b der nach dem Fuchse c führenden Ofenausmündung und das Gewölbe a sind von besonders dazu geformten feuerfesten Ziegeln angefertigt; alles andere Mauerwerk, mit Ausnahme der aus feuerfesten Ziegeln bestehenden Feuerbrücke e, ist von gewöhnlichen guten Ziegeln aufgeführt. Die Esse, in welche die Flamme durch den Fuchs c einmündet, befindet sich zur Seite des Heerdes. Der Schmelzheerd f besteht aus einer durchschnittlich 12" dicken Lage von lockerem Quarzsand, welcher auf einer zwei Fuß starken Ausfüllung g von Schlacken ruhet, damit die Feuchtigkeit abgehalten werde. Durch die Einsetzöffnung h wird das umzuschmelzende Roheisen auf den Schmelzheerd f gebracht. Man verschließt sie mittelst der gußeisernen kastenartigen inwendig mit feuerfesten Ziegeln ausgemauerten Einsetzthür b. Das Oeffnen und Schließen dieser Thür erfolgt mittelst einer über einem gußeisernen Scheibenrade geleiteten Kette, an deren anderem Ende das Gegengewicht k angebracht ist. Soll das geschmolzene Roheisen mit Kellen aus dem Ofen geschöpft werden, so geschieht dies durch das Schöpfloch l, welches mit einer kleinen gußeisernen und mit Lehm bekleideten Thür m verschlossen ist. In dieser Thür befindet sich eine kleine mit einem Thonpfropfen zu verschließende Oeffnung, (Spähloch) durch welche sich der Zustand des geschmolzenen Roheisens in dem Ofen beobachten läßt. Das Abstechen des geschmolzenen Eisens erfolgt durch die mit Sand ausgefüllte Abstichöffnung n. Mittelst des Schürloches o werden die Steinkohlen auf den Rost p des Feuerungsraumes gebracht. Unter dem Rost befindet sich der Raum q für den Aschenfall, durch den zugleich die äußere Luft dem Feuerungsraum zugeführt wird. Die Umfassungswände des Ofens erhalten ihre Befestigung durch die aufrecht gestellten gußeisernen Ankerplatten r, deren untere Enden in dem Fundament fest eingemauert sind, und deren oberen über die Seitenmauern des Ofens hervorragenden mit Löchern versehenen Enden durch geschmiedete über das Ofengewölbe durchreichende Anker mit einander verbunden werden. (§. 750.)

Fig. 15, 16. Flammenofen mit doppeltem Gewölbe über dem Heerde, zum Umschmelzen des Roheisens mit Steinkohlen.

Fig. 15. Vertikaler Längendurchschnitt des Ofens, Fig. 16. Grundriß nach der gebrochenen Linie AB, CD, EF in Fig 15.

Der Heerd und das Gewölbe erhalten solche Neigungen, daß das Roheisen durch den Flammenstrom beim Einschmelzen schnell in Flüssigkeit gebracht, nach erfolgter Schmelzung aber der oxydirenden Flamme des Brennmaterials nicht weiter ausgesetzt wird. Solche Oefen sind zuerst in Staffordshire errichtet, und dort wegen Ersparung an Brennmaterial und Verminderung des Roheisenverlustes durch Verschlackung, allgemein eingeführt worden.

Die beiden Gewölbe a, welche, so wie die Seitenmauern von feuerfesten Ziegeln angefertigt sind, stützen sich in der Mitte des Ofens gegen den über die Mitte des Heerdsumpfes gespannten Hauptbogen (Gurtbogen) b. Der Scheitelpunkt dieses Bogens liegt nur 8 Zoll über dem Spiegel des geschmolzenen Roheisens, und da sich unter demselben die größte Flammenhitze concentrirt, so muß er mit der größten Sorgfalt von den auserlesensten feuerfesten Thonziegeln angefertigt werden. Die oberhalb des Rostes d, 18 " hoch von feuerfesten Steinen aufgemauerte Feuerbrücke c ist wegen der starken Flammenhitze und wegen des bedeutenden Seitendruckes des flüssigen Roheisens in dem Heerdsumpf, 18 Zoll stark. Durch das in der langen Seitenwand des Ofens im Feuerungsraum befindliche Schürloch, werden die Steinkohlen auf den 18" unter der Oberkante der Feuerbrücke liegenden Rost d geschüttet. f ist die mit einer Thüre versehene Einsetzöffnung für das umzuschmelzende Roheisen, welches sich in dem unter dem Gurtbogen b liegenden Sumpf des Heerdes ansammelt und durch das Abstichloch g Fig. 16. abgestochen wird. Die Abstichöffnung wird nur durch einen Damm von Sand geschlossen. Der Heerd h besteht aus einer 8 Zoll starken Sandschicht, welche auf einer Ausfüllung von Schlacken, unter denen sich eine Fundamentirung befindet, gebettet ist. Der Sandheerd kann auch auf einem massiven Gewölbe oder auf gußeisernen unterstützten Platten ruhen. Zum Abziehen der Schlacke von dem geschmolzenen Roheisen, mittelst eines Kratzeisens, ist in der Seitenwand des Ofens, dem Abstichloch gegenüber, unter dem Gurtbogen eine 12 Zoll lange, 4 Zoll hohe und mit feuerfesten Ziegeln verschlossene Oeffnung i angebracht, deren Unterkante etwas über dem Spiegel des im Heerdsumpf zusammengeflossenen flüssigen Roheisens liegt. Der Luftzug wird durch Erweiterung und Verengung der Fuchsöffnung l mittelst einer Sand-Anfüllung k regulirt. Der Ofen ist auf drei Seiten (an der vierten steht die Esse) mit gußeisernen Platten m eingefaßt und durch die Platten n verankert. (§§. 743. 750.)

Tafel XXV.

Fig. 1. a, b. Eine theils massiv und theils aus Eisenblech construirte Esse.

Fig. 1 a. Vertikaler Durchschnitt, Fig. 1 b. Horizontaler Querschnitt. Der untere von Mauerziegeln aufgeführte Theil a der Esse ist am Fuß 10½' und oben 9' im Quadrat stark und 20 Fuß hoch. Auf diesem Fuß liegt eine Platte b, welche in der Mitte mit einer Oeffnung versehen ist, deren Weite mit derjenigen der Esse correspondirt. Die Platte b ist mittelst 8 Anker d, welche $7\frac{1}{2}$ und $8\frac{1}{2}$ Fuß in das Mauerwerk des Schornsteins hineinreichen und unterhalb der eingemauerten gußeisernen Platten c durch Schlußkeile angezogen werden, befestigt. An der Essenöffnung der Platte ist ein runder gußeiserner, mit nach oben vorspringendem Rand versehener Kranz durch Schrauben befestigt, innerhalb dessen das 60 Fuß hohe, unten 3′ und oben 2′ $8\frac{1}{2}$″ im Lichten weite, runde, von Eisenblech angefertigte Rohr f, welches den obern Theil der Esse bildet, auf die Platte b aufgestellt wird und daher von keiner Seite ausweichen kann. Damit die blecherne Esse durch Stürme nicht von der Platte b abgetrieben werde, ist sie, in einer Höhe von 17 und 74 Fuß, mit angenietheten oder angeschraubten Ringen versehen, von denen jeder 4 auswärts vorstehende Oesen erhält, mit welchen 8 Windstangen e, e ꝛc. verbunden sind, deren untere Enden mit ihren angeschraubten Oesen von den Oesen f festgehalten werden, welche letztere mittelst Schraubenmuttern an den durch die Platte b durchreichenden und mit Gewinden versehenen Ankern befestigt sind. Aus Fig. 1. ist diese Befestigung zu ersehen, und daselbst in einzelnen Details in größerem Maaßstabe verdeutlicht. Da die Kosten solcher blecherner Essenröhren, wenn nicht höher, doch wenigstens eben so hoch anzunehmen sind, als die von gemauerten Essen bei gleicher Höhe, letztere aber von längerer Dauer sind, so dürfte die Errichtung der blechernen Essen wohl nur für Dampfmaschinen, welche öfter versetzt werden, zu empfehlen seyn. (§. 749.)

Fig. 2—5. **Zwei an einander gebaute Flammenöfen mit einem gemeinschaftlichen Essenschacht**

Fig. 2. Grundriß der Oefen nach der Linie AB in Fig. 3, Fig. 3. Längendurchschnitt eines Ofens nebst zugehörigem Essenschacht, nach CD in Fig. 2. Fig. 4. Ansicht der beiden

Oefen nebst Esse von der vordern oder Abstichseite; Fig. 5. Längenansicht.

Die Esse mit den beiden Essenschächten ist auf gußeisernen Trageplatten b aufgeführt, die von 9 gußeisernen hohlen Säulen a, von 6 Fuß 10 Zoll Höhe getragen werden. Die Säulen ruhen auf gußeisernen Fußplatten d, und diese wieder auf gußeisernen, der festern Verbindung wegen auch unter d durchgehenden Sohlplatten c, welche unmittelbar auf dem Fundament liegen. Die Höhe der Esse von der Hüttensohle bis zur Ausmündung beträgt 68 Fuß. Die Rauhmauern v der Esse sind in einzelnen Absätzen aufgeführt und von allen Seiten verankert. Die von feuerfesten Ziegeln aufgeführten Kernschächte w sind auf allen Seiten um einen Zwischenraum von 3″ Weite von der Rauhmauer der Esse entfernt. Dieser Raum ist mit Schlacken und zerschlagenen Ziegelsteinen lose ausgefüllt, um dem Kernschacht Ausdehnung zu gestatten und Dämpfe abzuführen.

Die Säulen a sind so weit von einander entfernt, daß der vordere Theil der Flammenöfen mit den Abstichseiten unmittelbar unter den Essenschächten steht, wodurch die Füchse bedeutend verkürzt und die Fuchsöffnungen mit dem unter den Trageplatten b befindlichen Theil der Essenschächte unmittelbar verbunden sind.

Die einen halben Stein starken Futtermauern und die Gewölbe h, so wie die Feuerbrücken l sind von feuerfesten Thonsteinen, die Rauhmauer der Essen und die äußern Umfassungsmauern der Oefen, welche letztere mit gußeisernen Platten eingefaßt sind, von gewöhnlichen guten Mauerziegeln aufgeführt. Die zwischen den Tragesäulen befindlichen Hälse der Oefen sind mit einem Mantel von gußeisernen Platten e, ganz eingefaßt, die übrigen Seiten der Oefen werden aber durch gußeiserne Ankerplatten f festgehalten, welche an den Seitenwänden lothrechtstehend anliegen, mit ihren untern Enden in dem Funda=

ment fest vermauert und mit den obern über den Seitenwänden 9 Zoll hervorragenden Enden durch Anker g, fest verbunden sind, wodurch zugleich die Ofen-Gewölbe an den Seitenwänden eine feste Widerlage finden. Obgleich die Oefen mit ihrer langen Seite unmittelbar an einander gebaut sind, so ist doch jeder der berührenden Seitenmauern die ihr zukommende Stärke zugetheilt, damit jeder Ofen ausgebessert oder umgebaut werden könne, ohne den andern zu stören. Deshalb sind auch zwischen diesen sich berührenden Seitenmauern, Ankerplatten f aufgestellt und mit den übrigen durch Anker g verbunden. Dergleichen Anker g liegen auch innerhalb der Seitenmauern der Oefen 5 Zoll über dem Fundament.

In den Seitenmauern befinden sich 15 Zoll über der Roststäche k die 8 Zoll im Quadrat großen Schürlöcher i. Die Einsetzöffnung m, durch welche das umzuschmelzende Roheisen auf den Heerd x gebracht wird, ist mit einer Einsetzthür o von bekannter Construction zu verschließen. Sie steht in einem mit gußeisernen Platten eingefaßten Falz, ist mit einer über eine gußeiserne Scheibe geführte Kette und zum leichtern Oeffnen und Schließen mit dem Gegengewicht p verbunden. Unter der Einsetzöffnung befindet sich die Stichöffnung n, um die letzten Rückstände des eingeschmolzenen Roheisens aus dem Ofen zu entfernen, wenn dasselbe mit Gießkellen aus dem Ofen genommen, oder sämmtlich abgestochen werden soll. Bei r ist eine zweite Oeffnung zum Ablassen des geschmolzenen Roheisens. Wenn von derselben Gebrauch gemacht werden soll, so wird die Stichöffnung s in dem Sanddamm u angebracht, welcher zu diesem Zweck unter der Fuchsöffnung gegen eine schräggestellte unten mit einer Oeffnung für den Abstich versehene gußeiserne Platte t angeschüttet ist. Der Heerd x besteht aus einer 8″ starken Lage von Quarzsand, dessen Unterlage eine Schlackenausfüllung y bildet. Wenn das Roheisen aus dem Abstich s abgelassen werden soll, so erhält der Heerd dorthin eine geringe Neigung um das reine Ablaufen zu befördern. Unter der Schlackenausfüllung y sind in dem Fundament Kanäle z zur Abführung der Feuchtigkeit angelegt, welche mit gußeisernen mit Ziegeln übermauerten Platten bedeckt sind und außerhalb der Oefen ausmünden. Die Stirnmauer wird über dem Rost bei der Feuerung durch eingelegte Winkelplatten y getragen. Die obere dieser beiden Platten dient dazu, um den untern etwa schadhaft gewordenen Theil abnehmen zu können, ohne den obern zugleich mit abzubrechen. (§. 750.)

Fig. 6. a, b. Flammenofen zum Umschmelzen des Roheisens bei Torffeuerung.

Fig. 6a. Horizontaler Querschnitt des Ofens nach den Linien CD, EF in Fig. 6b. — Fig. 6b. vertikaler Durchschnitt des Ofens nach AB in Fig. 6a. Der Rost liegt 4 Fuß tief unter der Oberkante der Feuerbrücke a und über dieser ist der Scheitel des Gewölbes 18 Zoll hoch. Der Heerd b hat eine geringe Neigung nach dem Fuchs c und besteht ebenfalls aus einer 8 bis 10 Zoll starken Lage von Quarzsand. Die Sohle des Fuchses, welcher schräg bis zu seiner Einmündung in die Esse ansteigt, bildet eine gebrochene Linie durch den Sanddamm d. Bei e ist die Einsetzöffnung. Da bei der Feuerung der Flammenöfen mit Torf das Einschüren desselben fast ununterbrochen geschehen muß, so sind zwei Schürlöcher e, welche gegen den Rost schräge geneigt sind, zur Erleichterung des Einschürens und zur gleichförmigeren Vertheilung des Torfes auf dem Rost angebracht. Derselbe Ofen ist auch mit Holzfeuerung zu betreiben. (§. 750.)

Tafel XXVI.

Fig. 1—5. Flammenöfen zum Umschmelzen des Roheisens welche mit Holz betrieben werden.

Fig. 1. Vertikaler Durchschnitt nach CD in Fig. 5.; Fig. 2. Ansicht eines der beiden aneinander gebauten Oefen von der

Abstich- oder Guß-Seite; Fig. 3. Längen-Durchschnitt nach AB in Fig. 5. Fig. 4. äußere Längen-Ansicht; Fig. 5. obere Ansicht und Grundriß nach EFGH in Fig. 4.

Die beiden an einander gebauten Flammenöfen von ganz gleicher Construction haben eine gemeinschaftliche 81½ Fuß hohe Esse, welche als Doppelesse durch die Zunge c eingerichtet ist. Die 2′ starken Längenmauern a, an welchen die beiden Oefen sich anlehnen, sind durch einen 5 Fuß breiten Raum b, welcher zum Aufstellen von Brennholz benutzt werden kann, von einander getrennt. Der scheitrecht überwölbte 4′ breite 21″ hohe Kanal f dient zur Zuführung der Luft unter den Rost und zur Herausschaffung der Asche aus dem Aschenraum g. Der Raum d über diesem Canal ist mit gußeisernen Platten belegt und wird als Vorrathsraum für das zu trocknende gespaltene Holz benutzt. Die beiden mit einer gußeisernen kastenartigen Einfassung und einer Verschlußthür versehenen Oeffnungen g, sind die Schüröffnungen durch welche das Holz auf den Rost h gebracht wird. Der Rost h erhält theilweise einiges Ansteigen, theils damit die durch den Rost eintretende Luft nicht bloß von unten, sondern auch seitwärts in die Flamme des brennenden Holzes dringe, theils damit das gespaltene Holz auf der geneigten Fläche des Rostes, — bei seiner bedeutenden Länge und Breite — vollständiger die ganze Rostfläche bedecke. Das Gewölbe i, die Seitenwände k, und die Feuerbrücke l sind von feuerfesten Ziegeln angefertigt. Die äußern Seitenwände der Oefen sind mit gußeisernen Platten m eingefaßt, die durch aufrecht stehende Ankerplatten n festgehalten werden, welche mit ihren untern Enden in das Fundament reichen, und mit ihren obern Enden durch Anker o, die oben über den Ofen durchgeführt sind, mit einander fest verbunden werden, wodurch zugleich das Ofengewölbe, welches keine Decke hat, Verankerung erhält. Der Schmelzheerd p besteht aus einer 8 — 10 Zoll starken lockern Sandschicht, die auf einer Steinschüttung gebettet ist. Das einzuschmelzende Roheisen wird durch die Einsetzthür q (Fig. 3.) in der Nähe der Feuerbrücke l, auf den Heerd gebracht, und sammelt sich, wenn es geschmolzen ist, in dem Sumpf r unter der Fuchsöffnung s. Der Verschluß der Einsetzöffnung q geschieht in gewöhnlicher Art mittelst einer gußeisernen, inwendig mit feuerfesten Ziegeln ausgemauerten Thür t, welche mittelst einer Hebel-Vorrichtung geöffnet und geschlossen werden kann, indem die Thür zwischen Falzleisten beweglich ist. Die Oeffnung u in der Vorder- oder Brustwand dient zum Ausschöpfen des geschmolzenen Roheisens. Sie ist in gewöhnlicher Art verschlossen und wird nur bei dem Ausschöpfen des flüssigen Roheisens geöffnet. Soll das Eisen nicht ausgeschöpft sondern abgestochen werden, so wird die gewöhnlich durch den Sand des Schmelzheerdes geschmolzene Stichöffnung v Fig. 3. geöffnet (§. 750.).

Fig. 6. Profil einer ausgemauerten Dammgrube mit kleinen Feuerungen in den Seitenwänden um große schwere Gußformstücke zugleich darin zu trocknen (§. 762.).

Fig. 7. Profil einer Darrkammer mit gußeisernem Gestell zum Trocknen von Lehm- oder Massekernen zu Röhren (§. 762.).

Fig. 8. 9. Längen- und Quer-Ansicht eines gußeisernen Gestelles zum Trocknen der Kerne zu Hohlkugeln bei der Munitions-Förmerei (§§. 762. 806.).

Fig. 10. u. 11. Durchschnitt und äußere Ansicht eines gußeisernen Geschütz-Formkastens mit der Röhre für den Einguß, um den Guß in vertikaler Stellung auszuführen (§. 812.).

Fig. 12—27. Vorrichtungen zum Munitionsguß, nach der älteren und neueren Methode, worüber im §. 806. die vollständige Erläuterung gegeben ist.

Tafel XXVII.

Fig. 1 — 7. Temper-Ofen zum Abouciren (Tempern, Weichmachen) gußeiserner Waaren.

Fig. 1. Vertikaler Durchschnitt des Ofens nach der Linie AB in Fig. 2.; Fig. 3. Vertikaler Durchschnitt nach der gebrochenen Linie CDEF; Fig. 2. Grundriß des Ofens nach der gebrochenen Linie GHIKLM; Fig. 4. Seiten-Ansicht; Fig. 5. Vertikales Querprofil von einem Wagen mit darauf stehenden Kapseln; Fig. 6. Vorder-Ansicht; Fig. 7. Quer-Profil einer Thür zum Verschließen des Ofens.

Der Temperofen ist 16½ Fuß im Quadrat groß, in den Wänden 20 Zoll stark und mit einem flachen Gewölbe überspannt, dessen Scheitelhöhe vom Boden 10 Fuß beträgt. Da die Seitenwände als Widerlage für die flach gewölbte Decke zu wenig Stärke haben würden, so sind sie durch 4 gußeiserne Ankerplatten a verstärkt, deren untere Enden in der Fundamentmauer befestigt und die oberen durch Anker b, welche durch den Ofen durchführen, gegenseitig mit einander fest verbunden sind. In der Mitte des Ofens sind der Länge nach die zwei Fuß im Lichten weiten, durch zwei über der Sohle des Ofens 2′ 10″ hoch liegende Wände c gebildeten Feuerungen mit ihren Rosten d durchgeführt. An der vordern und hintern Seite des Ofens sind f die Schüröffnungen. Die Aschenfallräume g, welche auch als Luftzuführungskanäle dienen, münden außerhalb der vordern und hintern Seite des Ofens vor den Einheitzthüren f aus und sind daselbst, um ungehindert zu den Thüren gelangen zu können, aber auch den Zutritt der äußern Luft nicht abzuhalten, mit geschlitzten oder rostähnlichen Platten h bedeckt. Die beiden Feuerungskanäle sind in der Mitte des Ofens durch eine Mauer e von einander getrennt. Die von den Feuerungen aufsteigenden erhitzten Gase erheben sich zuerst bis zur gewölbten Decke des Ofens und entweichen, nachdem sie den größten Theil der Hitze abgesetzt haben, durch die 6 an den innern Seitenwänden des Ofens lothrecht abwärts führenden Kanäle i, nach den unter der Sohle längs den Wänden führenden beiden horizontalen Kanälen k, aus welchen sie nach dem Hauptkanal l geführt werden und endlich durch die 80 Fuß hohe Esse m in die Atmosphäre treten. Der Zug des Ofens wird durch einen in dem Hauptkanal l angebrachten Schieber n regulirt. Auf jeder Seite des Feuerungs-Kanals befinden sich auf der gepflasterten Sohle zwei gut fundamentirte gußeiserne Schienenwege, auf welchen die eisernen Wagen mit den übereinander gestellten gußeisernen Kapseln, welche die zu tempernden Waaren enthalten, in den Ofen geschoben werden. Die Einsetzthüren n an der vorderen Seite des Ofens, bestehen aus gußeisernen, durch Rippen in 4 Fächer getheilte Rahmen, welche mit Ziegeln ausgemauert sind. Sie sind unten mit drei gußeisernen Rollen o (Fig. 3., 6. u. 7.) versehen, mittelst derer sie auf der in einer Vertiefung des Fundaments liegenden Bahnschiene p, vor die Einsetzöffnungen des Ofens gerollt oder geschoben werden. Um das Ueberschlagen zu verhindern, werden sie durch Hacken q (Fig. 3.) welche oben an den Ofen-Ankerplatten festgeschraubt sind, lose übergriffen.

Vor den Einsetzöffnungen ist ein, 2 Fuß tiefer als die Sohle des Ofens liegender Kanal r vorbeigeführt, auf dessen Sohle sich zwei eiserne Bahnen s befinden, auf welchen ein gußeiserner Wagen t vor beide Einsetzöffnungen vorgefahren werden kann. Dieser Wagen (Fig. 2. u. 3.) dessen gegossenes eisernes Gestell mit dem des in Fig. 1., 3., u. 5. dargestellten Kapselwagens übereinstimmt, ist mit einer gußeisernen Platte bedeckt auf welcher zwei Bahnen u befestigt sind, die in gleicher Höhe mit den in dem Ofen befindlichen liegen und deren Geleise auch eine gleiche Weite wie diese besitzen, so daß dem Wagen auf den Bahnen s eine solche Stellung gegeben werden kann, daß die beiden Bahnen auf demselben mit jedem beliebigen Bahnen-Paare des Ofens in gleicher vertikaler und horizontaler Richtung liegen. Da nun sämmtliche Bahnen des Ofens mit denen des an der andern Seite des Kanals r liegenden Schuppens correspondiren, so können sämmtliche Kapselwagen die in dem Ofen auf 4 Bahnen standen, durch Anwendung des Wagens t auf einer Bahn in den Schuppen transportirt werden; eben so können auch mittelst des Wagens t sämmtliche Bahnen im Ofen mit Kapselwagen, welche in dem Schuppen N auf einer oder mehreren Bahnen gestanden haben, besetzt werden. Diese Art des Transportirens der Kapselwagen ist nöthig, um das Tempern ohne Unterbrechung fortsetzen zu können, indem, während ein Satz Kapseln in der Glühhitze begriffen ist, der vorher geglühte Satz in dem Schuppen langsam abkühlen muß, und der dritte Einsatz in dem Schuppen vorgerichtet und mit Geschirren besetzt wird. Das Glühen eines Satzes Kapseln dauert gewöhnlich 24 Stunden. Die Geschirre werden dadurch so erweicht, daß sie sich demnächst leicht mit dem Dreheisen bearbeiten lassen.

Die Kapseln w (Fig. 1 — 5.) bestehen aus cylindrischen, oben mit kurzen muffenartigen Rändern versehenen und auf einander passenden Ringstücken. Es werden drei dergleichen übereinander gesetzt, von denen nur der untere einen Boden hat. Zwei solcher Stöße werden neben einander auf den Kapselwagen gestellt, wie in Fig. 4. u. 5. in doppeltem Maaßstabe dargestellt ist. Das Gestell dieses vierrädrigen Wagens, so wie die Räder, sind von Gußeisen, die Axen von Schmiedeeisen. Auf dem mit Verstärkungs-Quer- und Längen-Rippen aus dem Ganzen gegossenen Gestell α ist eine gußeiserne Platte β (Fig. 4. u. 5.) befestigt, über welcher vier Schichten Ziegeln aufgemauert sind, worauf die Kapseln zu stehen kommen. Sechs beladene Wagen können zu jeder Seite des Feuerungs-Kanals in dem Ofen Platz finden, so daß überhaupt 24 Kapseln auf 12 Wagen gleichzeitig in den Ofen gebracht werden können (§. 836.)

Fig. 8 — 16. Vorrichtung zur Bearbeitung des Formlehms. Fig. 9. Seiten = Ansicht; Fig. 10. Grundriß nach AB in Fig. 9. dieser aus Gußeisen bestehenden Vorrichtung. Auf einer gußeisernen, über einem Fundament durch Anker befestigten Sohlplatte a, sind zwei gußeiserne Ständer b mit ihren Fußplatten durch Schrauben befestigt, und oben durch eine angeschraubte, mit einer Verstärkungsrippe versehene Deckplatte c mit einander verbunden. Diese Deckplatte, welche Fig. 8. in der obern Ansicht darstellt, ist in der Mitte mit einem auf der oberen Seite angegossenen Kranz d versehen, in welchem eine runde Oeffnung lothrecht durchgeführt ist, worin das messingene Zapfenlager für den obern Zapfen der in der Mitte zwischen beiden Ständern b stehenden gußeisernen Welle e, die Fig. 13. in der äußern Ansicht besonders dargestellt ist, eingesetzt und mittelst Schrauben festgestellt wird. Mit ihrem unteren, besonders eingesetzten und mit einem Keil f befestigten, geschmiedeten, und verstählten halbkugelförmigen Zapfen steht diese Welle e in einer verstählten Lagerpfanne, die in einem gußeisernen Pfannenkasten b eingesetzt ist, in welchem sie durch die beiden Keile β höher oder niedriger gestellt werden kann. Der Pfannenkasten b, welcher nebst der Pfanne in Fig. 11. in der obern Ansicht gezeichnet ist, steht auf der Sohlplatte a innerhalb eines angegossenen vorspringenden Randes i. Die Welle ist (Fig. 13.) mit einem angegossenen runden Sattel k versehen auf welchem eine gußeiserne Randscheibe l von 6 Fuß lichtem Durchmesser ruht, indem sie mit ihrer angegossenen Hülse m, auf den abgedrehten cylindrischen Theil n der stehenden Welle passend aufgeschoben und daran mittelst eines konischen Bolzens o Fig. 15., unbeweglich befestigt ist. In Fig. 10. ist diese Randscheibe von oben, in Fig. 9. von der äußern Seite, in Fig. 15. in der untern Ansicht und in Fig. 16. im Durchschnitt dargestellt. Die horizontale Scheibe ist $1\frac{1}{4}$ Zoll stark; der an ihrem Umfange oben vorstehende Rand p ist ein Zoll stark und 6 Zoll hoch. Auf der untern Seite ist die Scheibe l durch 8 centrische angegossene Rippen q verstärkt (Fig. 9., 15., 16.) welche zugleich dazu dienen das horizontale konische Getriebrad r Fig. 9. mittelst angegossener Lappen s durch Schrauben zu befestigen. Die Randscheibe l hat 2 einander gegenüber liegende, mit Falzen an ihren Rändern versehene, 1′ lange 6″ breite Oeffnungen t, welche mit eingepaßten Platten bedeckt sind. Auf diesen Oeffnungen wird der auf der Scheibe fertig bereitete Lehm von derselben abgezogen. Auf der gekuppelten gußeisernen Welle u ist das konische Getriebe v, welches in das konische Getriebrad r eingreift, befestigt, und da die Welle u mit der Wasserradwelle oder mit der Welle an welcher sich die bewegende Kraft befindet, in Verbindung steht, so wird durch diese die Randscheibe l mit ihrer stehenden Welle in horizontal drehende Bewegung gesetzt. Die Welle n ist durch die Ständer b, dessen innere Ansicht Fig. 14. darstellt, durch die dazu angebrachte runde Oeffnung durchgeführt. Auf der obern Fläche der Randscheibe l stehen, in ungleichen Entfernungen von der Axe der stehenden Welle e, zwei gußeiserne hohle Walzen v, deren Construction aus den Profilen Fig. 10. zu ersehen ist, mit ihrer runden Mantelfläche auf, und lasten nicht allein mit ihrem eigenen Gewicht sondern auch zugleich durch das ihrer Zapfen und der schweren gußeisernen Hülse in welche diese Zapfen mittelst Keilen x befestigt sind, auf der Randscheibe, welche denselben eine drehende, auf der Scheibe zugleich gleitende Bewegung ertheilt. Die in den Schenkeln der Hülse w, in welcher sich die stehende Welle frei bewegt, mittelst der Keile x befestigten Zapfen z, (Fig. 10.) auf denen sich die beiden Walzen mittelst ihrer in ihnen eingesetzten messingenen Buchsen y drehen, sind durch die vertikal durchgehenden Schlitze tz Fig. 14. der beiden Ständer b durchgeführt und haben vor denselben außerhalb übergreifende runde Köpfe, welche ein horizontales

Verschieben der Zapfen mit den Walzen v und der Hülse w verhindern. In diesen Schlitzen der Ständer b erhalten die Zapfen z über und unter sich einen hinreichenden Spielraum, so daß sie sich mit den Walzen und der Hülse frei erheben und senken können, wenn während der Drehung der horizontalen Randscheibe l zufällig eine stärkere oder schwächere Lehmschicht unter die Walzen kommt. Innerhalb dieser Schlitzen tz (Fig. 14.) sind auf die Zapfen z messingene Buchsen δ aufgeschoben, um das Erheben und Senken derselben zu erleichtern. Die auf die Zapfen z aufgeschobenen gußeisernen Muffen ε verhindern das Verschieben der Walzen v in der Richtung der Axe derselben. Daß die Walzen auf der Randscheibe nicht allein eine drehende, sondern auch eine gleitende Bewegung erhalten, welche letztere besonders geeignet ist, den auf die Randscheibe gebrachten Lehm durchzuarbeiten, erklärt sich leicht auf folgende Weise. Die Randscheibe hat an der Stelle, an welcher die innere, dem Mittelpunkt derselben näher liegende Walzenkante dieselbe berührt, eine geringere Geschwindigkeit als da, wo letztere von der äußeren dem Mittelpunkte entfernter liegenden Walzenkante berührt wird; es müßte folglich jede Walze in einem und demselben Moment zugleich zweierlei Geschwindigkeiten haben, und da dies nicht möglich ist, so wird entweder die eine Kante des Walzenmantels die correspondirende Geschwindigkeit der Randscheibe annehmen und nach der anderen Kante hin der Mantel der Walzen eine gleitende Bewegung gegen die Scheibe erhalten, oder es wird der umgekehrte Fall eintreten, je nachdem die verschiedene Stärke der auf der Randscheibe liegenden Lehmschicht die eine oder die andere Bewegung mehr begünstigt. — Fig. 12. ist die Stirnansicht der Lagerständer für die Welle u Fig. 9. u. 10. Der Lagerdeckel wird mittelst Schrauben an den mit ihren untern Enden in den Lagerständern durch Schließkeile befestigten Schraubenbolzen fest gehalten. Wenn der Lehm auf der Scheibe ganz gleichartig durchgearbeitet ist, kann er sogleich mit Kuhmist gemengt und bearbeitet werden, so daß er als völlig fertiger und zubereiteter Formlehm von der Scheibe genommen wird (§. 759.).

Fig. 17. Vertikaler Durchschnitt einer fertigen Lehmform zu einem großen Kessel (§. 829.).

Fig. 18. Perspektivische Ansicht einer Vorrichtung zum Gießen mit großen Pfannen (§. 759.).

Tafel XXVIII.

Fig. 1—4. Hölzernes Aufwerfhammer-Gerüst, wie es in Schlesien, in der Lausitz, auf den Hüttenwerken in der Mark Brandenburg und in Pommern gewöhnlich eingerichtet ist.

Fig. 1. Längen-Ansicht; Fig. 2. Vertikaler Querdurchschnitt nach der Linie AB in Fig 3.; Fig. 3. Grundriß nach der Linie CD in Fig. 1.; Fig. 4. der Pfahlriß des Rostwerks des Gerüstes nach EF in Fig. 1.

Das Hammergerüst ist in der Erde durch ein vielfach verbundenes sogenanntes Rostwerk befestigt, welches auf starken eingerammten Pfählen ruht. Auf zwei Reihen fest eingerammter Grundpfähle a sind zwei Langschwellen b aufgezapft, auf welchen die Querschwellen c eingekämmt sind. Auf diese Querschwellen werden wieder Langschwellen d (lothrecht über den Langschwellen b) eingekämmt, mit denen gleichfalls Querschwellen e (diese weil sie oben liegen, auch Zangen genannt) verbunden sind.

Die vordere eichene Gerüst- oder Drahmsäule f ist zwischen dem Rostwerk 8 Fuß 6 Zoll tief in die Erde lothrecht eingesetzt; so weit sie in der Erde steht, ist sie 2 Fuß 10 Zoll im Quadrat und über der Hüttensohle 2 Fuß im Quadrat stark. Mit ihrer Grundfläche ruht sie auf festem gewachsenem Boden und wird außerdem noch von einem starken hochkantigen Riegel g getragen, welcher durch dieselbe durchgelocht (durchführt) und in zwei Langschwellen, in die untere b und in die obere d eingelassen wird. Die Querschwellen c und e des Rostwerks (Grundwerks), zwischen welchen die Drahmsäule steht, sind in die Langschwellen d und b dergestalt eingekämmt, daß sie scharf an der Säule anliegen, und ihr dadurch nach der Richtung der Länge des Hammergerüstes einen festen Stand geben. Am oberen Ende erhält die Drahmsäule, 7 Fuß 4 Zoll über der Hüttensohle, einen breiten starken Zapfen, auf welchen der Drahmbalken h mittelst eines lothrecht durchgestemmten Schlitzes aufgeschoben wird, und auf der Brüstung jenes Zapfens der Drahmsäule ruht. Die beiden über dem Drahmbalken durch den durchreichenden Zapfen der Drahmsäule getriebenen Keile α, und die zu beiden Seiten des Zapfens in den Schlitz der Drahmsäule eingetriebenen hölzernen Keile β, bewirken die feste Verbindung der vorderen Drahmsäule f, mit dem horizontal liegenden Drahmbalken h. Auf das vor der Drahmsäule f vortretende Ende des Drahmbalkens und auf den erwähnten Zapfen der Drahmsäule werden starke geschmiedete Ringe δ aufgetrieben, um das Aufreißen des Holzes zu verhindern. Mit dem andern Ende ist der Drahmbalken h durch die hintere, ebenfalls 8 Fuß 6 Zoll tief in die Erde zwischen dem Rostwerk eingesetzte Drahmsäule k, mit einem starken Zapfen, welcher die Dicke des Drahmbalkens zur Breite hat, durchgezapft. Durch die Keile $\alpha\alpha$, welche dem auf der hintern Seite der Drahmsäule k durchreichenden Zapfen vorgeschlagen werden, so wie durch die in den Schlitz der Drahmsäule, ober- und unterhalb des durch diesen Schlitz durchgeführten Zapfens, eingetriebenen Keile $\beta\beta$, ist der Drahmbalken h mit der hintern Drahmsäule k fest verbunden. Gegen das Aufreißen des Holzes durch das scharfe Eintreiben der Keile α und β, wird sowohl die Drahmsäule k, oberhalb und unterhalb des Drahmbalkens, als auch der Zapfen des Drahmbalkens h, durch fest aufgetriebene geschmiedete starke Ringe δ geschützt. Der Schlitz der Drahmsäule k ist so hoch, daß der Drahmbalken mit seinem durch diesen Schlitz durchgeführten Zapfen, so viel darin gehoben werden kann, um bei der Aufstellung des Hammergerüstes den obern Zapfen der Reitelsäule l, — welche nach Aufstellung der Drahmsäule k sogleich mit eingesetzt wird — in das in der unteren Seite des Drahmbalkens eingestemmte Zapfenloch einbringen zu können.

Die Reitelsäule l, welche, wie die Drahmsäule k, 2 Fuß im Quadrat stark ist und eben so wie jene aus Eichenholz besteht, ist mit letzterer innerhalb des Rostwerks durch eine Verzahnung unter einem spitzen Winkel zusammengesetzt, und beide erhalten auf die Länge ihrer Zusammensetzung in der Erde, eine größere Stärke als in ihren oberen Theilen. Beide ruhen mit ihren Grundflächen auf dem gewachsenen Boden und werden außerdem noch, wie die vordere Drahmsäule f, von zwei, durch dieselben durchgelochten, starken, hochkantigen, eichenen Riegel g getragen, welche unten in die Langschwellen b und oben in die Langschwellen d eingelassen sind. Die Drahmsäule k und die Reitelsäule l verbindet man über dem Rostwerke noch durch ein Sohlwerk, welches aus 4 Stück aneinanderliegenden 22 Zoll starken eichenen Hölzern m zusammengesetzt und in die Langschwellen d, 4 Zoll tief eingelassen ist. Die feste Verbindung der 4 Sohlstücke m zu einem Ganzen geschieht, nach deren Einsetzung in die beiden Schwellen d, durch 4 starke Zwingen-Riegel n, von Eichen- oder besser von Rüsternholz, welche horizontal durch die Sohlstücke n durchgehen, und diese Sohlstücken mittelst der an den hervorragenden Enden derselben eingetriebenen hölzernen Keile o, an einander befestigen. Diese Riegel n sind mit starken Köpfen versehen, welche sich bei dem Antreiben der Keile gegen die 1 Zoll tiefen Versatzungen in dem vordern Sohlstück fest gegenstemmen. Die beiden an den Seiten des Sohlwerks nur in Nuthen liegenden Riegel n haben Köpfe mit halben Schwalbenschwänzen, mit denen sie, so wie die an den durchreichenden Enden derselben vorgeschlagenen Keile o, in die halben schwalbenschwanzförmigen Ausschnitte der beiden äußeren Sohlstücke m eingreifen, damit diese Riegel sich durch die Erschütterungen nicht aus den Nuthen seitswärts herausziehen können. Außer auf den beiden Langschwellen d, liegt das Sohlwerk mit seinen Enden noch auf den beiden Schwellen p, welche auf den eingerammten Grundpfählen q aufgezapft sind. Für die Reitelsäule l und die Drahmsäule k ist das Sohlwerk mit den nöthigen Ausschnitten in der Mitte versehen. Auf das obere Ende der Reitelsäule werden zwei starke geschmiedete Ringe δ aufgetrieben, um das Aufspalten zu verhüten.

Der durch den hohen und breiten Schlitz der Reitelsäule l durchgehende Reitel r, welcher den anprellenden Hammerhelm s zurückschnellt, und dadurch sowohl das Niederfallen des Hammers beschleunigt, als auch den Schlag desselben verstärkt, ruht mit dem hintern Ende in einer auf der innern Seite der Drahmsäule k ausgestemmten geräumigen Vertiefung. Ueber dem Reitel r liegt zu dessen Verstärkung das Sattelholz (Reitelsattel) t, welches ebenfalls durch die Reitelsäule l durchgeht und in der Vertiefung der Drahmsäule k aufgelagert ist. Durch die auf den Seiten der Drahmsäule k durchgehenden fest eingeriebenen Keilhölzer ε, zwischen welchen die hinteren Enden des Reitels r und des Sattelholzes t eingeklemmt werden, wird der Reitel mit dem Sattel in der Drahmsäule befestigt. In der Reitelsäule erhält der Reitel mit dem Sattel dadurch Befestigung, daß unterhalb des Reitels, auf den Seiten der Reitelsäule l das starke Keilholz γ, und über dem Sattel t in das Schlitzloch der Reitelsäule, der starke Keil ζ fest eingetrieben wird. Von den beiden gußeisernen Büchsensäulen u und v steht die der Wasserradwelle zunächst gelegene u, in der vertikalen Ebene der, der Wasserradwelle zugekehrten Seite des Drahmbalkens b, die andere v erhält aber gegen diese vertikale Ebene eine schräge Stellung und beiden wird in der andern Richtung eine gegen die Reitelsäule gleiche schräge Stellung angewiesen. Beide Büchsensäulen stehen mit ihren Fußenden in einem, in das vordere Sohlstück m eingelassenen gußeisernen Kasten w Fig. 3. und sind in demselben durch mehre eingesetzte hölzerne Klötze und Keile befestigt. In Fig. 1 und 2. sind diese Kasten punktirt angedeutet. Die obern Enden der beiden Büchsensäulen stehen zwischen den vorspringenden Leisten oder Federn der zu beiden Seiten in den Drahmbalken h eingelassenen gußeisernen und mit durchgehenden Schraubenbolzen befestigten Platten x, und werden daselbst durch Keile γ festgekeilt. Unterhalb des Drahmbalkens h und oberhalb des Reitels r, sind die beiden Büchsensäulen mittelst eines durch beide durchgehenden hölzernen Zugriegels y, welcher vor der Büchsensäule w einen starken Kopf hat und außerhalb der Büchsensäule v durch vorgeschlagene Keile ϑ befestigt ist, zusammen verbunden, so daß sie aus den Platten x oben nicht herausfallen können, vielmehr fest gegen dieselben anliegen. In den Schlitzen der Büchsensäulen, durch welche der Riegel y durchgeführt ist, wird letzterer auch noch durch oberhalb und unterhalb desselben eingetriebene Keile befestigt.

Die inneren Seiten der Büchsensäulen u und v sind mit Vertiefungen versehen, in welche die gußeisernen sogenannten Büchsen eingelassen und dann festgekeilt werden. Diese Büchsen haben halbkugelförmige Vertiefungen, in welchen sich die geschmiedete Hammerhülse z, die auf dem hintern Ende des Hammerhelms s aufgekeilt ist, mit ihren verstählten Zapfen bewegt. Mittelst der Büchsensäule v wird der Hammer a' auf dem Ambos b' richtig gestellt, welches durch das Antreiben der Keile an dem Fuß derselben innerhalb des Kastens w bewirkt wird.

Die Bahn des Hammers und des Amboßes machen einen spitzen Winkel mit der Axe des Hammerhelms s, damit bei dem Schmieden langer Stäbe dieselben von den Hebearmen des Wellkranzes nicht ergriffen werden können. Aus diesem Grunde ist auch der Hammer nicht rechtwinklich, sondern schief auf den Helm s aufgekeilt, indem der Zapfen des Helms, worauf der Hammer befestigt ist, ebenfalls einen spitzen Winkel mit der Axe des Helms bildet.

Der Ambos b' steht in der kastenförmigen, in den Wänden 2 — 2½ Zoll und im Boden 6 bis 9 Zoll starken, sogenannten Chavotte c' auf untergelegten dünnen eichenen Brettstücken und wird darin mit hölzernen und eichenen Keilen festgekeilt. Die Chavotte c' wird oben in den eichenen Ambosstock d' ganz eingelassen und darin festgekeilt. Um das Aufspalten des Ambosstocks, in Folge des festen Verkeilens der Chavotte und der Wirkungen der Hammerschläge, zu verhüten, werden auf denselben oben zwei ½ oder ¾ Zoll starke geschmiedete Ringe δ fest aufgetrieben. Die Oberfläche des Ambosstockes um die Chavotte wird häufig mit Blechstücken λ bekleidet, um das Verbrennen des Ambosstockes zu verhindern. Der Ambosstock steht 7 Fuß tief unter der Hüttensohle h' in der Erde auf zwei Kreuzschwellen, welche auf fünf eingerammten Grundpfählen l, von denen sich der mittlere unter der Mitte des Kreuzes der Schwellen befindet, aufgezapft sind.

Der gußeiserne starke Hebekranz g', welcher auf den Hals der Wasserradwelle k' aufgekeilt ist und den Hammerhelm s an der Stelle faßt und erhebt, welche den dritten Theil der Entfernung der Mitte des Hammers von den Hülsenzapfen beträgt, erhält gewöhnlich fünf angegossene starke Hebedaumen i'. An den Angriffsseiten dieser Daumen, welche kleine vortretende nasenförmige Rippen erhalten, sind weißbuchene sogenannte Frösche n', mittelst deren die Erhebung des Hammerhelms mit dem Hammer geschieht, durch geschmiedete Ringe (Froschringe) m' und Keile o' befestigt. Die nasenförmigen Rippen an den Angriffsseiten der Daumen i' verhindern das Abrutschen der Frösche n'. Um den Hammerhelm ist auf der Angriffsstelle ein geschmiedetes Band p' gelegt und mit Keilen befestigt, welches unten für den Angriff der Daumen zu einer breiten Fläche ausgeschmiedet ist. Außerdem sind um den Hammerhelm, um das Aufreißen zu verhindern, zwei geschmiedete Zugbänder, das eine zunächst der Hülse z, das andere zunächst des Hammers a' umgelegt und mittelst Keilen befestigt. Das die Wasserradwelle k' bewegende Wasserrad q' ist hier ein unterschlägtiges Kropfrad.

Der gußeiserne Angewellständer r', in welchen das gußeiserne Zapfenlager für die Wasserradwelle eingesetzt und festgekeilt wird, ist mit seiner angegossenen Fußplatte in die drei Schwellen s' eingelassen. Diese Schwellen s' sind auf den beiden Schwellen e, e, welche mit einem bogenförmigen Ausschnitt zugleich den Amboßstock umfassen, eingekämmt, und letztere werden noch besonders durch die beiden eingerammten Pfähle t', auf welchen sie aufgezapft sind, unterstützt (§. 856.).

Fig. 5—7. Hölzernes Aufwerfhammer-Gerüst, wie es im Siegenschen gebräuchlich ist.

Fig. 5. Vordere oder Stirn-Ansicht des Hammer-Gerüstes mit Ausschluß der vordern Drahmsäule; Fig. 6. Seiten-Ansicht desselben ohne die vordere Drahmsäule, von der Seite der beweglichen Büchsensäule mit welcher der Hammer gerichtet wird; Fig. 7. Seiten-Ansicht des ganzen Gerüstes von derselben Seite, nach einem kleinern Maaßstabe. Dies Hammergerüst ist im Vergleich zu dem eben beschriebenen höchst einfach construirt, obgleich es nicht die Stabilität und Festigkeit in der Verbindung hat.

Die vordere Drahmsäule a (Fig. 7.) ist ohne alle weitere Befestigung 6 Fuß tief unter der Hüttensohle auf den gewachsenen Boden gestellt und mit Erde fest verstampft. Die hintere Drahmsäule b ist ebenfalls in die Erde 6' tief eingegraben und nur auf dem Erdboden aufgestellt, ruht aber zugleich noch auf einer Schwelle oder auf dem Riegel c, Schlüssel genannt, welcher durch ein in der Drahmsäule eingestemmtes Loch durchgeführt ist. Diese Schwelle soll die Drahmsäule vor dem Wanken nach den Seiten schützen, welches jedoch nur unvollkommen erreicht werden kann, weil die Drahmsäule nicht durch Streben von diesem Schlüssel aus, auf beiden Seiten abgesteift wird. Auf der Schlüsselschwelle c und auf einer anderen mit ihr parallel in die Erde eingegrabenen Schwelle d, sind die Schwellen e eingekämmt, mit welchen der sogenannte Sohlblock f verbunden ist. In dem Sohlblock f ist die Reitelsäule g mit einem Doppelzapfen lothrecht eingezapft. Sie erhalten an der vordern Seite einen bogenförmigen Ausschnitt zur freien Bewegung des Hammerhelmes h und der Hülse i und wegen der festeren Lage des eingesetzten Reitels k, oben eine größere Stärke als unten. Oben steht sie mit einem starken Zapfen in dem Drahmbalken l. Der Reitel k wird durch den in der Reitelsäule g eingestemmten hohen Schlitz gesteckt, und darin mittelst eines eingetriebenen Keils n befestigt, welcher durch ein auf der Seite der Reitelsäule durchgestemmtes Keilloch eingetrieben ist. Das hintere Ende des Reitels liegt in einer in die hintere Drahmsäule b eingestemmten weiten Oeffnung, in welcher er durch die eingetriebenen Keile m und o festgehalten wird. Der Drahmbalken l ist mit einem Zapfen in der hinteren Drahmsäule b eingesetzt, eben so auch in der vorderen Drahmsäule a, in welcher der Zapfen aber durch das für ihn bestimmte Zapfenloch ganz durchgeht, um oberhalb und unterhalb desselben mit starken Keilen α und β befestigt werden zu können.

Die eine hölzerne Büchsensäule p steht mit ihrem Fußende in einem in den Sohlblock f eingelassenen Kasten (Schuh) r, und wird darin festgekeilt; die andere Büchsensäule q ist ohne Schuh unmittelbar in einem in den Sohlblock eingestemmten Loch mit ihrem Fußende festgekeilt. Letztere hat auf der äußern Seite einen bogenförmigen Ausschnitt um die Hebewelle (Wasserradwelle) s nicht zu behindern. Beide Büchsensäulen sind mit ihren obern Enden oben in die Seiten des Drahmbalkens l eingelassen und unter demselben durch einen hölzernen Zugriegel (Schlüssel) mit einander fest verbunden, indem durch jedes außerhalb der Büchsensäulen hervorragende Ende des Riegels zwei Zugkeile eingetrieben, und außerdem noch, ober- und unterhalb des Riegels, Keile in die Schlitzlöcher der Büchsensäulen eingeschlagen sind.

Der etwa 9 Centner schwere Hammer t, welcher, aus den vorhin schon erwähnten Gründen, ebenfalls schräg auf dem Helm aufgekeilt ist, hat 2 Fuß 9 Zoll Hubhöhe, welche wegen der zu zängenden großen Luppen nicht geringer seyn kann. Das Erheben des Hammers durch die Daumen des Kranzes n erfolgt etwa in der Mitte der Länge des Hammmerhelms h.

Die Hülse i liegt mit ihren Zapfen in den halbkugelförmigen Vertiefungen der gußeisernen Büchsen, welche in den Büchsensäulen auf deren innern Seiten eingelassen und verkeilt sind. Die Büchsensäulen erhalten eine ähnliche schräge Stellung, wie schon vorhin angegeben worden ist. Der gußeiserne achtkantige Daumkranz n, welcher vorn auf den Hals der Wasserradwelle s fest aufgekeilt wird, hat hier nur vier Daumen d, auf welchen die Frösche zum Heben des Helmes h mit dem Hammer ganz so befestigt sind, wie bei dem vorigen Hammergerüst beschrieben worden ist.

Auf dem halbrunden eichenen Angewellenstock v, welcher 9 Fuß tief in der Erde steht, ruht das Angewelle w, auf welchem über einem untergelegten Brett x das Zapfenlager z der Wasserradwelle liegt. Je nachdem die Welle höher oder niedriger liegen soll, wird ein stärkeres oder schwächeres Brett x untergelegt.

Der Amboßstock y, in welchen die gußeiserne Chavotte, für den einzusetzenden und einzukeilenden Amboß, eingelassen ist, steht 11 Fuß tief in der Erde auf kreuzweise darunter liegenden Bohlenstücken. Um das Spalten des Amboßstokkes zu verhindern, sind um denselben fünf Ringe getrieben. Aus demselben Grunde werden um die Wasserradwelle dicht an einander sehr viele eiserne Ringe getrieben, indem durch den sehr schweren Hammer der Widerstand der Welle gegen die drehende Last sehr in Anspruch genommen wird.

Durch Streben α (Steuerbäume genannt) von langen starken Balken, welche mit ihren obern Enden in den äußeren Seiten der beiden Drahmsäulen a und b und mit ihren untern Enden in starken, in die Erde eingegrabenen und befestigten Klötzen β eingezapft sind, werden nicht allein die beiden Drahmsäulen gegen den Drahmbalken festgehalten, sondern es wird dadurch auch auf eine zweckmäßige, wenn gleich nicht gut in die Augen fallende Weise, der Richtung des Stoßes, welchen das Hammergerüst durch das Anprallen des Hammers gegen den Reitel empfängt, entgegen gewirkt.

Die beiden Streben α und β liegen mit den hinteren Theilen der beiden Drahmsäulen außerhalb des Hütten-Gebäudes, wodurch das äußere Ansehen des letzteren sehr leidet (§. 856.).

Fig. 8. stellt einen Amboßstock dar, wie er bei den Hammergerüsten im Hennebergschen auf einem Rostwerk in der Erde aufgesetzt wird.

Etwa 6 Fuß tief in der Erde dienen 7 Schichten a von 3 Zoll starken Knüppeln, welche abwechselnd quer übereinander liegen, zur unmittelbaren Unterlage für den Amboßstock d. Auf diesen Schichten von Knüppeln, welche dem Amboßstock eine elastische Stellung geben, liegen unmittelbar zwei sich kreuzende, bündig überblattete Schwellhölzer b und c, auf welche der Amboßstock selbst gestellt wird.

Wenn die Knüppel-Unterlage nach längerem Gebrauch des Amboßstockes zusammengedrückt, auch der Amboßstock oben abgebrandt also kürzer geworden ist, so wird die Zahl der Knüppelschicht um so viel vermehrt, daß der Amboßstock wieder seine frühere Höhe erhält (§. 856.).

Tafel XXIX.

Fig. 1 — 17. Hölzernes Aufwerfhammer-Gerüst, wie es auf den Hüttenwerken im Maaß- und Mosel-Departement häufig angewendet wird.

Fig. 1. Seiten-Ansicht des Hammergerüstes von der Seite der beweglichen Büchsensäule; Fig. 2. Vorder-Ansicht desselben; Fig. 3. Vertikaler Durchschnitt nach der Linie AB in Fig. 5.; Fig. 4. Vertikaler Längendurchschnitt nach der Linie CDEF in Fig. 5.; Fig. 5. Grundriß nach der Linie GH in Fig. 4.

Die Construction des unter der Hüttensohle liegenden Schwellwerks, welches dem Hammergerüst zur Grundlage dient und mit welchem das letztere in sehr fester Verbindung steht, ist folgende:

Auf die massive Wasserwand a des Hüttengebäudes wird der Länge nach eine 16⅛ Fuß lange 22 Zoll breite, 20½ Zoll starke eichene Sohl-Schwelle b gestreckt. Parallel mit dieser Schwelle b ist in 4 Fuß 2 Zoll Entfernung von derselben, eine andere, eichene Schwelle c, von 15 Fuß 10 Zoll Länge und 19 Zoll im Quadrat Stärke auf dem festen gewachsenen Boden horizontal in die Erde gelegt. Die Unterseite der letzteren liegt mit der Unterseite der vorigen in gleichem Niveau. In der Mitte quer über beiden Schwellen a und c liegt die eichene 23 Zoll breite, 20 Zoll starke und 8¼ Fuß lange Sohlschwelle d, welche mit einem Ende in die Schwelle c, 2 Zoll tief eingelassen und mit dem andern Ende in die Schwelle b 4 Zoll tief schwalbenschwanzförmig eingeblattet ist. Zu beiden Seiten der Schwelle d und parallel mit dieser, sind die 4 eichenen horizontal gelegten Langschwellen e in die Schwelle c einen Zoll tief eingelassen, mit ihren Enden aber in die Sohlschwelle a 3 Zoll tief schwalbenschwanzförmig eingeblattet. Diese Langschwellen sind 25 Fuß lang, 16 Zoll breit und an den beiden Schwellen b und c 16 Zoll stark. Von der Schwelle c ab, verstärken sie sich gleichförmig, so daß sie an ihren vorderen Enden 18 Zoll Stärke erhalten. Mit den vorderen Enden sind die 4 Langschwellen seitwärts in einer 17 Fuß 2 Zoll langen, 19 Zoll breiten und 20 Zoll starken eichenen Querschwelle f, mit halben Schwalbenschwanzzapfen eingezapft, und die durchgehenden Zapfen, auf der äußeren Seite der Schwelle mittelst der Keile α festgekeilt. Zwischen der Querschwelle f und der Schwelle c sind zwei Zangenhölzer g über die 4 Langschwellen e, zwei Zoll tief überschnitten und mit letzteren durch Splintbolzen β zusammen verbunden. Diese Zangenhölzer geben dem Schwellwerk mehr Spannung und verhindern die starke Erschütterung der Langschwellen e. Lothrecht über der Grundschwelle c ist quer über den vier Langschwellen e und der Sohlschwelle d die eichene Büchsensäulenschwelle h 2 Zoll tief eingekämmt, und lothrecht über der Sohlschwelle b, ebenfalls quer über den Langschwellen e und der Sohlschwelle d, die eichene Sohlschwelle i mit Schwalbenschwanzkämmen eingekämmt. Die Schwellen h und c, und die i und b, sind durch geschmiedete starke Schlüsselbänder γ fest mit einander verbunden. Die Schlüsselbänder γ werden durch die, in die Oberseiten der Schwellen h und i, und in die Unterseiten der untern Schwellen c und b eingelassenen, durch die Schlüsselbänder durchgehenden klammerförmigen Schlüssel δ, welche mittelst der unter und über denselben eingeschlagenen eisernen Bolzen oder Riegelkeile ε gegen die Schlüsselbänder scharf angetrieben sind, fest gegen die Schwellen angezogen und befestigt. Die beiden Schwellen h und i werden noch durch die starken eichenen Riegelbänder k, welche mit halben Schwalbenschwanz-Zapfen eingezapft sind, an einander befestigt. Durch Keile α erhalten die Schwalbenschwanzzapfen der Riegelbänder k ihre Befestigung in den Zapfenlöchern.

Mitten in der Schwelle i und zugleich lothrecht über der Schwelle d, ist die $20\frac{1}{2}$ Zoll im Quadrat starke 13 Fuß 7 Zoll hohe eichene Drahmsäule l eingezapft und mittelst der eisernen

Ankerschiene ζ auf beiden Seiten an derselben befestigt. Die beiden starken Streben m, welche mit den oberen Enden in der Drahmsäule l und mit den unteren Enden in der Schwelle i mit Versatzungen in den Zapfenlöchern n eingezapft sind, halten die Drahmsäule auf beiden Seiten in lothrechter fester Stellung. In der Sohlschwelle d ist, zunächst der Schwelle h, die 22 Zoll im Quadrat starke eichene Reitelsäule o lothrecht eingezapft und mit derselben durch eiserne Schlüsselbänder γ, die ebenfalls durch Schlüssel δ und Riegelkeile ε befestigt sind, zusammen verbunden. Der 22 Zoll im Quadrat starke, horizontale, eichene Drahmbalken p, ist auf der Reitelsäule o mit starker Versatzung aufgezapft, in der Drahmsäule l aber mit einem starken Zapfen eingezapft und mit der Reitelsäule sowohl als mit der Drahmsäule durch eiserne Schlüsselbänder γ in schon erwähnter Art fest verbunden. Durch das Strebeband q, welches mit dem untern Ende in der Oberseite des Drahmbalkens p, und mit dem obern Ende in der inneren Seite der Drahmsäule l eingezapft ist, so wie ferner durch den langen Strebebalken r Fig. 1., welcher oben in der äußeren Seite der Drahmsäule l, und unten (außerhalb des Hüttengebäudes, jenseits der Wasserarche) in einer fest in der Erde auf eingerammten Pfählen aufgezapften Schwelle, mit einer starken Versatzung eingezapft ist, erhält das ganze Gerüst eine sehr zweckmäßige Verstrebung und Befestigung, indem der Richtung des Stoßes vollständig entgegengewirkt wird, welchen das Gerüst durch das Anprellen des Hammerhelmes s gegen den Reitel t, empfängt. Um das Aufspalten zu verhindern, werden sowohl auf die Drahmsäule l, dicht unter und über der Oeffnung worin das hintere Ende des Reitels befestigt ist, als auch auf das obere Ende der Reitelsäule o und auf das vordere Ende des Drahmbalkens p, starke geschmiedete Bänder σ fest aufgetrieben und festgenagelt.

Der Reitel t, von Rüstern- oder Eschen-Holz (letzteres

ist wegen seiner Zähigkeit und Federkraft besonders zu empfehlen) ist durch das breite und hohe, oben ausgerundete Schlitzloch w (Fig. 3.) durchgeführt, worin derselbe durch die, in das seitwärts (quer) durch die Reitelsäule o, unter jenem Schlitzloch, durchgestemmte Keilloch u Fig. 4. einzutreibenden starken Keile α, und durch den oberhalb w auf der vordern Seite der Reitelsäule einzutreibenden Keil β' befestigt wird. Das hintere Ende des Reitels t ist in dem in der Drahmsäule l 11 Zoll tief eingestemmten Loch oben durch den eingetriebenen Keil γ' (Fig. 1.) und unten durch das, vor der Drahmsäule l zwischen dem Reitel t und dem Spreitzriegel x eingetriebenene Klötzchen y, festgekeilt. Das Spreitzholz x ist mit schwalbenschwanzförmigen Zapfen in die Grundflächen des Schlitzloches der Reitelsäule und des für den Reitel in der Drahmsäule eingestemmten Loches, eingelassen und hält die Reitelsäule, so wie die Drahmsäule in unveränderlicher Entfernung von einander fest, wodurch die untern Zapfen weniger durch starke Erschütterungen leiden. Um die Federkraft des Reitels zu vermehren, verjüngt sich derselbe um ein Geringes nach dem vordern Ende und ist dort mit einem nach unten vortretenden Kopf versehen, gegen welchen der Helm s des Hammers geschnellt wird.

Die beiden Büchsensäulen u und v, welche aus Rüsternholz bestehen, stehen mit ihren unteren pyramidal gearbeiteten Fußenden in den beiden Vertiefungen z, welche ebenfalls pyramidal in der Büchsensäulenschwelle b eingestemmt sind, worin sie festgekeilt werden. Damit durch dies Verkeilen der Büchsensäulen die äußern Ränder der Vertiefungen nicht beschädigt werden, sind in die Längenränder derselben eiserne Schienen η eingelassen, und an den Querrändern starke eiserne Bänder ϑ um die Schwelle gebunden, durch welche zugleich das Aufspalten der Schwelle verhindert wird. Die obern ebenfalls pyramidal gestalteten Enden der Büchsensäulen stehen in Ausschnitten, welche in den beiden Seiten des Drahmbalkens p einge=

arbeitet sind und werden darin mittelst der Keile ε', auf beiden Seiten befestigt. Um die beiden, oberhalb des Drahmbalkens hervorragenden Enden der Büchsensäulen ist das eiserne Zugband ν gelegt, mittelst dessen, und mit Hülfe des eingetriebenen Keils ρ, die Büchsensäulen gegen die Ausschnitte des Drahmbalkens fest gehalten werden. Zwischen dem Drahmbalken p und dem Reitel t sind beide Büchsensäulen durch einen quer durch die zu diesem Zweck durchgestemmten Löcher durchgesteckten horizontalen hölzernen Zwingen-Riegel a' verbunden, welcher sich gegen die Außenseite der Büchsensäule u mit den Brüstungen seines starken mit einem eisernen Bande gebundenen Kopfes stemmt, auf der äußern Seite der Büchsensäule v aber durch einen Keil τ, der in einem, durch das hervorragende Ende des Zwingen- oder Zugriegels horizontal durchgestemmten Keilloch eingetrieben ist, gegen die beiden Büchsensäulen fest angezogen wird. Mittelst der beweglichen Büchsensäule v wird die richtige Stellung des Hammers b' auf der Bahn des Amboßes c', regulirt, wie schon bei dem vorhin beschriebenen Hammergerüst (Taf. XXVIII. Fig. 1—4.) erläutert worden ist. Zwischen beiden Büchsensäulen ist die Hammerhülse d', in welcher das hintere Ende des Hammerhelms s fest eingekeilt ist, in die halbkugelförmigen Vertiefungen der beiden gußeisernen Büchsen eingelassen. Die Büchsen befinden sich an den inneren Seiten der Büchsensäulen und die Vertiefungen in denselben gestatten die Bewegung der Hülse, welche mit ihren beiden verstählten Zapfen horizontal eingelegt wird. Nahe über und unter den Büchsen sind auf die Büchsensäulen geschmiedete eiserne Ringe λ fest aufgetrieben.

Der Hammer b', welcher auf einem hochkantigen viereckigen Zapfen des Helmes s, fest aufgekeilt ist, wird gegen das Losfallen durch einen vorn durch den Zapfen des Helms durchgeschlagenen starken eisernen Spannagel η' und gegen eine rückwärts gerichtete Bewegung, oder gegen das Verschieben auf den

Helm, durch einen senkrecht durch den Helm geführten starken buchenen Riegel δ' gesichert. Die Hammerbahn, so wie die Bahn des gußeisernen Ambosses c' bilden mit der Achse der Hebe- oder Wasserradwelle f' einen spitzen Winkel, damit die zu schmiedenden langen Stäbe von den Fröschen e' der Daumen g' des gußeisernen Daumkranzes h' nicht ergriffen werden. Um den Hammerhelm der Welle so nahe als möglich zu bringen, und den Angriffspunkt der Frösche zu verkürzen, erhält derselbe eine vorne mit der Achse der Wasserradwelle f' convergirende Richtung und wird (was aber nicht zu empfehlen ist) schräg in die Hülse d' eingesetzt, wie aus Fig. 2. und 3. zu ersehen, und in Fig. 5. mit dem Hammer selbst punctirt angedeutet ist. Der Ambos c' ist ohne eine Chavotte, unmittelbar in den Ambosstock k' eingelassen und verkeilt, was nicht zweckmäßig erscheint, weil dadurch das Aufreißen und Spalten des Amboßstockes befördert wird. Der Amboßstock steht $8\frac{1}{2}$ Fuß tief in der Erde auf vier rechtwinklig sich kreuzenden und bündig überblatteten, auf festem Boden gelagerten Schwellen i', und greift zwischen denselben zugleich mit einem starken vierkantigen Zapfen.

Da die Bahn des Ambosses c', also auch die des Hammers, im ruhenden Zustande eine geneigte Lage gegen den Horizont erhalten, welches ebenfalls keine lobenswerthe Einrichtung ist, so wirken die Schläge des Hammers nicht senkrecht auf die Achse des Ambosses und üben nicht allein auf der vorderen Seite der Amboßbahn einen stärkern Stoß, sondern veranlassen auch, wenn nicht ein Ueberkippen des Ambosses nach vorn, doch wenigstens einen Druck gegen das vor ihm befindliche Erdreich. Aus diesem Grunde lehnt sich der Amboß vorn gegen einen starken Riegel l', welcher mit halben Schwalbenschwanzzapfen in den beiden mittleren Langschwellen e eingezapft und darin festgekeilt ist. Um dem Amboßstock oben eine noch festere Stellung zu geben, ist derselbe nahe unter den Schwellen e (Fig. 4., 5.) nach der Richtung der Amboßbahn, mit einer starken ihn einschließenden Zwinge umgeben, welche aus zwei $9\frac{1}{2}$ Fuß langen Schwellen m' besteht, die durch zwei mit Schwalbenschwanzzapfen eingezapften Riegeln n' zusammen verbunden sind. Die Schwalbenschwanzzapfen dieser Riegel werden durch Keile ϑ' in den Zapfenlöchern befestigt.

Auf den Amboßstock werden in gleichen Abständen 4 starke geschmiedete Ringe aufgetrieben um das Aufspalten desselben zu verhindern.

Hinter dem Amboß liegt auf untergestellten Klötzen o' o', eine mit zwei an den Seiten nach oben gebogenen Rändern versehene gußeiserne Platte p', welche den langen Stäben bei dem Schmieden zur Unterlage dient.

Der gußeiserne Daumkranz h', welcher mittelst starker hölzerner Klötze r' und mit eingetriebenen Keilen auf dem Hals der Wasserradwelle befestigt ist, erhält fünf Daumen g'. Diese sind an ihren inneren Seiten oben mit kleinen Nasen versehen, welche das Herausziehen der, zwischen diesen Daumen und den kleinen schräg über dem Daumkranz hervorragenden Laschen, mittelst Keile befestigten, weißbuchenen Frösche e', verhindern. Um den Hammerhelm ist an der Stelle, wo die Daumen des Hebekranzes mit ihren Fröschen e' denselben ergreifen und heben, ein starkes auf der untern Seite breit geschmiedetes Band (Blech) umgelegt und befestigt.

Das gußeiserne Angewelle q', auf welchem das gußeiserne Lager μ' für die Zapfen der Wasserradwelle liegt, wird in eine Vertiefung eingelassen und darin festgekeilt. Mit der Fußplatte ruht das Angewelle theils auf dem Amboßstock, theils auf einer über den beiden hintern Schwellen e eingekämmten breiten eichenen Schwelle s'. Neben dem Angewellständer steht längs der Wasserradwelle ein Wasserkasten t' zur Abkühlung des Eisens und des Gezähes. Auf der Wasserradwelle f' ist das Wasserrad u' mit 6 Armen an jedem Kranze desselben befestigt.

Das Sohlwerk des Hammergerüstes ist bis zur Höhe der

Hüttensohle, welche im Niveau der Oberkanten der Sohlschwellen b und i, Fig. 4. liegt, mit klein zerschlagenen Frischschlacken zur dauerhafteren Erhaltung des Holzwerks fest ausgeschlagen. Die vordern Theile der Langschwellen e, so wie die vordere Querschwelle f (Fig. 4. 5.) werden gewöhnlich mit schweren Steinen belastet, um dadurch der Kraft entgegen zu wirken, mit welcher die Reitelsäule gehoben wird. Die mit einander verbundenen Schwellen b und i, welche letztere auf festem Mauerwerk aufliegt, werden mittelst der Drahmsäule o, durch die Wirkung des Hammers gegen den Reitel, lothrecht nach unten gedrückt, und sind daher als Hebelaxe für das Hebelsystem der Langschwellen e zu betrachten.

In Fig. 6 bis 9 ist der gußeiserne Hammer dargestellt: Fig. 6. ist dessen Vorderansicht mit dem Helmloche, Fig. 7. die Seitenansicht, Fig. 8 die Unteransicht mit der schief liegenden Bahn, Fig. 9. der horizontale Durchschnitt des Hammers durch das Helmloch (Oehr).

Fig. 10. ist die innere Ansicht desjenigen Theils der Büchsensäule n (Fig. 1, 2, 3, 4.) worin die Büchse eingesetzt ist, und Fig. 11. der horizontale Durchschnitt durch die in die Büchsensäule eingesetzte und darin befestigte Büchse. Die gußeiserne Büchse a, mit ihren beiden halbkugelförmigen Vertiefungen (zur Umwechselung, wenn eine von beiden ausgedreht ist) wird in eine auf der innern Seite der Büchsensäule ausgestemmte Vertiefung, (welche in dem hintern Grunde mit starkem Blech c und auf den langen Seiten mit eisernen Schienen b ausgefuttert ist, und deren oberer und unterer Rand durch die beiden eisernen, auf die Büchsensäule fest aufgetriebenen Bänder $\lambda\lambda$ (λ Fig. 1 — 4.) eingefaßt ist) eingesetzt und an den Seiten mittelst kleiner Keile, oben aber mittelst des eisernen kleinen Einsatzstückes d und der Keile e befestigt. Die Bänder λ sichern die Büchsensäule zugleich gegen das Aufspalten, welches durch das Verkeilen der Büchse erfolgen würde. Diese Büchsensäule hat auf der hinteren der Wasserradwelle zugekehrten Seite einen concaven Ausschnitt g Fig. 11. (wie in Fig. 3. noch deutlicher zu sehen ist) zur freieren Bewegung der Wasserradwelle.

Fig. 12 bis 15 stellen in größerem Maaßstabe den Theil der Büchsensäule v (Fig. 1 — 4.) dar, in welchem die gußeiserne Büchse für den längeren Hülsenzapfen (Fig. 3.) befestigt ist. Fig. 12. ist. die Vorderansicht, Fig. 14. die innere Ansicht, Fig. 13. der Grundriß nach der Linie ab in Fig. 12. und Fig. 15. die äußere Seitenansicht. In einen 3½ Zoll tiefen 13½ Zoll hohen Einschnitt ist, in der Mitte desselben, die gußeiserne Büchse a, welche Fig. 16. im Profil und Fig. 17. in der obern Ansicht darstellt, so eingesetzt, daß dieselbe mit den an beiden Enden rechtwinklig auf der hintern Seite hervorragenden Lappen α Fig. 16. und 17. die vordere und hintere Seite der Büchsensäule umfaßt. Die Entfernung dieser Lappen α der Büchse a ist um 3¾ Zoll größer als die Breite der Büchsensäule. Die Büchse a ist auf der der Hülse (d' Fig. 2, 3.) zugekehrten Seite, in der schrägen Fläche (Fig. 16, 17.) welche bei dem Einsetzen der Büchse in die Büchsensäule eine fast lothrechte Lage annimmt, mit zwei neben einander befindlichen halbkugelförmigen Vertiefungen für den Hülsenzapfen versehen, um die zweite Vertiefung benutzen zu können, wenn die erste schadhaft geworden ist. Je nachdem nämlich das Ankeilen der Lappen der Büchse a durch die Keile ββ Fig. 12, 13, 15. auf der vordern oder auf der hintern Seite der Büchsensäule erfolgt, wird entweder das hintere oder vordere Zapfenloch der Büchse benutzt. Die Hülse liegt in dem Einschnitt auf einem untergelegten Lagerholz b von Weißbuchenholz, und auf derselben liegt ein anderes weißbuchenes, auf der obern Seite abgeschrägtes Einlegestück c, welches durch die an beiden Enden oben auf der vordern Seite der gußeisernen Büchse a angegossenen kleinen Vorsprünge ε gegen das Herausfallen gesichert ist. Durch den fest eingetriebenen weißbuchenen Schlüsselkeil d, von schwalbenschwanzförmiger Gestalt, wird die Büchse a zwischen den beiden Einlegestücken b und c fest eingezwängt und dadurch zugleich in dem Einschnitt der Büchsensäule befestigt. Ueber und unter dem Einschnitt, nahe an dem Rand desselben, werden die geschmiedeten Ringe λ fest auf die Büchsensäule aufgetrieben, um das Aufspalten derselben durch das Einkeilen der Hülse, zu verhindern. (§. 856.)

Tafel XXX.

Fig. 1—4. Gußeisernes Aufwerfhammer-Gerüst, wie es auf vielen Schlesischen Eisenhütten angewendet wird.

Fig. 1. Längen-Ansicht; Fig. 2. Vertikaler Durchschnitt des Gerüstes, ohne den Reitel und Hammer, nach der Linie AB in Fig. 3; Fig. 3. Grundriß nach der gebrochenen Linie CDEF in Fig. 1; Fig. 4. der Pfahlriß.

Das gußeiserne Hammergerüst ist in der Erde unter der Hüttensohle durch ein fest verbundenes Schwellwerk, welches von fest eingerammten Grundpfählen unterstützt wird, befestigt. Dieses Schwell- oder Rostwerk ist in folgender Art construirt.

Auf vier parallelen Reihen fest eingerammter Grundpfähle, von denen sich in jeder der beiden mittleren Reihen sechs Grundpfähle a, und in jeder der beiden Seiten-Reihen, drei Grundpfähle b befinden, sind auf den beiden langen Reihen zwei Langschwellen c und auf den kürzeren Reihen zwei kürzere Langschwellen d aufgezapft.

Quer über den beiden kurzen Langschwellen d und den längeren Langschwellen c, werden fünf neben einander liegende 16 Zoll starke eichene Sohlschwellen e, drei Zoll tief eingekämmt, von denen die vordere und die hintere mit starken Schraubenbolzen f, an den kurzenLangschwellen d befestigt sind, indem sie durch diese durchgehen und unter denselben durch angesteckte Splinte festgehalten werden.

Auf dem vorderen Theil der Langschwellen c sind in bestimmten Entfernungen von einander die drei Querschwellen g eingekämmt. Ueber diesen Querschwellen g und den Sohlstücken e sind wieder vier Langschwellen d'd', c'c', lothrecht über den vorigen Langschwellen, und über diesen abermals drei Querschwellen g' und sieben Sohlschwellen e', lothrecht über den vorigen Quer- und Sohlschwellen, und zuletzt auf diesen noch vier Langschwellen d''d'', c''c'', durch Einkämmungen mit einander in Verbindung gesetzt. Auf diesen letzten, 9 Zoll unter der Hüttensohle liegenden vier Langschwellen d''d'', c''c'' ist die oberste Lage von fünf Sohlschwellen e'', 3 Zoll tief eingekämmt, welche 6 Zoll über der Hüttensohle hervorragen. Gleich bei der Einkämmung der ersten Schicht Sohlschwellen e in die Langschwellen dd, cc, sind auch die beiden vorderen eisernen Gerüstsäulen (Büchsensäulen) H, und H', und die hintere Gerüstsäule, (Reitelsäule) I, mit aufgestellt, indem die Fußenden der beiden vordern Gerüstsäulen in die zu diesem Zweck durch die erste und zweite Sohlschwelle e durchgestemmten Löcher, die hintere Gerüstsäule I aber in das durch die vierte und fünfte Sohlschwelle durchgestemmte Loch eingesetzt worden sind. Zwischen der ersten und zweiten Sohlschwelle e, so wie zwischen der vierten und fünften bleibt eine durchgehende Fuge von $2\frac{1}{2}$ Zoll Weite, auf welche auch in den beiden obern Schichten der Sohlschwellen Rücksicht genommen ist, damit die Schwellen, wenn die Gerüstständer in den durch die Sohlschwellen durchgestemmten Löchern, wegen der Erschütterungen bei dem Gange des Hammers, locker geworden sind, durch das Zusammenkeilen der Sohlschwellen gegen die Gerüstsäulen wieder eine feste Lage erhalten. In die vordere Fuge der untersten Schicht Sohlhölzer e ist zugleich der 8 Zoll starke 12'' hohe, durch die unteren Riegellöcher der beiden vordern Gerüstsäulen H und H' durchgesteckte Riegel h, und in die hintere Fuge derselben Schicht Sohlhölzer, der $5\frac{1}{2}$ Zoll starke und $7\frac{1}{2}$ Zoll hohe (breite) durch die hintere Gerüstsäule durchgesteckte Riegel i eingesetzt, indem die innern Seiten der die Fugen bildenden Sohlhölzer nach Maaßgabe der Querschnitte dieser Riegel ausgearbeitet sind. Die Riegel h und i erhalten mit den Sohlschwellen e gleiche Länge. Die obern Riegelhölzer h' und i', welche durch die obersten Löcher der Fußenden der beiden vordern und der hintern Gerüstsäulen durchgehen, sind nur zur Hälfte in die beiden Fugen, und in die, diese Fugen bildenden Sohlschwellen e'' der obern Sohlschwellenschicht eingelassen, damit die durch die obern Sohlschwellen quer durchgeführten vier Riegel k, welche dieselben fest mit einander verbinden und die Gerüstsäulen dadurch zugleich fest einklemmen, durch jene Riegel h' und i' nicht behindert werden. Die Riegel k, welche von Rüstern- oder Eschenholz angefertigt sind, stemmen sich mit den Brüstungen ihrer starken Köpfe gegen die vordere Seite der vordern Sohlschwelle e und werden durch Zugkeile n befestigt, welche in die Löcher eingetrieben werden, die an den hervorragenden Enden der hintern Sohlschwelle durchgestemmt sind, wodurch dann, wie bereits erwähnt, die sämmtlichen fünf oberen Sohlschwellen fest an einander gehalten werden. Die äußeren beiden Riegel k lehnen sich ganz an den äußern Hirnholzseiten der Sohlschwellen e'', so daß sie mit den Hirnflächen bündig liegen und ihre äußeren Seiten frei zu sehen sind. Damit diese beiden Riegel aus ihren langen, auf der Hirnseite der Sohlschwellen offenen Riegellöchern, nicht seitwärts herausgedrückt werden, sind die Riegel so wie auch die Riegellöcher (oder eigentlich Nuthen, weil sie auf der Seite offen sind) schwalbenschwanzförmig gearbeitet, wie in Fig 2. an den Köpfen dieser Riegel punktirt angedeutet ist.

Der Ambosstock l, in welchem die gußeiserne Chavotte zur Aufnahme und Verkeilung des Ambosses r ganz eingelassen ist, steht 6 Fuß 10 Zoll tief in der Erde auf den beiden Schwellen m, welche quer über den beiden Grundschwellen o, 4 Zoll tief eingeblattet sind. Damit er durch die Erschütterungen des

Hammers nicht in der ihn umgebenden Erdausfüllung verschoben werde, ist er durch die Schwellen pp und qq wie in einem festen Rahmen eingespannt, so daß er von keiner Seite ausweichen kann, wie Fig. 1. 3 darstellen. Die unteren von diesen Schwellen oder Spannhölzern, nämlich die p, sind auf den Schwellen m eingekämmt und legen sich, damit sie nicht ausweichen können, mit den äußeren Seiten ihrer Enden an den nahe stehenden Grundpfählen a an (wie in Fig. 3. punktirt angedeutet ist); die Schwellen q sind quer über den Schwellen p, 4 Zoll tief eingekämmt, wodurch das Ausweichen derselben ebenfalls verhindert wird. (Mit besserem Erfolge würden auch sie um so viel länger anzuwenden seyn, daß sie sich mit ihren Enden gegen die innern Seiten der Grundpfähle a anlegen können.) Diese vier Schwellen umspannen mit ihren innern Seiten den Ambosstock; eine größere Stabilität würde es unbezweifelt gewähren, wenn ihnen eine größere Breite zugetheilt würde, damit sie den Ambosstock mit concaven Ausschnitten, also mit größeren Flächen, berühren.

Die beiden vordern gußeisernen Gerüstsäulen **H** und **H'** sind oben durch ein gußeisernes Kopfstück s, welches die Köpfe derselben mit einem vorstehenden Rande 1½" tief übergreift, mit einander verbunden. Die Befestigung dieses Kopfstücks s auf den Köpfen der beiden Gerüstsäulen, geschieht durch kleine in die letzteren eingegossene geschmiedete Splintbolzen α, Fig. 1, 2. und A — F, welche durch die correspondirenden Löcher des Kopfstücks s durchreichen, und durch deren oben hervorstehenden mit Löchern versehenen Enden, Splinte fest eingetrieben sind. Die der Wasserrad- und zugleich Hebewelle t zunächststehende Gerüstsäule **H'** ist auf der innern Seite mit einer viereckigen Vertiefung u Fig. C versehen, worin die feste (d. h. nicht stellbare) Büchse eingelassen und festgekeilt ist. Das in der Mitte der Vertiefung u durchgehende kleine runde Loch β dient dazu, die Büchse, wenn sie schadhaft geworden ist, aus der Vertiefung n, von der entgegengesetzten Seite her herauszustoßen. Fig. A ist die Vorder-Ansicht, Fig. B die innere Ansicht und Fig. C die äußere Ansicht der Gerüstsäule H'. Die zweite Gerüstsäule H, die Fig. D in der Vorder-Ansicht, Fig. E in der äußern Seiten-Ansicht und Fig. F in der innern Ansicht darstellt, und welche hier die Stelle der beweglichen Büchsensäule bei den hölzernen Hammergerüsten vertritt, erhält einen an der vordern Seite angegossenen, mit einem starken Boden versehenen kastenförmigen Ansatz, nämlich den Büchsenkasten v, welcher auf der innern Seite Fig F ganz offen ist, außerhalb aber, auf der breiten Seite, unter dem untern kleinen Gesimse, mit einer großen viereckigen Oeffnung γ Fig. E und F, und über dem unteren kleinen Gesimse mit einem Ausschnitt δ, Fig. D, E, F versehen ist. In diesen Büchsenkasten wird der bewegliche gußeiserne Büchsenhalter w, in dessen innere Seite die Büchse eingelassen und befestigt ist, eingesetzt und mittelst hölzerner Keile richtig gestellt und festgekeilt. Fig L ist die innere und Fig. M die äußere Ansicht des gußeisernen Büchsenhalters w, welcher mit dem hackenförmigen Fuß ε auf den Boden des Büchsenkastens gestellt wird.

An jedem der beiden vorderen Gerüstständer H und H' befinden sich an den Seiten zwei große Oeffnungen x und y, Fig. BCEF, durch welche starke Riegel z und z' Fig. 1. von Rüsternholz durchgesteckt und darin festgekeilt sind. Zwischen diesen Riegeln ist innerhalb der beiden Gerüstsäulen H und H' der buchene Reitel a' mit seinem ihn überlagernden Sattel b' durchgeführt und befestigt. Das hintere Ende des Reitels a' und des Sattels b' wird durch das Schlitzloch η Fig. 2. der gußeisernen Reitelsäule I, durchgeführt und darin durch starke, in das seitwärts durchgehende Schlitzloch ζ (Fig. 1. und G) unterhalb des Reitels eingetriebene Keilhölzer ϑ befestigt. Die Reitelsäule I, welche Fig. G von der Seite und Fig. H von vorn darstellen, setzt sich mit einem vorspringenden Rand ϱ auf die Oberseite der sie einschließenden Sohlhölzer e'' auf, weil der Reitel die Reitelsäule lothrecht niederzudrücken strebt. Der gußeiserne Angewellständer f' in Fig. 1., in welchem das Zapfenlager der Welle t liegt, ruht auf zwei Schwellen, welche quer über den in Fig. 3. punktirt angedeuteten Schwellen k' eingekämmt sind. Die Schwellen k' sind auf vier eingerammten Grundpfählen r' (Fig. 3. und 4.) aufgezapft. (§. 856.)

Tafel XXXI.

Gußeisernes Aufwerfhammer-Gerüst, nach der neuesten Construktion auf den Schlesischen Eisenhütten.

Fig. 1. Seitenansicht; Fig. 2. Vorderansicht; Fig. 3. Oberansicht des Gerüstes ohne den Hammer und Reitel.

Die beiden gußeisernen Gerüstsäulen A und B, so wie die beiden gußeisernen Büchsensäulen C und D des Hammergerüstes erhalten ihre feste Stellung durch einen 4½ Fuß tief in der Erde auf 4 Schwellen a befestigten gußeisernen Kasten. Jede der 4 Schwellen a ist auf zwei fest eingerammten Grundpfählen b aufgezapft. Der gußeiserne Kasten hat eine parallelepipedische Gestalt, ist 8 Fuß 10 Zoll lang, 5 Fuß breit und 5¼ Fuß hoch, und besteht aus einer Bodenplatte F, aus zwei Langwandplatten E, zwei Querwandplatten G und einer Deckplatte H. Fig. 1 — 3. Die Bodenplatte F ist in Fig. 7. in der obern Ansicht, in Fig. 8. in der Längenansicht und in Fig. 9. in der vordern Queransicht besonders dargestellt. Sie ist aus dem Vollen gegossen, hat aber, zur Verminderung des Gewichts, um die Hälfte ihrer Stärke vertiefte Füllungen, welche durch die rahmähnlichen 6 Zoll breiten Verstärkungen auf allen Seiten begränzt sind. Auf den beiden langen Seiten befinden sich hervorspringende, mit durchgehenden Löchern versehene Lappen c, mittelst deren die Platte d Fig. 1, 2. an den Grundschwellen a befestigt ist. Die Schraubenbolzen werden durch vorgesteckte Splinte unter den Schwellen a festgehalten In der

Mitte der Bodenplatte F, Fig. 7, 8, 9. sind auf derselben zwei längliche, viereckige, kastenförmige Behälter e und e′ angegossen, welche durch die längs der Mitte der Bodenplatte fortlaufende Verstärkungsrippe f mit einander verbunden sind. Die Längenwände dieser Behälter haben außerhalb hervorspringende Verstärkungen g (Fig. 1, 7, 8, 9.). In den 16 Zoll hohen Kasten e wird die Gerüstsäule A (Fig. 1.) und in den 13 Zoll hohen Kasten e′ die Gerüstsäule B (Fig. 1.) mit ihren unteren Enden eingesetzt. Eiserne Riegel t und t′, welche in die Löcher in den langen Seitenwänden der Kasten e und e′, und in die correspondirender Löcher in den Fußenden der Gerüstsäulen eingetrieben werden, befestigen die letztern in den Kasten. In die Löcher i Fig. 7. werden die langen Seitenwände E (Fig. 1, 2.) mit ihren untern Zapfen eingesetzt. Fig. 10. ist die innere Ansicht einer der beiden langen Seitenwände E in Fig. 1, 2. und Fig. 11. der vertikale Durchschnitt derselben nach der Linie AB in Fig. 10. Diese Seitenwände erhalten zur Verminderung des Gewichts 3 durchbrochene oder offene Füllungen (Felder), wodurch sie ein rahmenartiges Ansehen erhalten. An den Rändern und in der Mitte der beiden Verbindungsrahmen sind den Seitenplatten E auf der innern Seite 3 Zoll hervorragende und 1 Zoll starke Verstärkungsrippen k Fig. 10. und 11. zugetheilt. An den Verstärkungsrippen der langen Seiten sind die Zapfen l und l′ angegossen, welche nach der innern Seite, wie Fig. 11. zeigt, mit einem 3 Zoll breiten Absatz hineinspringen. Mit den Zapfen l stehen die Seitenplatten E in den Zapfenlöchern i der Bodenplatte F Fig. 7. und mit den Zapfen l′ in den Zapfenlöchern m der Deckplatte H Fig. 4., wie letzteres auch aus der Oberansicht des Hammergerüstes Fig. 3. zu ersehen ist.

Die kurzen ebenfalls rahmförmigen, mit durchbrochenen Füllungen gegossenen kurzen Seitenplatten G Fig. 2., welche in Fig. 12. in der äußern Ansicht und in Fig. 13. in der

Seitenansicht dargestellt sind, erhalten an jeder der beiden vertikalen Seiten 2 mit Zapfenlöchern versehene Zapfen o, welche durch die Löcher n der langen Seitenwände E Fig. 10., durchgesteckt und außerhalb durch eiserne Schlußkeile p Fig. 1, 2. befestigt werden, wodurch die sämmtlichen Seitenwände eine hinreichend feste Verbindung erhalten. Auf der unteren und obern Seitenkante haben die kurzen Seitenplatten G, Fig. 12, 13. an den Ecken kleine Ausschnitte, mit welchen sie unter die vorspringenden obern und untern Randrippen k der langen Seitenplatten E (Fig. 10.) greifen.

Die Deckplatte H Fig. 1—3. ist in Fig. 4—6. besonders dargestellt. Es ist Fig. 4. die Oberansicht, Fig. 5. der Längendurchschnitt nach der Linie AB in Fig. 4. und Fig. 6. der Querdurchschnitt nach der Linie CD in Fig. 4. Diese Platte ist ebenfalls rahmenartig, mit offenen Füllungen, wie die Seitenwandplatten, gegossen. Mittelst der Zapfenlöcher m ist sie, wie erwähnt, mit den Zapfen l' der beiden Seitenwandplatten Fig. 10, 11. und Fig. 3. verbunden. Durch die viereckige Oeffnung q ist die vordere Gerüstsäule A Fig. 1. und durch die zweite Oeffnung q' die hintere Gerüstsäule durchgeführt und darin ringsum festgekeilt. Die Oeffnungen q und q' erhalten 3 hoch hervorstehende Verstärkungsränder r und r' Fig. 1, 4, 5, 6, welche durch die Verstärkungsrippe s Fig. 1, 4, 5. mit einander verbunden sind. Auf den Rändern r und r' der Oeffnungen q und q' liegen die starken gußeisernen Riegel t und t', welche durch die oberen Löcher der Füße der Gerüstsäulen A und B durchgesteckt sind, mit beiden Enden auf. Auf der Deckplatte H sind die gußeisernen Büchsensäulen C und D Fig. 1, 2. zwischen 6 Zoll hoch hervorragenden, an der Deckplatte angegossenen Rändern u, Fig. 1, 4, 5, 6., welche die Büchsensäulen an den drei äußeren Seiten kastenförmig umgeben, mit ihren Fußenden eingesetzt und durch Keile befestigt. Durch die beiden langen Schraubenbolzen α Fig. 1, 2., welche in der Deckplatte H durch die Bolzenlöcher β (Fig. 4.), in der Bodenplatte F durch die Löcher γ (Fig. 7.), und durch die vordere Schwelle a Fig. 1. durchgehen, und die unterhalb der Schwelle a durch vorgesteckte Splinte, über der Deckplatte F Fig. 1. aber durch Schraubenbolzen befestigt sind, wird der vordere Theil des gußeisernen Gerüstkastens noch besonders nach unten hin festgehalten, weil die Schläge des Hammers gegen den Reitel und dadurch gegen die vordere Gerüstsäule H den vordern Theil des Kastens stoßweise zu heben streben, während der hintere Theil des Kastens, durch den Reitel mittelst der hintern Gerüstsäule niederwärts gegen die Grundschwellen a gedrückt wird.

Die vordere Gerüstsäule A, welche Fig. 14. in der vordern Ansicht, Fig. 15. in der Seitenansicht und Fig. 16. in der obern Ansicht besonders darstellen, ist mit ihrem 7 Fuß 11 Zoll langen Fußende, mit welchem sie, wie oben erwähnt, in dem gußeisernen Gerüstkasten, mittelst der durch die Löcher ζ Fig. 15. gesteckten eisernen Riegel t, Fig. 2. (deren Längenansicht Fig. 15 a. und das Profil Fig. 15 b. zeigen) befestigt wird, 14 Zoll breit und durchschnittlich, wegen der Verjüngung nach unten, 7 Zoll stark. Der obere Theil oder der Kopf ist 20 Zoll breit und 18 Zoll stark. In dem $11\frac{3}{4}$ Zoll breiten, 2 Fuß durch den Kopf der Gerüstsäule durchgehenden Schlitzloch v Fig. 14., durch welches der Reitel I mit seinem aufgelegten Sattelholz K durchgeführt ist, wird derselbe durch die beiden starken Keilhölzer w Fig. 1. befestigt, welche in das seitwärts durch den Kopf der Gerüstsäule durchgehende, 2 Fuß hohe und 8 Zoll breite Schlitzloch x Fig. 1, 15. unter dem Reitel I und über dem Reitelsattel K eingetrieben werden.

Die Oberseite des Kopfes der vorderen Gerüstsäule II ist nach vorne durch eine angegossene 5 Zoll starke Platte y (Fig. 1, 2, 14, 15, 16.) verlängert und zugleich verbreitert. Diese Platte ist oben an der vordern Seite mit einer gebogenen Rippe δ verstärkt, und wird unten durch angegossene Knaggen oder Konsolen ε unterstützt. In denselben befinden sich zwei 1 Fuß lange und 6 Zoll breite, in lothrechter Richtung durchgeführte Löcher Z (Fig. 16.), in welche die beiden gußeisernen Büchsensäulen C und D Fig. 1, 2. mit ihren obern Enden eingesetzt, darin richtig gestellt und festgekeilt werden.

Die hintere gußeiserne Gerüstsäule B Fig. 1, 2, 3. ist in Fig. 20. in der Seitenansicht und in Fig. 21. in der vordern Ansicht besonders dargestellt. Sie ist mittelst der durch die Löcher η des Fußendes, Fig 20., durchgesteckten eisernen Riegels t' Fig. 1., welche Fig. 21 a und b im Profil darstellen, in schon beschriebener Art, in dem gußeisernen Gerüstkasten befestigt. Das Fußende dieser Gerüstsäule ist 7 Fuß lang, 9½ Zoll breit, und durchschnittlich (weil sich solches nach unten verjüngt) 7 Zoll stark. Durch das 12 Zoll breite und 2 Fuß hohe Schlitzloch v', Fig. 21., im Kopf dieser Gerüstsäule, ist das hintere Ende des Reitels I mit dem aufgelagerten Sattelholz K durchgesteckt, und darin durch starke Keile w' Fig. 1. befestigt; welche unter dem Reitel I und über dem Sattelholz K in das seitwärts durch den Kopf der Gerüstsäule durchgehende 2 Fuß hohe, 5½ Zoll breite Schlitzloch x' Fig. 20. eingetrieben werden.

In Fig. 17. bis 19. sind die beiden gußeisernen Büchsensäulen C und D (Fig. 1, 2, 3.), besonders dargestellt. Fig. 17. ist die hintere Ansicht der mehr gebogenen Büchsensäule C, durch welche die richtige Stellung des Hammers auf der Amboßbahn regulirt wird. Fig. 18. ist die innere Ansicht derselben mit der sechseckigen verjüngten Vertiefung μ, in welche die mit drei Zapfenlöchern, für den langen Zapfen der Hülse L (Fig. 2.) versehene, 6eckige verjüngte gußeiserne Büchse ρ eingesetzt wird, welche 17 a in der äußern Ansicht und 17 b im Profil darstellt. Die gleichseitige Gestalt der Büchsen ρ gestattet, dieselben so in die Vertiefungen μ der Büchsensäulen C und D einzusetzen, daß mit den drei Zapfenlöchern gewechselt werden kann, wenn die im Gebrauch befindlichen schadhaft werden. Fig. 19. stellt die weniger stark gebogene, der Welle zunächststehende Büchsensäule D von der hintern Seite dar. Die Büchsensäulen C und D sind an den obern Enden mit seitwärts durch dieselben hindurchgehenden Riegellöchern ν Fig. 18. versehen, in welche gußeiserne Riegel σ Fig. 1. (in Fig. 19 a in der Seitenansicht und in Fig. 19 b im Profil dargestellt) mit Versatzungen, unterhalb der Platte y der vordern Gerüstsäule A Fig. 1. eingesetzt werden, wodurch das Erheben der Büchsensäulen durch die Stöße des Hebekranzes a' Fig. 1, 2. gegen den Hammerhelm b', verhindert wird.

Der auf der eichenen Wasserradwelle q' mit hölzernen Klötzen c' aufgekeilte gußeiserne Daumkranz a' hat 5 Hebedäume d', auf denen die weißbuchenen Frische f' mittelst der aufgetriebenen geschmiedeten Ringe φ befestigt sind.

Das gußeiserne Angewelle M Fig. 2., worin das gußeiserne Lager für die Zapfen der Wasserwelle h' vertieft eingelassen und festgekeilt ist, steht mit der Fußplatte auf einer die Schwelle N bedeckenden eichenen Bohle ψ. Die Schwelle N ist auf eingerammten Grundpfählen p' aufgezapft. Der eichene Ambosstock O steht 5¼ Fuß tief in der Erde, auf zwei kreuzweise bündig überblatteten Schwellen s', welche auf fünf fest eingerammten Grundpfählen u' aufgezapft sind. Die obere Fläche des Ambosstocks ist mit einer gußeisernen Platte z' bedeckt, worin sich eine achteckige Oeffnung befindet, durch welche die gußeiserne achteckige Chavotte y' in den Ambosstock eingelassen und festgekeilt wird. Die gußeiserne runde Platte z' erhält einen nach unten 3 Zoll hervorspringenden Rand, mit welchem sie die äußere Mantelfläche des Ambosstockes übergreift.

Der Ambos P ist so gestellt, daß seine Bahn mit der Achse der Wasserradwelle einen spitzen Winkel macht; eben diese Richtung erhält auch die Bahn des Hammers Q, welcher auf dem Zapfen des Helmes b' aufgekeilt ist. Damit die Bahn des Hammers die ihm angewiesene, schräge Lage erhalte, ist der

Zapfen des Helms, woran der Hammer befestigt ist, unter einem spitzen Winkel gegen die Axe des Helms, an letzteren angeschnitten. Die Axe des Helms liegt parallel mit der Axe der Welle b′ (§. 856.).

Tafel XXXII.

Fig. 1—3. Stirnhammer, nach englischer Construktion. Fig. 1. Längen-Ansicht; Fig. 2. Ober-Ansicht; Fig. 3. Hinter-Ansicht des Hammer-Gerüstes nebst Zubehör.

Auf dem massiven, von Werksteinen aufgeführten Fundament a Fig. 1. und 3. liegt ein hölzernes Sohlwerk b, bestehend aus 2 Schichten Langschwellen und 2 Schichten Querschwellen und zwar im Verbande, so daß über eine Schicht Langschwellen jedesmal eine Schicht Querschwellen über Kreuz gelegt ist. Sowohl in den Längen als in den Querschwellenschichten liegen die Hölzer nahe an einander. Auf dem mittlern Theil dieses vierschichtigen Sohlwerks liegt die aus einem Stück gegossene gußeiserne Chavotte c Fig. 1, 2, 3. in der Vertiefung einer gußeisernen Fußplatte d. Der obere Theil der Chavotte hat die Gestalt eines Würfels, der untere Theil verbreitert sich postamentartig auf allen 4 Seiten. Mittelst 4 starker eiserner Schraubenbolzen, welche durch die 4 Schichten des hölzernen Sohlwerks durchgehen, ist die Fußplatte d an dem Sohlwerk befestigt. Ein Ambosstock ist nicht vorhanden, sondern das Sohlwerk vertritt die Stelle desselben für die Chavotte, welche durch ihr sehr bedeutendes Gewicht die Wirkungen der Schläge des Hammers in Beziehung auf das Sohlwerk beträchtlich vermindert. Die Chavotte c mit ihrer Fußplatte d stellt Fig. 20 besonders, und zwar zugleich im Profil und in der äußern Ansicht dar. Der Zwischenraum um die Chavotte in der Vertiefung der Fußplatte d, wird mit hölzernen Keilen ausgefüllt, in welche zur größeren Befestigung der Chavotte in der Fußplatte noch eiserne Keile eingetrieben werden. Die obere Seite der Chavotte ist mit einer Vertiefung in Gestalt einer vierseitigen abgekürzten umgekehrten Pyramide versehen, in welche der Amboß c Fig. 1. u. 3. mit seinem eben so gebildeten untern Theile (Zapfen) eingesetzt ist. Fig. 12. ist die Unter-, Fig. 13. die Seiten- und Fig. 14. die Ober-Ansicht des Ambosses. Die, in der Sohle der Vertiefung für den Ambos, in der Chavotte befindliche Oeffnung, dient zum Herausnehmen des Ambosses mittelst eiserner Brechstangen, wenn derselbe gegen einen anderen ausgewechselt werden soll.

Auf dem hinteren Theil des Sohlwerks b befindet sich das aus drei Schichten bestehende Aufsatzsohlwerk f, Fig. 1. auf welchem die Sohlplatte g mittelst 6 Schraubenbolzen, welche durch das Aufsatz-Sohlwerk und das Haupt-Sohlwerk durchgehen, befestigt ist; Fig. 4. ist die Ober-Ansicht und Fig. 5. das Längen-Profil dieser gußeisernen Sohlplatte. Zwischen den auf der Oberseite dieser Sohlplatte angegossenen vier Laschen h, werden die Lagerständer i, in denen die Hülsenlager eingelegt sind, mittelst hölzerner Keile befestigt. Fig. 6. ist zur Hälfte die Vorder-Ansicht, zur Hälfte das Längen-Profil, Fig. 7. die Ober-Ansicht und Fig. 8. das Quer-Profil des Lagerständers. Zwischen den vorspringenden Laschen k dieser Lagerständer werden die beiden Hülsenlager l auf ein Lagerholz w eingelegt und festgekeilt. Fig. 15. ist die Vorder- und Fig. 26. die Ober-Ansicht des Hülsenlagers.

Der gußeiserne Hammer m, von welchem Fig. 1. die Längen-Ansicht, Fig. 2. die Ober-Ansicht und Fig. 3. die Hinter-Ansicht darstellen, ist mit seinem Helm und dem Hintertheil n n, der die Stelle der sonst gewöhnlichen Hülse vertritt, aus einem Stück gegossen. Beide Enden n n des Hintern oder Hülsentheiles, haben auf ihrer untern Seite walzenförmige (halbrunde) Zapfen, auf welchen sich der Hammer in den Hülsenlagern l bewegt. Der vordere Theil dieses Hammers ist mit einer kegelförmigen, senkrecht durch denselben durchgehenden Oeffnung versehen, in welche die für sich bestehende Hammerbahn o mit ihrem ebenfalls konisch geformten Zapfen p Fig. 15. 16. eingesetzt und mittelst Keilen befestigt ist. Fig. 15. ist die Vorder- und Fig. 16. die Seiten-Ansicht dieser aus verstähltem Schmiedeeisen angefertigten Hammerbahn (Hammergesenkes).

Unten an der Stirn des Hammers befindet sich eine geschmiedete und verstählte Hubplatte q, gegen welche die Daumen des Wellkranzes greifen, mittelst eines, durch den hervorragenden Theil der Stirn des Hammers durchgehenden Schraubenbolzens befestigt.

Der Angewellstänger r Fig. 1. u. 2., der in Fig. 9. in der Ober-Ansicht und in Fig. 10 zur Hälfte in der halben Stirn-Ansicht und zur Hälfte im halben Längen-Profil besonders dargestellt ist, ruht auf einem aus 3 Schwellen bestehenden Aufsatz-Sohlwerk s, und mit diesem letzteren auf dem Hauptsohlwerk b, an dem er auch mit 2 ganz durchgehenden Schraubenbolzen befestigt ist. In dem in diesen Angewellständer einzulegenden Lager dreht sich die gußeiserne Hammerwelle t Fig. 1. u. 2. mit ihrem Zapfen. Fig. 17. ist ein Stück der Hammerwelle in der Längen-Ansicht, Fig. 18. das Profil derselben und Fig. 19. die Stirn-Ansicht des Zapfenendes. Die Welle ist achtkantig und nimmt nach der Mitte hin an Stärke zu, zunächst der Zapfen ist sie vierkantig. Von dem achtkantigen Theil der Welle sind vier von den acht Seiten, wechselsweise mit Verstärkungsrippen versehen.

Der Wellkranz u Fig. 1. u. 2., welcher mittelst hölzerner und eiserner Keile auf dem viereckigen Theil der Hammerwelle, zunächst dem Angewellständer, festgekeilt ist, und welchen Fig. 21. in der Stirn-Ansicht und Fig. 22. im Profil darstellen, erhält 5, nach innen auf zwei Seiten sich schwalbenschwanzförmig erweiternde Löcher, in welche die mit ihren Zapfen oder Fußenden eben so geformten Daumen v mittelst eiserner Keile festgekeilt werden.

Diese Art der Befestigung der schwalbenschwanzförmigen Zapfen der Daumen in correspondirenden schwalbenschwanzförmigen Löchern des Wellkranzes, sichert die Daumen vollkommen gegen das Herausfallen aus dem Wellkranz. Damit sie ihre gehörige Länge außerhalb des Wellkranzes behalten, und sich, wegen ihrer schwalbenschwanzförmigen Zapfen, bei dem Einkeilen in die Oeffnungen, deren Tiefe die Länge der Daumen etwas übertrifft, nicht tiefer hineinziehen können, so sind sie, wie aus Fig. 23. u. 24. zu ersehen, auf einer der Stirnseiten mit einer kleinen Nase versehen, mit der sie sich auf die äußere Fläche des Wellkranzes aufsetzen. Fig. 23. ist die Stirn- und Fig. 24. die Breiten- oder Angriffsseite eines solchen Daumens (oder Zahnes). Da sich die Daumen auf 2 Seiten an ihren Zapfenenden schwalbenschwanzförmig verstärken, so müssen sie auch auf den beiden andern Seiten, also mittelst zweier Keile, in den Löchern des Wellkranzes festgekeilt werden (§. 858.).

Tafel XXXIII.

Fig. 1 — 22. Gußeiserner Aufwerfhammer mit gußeisernem Gerüst.

Fig. 1. Längen-Ansicht; Fig. 2. Hinter-Ansicht; Fig. 3. Ober-Ansicht und Fig. 4. Vorder-Ansicht des Hammer-Gerüstes nebst Hammer, Ambosstock und Fundamentirung des Gerüstes.

Das Hammergerüst ruht auf einem in drei Absätzen über einem hölzernen Schwellwerk von festen Werksteinen aufgeführten Fundament c. Das Schwellwerk (liegender Rost) besteht aus 10″ weit von einander entfernt liegenden Querschwellen a, von denen vier unter dem Amboßstock dicht aneinander liegen und durch lange durchgehende Schraubenbolzen mit einander verbunden sind. Ueber die Querschwellen a liegen nahe an einander 7 starke Langschwellen b, auf welchen das Fundament c unmittelbar aufgeführt und der Amboßstock d mit seiner untern Fläche aufgestellt ist. Der Amboßstock greift mit seiner Cylinderfläche zum Theil in das Fundament c ein, welches zu diesem Zweck einen entsprechenden Ausschnitt hat. Auf der Oberfläche des Fundaments liegt die $3\frac{1}{2}$ Zoll starke gußeiserne Sohlplatte e, welche durch 4 starke Schraubenbolzen f, die durch das Fundament und das Schwellwerk durchreichen, befestigt ist. Für die durchreichende Chavotte g des Amboßstocks hat die Sohlplatte e einen kreisförmigen Ausschnitt, so wie einen dergleichen, aber oblongen, für die freie Bewegung der 4 epicykloidischen Hebedaumen des Kranzes auf der Hammerwelle. Das mit einem Lagerdeckel versehene gußeiserne Lager i der Hammerwelle ist zwischen zwei an der Sohlplatte e angegossenen Hervorragungen festgekeilt, und vermittelst zweier durchgehender Schraubenbolzen an der Sohlplatte befestigt. In gleicher Art sind die beiden, auf beiden Seiten mit Verstärkungsrippen versehenen Hammergerüstständer kk mit ihren Fußplatten durch 4 Schraubenbolzen auf der Sohlplatte e befestigt. Die Lager l für die walzenförmigen Zapfen m am Schwanzende des gußeisernen Hammers, sind in den schwalbenschwanzförmigen Ausschnitten der Gerüstständer k festgekeilt und werden außerdem noch durch zwei durchgehende Schraubenbolzen festgehalten.

Die Gestalt des gußeisernen Hammers n, welcher mit dem Helm und dem Hintertheil des letztern, der die sonst gewöhnliche Hülse vertritt, aus einem Stück gegossen ist, ergiebt sich aus Fig. 1, 2, 3 und 4. Fig. 1. ist der Hammer in der Längen-Ansicht; Fig. 2. in der Hinter-Ansicht; Fig. 3. in der Ober-Ansicht, und Fig. 4. in der Stirn-Ansicht. Der Hammer hat an beiden Seiten und rund um die Stirn eine halbrunde Rippe, welche bei ihrem im Verhältniß zum Querschnitt des Hammerhelms sehr geringen Querschnitt, fast mehr zur Verzierung des Hammers als zur wirklichen Verstärkung beiträgt.

Der hintere Theil des Hammerhelmes bildet zwei rechtwinkliche Schenkel mit dem Helm, an deren beiden Enden, und zwar an den untern Seiten derselben, sich die beiden halbrunden Zapfen m befinden, mittelst welcher der Hammer in den beiden Lagern l l beweglich ist. Senkrecht über diesen beiden walzenförmigen Zapfen, an den Stirnseiten der genannten Schenkel, sind zwei schmiedeeiserne Dübel p eingegossen, desgleichen zwei solche q an den Außenseiten der beiden Lager l, lothrecht unter den Zapfen m. Die hervorragenden runden Zapfen der Dübel p und q sind durch Keilzwingen verbunden, welche vermittelst der an den äußersten Enden der gedachten Zapfen angeschraubten Muttern, gegen diese Dübelzapfen pp, qq festgehalten werden. Diese Zwingen, welche in Fig. 1 — 4. angegeben sind, verhindern das Herausfallen der Zapfen m aus den Lagern l während des Ganges des Hammers. In Fig. 5. ist die Stirnseite eines Schenkels des Hintertheils des Hammerhelmes, mit dem Walzenzapfen m und dem Zwingenzapfen p, in Fig. 6. die hintere Seite eines solchen Schenkels, und in Fig. 7. die Unterseite des ganzen Hintertheils des Hammerhelms (Schwanzendes) mit den beiden Walzenzapfen m m und den beiden Zwingenzapfen pp besonders dargestellt. Fig. 8. ist die äußere Ansicht der beiden Lager ll, (Fig. 1 u. 3.); Fig. 9. die Quer-Ansicht; Fig. 10. das Profil derselben. Die beiden Hammergerüstständer kk sind durch die beiden Schraubenbolzen rr fest mit einander verbunden, so daß sie sich bei der Bewegung des Hammers weder einander nähern, noch von einander entfernen können.

Der Hammerhelm zweigt sich auf seiner untern Seite, lothrecht über der Hammerwelle, in einen kurzen Schenkel s aus, welcher sich in eine starke viereckige Platte t endigt, in welcher die Angriffsplatte für die epicycloidischen Hebedaumen mit ihren beiden angegossenen Dübeln eingelassen und mittelst 4 Schraubenbolzen festgeschraubt ist. Die Angriffsplatte stellt Fig. 11. in der Seiten-Ansicht, Fig. 12. in der Ober-Ansicht, Fig. 13. in der Unter-Ansicht und Fig 14. in der Stirn-Ansicht dar; sie ist von Schmiedeeisen und verstählt.

Auf der Angriffsseite der 3 Hebedaumen hhh des Wellkranzes auf der gußeisernem Hammerwelle (Fig. 1.) ist eine verstählte Frictionsschiene mittelst 3 Splintbolzen befestigt, deren Köpfe in diese Schienen ganz eingelassen sind.

Der Kopf des Hammers (der eigentliche Hammer), von cylindrischer Form, ist lothrecht durch seine Mitte mit einer konischen Oeffnung versehen, in welche das besondere Stück u, welches die Bahn des Hammers bildet, genau passend eingesetzt und mittelst eines durch den Kopf des Hammers durchgehenden starken Splintkeils befestigt ist, Fig. 1, 2 u. 3. Dies Bahnstück des Hammers ist in Fig. 15. in der Seiten-Ansicht, Fig 16. in der Hinter-Ansicht, Fig. 17. in der Ober-Ansicht und in Fig. 18. in der untern oder eigentlichen Bahn-Ansicht besonders dargestellt. In ähnlicher Weise, wie das Bahnstück u in den Hammer, ist auch der Amboß v (Gesenke) mit einem nach unten verjüngten Zapfen in die Chavotte g eingesetzt, Fig. 19. ist die Seiten-Ansicht, Fig. 20. die Hinter-Ansicht, Fig. 21. die Unter-Ansicht und Fig. 22. die Ober-Ansicht des Amboßes. Die Hammerbahn und die Amboßbahn können, je nach dem beabsichtigten Zweck, auch andere correspondirende Formen erhalten, und man nennt das Schmieden bei Anwendung dergleichen Bahnen (im Gegensatz der gewöhnlichen graden ebenen Bahnen) das Schmieden in Gesenken (§. 1001.).

Die Chavotte g hat die Gestalt eines abgekürzten Kegels, und da sie ein bedeutendes Gewicht besitzt, so werden die Wirkungen der Schläge des Hammers für den Amboßstock weniger nachtheilig.

Der Amboßstock d, der in Ermangelung eines Stammes aus dem Ganzen, aus einzelnen centrisch zusammengesetzten eichenen Holzstücken construirt angenommen ist, hat eine Armatur von starken eisernen Reifen, die in einer Entfernung von 12 bis 18 Zoll von einander angebracht sind (§. 858.).

Fig. 23, 24, 25. Quetschwerk zum Zusammendrücken der Luppen.

Fig 23. Ober-Ansicht; Fig. 24. Seiten-Ansicht; Fig. 25. Seiten-Ansicht des Quetschwerks.

Zwischen zwei auf einer Sohlplatte a mittelst Schraubenbolzen befestigten Lagerständern b b ist, in den darin eingesetzten und mit Lagerdeckeln versehenen Lagern, ein doppelarmiger Hebel c an einem durch letztern durchgesteckten 6″ starken Zapfen, in der Art eines Zangenschenkels, mit dessen Gestalt er auch übereinkommt, beweglich.

Die Bewegung des Hebels wird hier durch einen an der Welle f angebrachten Krumzapfen d bewirkt, mit dem der lange Hebelsarm durch die Lenkerstange e beweglich verbunden ist. An dem Ende des kurzen Hebelarmes ist eine $1\frac{1}{2}$ Fuß im Quadrat große, $5\frac{1}{2}$″ starke Platte g in horizontaler Lage angegossen, welche auf ihrer untern Seite, am vordern Ende des Hebelarmes, einen 6″ breiten, 2″ tiefen, durch die Breite der Platte durchgehenden, Einschnitt hat. Unter dieser am kurzen Hebelsarm angegossenen Platte g ist eine andere Platte h von gleicher Größe und Form, aber in umgekehrter Lage an der Sohlplatte a angegossen, welche mit der vorigen das Maul einer Zange bildet, deren einer Schenkel unbeweglich fest ist. Die Sohlplatte a ist auf ein festes Fundament mittelst durchgehender Schraubenbolzen befestigt. Soll ein Luppenkolben gequetscht oder zusammengedrückt werden, so wird derselbe erst in die weite Oeffnung i (Fig. 24.) des Mauls gesteckt und hier so viel als es die in Fig. 24 angedeutete Weite gestattet, zusammengequetscht; das weitere Zusammenquetschen geschieht in der engeren Oeffnung bei k (§. 859.).

Fig. 26 u. 27. Preßvorrichtung zum Zusammendrücken der Luppen.

Fig. 26. Seiten-Ansicht; Fig. 27. Ober-Ansicht der Preßvorrichtung. Auf dem gußeisernen Sohlwerk a liegt die Preßplatte c, welche mit zwei niedrigen Laschen oder Seitenwänden b versehen ist, zwischen denen der einarmige Hebel d eingreift, und hier unmittelbar die Luppen zusammenpreßt. Der Hebel d ist an einem starken, durch die Ohren e durchgesteckten abgedrehten Zapfen, durch dessen beide Enden Splinte gesteckt sind, beweglich, und wird durch einen Krumzapfen, der mittelst einer Lenkerstange mit dem Ende f des Hebels in Verbindung steht, in Bewegung gesetzt. Diese Bewegung kann aber auch durch eine excentrische Scheibe rc. bewirkt werden (§. 859.).

Tafel XXXIV.

Fig. 1—3. Westphälisches Osemund-Schwanzhammergerüst. Fig. 1. Längen-Ansicht; Fig. 2. Stirn-Ansicht; Fig. 3. Ober-Ansicht des Hammergerüstes.

Auf eine 5 Fuß tief in der Erde gelagerte 2 Fuß im Quadrat starke eichene Schwelle a, ist die ebenfalls 2 Fuß im Quadrat starke eichene Drahmsäule b mit einem Doppelzapfen eingezapft, und durch zwei mit Versatzungen eingezapfte Streben c c gegen Seitenverschiebung, nach der Richtung der Schwelle, gesichert.

Der eichene Drahmbalken d ruht auf einer durchgehenden Brüstung α, auf der Drahmsäule b, in welcher er mittelst eines durch dieselbe durchreichenden Zapfens (von der Höhe oder Dicke des Drahmbalkens) eingezapft und durch die Keile $\beta \beta \gamma$, befestigt ist. Mit seinem vordern oder Stirnende ruht der Drahmbalken auf den Brüstungen der Ausschnitte in den beiden vordern eichenen Drahmsäulen e e, welche zu beiden Seiten des Drahmbalkens mit Schwalbenschwanzzapfen in die eichene 2 Fuß im Quadrat starke Schwelle f eingezapft und festgekeilt werden, wodurch sie gegen das Herausheben aus dieser Schwelle (welches die Schläge des Hammerhelms gegen den Reitel h, und die dadurch hervorgebrachten Stöße gegen den Drahmbalken und den durch die Drahmsäulen über den

Drahmbalken durchgehenden Zwingenriegel g zu bewirken streben) völlig gesichert ist. Der hölzerne Zwingenriegel g, welcher in einen 2 Zoll tiefen Einschnitt der Oberseite des Drahmbalkens eingreift, indem er durch die eingestemmten Oeffnungen der beiden Drahmsäulen e e durchgesteckt ist, wird auf der äußern Seite der linken Drahmsäule e (Fig. 2.) durch einen an demselben befindlichen Kopf festgehalten; auf der äußern Seite der rechten Drahmsäule e wird er aber durch einen vorgeschlagenen Riegelkeil befestigt, so daß die beiden Drahmsäulen e e den Drahmbalken wie in einer Zwinge festhalten. Beide Drahmsäulen haben eine schräge (strebende) Stellung gegen den Drahmbalken, um ihn desto sicherer gegen Seitenschwankungen zu schützen. Die Schwelle f liegt mit ihrer Oberseite in der Ebene der Hüttensohle, und ruht in der Erde auf 4 Grundschwellen i i i i.

In geringer Entfernung hinter den beiden vordern Drahmsäulen stehen die beiden hölzernen Büchsensäulen k k in derselben geneigten Lage und mit eben solchen Schwalbenschwanzzapfen wie jene, in der Schwelle f, in den dazu vorhandenen Zapfenlöchern, und sind darin durch die Keile ε befestigt. Mit ihrem oberen Theil liegen sie in den beiden dazu angebrachten Einschnitten des Drahmbalkens d, und sind in diesen mittelst der langen Keile ζ befestigt. Unter einander sind die Büchsensäulen durch zwei ähnliche hölzerne Riegel l l, wie bei den vordern Drahmsäulen e, verbunden, wodurch sie zugleich auch gegen den Drahmbalken fest angezogen werden. Wegen der bedeutenden Schwächung der Büchsensäulen durch die Schlitze, ist jede derselben mit 6 eisernen Bändern gebunden

Unterhalb des untern Riegels l liegen die gußeisernen Büchsen (Hülsenlager) in dazu eingestemmten Schlitzen in den beiden Büchsensäulen. Unter jeder Büchse befindet sich in dem Schlitz eine starke eiserne Schiene, welche auf der Außenseite der Büchsensäule mit einer rechtwinklich aufwärts gebogenen

Nase hervorragt. Mit einer eben solchen, aber nach unten gebogenen Nase, stemmt sich die Büchse gegen die untere Kante des Schlitzes auf der innern Seite der Büchsensäulen, so daß sie durch diese letztgedachte Nase gegen das Herausziehen aus der Büchsensäule gesichert ist. Zwischen der äußern Nase dieser Schienen und den eisernen Büchsen werden Keile μ μ (Fig. 1 und 2.) eingetrieben, wodurch die Büchsen nach Belieben gegen die Hülsenzapfen getrieben werden können, ohne die Stellung der Büchsensäulen zu verändern. Zur weiteren Befestigung der Büchsen wird über jeder derselben noch ein Keil in den Schlitz der Büchsensäulen eingetrieben.

Der Schwanzhammer wird hier nicht gegen eine Prellschwelle (wie sonst bei Schwanzhämmern gebräuchlich ist) mit seinem Schwanzende geschnellt, sondern schlägt mit seinem Helm gegen einen Reitel b, um die Wirkung seines Schlages zu verstärken. Dieser Reitel b wird durch einen in seine Unterseite eingelassenen, und in die beiden vordern Drahmsäulen e e eingelochten starken eisernen Riegel δ (Fig. 1.' punctirt) von unten gehalten, und gegen eine auf demselben aufgesetzte, an den Drahmsäulen e e anliegende und bis an die Unterseite des Drahmbalkens reichende Aufsattelung von 2 Holzstücken angepreßt. Das hintere Ende des Reitels liegt mit seiner Oberseite gegen den untern Riegel l der Büchsensäulen fest an.

Zur Bewegung des Hammers ist kein Daumkranz auf der Wasserradwelle angebracht, sondern die eisernen Daumen (6 Stück) werden unmittelbar in die starke eichene Welle eingeschlagen. Diese Art der Befestigung der nur in das Holz eingetriebenen Daumen, ist wegen ihrer geringen Haltbarkeit nicht zu empfehlen; außerdem erfordert sie auch sehr starke Wellen, die selten zu erhalten sind. Auf beiden Seiten der Daumen sind dicht neben denselben starke Zugringe auf die Wasserradwelle befestigt, um das Aufspalten derselben zu verhüten (Fig. 3, wo solches punctirt angegeben). In Fig. 1.

ist zugleich das Wasserrad mit seinem Armverbande auf der Welle angegeben.

Der Amboßstock n ist in der Erde auf eine Faschienen-Packlage, bestehend aus zwei kreuzweise übereinander liegenden Schichten aufgesetzt, und wird oben durch zwei $1\frac{1}{2}$ Fuß tief unter der Hüttensohle eingelegte, denselben zum Theil umfassende Schwellen, in lothrechter Lage festgehalten.

Die Chavotte wird in den Amboßstock ganz eingelassen; der Amboß hat eine überaus stark gewölbte, fast halbkreisförmige Bahn. Mit eben solcher Bahn ist auch der Hammer, dessen Helm aus Ganzholz (unbeschlagenem Holz) besteht, versehen (Fig 1 u. 2.).

Da durch die Schläge des Hammers gegen den Reitel das ganze Hammergerüst, in der Richtung nach hinten hin, stoßförmige Erschütterungen erhält, so wird denselben durch die lange, hier abgebrochen gezeichnete Strebe p, welche mit einer Versatzung oben in die Hinterseite der hintern Drahmsäule b eingesetzt ist, entgegengewirkt. Mit dem untern Ende wird diese Strebe in eine auf zwei fest eingeschlagenen Pfählen aufgezapfte Schwelle, ebenfalls mit starker Versatzung, eingesetzt (§. 857.).

Fig. 4 — 10. Hölzernes Schwanzhammergerüst für einen Schwanzhammer.

Fig. 4. Vordere- oder Stirn-Ansicht; Fig. 5. Ober-Ansicht; Fig. 6. Seiten-Ansicht des Hammergerüstes nebst Zubehör.

Die beiden eichenen Gerüstsäulen a, vierkantig bearbeitet, stehen mit ihren stärkeren Fußenden 4 Fuß tief in der Erde, ohne ein Schwellwerk ꝛc. unter ihren Grundflächen zu erhalten, sind aber von allen Seiten von einem dicht anschließenden Schwellwerk umgeben. Zu diesem Zweck sind sowohl vor den beiden Gerüstsäulen, als dicht hinter denselben, 4 Stück vierkantig bearbeitete Grundpfähle b eingerammt, auf welche die beiden Holme c c, die an die Vorder- und Hinterseite der

Gerüstsäulen anschließen, aufgezapft werden. Auf diesen beiden Holmen sind 5 Querschwellen d eingekämmt, von denen 4 an den Fußenden der Gerüstsäulen fest anschließen. Außerdem liegen auf diesen beiden Holmen, in Einschnitten, die beiden Riegelschwellen e e, welche durch die Fußenden der Gerüstsäulen gehen, und dieselben dadurch zugleich tragen. Auf die Querschwellen d werden wieder zwei Langschwellen f f, ganz nahe an der vordern und hintern Seite der Gerüstsäulen, eingekämmt, über welche dann wieder 5 Querschwellen (Zangen) eingelassen sind. Zwischen den beiden Gerüstsäulen sind auf diesen Querschwellen zwei kurze Langschwellen h Fig. 4. eingekämmt, auf welchen an den beiden innern Seiten der Gerüstsäulen wieder die beiden kurzen Schwellen i i liegen, welche die beiden Spannriegel k k Fig. 4 u. 5. unterstützen, damit deren Zapfen und Versatzungen, durch die zwischen den obern Spannriegeln l l, und den untern Spannriegeln k k, an den innern Seiten der Gerüstsäulen zur Festhaltung der Hülsenlager u scharf eingetriebenen Füllhölzer, keinen zu großen Druck auszuhalten haben. Die untern Spannriegel k k sind von Holz und durch zwei Schraubenbolzen mit einander verbunden. Die beiden obern Gerüstriegel l l sind von Gußeisen. Fig. 7. ist das Querprofil; Fig. 8. die innere Längen-Ansicht; Fig. 9. die äußere Längen-Ansicht und Fig. 10. die Ober-Ansicht derselben.

Diese Riegel haben schwalbenschwanzförmige Blätter, mit welchen sie in die Gerüstsäulen eingelassen sind. Außerdem sind sie an den Enden der Schwalbenschwanzblätter mit seitwärts vortretenden Hacken *α* (Fig. 7 — 10) versehen, mit welchen sie die äußeren Seiten der Gerüstsäulen zum Theil umfassen, indem sie darin ganz eingelassen sind. Durch zwei, durch die Gerüstsäulen und durch die Blätter dieser Riegel durchgehenden Schraubenbolzen, werden die Gerüstriegel unter sich und mit den Gerüstsäulen fest verbunden. Der Amboßstock ruht in der Erde auf einer Kreuzschwelle o, welche auf 5 eingerammten

Rostpfählen p (davon einer unter der Mitte der Kreuzschwelle) aufgezapft sind. Der Amboßstock hat oben einen gußeisernen mit einer kleinen Ausladung (zur Verstärkung) versehenen $2\frac{1}{2}$ Fuß hohen Mantel r, in welchem die Chavotte s eingesetzt ist. Dem Hammerhelm u, welcher 4 kantig und von der Hülse nach dem Hammer hin verjüngt bearbeitet ist, wird am Schwanzende ein Prellring t zugetheilt, mit welchem er zur Verstärkung des Schlages gegen die eiserne Prellplatte v, die in einer hölzernen Schwelle eingelassen ist, geschnellt wird. Die Entfernung der Hülse von dem Prellringe beträgt $\frac{1}{3}$ der Entfernung des Hammers von der Hülse. Die Hülse w bewegt sich mit ihren Zapfen in den beiden Hülsenlagern u u Fig. 4., welche mittelst der Keile x x, ihre feste Lage gegen die Hülsenzapfen erhalten. Der auf der Welle aufgekeilte gußeiserne Daumkranz ist mit 6 Stück eingesetzten und befestigten, geschmiedeten und verstählten Daumen versehen. Die Welle ist mit mehren starken Ringen gebunden, um ihr eine größere Stabilität zu geben.

Das Angewelle z Fig. 5. mit dem eingelassenen Zapfenlager, ist auf 2 Schwellen eingekämmt, welche letztere auf eingerammten Pfählen aufgezapft sind (§. 857.).

Tafel XXV.

Fig. 1 — 3. Reckhammer, auf der Kreutzburger Hütte in Ober-Schlesien.

Fig. 1. Ober-Ansicht; Fig. 2. Vorder-Ansicht; Fig. 3. Seiten-Ansicht des Reckhammergerüstes nebst Wasserradwelle.

Das für zwei Reckhämmer a eingerichtete Hammergerüst besteht aus zwei, parallel mit der Axe der Wasserradwelle b, auf einem hölzernen Sohlwerk c ruhenden, gußeisernen Gerüstwänden d. Das aus 11 Zoll im Quadrat starken, $7\frac{1}{2}$ Fuß langen Holzstücken, welche der Länge nach dicht an einander liegen, zusammengesetzte Sohlwerk c, ist $1\frac{1}{4}$ Zoll tief in fünf Langschwellen e eingelassen. Diese Langschwellen sind auf 6

Querschwellen (Jochhölzern) f eingekämmt, von welchen jede auf fünf Stück fest eingerammte Grundpfählen g aufgezapft ist. Bis zur Oberkante der Langschwellen e ist das aus diesen Langschwellen, den Querschwellen f, und den Grundpfählen g bestehende Rostwerk (Pfahlrost) mit fester Erde und magerem Lehm fest ausgestampft, und liegt daselbst im gleichem Niveau mit der Hüttensohle. Die Querschwellen f sind an den mittleren Grundpfählen durch geschmiedete Ankerbänder i zugleich mit befestigt. Die gußeisernen Gerüstwände d, welche 2 Fuß 1 Zoll von einander entfernt sind, haben eine Stärke von 8½ Zoll, und sind zur Verminderung des Gewichts in der Art durchbrochen gegossen, daß jede in der vordern Ansicht Fig. 2. als ein, durch mehre vertikale, horizontale und schräge Rippen verstärkter Rahmen erscheint. Sie sind mit ihren Fußplatten k, die auf der vordern langen Seite und an den beiden schmalen Seiten vorspringen, und welche mit ihnen aus dem Ganzen gegossen sind, mittelst langer Schraubenbolzen, (die durch das Sohlwerk c, durch die Langschwellen und durch die Querschwellen hindurchgehen, und unter den letztern durch eiserne Splinte und Splintscheiben befestigt sind) auf dem Sohlwerk c festgeschraubt. Jede dieser beiden Gerüstwände ist durch 6 dergleichen Schraubenbolzen auf diese Weise befestigt. Von diesen sind die beiden Schraubenbolzen o Fig. 1, 2, 3. zugleich durch die Gerüstwände selbst mit hindurchgeführt; die beiden n reichen nur bis durch die Fußplatten k. Von den übrigen 8 Schraubenbolzen sind an beiden Enden der Gerüstwände vier derselben p durch die beiden eichenen Zugbalken l gelegt, welche (Fig. 3.) auf ihren untern Seiten passende Ausschnitte erhalten haben, um die an den Enden der beiden Gerüstwände 6 Zoll weit vorspringenden Fußplatten k zu überfassen. Mittelst dieser Zug- oder Verbindungsbalken und den durchgeführten Schraubenbolzen p, welche wie alle übrigen, durch das Sohlwerk c, die Langschwellen e, und die Querschwellen f durchgehen, und unter letzteren mit starken Splinten befestigt sind, werden nicht allein die Enden der Gerüstwände gegen das Sohlwerk geankert, sondern auch die beiden Gerüstwände mit einander fest verbunden und in gleichem unveränderlichem Abstand von einander festgehalten. Für die Durchführung und freie Bewegung der beiden Hämmer a mit ihren Helmen q, sind die Gerüstwände mit zwei 18 Zoll breiten, 19½ Zoll tiefen Einschnitten r (Fig. 1, 2.) versehen. Die Hülsen s (Zapfenringe) sind in einer solchen Entfernung vom Mittel der Hämmer auf den hölzernen Helmen q aufgekeilt, daß sich diese Entfernung zu der, der sogenannten Schwanzringe t (Fig. 3.) von diesen Hülsen s, nahe verhält = 8 : 5. Die beiden Hämmer bewegen sich mittelst der Hülsenzapfen zwischen den gußeisernen horizontal liegenden Büchsenriegeln u, welche auf den innern vertikalen Seiten mit entsprechenden halbkugelförmigen Vertiefungen versehen sind. Diese Büchsenriegel u liegen, mit ihren starken Zapfen, an beiden Enden fest in den Riegellöchern auf, welche zu diesem Zweck in den Gerüstwänden d angebracht sind, und haben darin zu beiden Seiten so viel Spielraum, um sie durch Eintreiben von hölzernen Keilen stellen und befestigen zu können. Die Schwanzringe t erhalten oben verstählte Angriffköpfe α, gegen welche die geschmiedeten auf ihrer Angriffsseite epicycloidisch geformten Daumen β wirken, welche in den gußeisernen Daumkränzen v mittelst kleiner eiserner Keile befestigt sind. Die Daumkränze werden auf die Welle b mittelst starker hölzerner Klötze und Keile aufgekeilt. Auf der untern Seite sind die Schwanzringe t mit verstählten sogenannten Prellköpfen ε (Fig 3.) versehen, mit welchen das Schwanzende des Hammerhelmes gegen eine in die sogenannte (hölzerne) Prellschwelle w eingelassene geschmiedete Prellplatte geschnellt, durch die elastische und in der Mitte nicht aufliegende Prellschwelle w dann zurückgeschnellt werden, um dadurch nicht allein

ein schnelleres Herabfallen, sondern auch eine Verstärkung des Schlages des Hammers zu bewirken.

Die runden eichenen Amboßstöcke x stehen 4½ Fuß tief in der Erde auf Kreuzschwellen y, welche auf 5 fest eingerammten Grundpfählen z aufgezapft sind, von denen der mittlere grade unter dem Kreuz der Schwellen, und also auch in der Richtung der Axe des Amboßstockes eingerammt ist.

Der Amboßstock ist oben mit einem gußeisernen 2 Zoll starken 18 Zoll hohen Ringe γ eingefaßt, um das Aufreißen desselben zu verhindern. Oben in den Amboßstock wird ein (in der Zeichnung nicht angedeuteter) gußeiserner viereckiger, im Boden 6 bis 8 Zoll starker Kasten (Chavotte) eingelassen, in welche der gußeiserne Amboß δ eingesetzt und festgekeilt wird, nachdem vorher zwischen ihm und dem Boden der Chavotte grade eichene starke Spahnstücke eingelegt worden sind. Der Amboß δ erhält oben eine Vertiefung, in welcher die geschmiedete und verstählte Amboßbahn ζ mit eisernen Keilen eingesetzt und befestigt ist. In eben der Art wird auch die verstählte Hammerbahn η unten in den schmiedeeisernen Hammer a eingesetzt, welcher mittelst der hölzernen Keile ϑ auf dem Hammerhelm q festgekeilt ist.

Die Prellschwellen w werden mit beiden Enden zwischen den hervorragenden Laschen der gußeisernen Prellschwellenlager tz, welche in das Sohlwerk c eingelassen und in demselben befestigt sind, eingelegt und verkeilt.

Der gußeiserne Angewellständer h, in dessem Lager sich die Wasserradwelle b mit ihrem Zapfen dreht, ist mittelst Schraubenbolzen auf dem hölzernen Sohlwerk c befestigt (§. 1001.).

Fig. 4 — 6. Reckhammer, zu Ferndorf bei Siegen.

Fig. 4. Vorder-Ansicht; Fig. 5. Ober-Ansicht; Fig. 6. Seiten-Ansicht des Reckhammergerüstes mit Zubehör.

Die beiden eichenen Büchsensäulen a, zwischen welchen der Hammerhelm b mittelst der Hülse d beweglich befestigt ist, stehen lothrecht 6½ Fuß tief in der Erde, und mit ihren Grundflächen auf gewachsenem Boden. In der Mitte zwischen den Büchsensäulen liegt horizontal ein 7 Fuß 8 Zoll langes, 3½ Fuß breites und 3 Fuß starkes eichenes Sohlstück c (Sohlblock), in dessen Seiten die beiden Büchsensäulen in ihrer ganzen Stärke 7 Zoll tief eingelassen sind. Die beiden Büchsensäulen werden an ihren obern Enden mittelst eines durch dieselben durchgehenden, an den Enden mit starken Köpfen versehenen eisernen Zugankers d, und unter dem Sohlstück c, mittelst eines starken eichenen Riegels e, dessen durch die Büchsensäulen durchgehenden starken Zapfen, durch Zugkeile f außerhalb an den Büchsensäulen fest angezogen sind, sowohl gegenseitig an einander befestigt, als auch zugleich in den Einschnitten des Sohlstücks c fest gegen dasselbe gepreßt. Das Sohlstück c ruht theils auf dem Riegel e, theils auf den beiden Schwellen h, welche in die starken Riegelschwellen g eingelassen werden, die in ihrer ganzen Stärke durch die Büchsensäulen a durchgehen, wodurch die letzteren zugleich eine festere Stellung in der Erde in so fern erhalten, als dadurch die Last derselben sich auf eine größere Fläche vertheilt, und der Erdboden dadurch gewissermaßen zur Verankerung dient. Die Büchsensäulen sind an den innern Seiten, 4 Zoll oberhalb des Sohlstücks c, 3 Zoll tief abgesetzt, um zwischen ihnen eine Weite von 2 Fuß 10 Zoll für die Hülse h zu erhalten. Quer durch die Büchsensäulen sind unmittelbar über den Absätzen, 6½ Zoll breite, 19 Zoll hohe Schlitze durchgelocht, deren äußere Kanten an den innern Seiten der Büchsensäulen mit eisernen Schienen k bekleidet sind. Unten in den Schlitzen liegen eiserne Krampen α, welche, an den innern Seiten der Büchsensäulen, mit zwei rechtwinklich gebogenen hackenförmigen Enden die Backen der Schlitzlöcher überfassen, auf den äußern Seiten der Säulen aber 9 Zoll heraustreten, und daselbst starke, rechtwinklich nach oben gebogene Lappen erhalten. Die gußeisernen Büchsen β, welche in Fig. 1. punktirt angedeutet sind, und in deren halbzirkelförmigen Vertiefungen die Zapfen der Hülsen h sich drehen, liegen innerhalb der Schlitzen auf kleinen Klötzen aus Buchenholz ε mit den Enden auf, und werden durch hölzerne, zwischen den äußern Seiten der Büchsensäulen und den aufwärts gebogenen Lappen der Krampen α eingetriebene Keile i i, gegen die Hülsenzapfen gekeilt und auf diese Weise gestellt. Ueber den Büchsen β sind eichene lange Klötze δ in die Schlitze eingeschoben und solche durch kleine Keile η gegen die oberen Seiten der Büchsen fest angetrieben. Die innern oberen Flächen der Schlitze der Büchsensäulen sind mit geschmiedeten breiten Schienen γ bekleidet, welche auf den äußern Seiten rechtwinklig nach oben gebogene, an der untern Kante abgerundete Lappen haben, die den obern Rand der Schlitze gegen Beschädigungen bei dem öftern starken Anziehen der Keile schützen sollen.

Ueber und unter den Schlitzen, so wie an den Köpfen, werden auf die Büchsensäulen a geschmiedete starke Ringe m aufgetrieben, um das Aufreißen derselben zu verhindern. Der Hammerhelm h, welcher in lothrechter Richtung überall eine gleiche Stärke hat, in horizontaler Richtung aber von der Hülse aus, sowohl nach dem Hammer l, als nach dem Schwanzring n hin, verjüngt bearbeitet ist, wird mit hölzernen Keilen in der Hülse h festgekeilt. Der geschmiedete Schwanzring, welcher in Fig. 7. in der äußern Ansicht nach größerem Maaßstabe besonders dargestellt ist, erhält unten einen verstählten Prellkopf o, mit dem das Schwanzende des Hammerhelmes gegen den in den Sohlblock c eingelassenen gußeisernen Prellklotz p, durch die Daumen p des Daumkranzes r, in schon erwähnter Art, geschnellt wird. Auf der obern Seite ist der Prellring n mit einem verstählten Angriffkopf s versehen, auf den mit ihren epicycloidischen Angriffsseiten die Daumen p wirken, wenn sie das Schwanzende des Hammerhelmes niederdrücken. Die Daumen p sind in die schrägen Löcher des Wellkranzes r mittelst der hölzernen Keile t festgekeilt, wie in Fig. 6. bei einem derselben punktirt angedeutet ist. Fig. 8. zeigt in der Seitenansicht einen solchen Daumen nach größerem Maaßstabe.

Die Hubhöhe des Hammers u, welcher in Fig. 9. mit dem Amboß v nach größerem Maaßstabe besonders dargestellt ist, beträgt 7 Zoll. Der Amboß v ist in der gußeisernen Chavotte w eingesetzt und mittelst hölzerner und eiserner Keile darin befestigt. Die kastenartige und im Boden $9\frac{1}{2}$ Zoll starke Chavotte w wird ganz in den runden eichenen Amboßstock x eingelassen und in demselben verkeilt. Auf den Amboßstock werden, damit er durch das Verkeilen der Chavotte nicht zerspalte oder aus einander getrieben werde, 3 starke geschmiedete Ringe ϑ fest aufgetrieben. Der Amboßstock ruht mit seiner Grundfläche in der Erde auf einer Faschienenlage y und ist, so wie der in der Erde versenkte Theil des ganzen Hammergerüstes, mit magerem Lehm und mit Erde fest umstampft. Die eichene Daumwelle z liegt innerhalb der Hütte mit ihren Zapfen in dem gußeisernen Lager μ, welches in einem eichenen Einsetzstück ϱ festgekeilt ist. Dieses Einsetzstück wird in das eichene Angewelle tz eingelassen und in demselben durch Keile λ (Fig. 5.) befestigt. Das Angewelle erhält auf der hintern Seite einen kreisbogenförmigen Ausschnitt, in welchem der Zapfenhals der Daumwelle hinreichenden Spielraum hat. Es ist in zwei Querschwellen σ eingelassen, welche wieder in den beiden Langschwellen τ eingekämmt sind. Zur Befestigung des Halses der Daumwelle z und des eingesetzten Blattzapfens sind auf ersteren 7 starke geschmiedete Wellringe nahe neben einander fest aufgetrieben. (§. 1001.)

Tafel XXXVI.

Fig. 1 — 42. Eisernes Schwanzhammergerüst zu Seraing bei Lüttich.

Das von festen Quadersteinen aufgeführte Fundament,

mit welchem das Hammergerüst fest verbunden ist, ruht (Fig. 3.) auf einem hölzernen Schwell- oder Sohlwerk, bestehend aus Querschwellen a und darüberliegenden Langschwellen b, auf welchen letzteren starke Bohlen aufgenagelt sind, über denen das Fundament unmittelbar aufgeführt ist. Auf ein ähnliches Sohlwerk wird auch der hölzerne Amboßstock c aufgesetzt, mit dem Unterschiede, daß die Querschwellen a desselben dicht aneinander liegen, und von den Langschwellen b, die durch das gesammte Sohlwerk in seiner ganzen Ausdehnung durchreichen, übergriffen werden. Das Fundament d ist, wie Fig. 1 — 3. zeigen, in Absätzen aufgeführt.

Zunächst auf der obern Abgleichung des Fundaments ist die Sohlplatte e, welche in Fig. 40, 41. und 42. in der obern Ansicht, Längen- und Queransicht, nach dem halben Maaßstabe vorgestellt ist, mittelst vier starker, durch das ganze Fundament durchgehender Schraubenbolzen f festgeschraubt, wie die Figuren 1 — 4. zeigen, von denen Fig. 1. die Längenansicht, Fig. 2. die Hinteransicht, Fig. 3. die Oberansicht und Fig. 4. die Vorderansicht des Hammergerüstes nebst Hammer und Amboßstock darstellen.

Auf der Sohlplatte e stehen die beiden gußeisernen Hammergerüstständer h h Fig. 1 — 4; sie sind auf beiden Seiten mit Verstärkungsrippen versehen, und werden mittelst 6 Schraubenbolzen g (für jeden Ständer) an die Sohlplatte e befestigt. Am deutlichsten ergiebt sich die Gestalt dieser Gerüstständer aus den Fig. 1. und 2. Zur gegenseitigen Befestigung und Haltung sind die beiden Gerüstständer noch durch 8 Schraubenbolzen kk mit einander verbunden. Auf dem hintern Theil des vordern Gerüstständers (Fig. 1 — 4.) ist das Lager l der eisernen Hammerwelle m mittelst zwei Schraubenbolzen befestigt. Die beiden Lager nn, worin sich die Hammerhülse o bewegt, sind auf den vordern Theilen der beiden Gerüstständer durch Schraubenbolzen befestigt. Diese Lager, welche fast um die Dicke des hölzernen Hammerhelmes tiefer liegen als das Lager l, sind wie dieses von gewöhnlicher Konstruktion und mit Lagerdeckeln versehen. Der gußeiserne Daumkranz p, welcher in Fig. 32 in der Stirnansicht und in Fig. 33. im Profil dargestellt ist, hat 4 Daumen, welche durch eiserne mit einer kleinen Nase versehene Keile befestigt werden. Die Nase hat den Zweck, die Keile mit Hülfe einer Brechstange leichter herausziehen zu können, wenn solches erfordert wird. Die Daumen werden durch kleine, innerhalb der Daumenlöcher an dem Daumkranz angegossenen Federn, welche in die correspondirenden Nuthen der eingesetzten Daumen greifen, gegen das Herausfallen gesichert, wie Fig. 32. zeigt. Die Hammerhülse o, in Fig. 28. in der Stirnansicht, in Fig. 29. in der Seitenansicht, besonders dargestellt, ist von Gußeisen und hat nach den beiden Zapfen hin, auslaufende Verstärkungsrippen.

Der hölzerne Hammerhelm, in Fig. 35. in der Hinter-Ansicht und in Fig. 34. in der Längen-Ansicht dargestellt, wird durch zwei nach der ganzen Länge des Helmes, in die obere und untere Seite desselben ganz eingelassene geschmiedete eiserne Schienen verstärkt, deren Seitenansicht Fig. 36. und die Oberansicht Fig. 37. zeigen. Gegen das Schwanzende des Helmes hin haben diese Verstärkungsschienen eine kleine Nase zur Festhaltung des Schwanzringes q. Der Schwanzring ist oben für den Angriff der Daumen mit einer verstählten Verstärkung, und mit einer dergleichen unterhalb des Helmes versehen, vermittelst welcher letztern das Schwanzende des Hammerhelmes, durch die elastische in Fig. 1. punktirt angedeutete Prellschwelle r, nach erfolgtem Stoß auf dieselbe, zurückgeschnellt und so eine Verstärkung des Schlages des Hammers auf den Amboß bewirkt wird. Die Verstärkungsschienen werden durch 3 um den Hammerhelm gelegten Ringe, und außerdem noch durch starke, durch den Helm (in der Gegend innerhalb der Hülse) durchgehende Niethen festgehalten.

Der in Fig. 1 — 4. in der Seiten- Ober- und Vorderansicht sich zeigende, an dem Helm befestigte Hammer, ist noch besonders in Fig. 22 — 25, in der Hinter=, Unter=, Vorder= und Seitenansicht dargestellt. Wenn für den hölzernen Hammerhelm ein eiserner eingezogen werden soll, so erhält derselbe die Konstruktion, welche Fig. 38. in der Seiten= und Fig. 39. in der Oberansicht zeigen. Fig. 30. und 31. stellen die dann erforderliche Hülse in der Stirn= und Seitenansicht dar.

Fig 26. und 27. sind die Seiten= und Vorderansicht eines Hammers von anderer Form.

Die Chavotte s hat die Gestalt eines abgekürzten Kegels, und ragt, abweichend von der gewöhnlichen Weise, mit dem größten Theil ihrer Höhe aus dem Amboßstock hervor, in welchem sie eingesetzt und befestigt ist.

In die Chavotte werden Ambosse (Gesenke) von verschiedener Bahn=Konstruktion, so wie das zu schmiedende Eisen solche erfordert, eingesetzt und befestigt, zu welchem Ende auch hier, außer dem in Fig. 1—4. angegebenen Amboß von besonderer Form, die Fig. 19, 20, 21. einen solchen in der Hinter=, Seiten= und Oberansicht darstellen, und noch zwei Ambosse in Fig. 14, 15, 16. in der Ober=, Vorder= und Seitenansicht, und in Fig 17. und 18. in der Vorder= und Seitenansicht mitgetheilt werden. Man nennt dergleichen Ambosse Gesenke.

Die Prellschwelle r, welche in der Längenansicht in Fig. 1. punktirt angegeben, in Fig. 2. aber deren hintere Stirnseite und in Fig. 3. deren Oberansicht (zum Theil punktirt) sichtbar ist, besteht aus einem bogenförmig gebogenen vierkantig bearbeiteten Stück Holz.

Die Figuren 5—8. stellen die Prellschwelle besonders in ihrer ganzen Zusammensetzung dar, Fig. 5. in der Längenansicht, Fig. 6. in der Oberansicht, Fig. 7. in der Unteransicht und Fig. 8. in der Stirnansicht.

In der Mitte der Prellschwelle ist in dieselbe der Prellkasten u, (von Gußeisen) etwas eingelassen und mittelst zweier Schraubenbolzen, welche durch die vortretenden Laschen des Prell=

kastens, so wie durch eine gegen die Unterseite der Prellschwelle gelegte eiserne Schiene durchgehen, befestigt. Mit beiden Enden ruht die Prellschwelle auf zwei gußeisernen Böcken oder Lagern, welche mit ihren Laschen die Seiten der Prellschwelle übergreifen. An diesen Lagern sind die aufliegenden Enden der Prellschwelle mittelst zweier Schraubenbolzen befestigt. Die Figuren 11, 12, 13. stellen ein solches Lager in der Vorder- Seiten- und Oberansicht dar. Unter der Fußplatte sind die beiden Lager mit einer kleinen hervorragenden Nase versehen, mit welcher sie in die entsprechenden, in der großen Sohlplatte c (Fig. 1.) des Hammergerüstes vorhandenen Vertiefungen, die aus der Oberansicht dieser Platte Fig. 40. ersichtlich sind, hineingreifen, wodurch die Prellschwelle in ihrer Zusammenstellung gegen alle Seitenverschiebung gesichert ist. In der Vertiefung des Prellkastens u Fig. 5 — 9. ist die geschmiedete und verstählte, nach der untern Seite hin geschmiegt construirte Prellplatte v eingelegt, gegen welche die Stöße des Schwanzringes des Hammerhelms unmittelbar ausgeübt werden. Fig. 9. ist die Oberansicht des Prellkastens u mit der Prellplatte v, Fig. 10. die Längenansicht des Prellkastens. Die eiserne Platte x Fig. 5, 6. dient zur Verstärkung der Prellschwelle auf deren Oberseite. (§. 857.)

Fig. 43 — 46. Eisernes Schwanzhammergerüst zu Mariazell in Steyermark.

Fig 43. Seitenansicht, Fig. 44. Vorderansicht und Fig. 45. Oberansicht des Schwanzhammergerüstes, und zwar in Fig. 45. mit Welle und Amboßstock, in Fig. 43. mit Welle, Hammer und Amboßstock und in Fig. 44. ohne Welle und Amboßstock. Auf einer 3 Zoll dicken gußeisernen Platte a Fig. 43 — 45. ruhen 2 Ständer cc von Gußeisen (in Gestalt von, der Länge nach, durchgesägten Baumstämmen). Mit den Fußplatten, welche mit den Ständern aus einem Stück gegossen sind, werden die Ständer mittelst Schraubenbolzen auf der Platte a befestigt und zwar so, daß die Fußplatten dd der Ständer dicht aneinander schließen, wodurch die für die Hammerhülse erforderliche Weite zwischen den beiden Ständern, deren innere Seiten vertikale Ebenen bilden, bestimmt wird. Jeder der beiden Ständer hat auf der innern vertikalen ebenen Seite einen durch die ganze Breite horizontal durchgeführten Einschnitt zur Aufnahme der Hülsenbüchse, und eben daselbst am obern Theil eine kleine viereckige Vertiefung c Fig. 43., in welche beim Festkeilen der Büchsen eine eiserne Stange eingesetzt wird, um das Erheben der Ständer dabei zu verhindern.

Die Ständer sind unter ihrer Fußplatte mit einem Zapfen versehen, welcher in eine zu diesem Zweck in der Platte a für jeden Ständer vorhandene Vertiefung eingreift. Die Sohlplatte a ist mit einer andern 4 Fuß darunter befindlichen Platte f, welche dieselbe Größe und Lage hat, mittelst 10 langer starker Schraubenbolzen verbunden. Der Raum zwischen beiden Platten ist mit festen Steinen sorgfältig ausgemauert. Der Hammer ist von Gußeisen und 8 Fuß 8 Zoll von der Hülse entfernt auf dem Helm festgekeilt. Von den Hülsenzapfen ist der Prell- (Schwanz) Ring 4 Fuß 4 Zoll entfernt.

Der Amboß g, Fig. 33, 45, 46. steht in einer 3 Fuß tiefen Chavotte h, wie im Profil des Amboßstockes Fig. 46. zu ersehen ist, und ist mit eisernen Keilen festgekeilt. Da wegen des bedeutenden Gewichts der Chavotte, die Schläge des Hammers wenig Einfluß auf den Amboßstock ausüben, so reicht solcher nur 5 Fuß tief unter die Chavotte. Der Amboßstock hat oben einen starken gußeisernen Ring (Aufsatz) k, der den Amboßstock zugleich 2 Fuß tief umfaßt und etwas über die Chavotte reicht. Durch diesen Ring, und indem zugleich innerhalb desselben der Amboßstock öfters mit Wasser benäßt wird, erhält der letztere mehr Schutz gegen das Verbrennen.

Der Hub des Hammers beträgt 18 Zoll.

Ueber den Daumkranz und die Hammerhülse wird mittelst einer schmalen Rinne Wasser geleitet (§. 857.).

Tafel XXXVII.

Fig. 1 — 3. Hölzernes Doppel-Schwanzhammer-Gerüst.

Fig. 1 — 3. Vorder-Ansicht des Gerüstes mit dessen in der Erde unter der Hüttensohle befindlichen Schwellwerk; Fig. 2. Vertikaler Querschnitt desselben nach der punctirten Linie ABCD in Fig. 3.; Fig. 3. Ober-Ansicht des Gerüstes mit Zubehör.

Das Hammer-Gerüst ist auf ähnliche Weise wie das auf Taf. XXVIII. Fig. 1 — 4. dargestellte Aufwerfhammer-Gerüst durch ein Schwellwerk auf eingerammten Grundpfählen in der Erde befestigt. Die 22 Zoll im Quadrat starken drei Gerüstsäulen a von Eichenholz stehen 5 Fuß 5 Zoll tief in der Erde auf 3 Zoll starken eichenen Bohlen b, welche horizontal auf dem gewachsenen Boden gelagert sind. Auf den in einer Reihe vor den Gerüstsäulen und in zwei hinter den Gerüstsäulen eingerammten Grundpfählen c, sind drei Langschwellen d aufgezapft, auf welchen die Querschwellen e eingekämmt sind, die mit den vertikalen Seiten 2 Zoll tief über den Gerüstsäulen a überschnitten sind. Quer über den Schwellen e sind der Länge nach die 3 Langschwellen f eingekämmt, von denen die beiden vorderen, zwischen welchen die Gerüstsäulen a stehen, mit 4 Zoll tiefen Einschnitten übergreifen. Auf diesen Langschwellen f sind abermals Querschwellen g, von denen die zwischen den Gerüstsäulen a befindlichen eine größere Breite als die beiden äußeren erhalten, eingekämmt, und übergreifen ebenfalls die Gerüstsäulen mit 3 Zoll tiefen Einschnitten an ihren denselben zugekehrten lothrechten Seiten. Endlich sind in den Querschwellen g, die beiden eichenen langen Sohlschwellen h, die eine vor, die andere hinter den Gerüstsäulen, so eingezapft, daß sie dieselben mit 6 Zoll tiefen Einschnitten, an ihren innern Seiten, überfassen. Zwischen den Sohlschwellen h sind innerhalb der Gerüstsäulen die Ausfüllungsschwellen i auf den Querschwellen g genau eingepaßt und gelagert. Hinter den Gerüstsäulen a ist unmittelbar an der hinteren Sohlschwelle h, in den Querschwellen g die Prellschwelle k eingefugt, in welche die beiden gußeisernen Prellplatten l eingelassen sind, gegen welche der Schwanz des Hammerhelmes mit dem Prellkopf des Schwanzringes n geschnellt wird, wenn der Helm durch die Daumen p der gußeisernen Daumkränze u in Bewegung gesetzt worden ist. Diese Daumkränze sind auf der Hebe- und Wasserradwelle o aufgekeilt.

5 Fuß 4 Zoll über den Sohlschwellen h ist an der Gerüstsäule a ein 2 Fuß 3 Zoll breiter und 1 Fuß starker Holm (Rahm oder Drahmbalken) r mittelst der 22 Zoll breiten 7 Zoll starken und 2 Fuß langen Zapfen aufgezapft und durch zwei Keile s befestigt, welche durch jeden Zapfen über dem Holm r eingetrieben werden.

Die Entfernung der geschmiedeten Hülse t Fig. 1. von dem auf dem Helm m aufgekeilten Hammer n beträgt $\frac{2}{3}$ der Länge des Helms, vom Mittel des Hammers bis zum Schwanzring gerechnet. Letzterer wird auf dem Helm durch Keile α befestigt. Die gußeisernen Büchsen β, in deren halbkugelförmigen Vertiefungen sich die Hülse t mit ihren Zapfen bewegt, sind in gleichem Niveau zwischen den Füllhölzern γ eingelegt und durch diese selbst befestigt. Die durch die Füllhölzer γ gebildeten beiden Füllwände, stehen auf den Sohlschwellen h, liegen mit ihren äußern Seiten gegen die innern Seiten der Gerüstsäulen und werden oben gegen die gußeisernen Zwingenriegel v durch weißbüchene Keile angetrieben. Diese Zwingenriegel sind 4 Zoll stark, 1 Fuß breit und mit ihrer ganzen Stärke, die eine derselben auf der vordern, die andere auf der hintern Seite der Gerüstsäulen in dieselben eingelassen und mittelst starker geschmiedeter Splintbolzen δ, welche durch die Gerüstsäulen a hindurchgehen, befestigt. Die in die beiden äußeren Gerüstsäulen eingelassenen Enden der Zwingenriegel v erhalten die Gestalt eines halben Schwalbenschwanzes.

Die äußeren Querseiten der beiden äußeren Gerüstsäulen werden von den an den Zwingenriegeln v rechtwinklig angegossenen Nasen oder Hacken umfaßt, welche ebenfalls in den Gerüstsäulen eingelassen sind. In Fig. 2. sind diese Nasen, welche sich berühren, punctirt angedeutet.

Den beiden auf der Wasserradwelle o festgekeilten gußeisernen Daumkränzen q, sind einem jeden derselben sieben geschmiedete Hebedaumen p zugetheilt, welche in den Kränzen festgekeilt sind. Die Angriffsflächen der Daumen p sind ebene Flächen, weil, bei der großen Geschwindigkeit des Hammers und bei der Elasticität des Hammerhelms, die Daumen mit ihren Angriffsflächen auf den oberen Flächen des Schwanzringes u nicht fortgleiten, sondern das Schwanzende des Hammerhelms gegen die Prellschwelle l stoßen oder schnellen, so daß es überflüssig seyn würde, diese Angriffsflächen epicycloidisch abzurunden. Die eichene Wasserradwelle o hat eine Stärke von 2 Fuß 3 Zoll; sie ist aber in der Länge des Hammergerüstes durch eichene concentrische aufgesattelte lange Ringstücke bis auf 3 Fuß Durchmesser verstärkt. Diese aufgelegten eichenen Verstärkungen sind an beiden Enden durch die gußeisernen aufgekeilten Kränze w, und zwischen beiden Kränzen durch geschmiedete Zugbänder s auf der Kernwelle befestigt. In Fig. 2. ist der auf der Kernwelle in dieser Art aufgesattelte eichene Mantel durch die centralen Fugen angedeutet. Das eichene Angewelle x, in welchem das gußeiserne-Lager für den Zapfen der Wasserradwelle eingelassen und festgekeilt ist, liegt auf den Schwellen y, welche auf fest eingerammten Pfählen aufgezapft sind.

Der eichene Amboßstock z, in welchem die Chavotte eingelassen ist, worin der Amboß η seine Befestigung erhält, steht 4 Fuß tief in der Erde auf vier kreuzweise über einander bündig eingeblatteten Grundschwellen ζ, welche auf vier eingerammten Grundpfählen ϑ aufgezapft sind (§. 857.).

Fig. 4 — 13. **Vorrichtungen zum Schmieden in Gesenken bei Reckhämmern.**

Fig. 4. ist die Ansicht eines Ambosses mit eingesetzter Chavotte von der Arbeitsseite und Fig. 5. die Ober-Ansicht desselben.

In die achtkantige gußeiserne Chavotte a wird der gußeiserne Amboß b mit einem vierkantigen nach unten verjüngten Zapfen eingelassen. Die Chavotte steht in einem gußeisernen achtseitigen Kranz, welcher in dem Amboßstock mit starken langen Spitzbolzen befestigt ist. Der Amboß, den Fig. 8. in der Seiten-Ansicht und Fig. 9. in der vordern Ansicht besonders darstellen, ist auf seiner obern Seite mit einem Einschnitt c Fig. 9. versehen, in welchen die schmiedeeiserne verstählte Bahn d (Gesenke) eingelassen und mittelst eines eisernen Keiles oder Bolzens e befestigt wird. Fig. 12. ist die vordere Ansicht und Fig. 13. die Seiten-Ansicht dieses Gesenkes, dessen Bahn mit einer halbrunden Vertiefung zum Schmieden runder Eisenstäbe versehen ist, nach doppeltem Maaßstabe. In dem Amboßstock ist ein kleiner geschmiedeter Ständer f lothrecht befestigt, in dessen Schlitzloch ein winkelförmig gebogenes Spureisen g mit dem einen Schenkel so horizontal eingesetzt und mit dem Keile α festgekeilt ist, daß der andere, winkelrecht nach oben gebogene, runde Schenkel sich dicht an die Spur (Bahn) des Gesenkes d vorn anlehnt, um die Stäbe bei dem Schmieden andrücken und stets in der Spur des Gesenkes erhalten zu können.

Fig. 6. ist die Ansicht des schmiedeeisernen Hammers von der Arbeitsseite und Fig. 7. die Ansicht desselben von der Stirnseite. Derselbe ist auf der untern oder Bahn-Seite mit einem schwalbenschwanzförmigen Einschnitt a Fig. 6. versehen, in dem das Hammergesenk oder die ebenfalls mit einem Schwalbenschwanz verbundene Hammerbahn eingesetzt und befestigt ist, wie Fig. 10. in der vordern Ansicht und Fig. 11. in der Seiten-Ansicht darstellen. Diesen Amboß- und Hammer-Gesenken läßt sich jede beliebige andere Form zutheilen, je nachdem 4, 6, 8kantiges Eisen u. s. f. darin geschmiedet werden soll. Die Oeffnung b Fig. 4. an der Seite der Chavotte dient dazu, um den Amboß b mittelst einer Brechstange zu lösen und herauszuheben (§. 1001.).

Fig. 14 — 33. Kuppelungen, oder Vorrichtungen zur Verbindung von Wellen, deren Axen in einer graden Linie liegen, Behufs Weiterleitung der rotirenden Bewegung der ursprünglichen Welle.

Fig. 14. Profil eines Kuppelungszapfens von quadratischem Querschnitt. Dergleichen Kuppelungszapfen werden entweder durch Muffen von parallelepipedischer Form Fig. 15., oder durch Muffen von cylindrischer Form Fig. 16. verbunden, welche mit Höhlungen von quadratischem Querschnitt, den Kuppelungszapfen angemessen, versehen sind. Beide Muffen, Fig. 15, 16. sind indeß nicht sehr zweckmäßig, weil sie leicht in den Ecken der Höhlungen zerbrechen, insofern sie nicht eine sehr bedeutende Eisenstärke erhalten, wodurch sie aber schwer und kostbar werden.

Dauerhafter und gebräuchlicher sind die vierkantigen Kuppelungszapfen mit gebrochenen Ecken, welche Fig. 17. im Profil darstellt. Die auf diese Zapfen aufgeschobenen Muffen sind entweder parallelepipedisch mit außerhalb gebrochenen Ecken wie Fig. 18., oder cylindrisch, wie Fig. 19. gestaltet, und haben ebenfalls Höhlungen, welche dem Querschnitt der Zapfen Fig. 17. entsprechen. Sie lassen sich leicht anfertigen und da sie einigen Spielraum den Zapfen in ihren Höhlungen gestatten, auch leicht ein und ausgerückt werden können, so kommen sie häufig in Anwendung, selbst bei den Kuppelungen der Walzwerke.

Von geringer Dauer sind diejenigen Kuppelungszapfen, die Fig. 20. im Querschnitt darstellt, weil sich die halbcylindrischen Federn an der innern runden Fläche der Muffe, Fig. 21. welche in die halbkreisförmigen beiden Rinnen der Kuppelungszapfen eingreifen (besonders bei Maschinen bei denen stoßende Bewegungen, wie bei Hämmern und Walzwerken, unvermeidlich sind) leicht abnutzen oder abarbeiten, besonders wenn sie, wie bei Walzwerken, einen nicht ganz unbedeutenden Spielraum haben sollen. Wollte man diesen Federn eine vierkantige Gestalt geben und diese in eben so vertiefte Nuthen eingreifen lassen, so würde deren Haltbarkeit dadurch nichts gewinnen, weil die Kanten der Federn eben so leicht abbrechen würden, indem wegen des nöthigen Spielraumes ein ganz genaues Einpassen nicht stattfinden kann.

Ungleich mehr vorzuziehen sind die rosettenartig gebildeten Kuppelungszapfen, welche Fig. 22. im Querschnitt darstellt, indem bei denselben keine scharfen Kanten angebracht und auch die schwachen Federn vermieden sind. Diese Art Kuppelungszapfen hat man vielfach angewendet, weil die zu ihnen erforderlichen Muffen bei der verhältnißmäßig geringen Eisenstärke, eine große Festigkeit, folglich eine längere Dauer gewähren. Es hat sich indeß gezeigt, daß sich die vorspringenden vier runden Federn der Zapfen in den Muffen bald ausarbeiten und dieselben ebenfalls bald unbrauchbar machen. Daher ist es zweckmäßig, in den runden Kuppelungszapfen vier kreisbogenförmige Vertiefungen anzubringen, wie bei dem Querschnitt eines solchen Zapfens Fig. 23. zu sehen ist, wodurch sowohl die nachtheiligen runden Federn als auch die zu scharfen Ecken vermieden werden. Die hierzu erforderlichen Muffen, deren innerer Querschnitt mit jener Gestalt übereinstimmt und deren Querschnitt in der äußeren Gestalt ebenfalls Aehnlichkeit mit dem innern kleinern Querschnitt hat, bewirken eine möglichst genaue kräftige und dauerhafte Kuppelung und gestatten einen nicht unbedeutenden Spielraum für die Zapfen innerhalb derselben.

Um für die Construction dieser Zapfen eine bestimmte Norm zu haben und sie zugleich möglichst dauerhaft zu machen, kann man in folgender Weise verfahren.

Man construirt um den Durchschnittskreis des Zapfens ein Quadrat, dessen Seiten dem Durchmesser des Zapfens gleich sind, und beschreibt mit einem Radius, welcher $\frac{3}{8}$ des Durchmessers des Zapfens, also auch $\frac{3}{8}$ der Seite des Quadrats beträgt, von den Ecken des Quadrats aus, die gedachten vier bogenförmigen Aushöhlungen bis zu der Kreislinie des Zapfens.

Fig. 25. stellt in der äußern Ansicht zwei eiserne Wellen a und b, dar, welche zwischen den nahe an einander liegenden Zapfenlagern, worin sich die beiden Wellen a und b mit ihren Zapfen c und d drehen, durch eine auf der Zeichnung im Durchschnitt dargestellte Muffe e, die auf die vierkantigen mit gebrochenen Ecken versehenen Zapfenköpfe f f aufgesteckt wird, gekuppelt sind. Damit sich die Muffe e nicht verschieben und mit ihren Stirnseiten nicht an den Lagern der Zapfen c und d reiben könne, sind die Zapfenköpfe f mit vorstehenden Rändern g versehen, gegen welche sich die Stirnen der Muffe e lehnen und diese dadurch gegen das Verschieben sichern. Diese Art der Kuppelung ist mit der Unbequemlichkeit verbunden, daß eine der beiden Wellen aus der Muffe e herausgezogen werden muß, wenn die Muffe von den Zapfen f, f abgenommen werden soll, vorausgesetzt daß sie, wie in der Zeichnung angenommen ist, aus einem Stück besteht.

Soll die Bewegung der Hauptwelle, einer andern Welle, deren Axe in der Richtung der Axe der ersten Welle liegt, durch eine dritte, zwischen beiden angebrachte Verbindungswelle, (Zwischenwelle, Kuppelungswelle) mitgetheilt werden, wie dies besonders bei Walzwerken häufig in Anwendung kommt, so theilt man dem Zapfen der Welle, mit welcher die Verbindungs- oder Zwischenwelle durch eine Muffe gekuppelt werden soll, gerne eine etwas größere Stärke als der Zwischenwelle selbst zu, wie sich aus Fig. 26. ergiebt, wo a diejenige Welle bezeichnet, welche durch die Zwischenwelle b mit der Hauptwelle in Verbindung gebracht werden soll. Weil sich hierdurch auf der innern Fläche der Muffe c ein Absatz bildet, mit welchem sie sich gegen die Stirn des stärkeren Zapfens d stemmen kann, so wird die Muffe verhindert, sich seitwärts, nach der Welle a hin, zu verschieben. Damit aber auch die Verschiebung der Muffe c nach der Kuppelungs- oder Zwischenwelle b hin, welche durchgehends die Form und Stärke des in dieselbe hineingeschobenen Zapfens hat, nicht statt finden könne, ist durch diese Welle, dicht vor der Muffe, der geschmiedete Keil e vorgesteckt, welcher vor dem Herausfallen durch einen kleinen durchgesteckten und auseinander gebogenen Doppelsplint gesichert ist. Wird der Keil c herausgezogen, so läßt sich die Muffe c auf die Zwischenwelle b zurückschieben, und es kann dann die Muffe c oder die Welle b ausgewechselt werden, wenn eins von beiden Theilen schadhaft geworden ist. Weil sich die Keile c durch die fortwährende Reibung an der Stirn der Walzen bald abnutzen und daher oft erneuert werden müssen, so bedient man sich, um die Keile zu entbehren, statt der mit gebrochenen Ecken versehenen vierkantigen Kuppellungswelle b einer solchen, welche (wie oben erwähnt) mit einem rosettenartigen Querschnitt (Fig. 22. oder 23.) versehen ist. Nachdem die beiden Muffen c, Fig. 27, 28., von denen erstere den Querschnitt und letztere die Längen-Ansicht der Kuppelungswelle mit den darauf geschobenen Muffen darstellt, auf die beiden Enden der Kuppelungswelle a aufgeschoben, die Kuppelungswelle zwischen den beiden zu verbindenden Wellen f und g eingebracht und dann die Muffen c (Fig. 28.) so geschoben worden sind, daß sie sowohl die Enden der Kuppellungswelle a als auch die Zapfen oder Köpfe der zu verbindenden Wellen f und g umfassen, so werden in die vier Vertiefungen der Kuppelungswelle a vier runde Eisenstäbe b eingelegt, welche so lang sind, daß sie mit geringem Spielraum zwischen den beiden Muffen c hineinpassen. Diese Stäbe, welche das Zurückschieben der beiden Muffen c nach der Kuppelungswelle a hin verhindern, werden entweder durch

Riemen d, welche um die Stäbe b, und die Welle a festgeschnallt, oder durch Seile e, welche um die Welle a und die Stäbe b festgebunden werden, gegen die Vertiefungen der Welle a befestigt. Der Kopf des runden Zapfens f, welcher hier als Lagezapfen einer Walze gelten mag, und der Kopf des runden Zapfens g, welcher als Lagerzapfen der Walze eines andern Walzgerüstes betrachtet werden kann, auf welchen beide die Muffen c aufgeschoben sind, erhalten im Querschnitt die Gestalt und Größe des Querschnitts der Kuppelungswelle a, folglich erhalten auch die beiden Muffen c durchgehends eine Aushöhlung von demselben Querschnitt (aber mit etwas Spielraum). Die Muffen c können sich aber dennoch nicht nach den Zapfen f und g hin seitwärts verschieben, weil die Zapfen stärker sind, als ihre in den Muffen c steckenden Köpfe, indem sich durch die kreisrunden Querschnitte der Zapfen Absätze bilden, über welchen die Muffen nicht weggleiten können.

Fig. 29. stellt eine gußeiserne Muffe perspectivisch dar, wie sie auf der Rybnicker-Hütte zur Kuppelung der Schwungradwelle mit der Kuppelungswelle (Zwischenwelle) eines Blechwalzwerks in Anwendung gebracht ist. Sie ist nach der Diagonale der vierkantigen Kuppelungszapfen, also in der Ebene der Axen der gekuppelten Wellen, aus zwei gleichen Hälften zusammengesetzt, welche durch vier Schraubenbolzen an einander befestigt werden. In gleicher Art würde auf Kuppelungszapfen von dem in Fig. 23. angegebenen Querschnitt, die in Fig. 30. perspectivisch dargestellte, ebenfalls aus zwei gleichen Hälften bestehende Muffe Anwendung finden. Wenn das Blechwalzwerk außer Bewegung gesetzt werden soll, während die Schwungradwelle mit anderen Betriebsmaschinen noch ferner in Bewegung bleibt, so werden die Schrauben an der Muffe gelöst und letztere abgenommen.

Bei Maschinen, die eine sehr große Kraft erfordern, und deren Bewegung starke Stöße veranlaßt, ist die Anwendung dieser Art Muffen nicht sehr rathsam, weil sie sowohl als die

Schraubenbolzen leicht zerbrechen. Durch den unvermeidlichen Zwischenraum zwischen den Zapfen und den inneren Flächen der Muffen wird bei einer stoßweise erfolgenden Bewegung der Maschine die Zerbrechlichkeit noch mehr herbeigeführt.

Zur Kuppelung der ursprünglichen oder Betriebswellen mit den Zwischenwellen, welche die Bewegung den Walzwerken oder andern Maschinen mittheilen sollen, bedient man sich, statt der Muffen, auch der Kuppelungsscheiben.

Fig. 30 und 31. stellen eine solche Kuppelung, und zwar Fig. 30. in der Seiten-Ansicht, und Fig. 31. in dem Querschnitt nach der Linie AB in Fig. 30. dar. Diese Kuppelungsscheibe besteht in einer aus zwei gleichen Hälften aa, zusammengesetzten und mittelst 4 Schraubenbolzen b fest zusammengeschraubten kreisrunden gußeisernen Scheibe. Die beiden Hälften dieser Kuppelungsscheiben sind, vertikal gegen die Axen der Wellen, mit den an ihren äußern Seiten angegossenen muffenartigen Hülsen cd, auf die Kuppelungsköpfe der zu kuppelnden Wellen e und f aufgeschoben, und lehnen sich gegen die an den Wellen hinter den Kuppelungsköpfen angegossenen kleinen Scheiben oder Ränder g. Die Scheibenhälften haben auf den innern Seiten Ausschnitte in Gestalt eines doppelten Schwalbenschwanzes, in welche ein eben so gestalteter gußeiserner Doppelschwalbenschwanzdübel h von solcher Stärke eingesetzt ist, daß er, wenn die Scheibenhälften zusammengeschraubt sind, den zwischen ihnen durch jene Ausschnitte gebildeten Raum mit einigem Spielraum ausfüllt. Wenn die eine Scheibenhälfte der andern die Bewegung auch nicht durch die Schraubenbolzen b, sondern durch das Dübelstück h mittheilt, so sind doch diese Schrauben b und die Scheiben selbst, sehr dem Zerbrechen unterworfen, weil das Dübelstück h nothwendig lose oder mit Spielraum zwischen beiden Scheibenhälften eingesetzt sein muß Das Zerbrechen der Schrauben b wird um so mehr stattfinden, je mehr der Gang der Maschine mit starken Erschütterungen und Stößen verbunden ist. Die Köpfe der gekuppelten Wellen innerhalb der Scheiben müssen so weit von einander entfernt seyn, daß der Dübel b mit hinlänglichem Spielraum zwischen ihnen durchgeht.

Zweckmäßiger ist die Anwendung der Kuppelungsscheiben, wie solche Fig. 32. in der Seiten=Ansicht und Fig. 33. im Querschnitte durch die Welle a nach der Linie A B dargestellt sind. Die eine dieser Scheiben b, ist auf der Betriebswelle c, die andere d auf der zu kuppelnden Welle a befestigt. Die vierkantigen, mit gebrochenen Ecken versehenen Köpfe der Wellen a und c, auf welche die Scheiben mit ihren dazu passenden Löchern aufgeschoben werden, sind von den abgedrehten Zapfen e, mit welchen die Wellen a und c sich auf ihren Lagern drehen, durch die kleinen Kränze f getrennt, an welchen sich die beiden Scheiben b und d mit den Stirnen ihrer Hälse g anlegen, wodurch die Reibung an den unter den Zapfen e liegenden Lagern verhindert wird. Die auf den Kopf der Betriebswelle c aufgeschobene größere Scheibe b, theilt der kleineren an dem Kopf der Welle a befestigten Scheibe d, durch einen starken Bolzen α, der mit seinem vordern stärkern Ende in einen ausgerundeten Ausschnitt der Scheibe d eingreift, die Bewegung mit. Dieser Bolzen α, welcher mit seinem hintern, mit einem starken Gewinde versehenen Ende, durch ein Loch der Scheibe b durchgesteckt ist, und sich mit dem Absatz seines stärkeren Theiles gegen den in dem Loche befindlichen Absatz, (wie Fig. 32. punctirt angedeutet ist) gegen stemmt, ist auf der äußern Seite der Scheibe b mit einer starken Schraubenmutter β, fest angezogen. Damit aber, wenn die Axen der beiden Wellen a und c nicht mehr genau in einer graden Linie liegen sollten, kein Abbrechen des Bolzens α oder Ausbrechen der Bolzenlöcher in der Scheibe b erfolge, erhält der Bolzen oder Zapfen α einen Spielraum in dem gerundeten Ausschnitt der Scheibe d. In der Scheibe b sind vier dergleichen Bolzenlöcher, und in der Scheibe d vier gerundete Ausschnitte angebracht, um den Bolzen versetzen zu können, wenn sich die Bolzenlöcher und die Ausschnitte für die Bolzen ausgedreht haben sollten. Die Bolzenlöcher sind auf der innern Seite der Scheibe b noch durch einen vorspringenden angegossenen Rand γ verstärkt.

Durch das Lösen der Mutter β und Herausziehen des Bolzens α, wird die Verbindung der Welle a mit der Betriebswelle c, also auch die Bewegung der ersteren, auf leichte Weise aufgehoben (§. 861.).

Tafel XXXVIII.

Fig. 1 — 8. **Kuppelungsscheiben**, durch welche auf der Rybnicker-Hütte in Ober-Schlesien die Schwungradswelle mit der Zwischenwelle des Stabeisenwalzwerks verbunden ist.

Diese Kuppelung unterscheidet sich von den auf Tafel **XXXVII.** Fig. 32 — 33. dargestellten dadurch, daß sie, statt aus zwei, aus drei Scheiben besteht.

Fig. 7. ist das Längenprofil, Fig 8. die äußere Ansicht der auf den Schwungrad- und Zwischenwellen aufgeschobenen Kuppelungsscheiben.

Die an dem vierkantigen Kopf der Schwungradswelle a befestigte Scheibe b, welche Fig. 1. in der äußern Stirn-Ansicht, und Fig. 2. in der Seiten-Ansicht darstellt, und deren viereckige Oeffnung auf der äußern Stirnseite durch einen viereckigen Hals α verstärkt ist, steht mit einer andern eben so großen Scheibe c in Verbindung. Diese Scheibe c, welche Fig. 3. in der äußern, an der Scheibe b nicht anliegenden Stirnseite, und Fig. 4. in der Seiten-Ansicht darstellt, erhält an der Seite, mit welcher sie an der Scheibe b befestigt ist, vier angegossene vierkantige Dübel γ, Fig. 4. die in Fig. 3 und 7 punctirt angedeutet sind, welche bei dem Zusammensetzen der beiden Scheiben b und c, in entsprechende viereckige Vertiefungen δ, der Scheibe b genau passend eingreifen. Diese

Dübelvertiefungen δ sind in Fig. 1 und Fig. 2, wo sie eigentlich nicht sichtbar sind, punctirt angedeutet. Durch drei Schraubenbolzen d, Fig. 8. und durch die vier Dübel ist die Scheibe c unverschiebbar mit der Scheibe b befestigt. Da der Zweck der Scheibe c darin besteht, nicht sowohl die Scheibe b zu verstärken, als vielmehr der Zwischenwelle e als Lager für deren Zapfen f, sowohl während der Bewegung beider Wellen a und e, als auch während der Bewegung der Betriebswelle a, und des Stillstandes der Welle e, zu dienen, so ist sie in der Mitte auf der äußern Seite mit einem angegossenen runden Halse ε (Fig. 3, 4, 7, 8.) versehen, in welchem sich ein durch die Scheibe c hindurchgeführtes, rund ausgedrehtes Loch β (Fig. 3.) befindet, worin der abgedrehte Zapfen f der Welle e liegt. Die Scheibe g, welche auf den viereckigen Kopf der Zwischenwelle e aufgeschoben, und durch einen hinter diesem Kopf angegossenen Rand β gegen das Verschieben gesichert wird, hat auf der, der Scheibe c zugekehrten Seite, ebenfalls einen angegossenen Verstärkungshals erhalten. Die Scheibe b theilt der Scheibe g, welche in Fig. 5. in der innern Stirn-Ansicht und in Fig. 6. in der Seiten-Ansicht besonders dargestellt ist, die Bewegung mittelst eines starken Bolzens h mit, der durch ein rundes Loch der Seite c durchgesteckt ist und mit seinem hintern viereckigen Kopf in einem viereckigen Loche der Scheibe b steckt. Die Scheibe b c enthält vier dergleichen runde Löcher η Fig. 3. und die Scheibe b ebenfalls vier solche viereckige Löcher ζ Fig. 1., von denen, wenn die beiden Scheiben b und c, wie in Fig. 7. und 8. zusammengesetzt sind, und die Löcher η der Scheibe c auf die Löcher ζ der Scheibe b treffen, das eine Paar Löcher zur Befestigung des Bolzens h Fig. 7, 8. dient, die andern drei Paar aber, wie schon erwähnt, zur Befestigung der beiden Scheiben b und c durch die drei Schraubenbolzen d Fig. 7 und 8. benutzt werden. Da das viereckige hintere Ende des Bolzens h, nur in der Richtung der Diagonale die Stärke des vordern runden Theils desselben besitzt, so läßt sich der Bolzen zwar nach der Richtung ae der beiden gekuppelten Wellen, aber nicht nach der Richtung ea aus den zusammengesetzten Scheiben bc herausziehen, indem sich der Absatz, welchen der runde Theil des Bolzens gegen den hintern viereckigen Theil desselben bildet, gegen die Seiten des viereckigen Loches in der Scheibe b stemmt. Damit sich der Bolzen h, während der Bewegung der Scheiben, durch die Erschütterungen nicht nach der Richtung ae aus den beiden Scheiben bc herausziehen könne, ist durch das über der Scheibe b hervorragende viereckige Ende desselben, außerhalb der Scheibe b, ein eiserner Splint oder Keil i, durch ein darin angebrachtes Schlitzloch durchgesteckt und fest eingetrieben. Das über den beiden Scheiben b und c hervorstehende runde Ende des Bolzens h liegt in einem ausgerundeten Ausschnitt φ der Scheibe g. Zur Abwechselung erhält die Scheibe vier dergleichen Ausschnite. (Fig. 5, 7, 8.) Um diese Ausschnitte ist die Scheibe g auf der innern Seite mit kleinen vorspringenden Verstärkungsrändern versehen, wie Fig. 5, 6, 7, 8. zeigt. Der Bolzen h erhält von allen Seiten etwas Spielraum in dem Ausschnitt φ der Scheibe g, damit eine geringe Excentricität der beiden Wellen a und e noch kein Zerbrechen des Bolzens h oder der Scheiben b, c, g, herbeiführen kann.

Da das runde Zapfenloch β (Fig. 3.) in der Scheibe c, worin die Welle e mit ihrem Zapfen f (Fig. 7.) liegt, kleiner ist, als die viereckige Oeffnung in der Scheibe b, womit letztere auf den Kuppelungskopf der Welle a aufgeschoben wird, so liegt die Scheibe c mit dem Rand des Zapfenloches β (Fig. 3.) gegen die Stirn des Kopfes der Welle a, und es können sich daher die beiden Scheiben nicht nach der Welle a hin verschieben. Die Betriebs- oder Schwungradwelle a liegt mit dem abgedrehten Zapfen oder Hals k in dem Zapfenlager, welches in den zugehörigen Lagerständer eingelassen und darin befestigt ist. Zur Sicherheit liegt unter dem abgedrehten Halse l der Welle e ein Lager, damit wenn der Zapfen f Fig. 7. abbrechen sollte, die Welle e nicht herabfallen könne.

Fig. 9—11. Kuppelung der Schwungradwelle mit der Stirnhammerwelle, auf der Rybnicker Hütte in Oberschlesien.

Fig. 9. ist die äußere Längenansicht der gekuppelten Wellen a und b; Fig. 10. die Ansicht der innern vertikalen Seite der Hälfte c, Fig. 9. und Fig. 11. die Ansichten der innern vertikalen Seite der Hälfte d, Fig. 9. der cylindrischen Muffe. Die Hälfte c der Muffe hat an ihrer innern vertikalen Seite, an dem Rande, einen starken angegossenen Zapfen α Fig. 9. und 10., welcher in Gestalt eines halben Schwalbenschwanzes vier Zoll hervorragt und in ein vier Zoll tiefes eben so gebildetes Loch β Fig. 11., der andern Muffenhälfte d eingreift. Um den Zapfen α, der wegen der Gestalt eines halben Schwalbenschwanzes vorne breiter als hinten ist, bequem in das gehörige Zapfenloch β der Muffenhälfte d hineinführen zu können, ist letzteres um etwas mehr als die Schräge des Schwalbenschwanzes des Zapfens α beträgt, verbreitert. Nachdem die beiden Muffenhälften c und d über den beiden Wellen so zusammen geschoben worden sind, daß der Zapfen α der Muffenhälfte c in dem zugehörigen Loch C der Muffenhälfte d mit seinem Schwalbenschwanze an der schrägen (schwalbenschwanzförmigen) Seite des Loches β genau anliegt, wird in die in dem Loch β, der schrägen Seite desselben gegenüber verbleibende Oeffnung, ein weißbuchener Keil δ Fig. 9. fest eingetrieben, wodurch die Muffenhälften c und d ihre Befestigung an einander erhalten. Da die Muffenhälfte c mit der schrägen Seite des Zapfens α gegen die schräge Seite des Loches β wirkt, um der Muffenhälfte d Bewegung mitzutheilen, und sich der Zapfen α durch den fest eingetriebenen Keil δ in Spannung befindet, so kann bei starken Stößen der gekuppelten Welle wohl ein Abbrechen des Zapfens α herbeigeführt werden. Diese Art der Kuppelungs-Vorrichtung ist durch die Localität nothwendig geworden, und im Allgemeinen nicht ganz empfehlenswerth.

Fig. 12 — 17. Kuppelungs-Vorrichtungen, bei den Walzwerken auf den Hüttenwerken zu Eisenspalterei, Kupferhammer und dem Messingwerk Hegermühle bei Neustadt Eberswalde im Regierungsbezirk Potsdam.

Fig. 12. Längenansicht der Kuppelungsgetriebe mit ihren Ständern, so wie der Kuppelung derselben mit der Schwungradwelle, und der Kuppelungen mit den Walzen durch die Zwischenwellen.

Fig. 13. deren Oberansicht, und Fig. 14. die Stirnansicht eines Kuppelungs-Getriebe-Ständers.

Die Kuppelung der untern Kuppelungs-Getriebe-Welle a mit der Schwungradwelle b Fig. 12. und 13. ist hier durch eine cylindrische, aus gleichen Hälften c und d bestehende sogenannte Keilmuffe bewirkt. Diese Muffenhälften, von denen die eine c auf den viereckigen mit gebrochenen Kanten versehenen Kuppelungskopf der Schwungradwelle b, und die andere auf den eben so gestalteten Kuppelungskopf der untern Kuppelungs-Getriebe-Welle a aufgeschoben wird, erhalten auf der innern Stirnfläche jede eine $1\frac{1}{2}$ Zoll tiefe 2 Zoll breite Nuth α, wie in Fig. 17. ABD angegeben ist. Fig. 17 A. ist die innere Stirnseite einer der beiden Muffenhälften, Fig. 17 C. die äußere Stirnseite, Fig. 17 D. der horizontale Durchschnitt, durch deren Axe und Fig. 17 B. die Ansicht derselben. In die, durch die beiden Nuthen der beiden Muffenhälften, nach deren Aneinanderschieben auf den Kuppelungsköpfen der Wellen a und b, gebildete 3 Zoll breite und 2 Zoll weite Oeffnung, wird ein oben mit einem länglichen Kopfe versehener 3 Zoll breiter 2 Zoll starker geschmiedeter Bolzen e gesteckt, welchen Fig. 15 a. in der Vorderansicht und Fig. 15 b. in der Seitenansicht darstellen. Dieser Bolzen geht zugleich durch die dazu angebrachten viereckigen Löcher der beiden geschmiedeten Ueberlege= oder Klammereisen g, g' durch, von denen das obere g, Fig. 12, 13. durch den Kopf des Bolzens e, und das untere g', durch einen Splint β, welchem letzteren das in dem hervorragenden Ende des durchgesteckten Bolzens e angebrachte Schlitzloch gehört, gegen die äußere runde Fläche der aus den beiden Hälften c und d zusammengesetzten Muffe getrieben und festgehalten wird. Jene Ueberlegeeisen, welche Fig. 16 a. in der Oberansicht und Fig. 16 b. in der Seitenansicht darstellen, sind an beiden Enden mit kleinen Nasen versehen, mit denen sie in die kleinen Vertiefungen a Fig. 17 B, C. auf den äußern Stirnseiten der beiden Muffenhälften c und d eingreifen und das Auseinandergehen derselben verhindern. Die Ueberlegeeisen haben eine solche Länge, daß die beiden Muffenhälften einigen Spielraum zwischen sich lassen. Der Bolzen e erhält auch einigen Spielraum in den Nuthen der Muffenhälften, damit, wenn die Axen der beiden Wellen a und b nicht mehr genau in einer geraden Linie liegen, ein Zerbrechen des Bolzens, der Muffenhälften oder der Köpfe, worauf letztere aufgeschoben sind, nicht erfolgen könne. So nothwendig auch ein solcher Spielraum aus diesem Grunde ist, so nachtheilig wirkt er, wenn er zu groß bleibt und wenn die Bewegung der angekuppelten Welle mit starken Stößen und Erschütterungen verbunden ist. Die Stirnen der Köpfe der Wellen a und b, worauf die beiden Muffenhälften c und d aufgeschoben sind, müssen eine Entfernung von etwa 3 Zoll von einander erhalten, damit der Bolzen e in den Nuthen der Muffenhälften zwischen diesen Köpfen frei durchgehen und von denselben nicht berührt werde.

Diese Keilmuffen haben sich zwar als dauerhaft bewährt, veranlassen aber doch die Unbequemlichkeit, daß die Schwungradwelle mit ihren Lagerständern seitwärts gerückt werden muß, wenn sie von den Köpfen der Wellen abgenommen werden sollen. Man hat versucht, die beiden Muffenhälften in der Rich=

tung ihrer Axe, aus zwei Theilen zusammenzusetzen und durch Schraubenbolzen an einander zu befestigen, um sie leichter wieder abnehmen zu können; allein sie haben sich (wenigstens in den ausgeführten Dimensionen und Construktionen) als wenig haltbar erwiesen.

Vorzuziehen ist es, die untere Getriebewelle a mittelst einer 3 bis $4\frac{1}{2}$ Fuß langen Zwischenwelle mit der Betriebs- oder Schwungradwelle durch zwei Muffen, welche sich auf die Zwischenwelle zurückschieben lassen, zu verbinden, weil sich die Zwischenwelle (und auch die Muffen), wenn sie schadhaft geworden, dann leicht abnehmen lassen. Diese Zwischenwellen sind besonders nothwendig, um die Wellen der Kuppelungsgetriebe mit den Walzen der Stabeisen- und Blechwalzwerke, und bei Schneidewerken mit den Schneideschеiben zu verbinden, und die Bewegung der ersteren den letzteren mitzutheilen, damit eine Abweichung der Axen der Walzen oder Schneiden, von den Axen der Kuppelungs-Getriebewellen, nicht ein Zerbrechen der Walzenzapfen, oder der Zähne der Kuppelungs-Getriebe ꝛc. veranlassen. Um dies Zerbrechen zu verhüten, müssen die Muffen einigen Spielraum auf den Köpfen der Walzen, der Kuppelungsgetriebewellen und der Zwischenwellen erhalten.

Bei den Blechwalzwerken, bei denen man gewöhnlich nicht mehr, wie früher, die Bewegung der obern Walze, durch deren Friction auf die untere Walze fortpflanzt, sondern gleichfalls durch eine Zwischenwelle bewirkt, ist eine lange Zwischenwelle besonders unentbehrlich, weil die Entfernung der Axen der Walzen von einander, vorzüglich wenn Pakete gewalzt, oder starke Stürze ausgestreckt werden, ganz unvermeidlich bleibt.

In Fig. 12. und 13. sind f dergleichen Zwischenwellen, welche mittelst der Muffen h mit den Zapfenköpfen der Walzen k und den Kuppelungs-Getriebe-Wellen verbunden sind. Durch die eisernen Keile i werden die Muffen h verhindert, sich seitwärts nach den Zwischenwellen f hin zu verschieben.

Früher waren die Zwischenwellen häufig mit den Kuppelungsgetrieben, und mit den Muffen, durch welche die Zapfenköpfe der Walzen mit ihnen verbunden wurden, aus einem Stück gegossen. Von dieser fehlerhaften Konstruktion, die so vielen Bruch veranlaßt, ist man seit längerer Zeit abgegangen, und bringt die Kuppelungsgetriebe, wie in Fig. 12 — 14. zwischen zwei besonderen nahe aneinander liegenden Ständern m (Kuppelungsständern) an, in denen sie mit den beiden Zapfen ihrer Wellen in Lagern liegen, damit sie eine unverrückbare Lage erhalten. Der dann noch nothwendige Spielraum findet bei dieser Konstruktion nur innerhalb der Muffen h der Zwischenwellen f statt. Das Heben der Zapfen der obern Kuppelungsgetriebe r, wird durch zwei Zoll starke nach unten gebogene geschmiedete Schienen n, mittelst der aufliegenden starken buchenen Hölzer p verhindert. Die Hölzer p sind durch geschmiedete Zugbänder o mit den eisernen Riegeln q verbunden, welche die Zapfenlager dieser Getriebe tragen.

Fig. 18—24. stellt die Kuppelungs-Vorrichtung zweier gußeiserner Hammerwellen auf dem Messingwerk zu Hegermühle bei Neustadt Eberswalde dar. Fig. 18. ist die äußere Längenansicht eines Theils der beiden gekuppelten, 15⅓ und 16 Fuß langen Wellen. Auf die, zwischen den beiden Lagerständern a und b vor denselben hervorragenden sechseckigen Köpfe der Zapfen beider Wellen, wird die aus zwei gleich construirten Hälften c und d bestehende Scheibenmuffe aufgeschoben. Die Köpfe der Wellenzapfen haben zwischen ihren Stirnen 1½ Zoll Spielraum. Die Scheibenmuffen-Hälften c und d, welche Fig. 19. in der äußern und Fig. 20. in der innern Stirnfläche darstellen, erhalten auf den innern Stirnseiten Fig. 20. drei gleich weit von einander abstehende, 2 Zoll tiefe Einschnitte oder Vertiefungen, wie bei α angedeutet ist. In diese aufeinander passenden Vertiefungen α werden gußeiserne Zwischenstücke β Fig. 20. in der Form der Vertiefungen α eingesetzt, in welchen sie, da sie etwas kleiner sind als die Vertiefung, einigen Spielraum haben. Diese Zwischenstücke sind vier Zoll stark und greifen daher sowohl in die Scheibenmuffen-Hälfte c, als auch in die d, 2 Zoll tief in deren Vertiefungen ein, und bewirken, daß die eine Muffenhälfte der andern die Bewegung ertheilt. Fig. 21 a. stellt diese Zwischenstücke in der obern Ansicht, Fig. 21 b. in der Seitenansicht und Fig. 21 c. in der untern Ansicht besonders dar. Sie sind auf den obern Seiten mit bogenförmigen Ausschnitten δ Fig. 21 a, b versehen, in welchen sie durch die Splintbolzen ε Fig. 18, 19, 20. so gehalten werden, daß sie aus den Vertiefungen der Muffe nicht herausfallen können. Da die Zwischenstücke β auch gegen die Splintbolzen ε, durch welche die Muffenhälften zugleich aneinander befestigt werden, Spielraum behalten, so kann eine geringe Abweichung der Axen der Wellen von der geraden Linie kein Abbrechen der Wellenzapfen verursachen. Aus Fig. 18. ist in der äußern Längenansicht, und aus Fig. 22. in der Stirnansicht, die Zusammensetzung der Fig. 23. im Profil dargestellten gußeisernen Wellzapfen, mit den gußeisernen sechskantigen, durch Rippen γ verstärkten Wellen, zu ersehen. Fig. 24. ist der vertikale Durchschnitt der, aus einzelnen mit aufwärtsstehenden Verstärkungsrippen γ versehenen Platten mittelst Schraubenbolzen zusammengesetzten gußeisernen Wellen.

Fig. 25—35. Kuppelung der Schwungradwelle mit der Zwischenwelle des Stabeisenwalzwerks, auf der Eisenhütte zu Rybnick in Oberschlesien.

Diese Kuppelung wird durch zwei Scheiben a und b, wie Fig. 25. in der Längenansicht zeigt, bewirkt, deren sich berührende Stirnflächen mit Verzahnungen in einander greifen. Die der Schwungradwelle c zunächst befindliche Kuppelungsscheibe a, welche in Fig. 26 von der innern Stirnseite, in Fig. 27. im vertikalen Durchschnitt und in Fig. 28. in der Seitenansicht dargestellt ist, hat einen mit 6 Löchern e versehenen Rand d, durch welchen sie mittelst der durch die Löcher e durchzusteckenden 6 Schraubenbolzen, mit ihrer hintern Stirnseite an den sechs Armen des auf dem Zapfenkopf der Schwungradwelle c befestigten Getriebes f angeschraubt wird. Dieses Getriebe, welches noch andere Wellen in Bewegung zu setzen bestimmt ist, stellt Fig. 29. von der innern Stirnansicht und Fig. 30. im vertikalen Durchschnitt dar. Es ist mittelst eines kleinen runden Bolzenstifts α, welcher mit der einen Hälfte in die halbrunde Vertiefung des Zapfenkopfs der Schwungradwelle c und mit der andern Hälfte in die halbrunde Vertiefung der innern runden Fläche des Zapfenloches des Getriebes horizontal eingreift, auf dem runden Kopf der Schwungradwelle c befestigt. In den durch die sechs Arme desselben durchgehenden sechs viereckigen Löchern β wird die Kuppelungsscheibe a mit ihrem Rande d durch 6 Schraubenbolzen, in der schon erwähnten Art, mit den Armen des Getriebrades f fest verbunden. Die Kuppelungsscheibe a ist in der Mitte mit einem ausgebohrten runden Loch γ Fig. 26, 27. versehen, worin die Zwischenwelle g Fig. 25., deren Vorderende Fig. 34. in der Längenansicht darstellt, mit ihrem Zapfen δ Fig. 34. willig hineinpaßt und darin ihr bewegliches Auflager erhält. Fig. 35. ist die Stirnansicht der Zwischenwelle g.

Die Kuppelungsscheibe b, die in Fig. 31. von der innern Stirnansicht in Fig. 32. im vertikalen Durchschnitt und in Fig. 33. in der Seitenansicht dargestellt ist, und welche mit ihrer innern verzahnten Stirnfläche in die Verzahnung der innern Stirnfläche der Kuppelungsscheibe a eingreift, wodurch sie von der letzteren ergriffen und bewegt wird, wird auf die im Querschnitt rosettenförmig gestaltete Zwischenwelle g mit ihrem eben so gebildeten Loche, willig aufgeschoben, so daß sie einen hinreichenden Spielraum auf derselben behält. Sie ist auf ihrer äußern runden Fläche mit einer ausgedrehten Nuth oder Vertiefung ε Fig. 25, 32, 33. versehen, in welche die gerundeten abgeschliffenen Enden einer mit einem Hebelsarm verbundenen (in der Zeichnung nicht angegebenen) Gabel eingreifen. Mittelst des mit dieser Gabel verbundenen Hebelarms läßt sich die Kuppelungsscheibe b aus der Verzahnung der Kuppelungsscheibe a, auch während der Bewegung beider Wellen c und g, ausrücken und bis zu dem an der Zwischenwelle g angegossenen vorstehenden Rand oder Bund h zurückschieben, wodurch sie und zugleich auch die Zwischenwelle g außer Bewegung gesetzt wird. (§. 861

Tafel XXXIX.

Fig. 1—4. Doppel-Frischfeuer mit gemeinschaftlicher Esse, auf der Karstenhütte bei Rybnick in Ober-Schlesien.

Fig. 1. Vorderansicht der beiden Frischfeuer, Fig. 2. Seitenansicht von der Gichtseite, Fig. 3. Grundriß nach der punktirten Linie AB über der Form in Fig. 1. und 2., Fig. 4. Vertikaler Durchschnitt durch den Frischheerd und das Schlackenloch nach der Linie CD in Fig. 3.

Die beiden Frischfeuer liegen dergestalt an der gemeinschaftlichen Esse, daß sie mit ihren Formseiten 2′ 4″ vor der Esse vorspringen, um dadurch zwischen den Heerden und der Esse einen freien Raum zu erhalten, sowohl für die Windleitungsröhren i, als auch um während der Frischarbeit zu den Formen h gelangen zu können. Auf der hintern Seite der beiden Heerde springt die Esse, welche daselbst (Fig. 3.) mit ihren Umfassungsmauern 5½ Fuß im Quadrat groß ist, 2½ Fuß vor. Der 1½′ im Quadrat weite Essenschacht k dient nicht als Zugröhre, sondern nur als eine Abzugsröhre für Rauch und Flamme. Die Sohle desselben innerhalb der Essenmauer befindet sich erst in der Höhe von 5 Fuß über der Hüttensohle, so daß an Mauerwerk hätte gespart werden können, wenn unter demselben ein überwölbter Raum, der zugleich als ein Durchgang dienen konnte, angelegt worden wäre. In den Formmauern, zunächst der Hinterwände der beiden Frischfeuer, befinden sich 4' 2" über der Hüttensohle die beiden 15" hohen, 14" breiten Füchse l, welche, schräg aufsteigend, in einer Höhe von 7½ Fuß über der Hüttensohle, in der gemeinschaftlichen Esse ausmünden. Die Mäntel n über den beiden Heerden, welche den Rauch und die Flamme aus dem Hüttengebäude ab- und durch die Füchse l der Esse zuleiten, sind nicht, wie gewöhnlich, massiv, sondern von gewalztem Eisen aus einzelnen Tafeln zusammengeniethet, um die für die massiven Mäntel erforderlichen starken Unterstützungen zu ersparen. Sie ruhen mit ihrem untern Rande in einem, an der obern Kante der vertikalen, aus zwei Theilen zusammengesetzten und geschweiften Trageplatte s angegossenen Falz. Die Seitenkanten der Mäntel sind auf den, oben nach der Schräge der Mäntel abgeschmiegten Form- und Hintermauern der Frischfeuer befestigt. Die Trageplatten s, welche auf der vordern oder äußern Seite mit einem angeschraubten gußeisernen Gesimse verstärkt und verziert sind, werden bei jedem Frischfeuer von durchschnittlich 4" starken gußeisernen dorischen Säulen u getragen. Diese Säulen ruhen auf den gußeisernen Vorheerdplatten g, (Deckplatten) welche den Heerdraum auf der Vorder- und Gichtseite begränzen und bedecken. In dem Mauerwerk v des Heerdraums ist auf der vordern Seite, unter der Vorheerdplatte g, das Schlackenloch f ausgespart. Der Heerd muß eben so stark fundamentirt sein, wie die Esse, damit keine Senkung des Mauerwerks statt findet. Der Theil a der Oberfläche des Heerdraums, welcher mit gußeisernen Platten bedeckt ist, dient nicht allein zum Auflager der zum Verfrischen bestimmten Roheisenstücke (Gänze), sondern auch zum Raum für die glühenden Kohlen und das halbgefrischte Eisen bei dem Rohaufbrechen, so wie überhaupt zum Kohlenraum. In dem Raum m hinter dem Frischheerd und dem Kohlenraum a, welcher durch gußeiserne Platten w abgeschieden ist, sammelt sich die aus dem Frischheerd herausgeworfene Asche. q sind gegossene Ankerplatten zur Befestigung der Heerdmauern. Bei dem Frischheerd selbst ist b der Gichtzacken, c der Hinterzacken, d der Formzacken, e der Frischboden. In dem sogenannten Formstall x ist der Formkasten o, in welchem die Form h eingesetzt wird, eingemauert. Die Düsen sind mittelst lederner Schläuche p mit den Windleitungsröhren i verbunden. Die Regulirung des Windes während der Frischarbeit geschieht mittelst der Kurbeln z oben an den vertikalen Windleitungsröhren. (§. 873)

Fig. 5—9. Einfaches Frischfeuer von gewöhnlicher deutscher Einrichtung.

Fig. 5. Vorderansicht, Fig. 7. Ansicht von der Gichtseite, Fig. 9. Grundriß oder horizontaler söhliger Durchschnitt über der Form nach der Linie AB in Fig. 5., Fig. 6. Vertikaler Durchschnitt nach CD in Fig. 9. und Fig. 8. Vertikaler Durchschnitt nach EF in Fig. 9. Die Esse befindet sich unmittelbar über dem Heerd, ist $4\frac{3}{4}$ Fuß im Quadrat weit, und mit dieser Weite etwa noch 4 bis 5 Fuß über dem Dachforst lothrecht aufgeführt. Bei vielen deutschen Frischfeuern erhalten die Essen keine gleichbleibende lichte Weite, sondern sie verjüngen sich nach und nach in einer Höhe von 5 bis 8 Fuß über dem Heerde, so daß dadurch ein Mantel gebildet wird, über welchem die Esse mit etwa 20 Zoll oder 2 Fuß im Quadrat lichter Weite aufgemauert ist und über den Dachforst hinausreicht. Die hier dargestellte Esse ist in einzelnen Absätzen aufgeführt und nimmt in ihren Umfassungsmauern bei jedem Absatz an Stärke ab. Sie ist auf allen Seiten verankert. Um das Auswerfen von Funken aus der Esse zu verhindern, sind innerhalb der Esse sogenannte Funkenfänge angebracht. Sie bestehen aus gußeisernen Platten m, welche (Fig. 5. und 6.) in entgegengesetzten geneigten Richtungen auf eingemauerten gußeisernen Balken ruhen, so daß die in der Esse aufsteigenden Funken anprallen und auf den Heerd zurückfallen. Diese einfache Vorrichtung ist ganz geeignet, die durch umhersprühende Funken leicht eintretende Feuersgefahr zu beseitigen.

Statt den ganzen Heerdraum auf der vordern Seite mit einer gußeisernen Brustplatte (Vorheerdplatte) h einzuschließen und mit einer breiten gußeisernen Deckplatte g zu bedecken, begränzt man den eigentlichen Frischheerd auch wohl nur mit einem gußeisernen Zacken (Schlackenzacken) und schließt den übrigen Heerd durch Mauerwerk ein. In der Vorheerdplatte h befindet sich bei x Fig. 5, 8 und 9. das Schlackenloch zum Ablassen der Schlacke aus dem Frischheerd. Die Zusammensetzung des eigentlichen Frischheerdes aus gußeisernen Platten oder sogenannten Zacken geschieht durch den Formzacken b, durch den Gichtzacken c, durch den Hinter- oder Aschenzacken d, und durch den Boden a, welcher auf einer Lehmsohle liegt, die auch den Raum vor der Schlackenöffnung ausfüllt, wenn die Bodenplatte nicht groß genug ist. Unter der Lehmsohle befindet sich das sogenante Tümpelloch o, welches mit einer gußeisernen Platte bedeckt und mit einer Röhre e verbunden ist, durch welche das zur Abkühlung des Bodens bestimmte Wasser in das Tümpelloch geleitet wird. Der Raum i für die Form in der Formmauer (Formstall) ist mit gußeisernen Platten eingefaßt und überdeckt, häufig besteht er nur aus einer Oeffnung in der Essenmauer. Eine Einfassung und Bedeckung mit gußeisernen Platten ist aber zweckmäßig, um die durch das häufige Ausbrennen der Mauerung in der Formgegend vorkommenden Reparaturen zu erleichtern. Die zwischen dem Gichtzacken c des Frischheerdes und der Gichtmauer f auf dem Heerde befindliche gußeiserne Platte z, welche bis zur Gichtöffnung in der Gichtmauer f hinausreicht, dient als Unterlage für die zu schmelzenden und nachzuschiebenden Roheisengänge, so wie zum Aufbringen von Kohlen, und zum einstweiligen Auflager der niedergeschmolzenen und halbgefrischten Eisenstücke bei dem Rohaufbrechen (§. 873.).

Fig. 10 — 11. Löschfeuer zu Suhl, im Hennebergischen.

Fig. 10. Horizontaler Durchschnitt des Löschfeuers über der Form; Fig. 11. Vertikaler Durchschnitt nach der Linie AB in Fig. 10.

Das Löschfeuer unterscheidet sich von dem gewöhnlichen deutschen Frischfeuer nur dadurch, daß es weder einen gußeisernen Boden noch einen gußeisernen Formzacken und Hinterzacken hat. Es besteht aus einer Grube d von Kohlenlösche, die auf der Gichtseite von einem alten Gußstück, gewöhnlich einem alten Amboß b begrenzt wird. Der Trog c auf der Gichtseite dient als Wasserbehälter, indem das Anbrennen der Kohlenlösche durch öfteres Begießen derselben mit Wasser verhütet werden muß. Unter dem Löschheerd befindet sich in dem Mauerwerk von Bruchsteinen ein Kanal a zum Abzug für die Feuchtigkeit. Die Form e liegt söhlig und steht 6 Zoll in den Heerd; die Kohlengrube ist 7 — 9 Zoll (vom Niveau der Form an gerechnet) tief und der Stübbeheerd 4 — 5 Zoll stark (§. 919.).

Fig. 13—14. Doppelesse zu Jedlitze in Oberschlesien.

Fig. 12. Vorder-Ansicht; Fig. 13. Vertikaler Durchschnitt nach AB in Fig 12. und 14.; Fig. 14. Grundriß nach CD in Fig. 12.

Die gemeinschaftliche Esse für die beiden Frischfeuer tritt von der vordern Seite derselben 4 Fuß zurück, so daß zwischen der Esse und den Formmauern der beiden Essen, welche hier 6 Fuß von einander entfernt sind, ein 6 Fuß langer, 4 Fuß breiter Raum für den Windkasten a und die beiden Düsenröhren b b verbleibt. Auf der hintern Seite tritt die Esse 1 Fuß vor den hinteren Wänden der beiden Heerdmauern vor. Die beiden Frischfeuer lehnen sich nicht, wie bei der Doppelesse in Fig. 1 — 4., an den Essenmauern mit ihren Formmauern an, sondern die Esse bildet mit ihrem untern 10 Fuß langen und 6 Fuß breiten Mauerwerk zugleich einen Theil der Formmauern. Unter dem Essenschacht, dessen Sohle 7 Fuß 1½ Zoll höher liegt als die Hüttensohle, ist durch die Essenmauer ein 2½ Fuß breiter, 6 Fuß hoher überwölbter Durchgang c, theils zur Communication, theils zur Ersparung von Mauerwerk angelegt. Der Essenschacht ist in einer lichten Weite von 2½ Fuß im Quadrat bis einige Fuß über den Dachforst hinaus lothrecht aufgeführt. Unten über dem überwölbten Durchgang c befindet sich in der Essenmauer eine ½ Ziegel starke vermauerte Oeffnung (Blende), welche geöffnet wird, wenn der untere Theil des Essenschachtes von der Funkenasche gereinigt werden soll. Der Feuersicherheit wegen sind ebenfalls Funkenfänge im Essenschacht angebracht, auch ist die Esse mittelst Anker und Ankersplinten verankert.

Das Mauerwerk des Heerdes ist auf der Arbeits- und Gichtseite, wie bei Fig. 1—4., zum Schutz gegen Beschädigungen durch das Arbeitsgezähe, mit gußeisernen Platten (Vorheerdplatten) d eingefaßt. Auf der vordern Seite befindet sich darin das Schlackenloch e. Die Vorheerdplatten d sind mit breiten gußeisernen Deckplatten f, welche bei jedem Frischfeuer mittelst Schwalbenschwanzzapfen mit einander verbunden sind, bedeckt.

Ueber den Heerdräumen ruhen die gewölbten Heerdmäntel mit ihren Widerlagen und Umfassungsmauern, an den Vorder- und Gichtseiten der Heerde, auf 8 Zoll breiten, 6 Zoll starken gußeisernen Ankern g, welche mit einem Ende in den Formmauern und in den hintern Mauern des Heerdes ein festes Auflager haben, am anderen Ende aber, an der Ecke der Vorder- und Gichtseite des Heerdes, von einem 4½ Zoll im Quadrat starken gußeisernen Ständer h, welcher auf der Deckplatte f ruht, getragen werden. Zwischen diesen Mantel-Umfassungsmauern sind die Manteldecken i, in der Richtung von der Form- nach der Gichtseite, einen Stein stark eingewölbt. In diesen

Decken befinden sich 2 Fuß 10 Zoll lange 2½ Fuß breite Fuchsöffnungen k für die Einmündung des Funkenstromes. Ueber diesen Oeffnungen sind, zum Theil auf der gewölbten Decke, zum Theil auf den Umfassungsmauern des Mantels, die Füchse l zuerst lothrecht und dann in schräg aufsteigender Richtung, der Esse zugeführt und münden in dem Essenschacht ein. Die Umfassungsmauern des Heerdmantels reichen 13 Fuß über die Hüttensohle hinauf und bis dahin sind auch die Essenmauern in gleicher Stärke aufgeführt; weiter nach oben ist die Esse im äußeren Querschnitt nur mit einer Weite von 5 Fuß im Quadrat bis zum Dachforst hinaus aufgeführt. — Um die Trage-Anker g nicht zu sehr durch Mauerwerk zu belasten, sind über denselben in den Heerdmantelmauern auf der Vorder- und Gichtseite ½ Stein starke halbkreisförmige Blenden m angebracht. Dennoch ist nicht zu läugnen, daß die Heerdmantel- und Essenmauern in übermäßiger Stärke ausgeführt sind. An den Form- Gicht- und Vorderseiten sind die Umfassungsmauern des Heerdmantels an den Ecken theils zum Widerlager für die gewölbten Manteldecken und Blendbogen m, theils zur Sicherung gegen die Beschädigung durch das Arbeitsgezähe, mit gußeisernen Ankerplatten n verblendet. Die Ankerplatten sind an den lothrechten Seitenkanten mit hervortretenden Rändern o versehen, um das Arbeitsgezähe so gegen die Ankerplatten n stellen zu können, daß sie mit ihren obern Enden nicht seitwärts ausweichen.

Bei den eigentlichen Frischheerden ist p der Hinterzacken, r der Formzacken, s der Gichtzacken q der Boden. Bei letzterem ist t ein besonders eingesetztes Stück, wenn der Boden in erforderlicher Größe zufällig nicht vorhanden war. Der Raum v des Heerdes, welcher ebenfalls mit gußeisernen Platten bedeckt ist, dient zum Auflager für die einschmelzenden Roheisengänze und zur Aufschüttung von Kohlen; der Raum u aber zur einstweiligen Ansammlung der aus dem Frischheerd geworfenen Kohlenasche. Der Boden q des Frischheerdes liegt, wie gewöhnlich, auf einer Sohle von Lehm, und unter dieser befindet sich das mit einer gußeisernen Platte lose bedeckte Tümpelloch, in welches mittelst einer außerhalb des Heerdes ausmündenden Röhre, zur Abkühlung des Bodens, Wasser hineingeleitet wird. An dem Trage-Anker g, an der vordern Seite des Frischheerdes, hängt die gegossene Platte x, welche die Frischarbeiter gegen die Hitze des Feuers schützen soll (§. 873.).

Tafel XL.

Fig. 1—3. Zwei Frischfeuer unter gemeinschaftlichem Essenmantel zu Gottartowitz bei Rybnick in Ober-Schlesien.

Fig. 1. Ansicht der beiden Heerde von der Gichtseite mit der hinterliegenden Frischesse; Fig. 2. Vordere Ansicht des nach Fig. 3. zur Linken gelegenen Heerdes; Fig. 3. Grundriß nach der gebrochenen punctirten Linie in Fig. 2., nämlich nach AB, CD, EF.

Beide Heerde liegen so aneinander, daß sie eine gemeinschaftliche Rückwand a haben und daß ihre Formmauern b in einer Fluchtlinie liegen. Die gemeinschaftliche Esse c liegt mit ihrer Umfassungsmauer zwischen den Formen der beiden Frischheerde und an der Formmauer b, die hier zugleich die Essenmauer bildet. Die Essenmauer enthält noch einen zweiten Essenschacht d, welcher für einen noch anzulegenden Glühofen bestimmt ist. Die gesammte Essenmauer hat eine Breite von 6½ Fuß und mit Einschluß des in der Formmauer liegenden Theils derselben eine Länge von 8½ Fuß, in welcher Dimension sie 11½ Fuß hoch, von der Hüttensohle an, aufgeführt ist; alsdann springt dieselbe auf allen Seiten 6 Zoll zurück und bildet den ersten Absatz, welchem bis zur Dachfirste hinaus noch zwei dergleichen Absätze folgen. Beide Essenschächte, von denen der c, 2½ Fuß lang, 1¾ Fuß breit, der d 1¾ Fuß lang und 1 Fuß breit ist, beginnen schon 22 Zoll über der Hüttensohle und haben daselbst mit Thüren zu versehende (oder verloren ½ Stein stark zuzumauernde) Oeffnungen e und f, durch welche die angesammelte Asche aus den Essen von Zeit zu Zeit herausgeschafft wird. Die Esse ist auf allen Seiten in bekannter Art verankert. Die Brustwand des Vorheerdes beider Frischfeuer ist mit gußeisernen Brustplatten (Vorheerdplatten) g, in denen sich das Schlackenloch w befindet, bekleidet. Dieselben sind mit einer gußeisernen, übergreifenden und durch Schwalbenschwänze aneinander fest anschließenden Deckplatte h bedeckt. Außerdem ist der Heerdraum zwischen dem Frischheerd und der Deckplatte h an der Gichtseite mit gußeisernen Platten belegt, welcher zum Auflager der einzuschmelzenden Roheisengänze, so wie zur Aufnahme der Kohlen und des Eisens bei dem Aufbrechen dient. Der beiden Frischfeuern gemeinschaftliche Heerdmantel ist aus einzelnen zusammen genietheten starken Eisenblechtafeln construirt und schließt sich an der Form- und Essenmauer über dem obern Rand der Fuchsöffnung i dicht an. Die gemeinschaftliche Rückwand a ist nur bis 5 Zoll hoch unter dem untern Rande der gemeinschaftlichen Fuchsöffnung i, aufgeführt. Mit dem untern Rande ist der Mantel k auf einer starken geschmiedeten, unter zwei rechten Winkeln gebogenen Trageschiene l festgenietbet, deren beide Enden durch die Formmauern durchgeführt und außerhalb verankert sind. Diese, dem Mantel zum Auflager dienende Trageschiene wird von einer breiten und zur Verminderung des Gewichts mit zwei großen ovalen Oeffnungen versehenen Trageplatte m unterstützt, welche mit ihrer 4 Zoll breiten Fußplatte auf dem Heerde aufsteht, außerdem mit drei Zapfen von 12 bis 15 Zoll Länge in die Heerdmauer hineingreift, und in der Mitte ihrer innern Seite an der gemeinschaftlichen Heerdrückwand a fest anliegt. In dieser Lage und ihrer lothrechten festen Stellung wird die Platte m durch 5 Anker gehalten. Die mittleren drei Anker n, von denen der untere innerhalb der Rückmauer a, die andern beiden n aber zu beiden

Seiten derselben dicht anschließend, durch die Essenmauer ganz durchreichen, sind innerhalb der Esse mittelst Splinten durch die Ankerköpfe befestigt und halten die Trageplatte m durch die an ihren andern Enden vortretenden Köpfe. Die beiden andern über dem Heerd freiliegenden Anker sind in der Essenmauer fest vermauert und an ihren durch die Platte m mit Schraubengewinden durchreichenden vordern Enden durch vorgeschraubte Schraubenmuttern befestigt. Zugleich mit diesen Muttern sind zwei Bänder p befestigt, durch welche die Trageschiene l mit der Tageplatte m verbunden wird. Die Frischheerde sind in beiden Frischfeuern von gleichem Bau und es sind q die Formzacken, r die Hinterzacken, s die Gichtzacken, t die Boden. Die gußeisernen eingemauerten Platten u und v begränzen die eigentlichen Formmauern und lassen sich, wenn sie schadhaft geworden sind, ohne Nachtheil für das darüber befindliche Mauerwerk leicht auswechseln. x sind gußeiserne Kasten zur Aufnahme der Formen. Außerhalb der Formmauern befinden sich die mit Windregulirungshähnen versehenen gußeisernen Windzuleitungsröhren z. Um die Formmauern auf der Arbeitsseite vor Beschädigungen zu schützen und zugleich den Platten u eine Unterstützung zu geben, sind die gußeisernen Anker- oder Schutzplatten y angebracht und mittelst Ankern befestigt In diese Platten greifen die Platten u mit einem Zapfen ein, wodurch sie ein festes Auflager erhalten, wenn unter ihnen die beschädigte Formmauer herausgebrochen wird (§. 873.).

Fig. 4—6. Frischfeuer für die Siegener Einmalschmelzerei, auf der Hütte zu Dillenbach.

Fig. 4. Vertikaler Durchschnitt nach der Linie AB in Fig. 5.; Fig. 5. Grundriß nach EF in Fig. 4. und Fig. 6. vertikaler Durchschnitt nach der Linie CD in Fig. 5.

Das Feuer oder der Einschmelzheerd liegt unmittelbar auf dem festen Erdreich, ohne einen Abzugskanal unter dem Frischboden a. Der Formzacken b neigt sich oben in den Heerd hinein und macht mit dem Hinterzacken c einen spitzen Winkel. Er erhält eine solche Stellung, damit die Mittellinie zwischen den beiden Düsenachsen, nämlich $\alpha\beta$, denselben rechtwinklich schneidet. Der Gichtzacken d hat eine geringe Neigung aus dem Heerde, der Hinterzacken c steht lothrecht. Vor dem Heerdboden liegt in geneigter Lage ein Zacken e, um die Luppe bequem über demselben aus dem Feuer herauszuschaffen.

Vor diesem Zacken e (Blech genannt) liegt das aus gußeisernen Platten zusammengesetzte Schlackenloch f (Lachthohl), welches sich von innen nach außen erweitert. Ueber demselben befindet sich eine Heerdplatte g, neben welcher der übrige Heerdraum mit den Platten h, i, k, bedeckt ist. Oberhalb des Formzackens b steht in der Formmauer das Formhäuschen l mit der halbrunden Oeffnung m, in welche die Form eingesetzt wird. Um hinter dem Formhäuschen l hinreichenden Raum für das Einsetzen der Form zu erhalten, wird der gußeisernen eingemauerten Trageplatte p ein bogenförmiger Ausschnitt zugetheilt, unter welchem sich der Formraum o befindet. Auf der horizontalen Trageplatte p steht die Feuerplatte q auf, weshalb erstere um die Dicke der letzteren in das Feuer hineinspringt. Diese Feuerplatte, welche auf den Kanten mittelst Hacken an der Formmauer befestigt ist, schützt dieselbe gegen das Wegschmelzen. Die 21 Zoll über der Platte p horizontal eingemauerte Trageplatte r soll das obere Mauerwerk tragen, wenn das darunter befindliche schadhaft gewordene ausgewechselt werden muß. Auf dem Hinterzacken c steht die Feuerplatte t, welche sich an der Brandmauer u anlehnt und von der Platte o Fig. 9. überdeckt wird. Der Raum v über dem Zacken e wird mit Kohlenlösche ausgefüllt (§. 921.)

Fig. 7—11. Frischfeuer mit Glühofen, zu Lauffen bei Schaffhausen.

Fig. 7. Grundriß mit dem Glühofen und der Esse über den Heerden genommen; Fig. 8. vertikaler Längen-Durchschnitt nach der Linie AB in Fig. 7.; Fig. 9. vertikaler Querdurchschnitt nach der Linie CD in Fig. 7.; Fig. 10. vertikaler Querdurchschnitt nach EF in Fig 7.; Fig. 11. vertikaler Querdurchschnitt nach GH in Fig. 8.

Der mit dem Frischfeuer verbundene Glühofen nebst Esse hat die Construction eines gewöhnlichen Flammenofens, nur mit dem Unterschiede, daß der Feuerungs- und Rostraum hier wegfallen, indem die glühenden Gase aus dem Frischheerd über den Heerd des Glühofens geleitet werden, wie aus Fig. 7. u. 8. zu ersehen ist. Der Frischheerd ist wie gewöhnlich aus dem Formzacken b, Gichtzacken d, Rückzacken c, dem Boden a und Schlackenzacken k zusammengesetzt und die gußeiserne Platte e bildet den Vorheerd. In dem Theile f, welcher die Formmauer vertritt, befindet sich der gußeiserne eingemauerte Formkasten h zur Aufnahme der Form i. Der Heerd des Glühofens, welcher auf einem Gewölbe ruht, zerfällt in zwei Theile, von denen die Abtheilung g (das Bankett genannt) mit der Oberkante des Hinterzackens c beginnt, und sich mit einer Steigung von etwa 2 Zoll bis zu Ende der ersten Seitenöffnung l, wie die in Fig. 7. gezeichnete Linie $\alpha\ \beta$ angiebt, erstreckt; die andere Abtheilung k aber in horizontaler Lage bis zur Esse geführt und durch die Seiten-Oeffnung m zur Benutzung zugänglich ist. Die beiden Oeffnungen sind mit gußeisernen Platten eingefaßt, die mit vertikalen Falzen versehen sind, in denen sich gußeiserne Verschlußthüren, in ähnlicher Art wie bei den Flammenöfen, bewegen. Der Theil g des Heerdes dient zum Glühen des zu verfrischenden Roheisens, welches durch die Thüröffnung l eingebracht wird; der Theil k aber zum Ausglühen des auf dem Walzwerk oder unter Hämmern auszustreckenden gefrischten und vorher in Kolben zertheilten Eisens. Soll der Ofen zum Glühen längerer Stäbe oder von Blechen benutzt werden, so ist es bequemer den Heerd k höher zu legen, und die Einsetzthür m unter die Esse zu verlegen. Das Bankett g bleibt unverändert und wird durch eine Art von Feuerbrücke gegen den Heerd m abgegränzt, welche sich dann bis zu letzterem erhebt. Der mit dem Frischfeuer verbundene Glühofen ist mit einem flachen Gewölbe t, wie bei den Flammenöfen, überdeckt und geschlossen. Es reicht über dem Frischheerd hinweg und stützt sich gegen eine über der Arbeitsöffnung desselben liegende, in die Seitenmauern des Ofens eingemauerte gußeiserne Platte. Auf der hintern Seite gegen die Esse hin, neigt sich das Gewölbe dem Heerde zu, woselbst der Glühofen mit dem Fuchs o in die Esse p einmündet. Die innern oder die Futtermauern des Frischheerdes und des Glühofens sind, wie auch das Gewölbe t, von feuerfesten Ziegeln aufgeführt und der Ofen mit dem darin befindlichen Frischfeuer ist ganz so wie die gewöhnlichen Flammenöfen verankert.

Innerhalb der Esse p befinden sich Winderhitzungs-Röhren q, r, s, v (Fig. 8. u. 11.), welche in die Mauern u eingreifen, von welchen sie getragen werden. Die von den innern Mauern u und den äußern Mauern z eingeschlossenen Räume, innerhalb deren sich die gebogenen Röhren befinden, welche die Röhren q, r, s, v zu einer zusammenhängenden Röhrenleitung verbinden, sind mit Kohlenlösche ausgefüllt, um das Abkühlen derselben zu verhindern. Die Construktion der Esse p, ihre Verankerung und Unterstützung durch gußeiserne Trageplatten y und Trageständerplatten z′ sind aus Fig. 8. und 11., so wie aus Fig. 7. zu ersehen. y′ ist das Knierohr, welches die Erhitzungsröhren mit der Windleitungsröhre für die kalte Luft vom Gebläse verbindet. Durch die Röhre w Fig. 7. und 11. wird die heiße Luft der Form i des Frischheerdes zugeführt. Die Richtung der in den Erhitzungsröhren strömenden Luft ist durch Pfeile angedeutet.

Mit der Röhre w ist in der Nähe der Esse zugleich eine Zweigröhre, die mit einem Hahn oder einer Ventilklappe versehen ist, verbunden, welche mit der Windleitungsröhre vom

Gebläse communicirt, so daß durch die Stellung des Hahns und durch das gleichzeitige Oeffnen oder Schließen einer in der Röhre y' angebrachten Absperrungs-Ventilklappe, bald kalte, bald erhitzte Luft in den Frischheerd geleitet werden kann (§. 910.).

Tafel XLI.

Fig. 1 — 3. Zwei Frischfeuer unter einem Essenmantel; zu Malapane in Ober-Schlesien.

Fig. 1. Vorder-Ansicht; Fig. 2. Horizontaler Durchschnitt nach der gebrochen punctirten Linie A B C D; Fig. 3. Vertikaler Durchschnitt nach der Linie E F in Fig. 2.

Die beiden Frischfeuern gemeinschaftliche Esse tritt 2½ Fuß von der vordern Seite derselben zurück. Der dadurch zwischen der Esse und den beiden 3½ Fuß von einander entfernten Formmauern gebildete Raum dient zur Aufstellung der Windleitungsröhren, des Windkastens a und eines Wasserkastens b, so wie überhaupt um zu den Formen gelangen zu können. Auf der hintern Seite der Rückmauern der beiden Heerde springt die Esse mit ihren Umfassungsmauern 2¾ Fuß gegen die Rückmauern vor, und bildet zugleich einen Theil der Formmauern der Heerde. Sie ist mit einem 6½ Fuß langen, und 6 Fuß breiten Querschnitt bis an das Hüttengebälk 16¼ Fuß hoch aufgeführt. Dort tritt das Mauerwerk derselben auf den äußern Seiten nach innen 6 Zoll zurück, wodurch ein Absatz gebildet wird, und die Umfassungsmauern um 6 Zoll schwächer werden. Eben dasselbe erfolgt nochmals in der Höhe des Kehlgebälkes, von wo die Esse in gleichem Querschnitt bis 3 Fuß hoch über der Firste des Hüttendaches aufgeführt ist. Nur der untere Absatz der Esse ist durch gußeiserne Anker, welche durch die Essenmauern gelegt und an beiden Enden mit starken Köpfen versehen sind, verankert. Der Essenschacht hat einen Querschnitt von 2 und 2½ Fuß, welchen er bis zur Ausmündung behält; er ist mit Funkenfängen in derselben Art versehen, wie solche zu Taf. XXXIX. beschrieben sind. In

Fig. 1. sind die punctirt angedeuteten gußeisernen Platten mit c, und die gußeisernen Balken, worauf jene sich stützen, mit d bezeichnet. In einer Höhe von 6 Fuß 10 Zoll über der Hüttensohle ist der bis zu dieser hinabreichende Essenschaft, der leichten Reinigung wegen, mit gußeisernen, auf eingemauerten Winkelschienen ruhenden Platten verschlossen, welche leicht von unten her abgenommen werden können. Zu diesem Zweck befindet sich auch ein in den Essenmauern überwölbter Durchgang unterhalb der Verschlußplatten, wodurch man zu denselben gelangen kann.

Beide Heerde sind von ganz gleicher Größe und Construktion. Die Vorheerde sind vorne mit gußeisernen Brust- oder Vorheerdplatten e, worin sich die Oeffnung f für das Schlackenloch befindet, eingefaßt und in der Heerdhöhe mit gußeisernen Deckplatten g, welche mit einem Rande über die Brustplatten übergreifen (Fig. 3.), bedeckt. Bei den Heerdräumen sind h die Hinterzacken, i die Formzacken, k die Gichtzacken, l die Böden, m die Sinterbleche. Die auf dem Heerd aufliegende an dem Gichtzacken k anstoßende Platte n, welche hier noch außerhalb des Heerdes durch die Gichtöffnung hinausreicht, und daselbst untermauert ist, dient zunächst des Feuers zum Auflager der einzuschmelzenden Roheisengänze, und beim sogenannten Aufbrechen zum Auflager der aus dem Feuer gehobenen Kohlen und Eisenbrocken. Die Mäntel o, über beiden Heerden sind ½ Stein stark von Mauerziegeln gewölbt und werden von den gut verankerten Form- Gicht- und Rückmauern der Heerde getragen. Der vordere Theil der Mäntel über den Arbeitsseiten besteht aus einem 3 Fuß hohen, aus dem Ganzen gegossenen gußeisernen Rahmen p, der mit dem einen Ende auf der horizontalen Trageplatte r ruht, welche letztere hinten von der Gichtmauer s, und vorn an der Ecke, durch die vertikal aufgestellte und festgemauerte Trageständerplatte t unterstützt wird. Mit dem andern Ende liegt dieser Rahmen auf der, horizontal in der Formmauer der Heerde zunächst über den Winderhitzungskasten v, eingemauerten, gußeisernen Trage- und Ankerplatte w, welche vorn auf der Arbeitsseite durch die Ständerplatte x unterstützt ist. Dieser Rahmen p (Fig. 3.) ist auf der inneren Seite oben und unten mit horizontal 5 Zoll vorspringenden Rippen versehen, zwischen welchen derselbe mit Ziegeln ½ Stein stark ausgemauert ist. Auf der obern Seite der obern Rippe q (Fig. 3.) ruht das Mantelgewölbe und lehnt sich daselbst gegen den dort nach oben vorspringenden Rahmen p. Der Rahmen p wird in seiner lothrechten Stellung durch vier Anker gegen den Seitendruck des Mantelgewölbes der beiden Heerde festgehalten. Zwei derselben sind durch das Mantelgewölbe auf den Gichtseiten und durch die Rückmauern der Heerde horizontal hindurchgeführt, und daselbst durch ihre Köpfe und kleine viereckige Ankerplatten befestigt; auf der vordern Seite, an welcher sie mit Gewinden durch die Rahme p durchreichen, und daselbst mittelst der Ankerzwingen u zusammen verbunden sind, werden sie durch vorgeschraubte Muttern gegen den Rahmen p fest angezogen. Die andern beiden Anker sind durch die Formmauern und Essenmauern durchgeführt, und mit beiden Enden in ähnlicher Art wie die vorigen befestigt. Sie halten zugleich die beiden Anker- oder Schutzplatten tz mittelst der vorgeschraubten Zwingen o, an den vordern Seiten der Formmauern. Unter dem Heerdmantel befinden sich in den Essenmauern die beiden Füchse w, durch welche die Funken mit den glühenden Gasen in den Essenschacht x entweichen, wie aus Fig. 2. näher zu ersehen, und in Fig. 1 und 3 punktirt angedeutet ist. Die beiden Frischfeuer werden mit kalter oder auch mit erhitzter Gebläseluft betrieben. Der kalte Wind wird mittelst der vertikalen Röhre z, dem Windabsperrungs- oder Ventilkasten a zugeführt, strömt von hier durch die Röhre y nach der horizontalen Muffenröhre α, theilt sich dort und durchströmt durch die in Fig. 1 und 3. angegebenen, über den beiden Feuern aufgestellten, verbundenen

Heitzröhren, nach den mit Pfeilen angedeuteten Richtungen. Aus den Heitzröhren wird der erhitzte Wind in den gußeisernen, in die Formmauer eingesetzten und auf der Platte β ruhenden Heitzkasten v geführt, in welchem seine Temperatur noch erhöht wird. Aus dem Heitzkasten v wird der heiße Wind dem Ventilkasten a zugeführt, geht durch die Absperrungskegel desselben nach den Knieröhren γ und von hier nach den Düsenröhren δ. Wenn also mit heißem Winde gefrischt wird, so communiciren die Ventilkegel nicht mit der Röhre z, welche die kalte Luft vom Gebläse zuführt. Soll mit kalter Luft gefrischt werden, so werden die Ventilklappen in den Röhren e Fig. 1. geschlossen, also die kalte Gebläseluft von den Heitzröhren abgesperrt, und die Ventilkegel in dem Ventilkasten a so gestellt, daß sie mit der Röhre z communiciren und gegen den Heitzkasten v hin abgesperrt sind. Alsdann strömt die kalte Luft aus der Röhre z durch die Ventilkegel nach den Knieröhren γ und von da nach den Düsen. Die Düsen sind mit ihrem hintern Ende mit einer Nuß verbunden, durch welche sie in den Muffen der Röhren γ jede erforderliche Seitenbewegung erhalten können (vergl. Erläuterung zu Taf. XIV.). Aus Fig. 3. ist bei φ der gußeiserne in die Formmauer eingesetzte Formkasten ersichtlich, in welchen die kupferne Form eingesetzt wird, und worin sie jede verlangte Lage und Richtung erhalten kann (§. 873.).

Fig. 4—6. Zwei Frischfeuer unter gemeinschaftlichem Essenmantel, auf der Karstenhütte bei Rybnick in Ober-Schlesien.

Fig. 5. Vertikaler Durchschnitt durch die Form des einen Feuers, nach einer aufsteigend krummen Linie genommen. Fig. 4. ist in der linken Hälfte ein Vertikaldurchschnitt nach der gebrochenen Linie ABCD in Fig. 6., und in der Hälfte rechts die äußere Ansicht von der Gichtseite. Fig. 6. ist in der obern Hälfte ein horizontaler Durchschnitt nach der Linie

EFGH in Fig. 4., und in der untern Hälfte ein horizontaler Durchschnitt nach F K in Fig. 4.

Die gemeinschaftliche Esse ist zwischen den beiden Frischfeuern so aufgeführt, daß sie ihnen zugleich zur Rückwand dient. Die beiden Formmauern liegen mit der hintern Mauer, und die beiden kurzen Gichtmauern mit der vordern Mauer der Esse in gleicher Flucht. Die Vorheerde sind in derselben Art wie auf Taf. XXXIX. und XL. angegeben und erläutert worden, mit gußeisernen Brustplatten a und Deckplatten b eingefaßt. Bei den Frischheerden sind c die Böden, d die Sinterbleche, e die Gichtzacken, f die Formzacken, g die Hinterzacken; h sind die gußeisernen Formhäuschen (oder Formkasten) in welchen die kupfernen Formen i eingesetzt sind. Die Esse ist auf der Form und Gichtseite bis auf 5¼ Fuß Höhe mit gußeisernen Platten k eingefaßt, welche mittelst Ankern befestigt sind. Ueber diesen Platten tritt die Essenmauer auf der Gichtseite 1½ Fuß zurück, und ist von hier ab mit gleichen Wandstärken bis zu dem folgenden Absatz aufgeführt. Die Heerdmäntel l, unter denen die Füchse m in die Esse n einmünden, sind in der Art von Eisenblech construirt, daß jeder aus einem doppelten Eisenblechmantel besteht, von denen der äußere über dem innern überall 2 Zoll entfernt ist. Der hierdurch zwischen beiden Mänteln gebildete Zwischenraum p ist am untern Rande bei o offen, und mündet oben durch eine oberhalb des Fuchses m in der Essenmauer angebrachte Oeffnung q, in die Esse n. Durch diese Einrichtung wird die kalte Luft in der Hütte mit der heißen dünnern Luft in der Esse dergestalt in Verbindung gesetzt, daß jene ununterbrochen durch die Oeffnung nach der Esse strömt und den Blechmantel abkühlt. Der innere, oben in der Oeffnung q der Esse durch Anker s mittelst Splinten befestigte Mantel ist mit dem untern Rande an einer geschmiedeten, dem geschweiften Mantel correspondirend geschweiften Trageschiene r angeschraubt, welche auf der mit der Ankerplatte u aus dem Ganzen gegossenen kleinen Säule t an der vordern Seite der Formmauern ruht, mit dem andern Ende aber an den, vor den Gichtmauern befestigten Ankerplatten k festgeschraubt ist. Beide Mäntel sind außerdem noch auf der obern schrägen Seite der Form- und Gichtmauern mit kleinen Ankern und Splinten befestigt. Damit der Mantel hinreichende Steifigkeit erhalte, und sich nicht leicht einbiege, und damit auch der Zwischenraum p zwischen dem äußern und innern Mantel in unveränderter Weite erhalten werde, sind zwischen beiden Mänteln die in Fig. 6. punctirt angedeuteten, 2 Zoll breiten hochkantig gestellten geschmiedeten Schienen v eingelegt und beide Mäntel daselbst durch Schrauben w gegen diese Schienen angezogen. Die beiden Frischfeuer können sowohl mit kaltem als auch mit erhitztem Winde betrieben werden. Die vertikale Röhre x führt den kalten Wind von dem Gebläse mittelst der horizontalen Röhre y zu dem über den Frischheerden unter den Mänteln l lothrecht aufgestellten und mit einander verbundenen Winderhitzungsröhren. Nachdem der Wind dieselben nach den mit Pfeilen angedeuteten Richtungen durchströmt und schon eine bedeutende Temperatur angenommen hat, wird er nach dem Heizkasten z geführt und hier noch stärker erhitzt. Aus dem gußeisernen Heizkasten z strömt der erhitzte Wind durch die Röhre α (Fig. 5. u. 6.) in den mit der Röhre x verbundenen Ventilkegel β, der aber so gestellt ist, daß er nicht mit der Röhre x communicirt, und wird endlich durch die Knieröhre γ der Düse zugeführt. Soll mit kaltem Winde gefrischt werden, so wird der kalte Wind, durch Schließung der in der horizontalen Röhre y befindlichen Ventilklappe, von den Heizröhren abgesperrt, der Ventilkegel β so gedreht, daß sein hohler Raum gegen die Röhre α abgesperrt, gegen die Windzuleitungsröhre x aber geöffnet ist, so daß er aus der Röhre x unmittelbar in den hohlen Ventilkegel β und mittelst der Röhre γ in die Düse strömt. (Die Einrichtung des mit der Röhre x verbundenen Ventilkegels β, so wie die Construction der beweglichen Düse ist auf Taf. XIV. speciell dargestellt). δ ist die unter der Hüttensohle liegende Windzuleitungsröhre von dem Gebläse. Die Röhre ε Fig. 5. hat den Zweck, durch die angemessene Stellung des darin angebrachten hohlen Ventilkegels η, die äußere Luft durch diesen Ventilkegel mit dem Heizkasten z und mit den Heizröhren in Communication zu setzen, sobald mit kaltem Winde gefrischt werden soll. Wenn nämlich die Heizröhren und der Heizkasten gänzlich abgesperrt blieben, so würde die darin eingeschlossene Luft so erhitzt werden, daß ein Springen oder gar das Schmelzen der Röhren und des Heizkastens herbeigeführt werden könnte. Wird mit heißem Winde gefrischt, so wird die Communication des Ventilkegels η gegen die Röhre ε nach dem Heizkasten hin, gesperrt (§. 873).

Fig. 7 — 10. Doppelfrischfeuer mit Glühofen, auf der Hütte zu Audincourt.

Fig. 7. Vertikaler Durchschnitt der beiden Frischheerde durch die Formen nach der Linie AB in Fig. 9.; Fig. 8. Vertikaler Längen-Durchschnitt des Glühofens nach CD in Fig. 9. und des einen Frischheerdes nach EF in Fig. 9., bei L auch einen Theil der äußern Längen-Ansicht des Glühofens darstellend; Fig. 9. Grundriß des Ofens und der beiden Frischfeuer nach der gebrochenen Linie GHIK in Fig 7.; Fig. 10. die Ansicht der beiden neben einander liegenden Frischfeuer von der Arbeitsseite.

Die Disposition bei diesen beiden, neben einanderliegenden Frischfeuern unterscheidet sich von der auf der Taf. XL Fig. 7 bis 11. erläuterten eigentlich nur dadurch, daß beide Frischfeuer mit einem gemeinschaftlichen Glühofen verbunden sind, und daß hier kaltes Roheisen verfrischt wird, während dort das zu verfrischende Roheisen vorher in dem Glühofen geglüht wurde, indem der hier dargestellte Glühofen nicht zugleich zum

Erhitzen des Roheisens, sondern nur allein zum Ausschweißen des durch die Frischarbeit erhaltenen gefrischten Eisens dienen soll. Die beiden Frischheerde a, welche an dem vordern Theile des gemeinschaftlichen Glühofens angelegt sind und daselbst ihre Arbeitsöffnungen b haben, treten auf der rechten und linken Seite des Glühofens mit einem Vorsprunge vor. Innerhalb dieser vorspringenden Theile sind in den Rückmauern der Heerde, den Arbeitsöffnungen b gegenüber, überwölbte Gichtöffnungen c angebracht, durch welche die zu verfrischenden Roheisengänze eingesetzt und bis beinah dicht an die zur Seite befindlichen Formen d vorgeschoben werden. Beide Frischheerde a werden durch eine Scheidemauer (Zunge) e von einander getrennt, welche zugleich die Gichtmauern derselben vertritt. Sie sind mit einem Gewölbe überspannt, welches mit demjenigen des sich anschließenden Glühofens in Verbindung steht. Die in geschweiften Richtungen aufwärts geführten und in den Glühofen ausmündenden Füchse f, deren Lage und Construction sich deutlicher aus den Zeichnungen Fig. 7, 8, 9. als aus der Beschreibung erkennen lassen, führen die erhitzten Gase aus jedem Frischheerd dem Glühofen zu, welchen sie in seiner ganzen Länge durchströmen und dann aus dem Fuchs g in die Esse h entweichen. Der Heerd i des Glühofens, welcher auf einem Gewölbe ruht, ist in einer der bequemen Besetzung des Ofens angemessenen Höhe über der Hüttensohle aufgeführt, indem die Höhe des Heerdes weder auf die Arbeit des Frischens noch auf das Glühen einen Einfluß ausübt. Der Glühofen ist mit 3 Thüren versehen, mit zwei Seitenthüren k und mit einer l unter der Esse. Die beiden ersteren dienen zum Einbringen der größeren Stücke des gefrischten Eisens, oder derjenigen, welche eines stärkeren Grades des Glühens bedürfen. Zu Audincourt werden diese Eisenstücke (Kolben) auf einem Walzwerke ausgestreckt.

Die beiden Frischheerde geben mehr Flammenhitze ab, als für einen Glühofen zum Glühen der Kolben ꝛc. erforderlich ist, weshalb es auch ausführbar ist (Fig. 7 — 11. Taf. LX.), jedes einzelne Frischfeuer mit einem Glühofen zu versehen.

Die Verankerung des Glühofens mit gußeisernen Platten m und geschmiedeten Ankern, so wie die Verankerung der Esse und die Unterstützung derselben durch gußeiserne Trageständer-Platten n, geschieht auf die schon oben bei den Flammenöfen beschriebene Weise (§. 910.).

Tafel XLII.

Fig. 1 — 4. Läuterheerd zur Vorbereitung des zu verfrischenden Roheisens zu Mariazell in Steyermark.

Fig. 1. Vertikaler Durchschnitt des Läuterheerdes nach der punktirten Linie AB in Fig. 3.; Fig. 2. Vertikal-Durchschnitt des Heerdes nach CD in Fig. 3.; Fig. 3. Grundriß des Heerdes in der Höhe der Form. Fig. 4. Perspektivische Ansicht des Heerdes von der vordern oder Arbeitsseite.

Unter der Esse a befindet sich ein überwölbter Raum b mit der gußeisernen Windleitungsröhre c, in welchem zugleich auch das Stellen der Düse und der Form, so wie das Reinigen der letztern mit dem Formstecher vorgenommen wird. Der von gewöhnlichen Ziegeln gewölbte Heerdmantel d wird von den beiden gußeisernen Trageplatten e, welche tief in die Esse hineinreichen und darin festgeankert sind, und über deren äußersten frei aus der Essenmauer herausragenden Enden die gußeiserne Trageplatte f liegt, getragen. Auf diesen drei Trageplatten ist der Heerdmantel unmittelbar gewölbt. Da der Heerdmantel als ein halbkreisförmiges Gewölbe (Fig. 2.) aufgeführt ist, so ist derselbe, weil seine Gewölbschenkel keine Hintermauerung haben, in den Brechungsfugen bei α und β in der Richtung $\alpha\beta$ ebenfalls verankert. Unter dem Mantel d befindet sich der Fuchs g, durch welchen die Heerdflamme in die Esse a einmündet, zu welchem Zweck die Formmauer h über dem Formgewölbe schräg abgeschmiegt ist.

Der Schmelzheerd besteht aus 4 Zacken, aus dem Formzacken l, dem Hinterzacken k, dem Gichtzacken i und dem Schlackenzacken oder Sinterblech b, welches letztere von zwei in Fig. 3. punktirt angedeuteten, gußeisernen, den Schlackenabflußraum seitwärts einfassenden Backenplatten m (Fig. 4.) festgehalten wird. Der Heerd ist mit gußeisernen Platten o, o, p überdeckt. Unter dem Heerd ist ein 4 Zoll weiter, die Feuchtigkeit abführender Kanal q Fig. 1., welcher in Fig. 3. punktirt angedeutet ist, durchgeführt.

Auf dem Hinter= und Gichtzacken steht ein, einen Winkel bildender gußeiserner Kohlenhalter r, welcher durch die Ankerschiene s festgehalten wird. Unter dem Läuterheerde liegt kein gußeiserner Boden, sondern die Sohle wird aus erdigem Material (sogenanntem Kummer) gebildet.

Die Form neigt unter einem Winkel von 17° in den Heerd und reicht, horizontal gemessen, 7 Zoll in denselben hinein. Von dem Hinterzacken k ist sie mit ihrer Mündung 14 Zoll entfernt. Der Hinterzacken ist 32 Zoll, der Formzacken etwa 30 Zoll lang. (§. 935.)

Fig. 5—7. Bratofen zur Vorbereitung des Roheisens beim Frischen auf der Hütte zu Neuberg in Steyermark.

Fig. 5. Vorderansicht des Bratofens; Fig. 6. Grundriß desselben über dem Bratraum; Fig 7. Vertikaler Durchschnitt nach AB in Fig. 6.

In der Sohle des Ofens, welcher an beiden langen Seiten offen und daselbst mit gewölbten Bögen überspannt ist, deren $\frac{1}{2}$ Stein starke Verblendungsmauer durch gußeiserne Tragebalken c getragen wird, befinden sich drei ebenfalls offene 6 Zoll im Quadrat weite Zugkanäle a, welche unter die Wände des Ofens durchgehen und außerhalb derselben auf beiden Seiten ausmünden. Diese Luftkanäle werden mit schon gebratenen

Flossenstücken b Fig. 5. und 7., so dachziegelförmig überdeckt, daß zwischen denselben noch die Luft aus den Luftkanälen durchziehen kann. Man nimmt hierzu schon gebratene Platten, weil diese nicht springen. Hierauf wird der ganze Ofenraum etwa 14 Zoll hoch mit Kohlen überschüttet, wie bei k Fig. 5. und 7. angedeutet ist, und auf diese Kohlenschicht werden die zu bratenden Flossenstücke in der Breite von ef und Höhe von gh, hochkantig, quer über die Kanäle aufgestellt, so daß die Höhe gh etwa 2½ Fuß beträgt. Die von den Flossenstücken zusammengedrückten Kohlen k, haben eine Höhe von 13 Zoll. Alsdann werden längs den zuletzt aufgestellten Flossenstücken, Kohlen l etwa 12 Zoll dick aufgeschüttet, und zur Seite der letzteren zwei 6 Zoll dicke Wände n von feuchtgemachter Asche angestampft, zu deren Festhaltung die beiden 4 Fuß hohen Brettwände m dienen. Die Aschenwände n sollen die Brettwände vor Entzündung schützen. Ueber die Flossenstücke wird wieder eine Schicht Kohlen p aufgeschüttet, so daß sie von allen Seiten mit Kohlen umgeben sind. Die Kohlen werden oben auf beiden Seiten angezündet und es vergehen 1½ Stunden bis alles rothglühend ist. Drei auch viermal, je nachdem das Abbrennen der obern Kohlen erfolgt, werden wieder neue Kohlen innerhalb eines Zeitraums von etwa 17 Stunden, — so lange dauert die ganze Operation des Bratens, — aufgeschüttet. Der Kohlenverbrauch zum Braten der eingesetzten Flossen beträgt 63 Faß, à 7,27 Kbkfß. Die Vollendung der Bratarbeit giebt sich durch eine gelbliche Kohlenflamme zu erkennen, nachdem solche vorher immer bläulich war. Sobald sich dies Kennzeichen eingestellt hat, werden die Kanäle a mit Registern zugestellt, um den Luftzug abzuhalten und dadurch das Schmelzen der Flossen zu verhindern. Die Gluht muß nun allmählig ersticken. Nach 4 Tagen vom Beginn des Einsetzens an sind die Flossenstücke zum Herausnehmen erkaltet.

Es werden gewöhnlich 336 Ctr. Flossenstücke (etwa 2 Fuß

lang und breit) mit einem Male eingesetzt und da zum Braten derselben 63 Faß Kohlen erforderlich sind, so werden zu einem Centner Flossen 1,46 Kubikfuß, oder auf 100 Pfund Preußisch 1,21 Rheinl. Kubikfuß Kohlen verbraucht.

Die Kohlen, welche den Flossen zur Unterlage dienen, sind von gewöhnlicher Größe, die auf den Seiten und oben darauf geschütteten Kohlen haben die Größe eines Hühnereies und darunter. (§. 930.)

Fig. 8—10. Schweiß- oder Wärmofen (Hollow-fire) in welchem (bei der Südwalliser Frischmethode) die in den Frischheerden, aus Feineisen bereiteten und zur Halbgaare gebrachten Kuchen oder Platten, durch Cementiren mit glühender Luft, gaar gemacht werden.

Fig. 8. Vertikaler Durchschnitt des aus zwei besonderen Räumen bestehenden Ofens nach der Linie AB in Fig. 10.; Fig. 9. Vertikaler Längendurchschnitt nach CD in Fig. 10.; Fig. 10. Grundriß nach der Linie EF in Fig. 9.

Der Ofen ist nur 6 Fuß und 5 Zoll lang und 5 Fuß 7 Zoll breit. Die äußeren Wände d sind von gewöhnlichen Mauerziegeln, aber die innern Wände oder die Futter e und die Gewölbe f über den beiden Räumen a und b, von feuerfesten Ziegeln gefertigt. Der Raum a, dessen Sohle 16 Zoll tiefer liegt als die des Raumes b, ist etwa 2 Fuß lang, 20 Zoll breit und bis zum Scheitel des Gewölbes 2 Fuß 3 Zoll hoch. Dieser Raum, der eigentliche Feuerungsraum, in welchem das Eisen bei Koaks ausgeschweißt wird, ist an der vordern Seite mit zwei Thüren g versehen, durch welche das Eisen oder die auszuschweißenden Kuchen eingesetzt werden und steht durch die Oeffnung c, in der Scheidewand zwischen beiden Ofenräumen, mit dem zweiten oder dem Glühraum b, welcher 9 Zoll breit und 20 Zoll lang ist, in Verbindung. In diesem letzteren werden die Eisenkuchen vorgewärmt. Der Raum wird durch die aus dem Schweißraum a mittelst der Oeffnung c einströmende Flamme oder glühende Luft erhitzt. Die Sohle des Schweißofens a besteht aus einer eingestampften Schicht Quarzsand mit einer bogenförmigen Vertiefung in der Mitte. Ungefähr $1\frac{1}{2}$ Zoll über der tiefsten Stelle der Sohle liegt die kupferne Form, durch welche dem Schweißfeuer Gebläseluft zugeführt wird. Soll in dem Raum a geschweißt werden, so wird derselbe bis zur Höhe der beiden Thüröffnungen mit Koaks ausgefüllt, die sich nur allmählich entzünden müssen. Wenn die Entzündung erfolgt ist, legt man drei oder vier von den kuchenartigen Scheiben auf das breit geschmiedete Ende eines schmiedeisernen Stabes, und schiebt solchen, so wie einen zweiten, durch die Thüröffnungen g über die erhitzten Koaks, während andere Kuchen in den Glühraum b zum Vorglühen eingesetzt werden. Haben die Kuchen in dem Schweißraum a eine starke Schweißhitze erhalten, so werden sie unter einem schweren gegossenen Hammer, welcher in der Minute etwa 100 Schläge macht, zusammengeschlagen und zu Stangen von 4 Zoll Breite, zwei Zoll Dicke und drei Fuß Länge ausgestreckt. (§§. 937. 991.)

Fig. 11. und 12. Flammenofen zur Feineisenbereitung, auf der Hütte zu Königsborn unweit Aalen in Würtemberg.

Fig. 11. Vertikaler Längendurchschnitt des Ofens nach der Linie AB in Fig. 12.; Fig. 12. Grundriß desselben nach der gebrochenen Linie CD in Fig. 11. Der Ofen ist ein Flammenofen; in seiner Konstruktion übereinstimmend mit einem Puddlingsofen, aber er hat ein möglichst flaches Gewölbe. Die äußeren Mauern des Ofens, so wie die Rauhmauer der Esse, sind von gewöhnlichen Ziegeln, die Futtermauern des Flammenofens, so wie die Feuerbrücke a, das Gewölbe b und das Essenfutter, werden, wie gewöhnlich, von feuerfesten Ziegeln aufgeführt. Wegen der bedeutenden Stärke der Wände, und weil das Gewölbe hintermauert ist, hat der Ofen keine Verankerung erhalten. Der Heerd c des Ofens, welcher auf einem gemauerten Gewölbe ruht, besteht aus einer vertieften Bettung von feuersestem Thon, welche von Zeit zu Zeit erneuert werden muß. Der Schmelzraum mündet mit einem absteigend geführten Fuchse g in die Esse h ein. Das Schürloch f, welches mit einem Schieber oder auch mit einem Stöpsel zu verschließen ist, mündet auf der obern Seite der Feuermauer k schräg in den Feuerraum ein. Innerhalb der Feuerbrücke a liegt eine gußeiserne kastenförmige Röhre c und innerhalb der Fuchsbrücke l eine eben solche d, welche auf beiden Seiten des Ofens ausmünden, um kalte Luft durchströmen zu lassen, welche das die Röhren umgebende Mauerwerk abkühlen und vor schneller Zerstörung durch die Hitze sichern. Die Feuerung des Ofens über dem Roste i geschieht durch Torf. Auf der langen Seite des Ofens, etwa in der Mitte des Heerdes ist die Einsetzthür m, und dieser gegenüber befinden sich in der andern Längenwand des Ofens zwei in den Heerd geneigte Formen n, durch welche erhitzte Gebläseluft über das Gußeisenbad auf den Heerd strömt. Die beiden Formen haben eine solche Lage, daß die Windstrahlen sich in der Mitte des Heerdes kreuzen, weshalb sie gleiche Neigungswinkel mit der Heerdaxe bilden. Die Esse, welche von vier gußeisernen Säulen getragen wird, hat eine Höhe von 46—48 Fuß.

Aus dem Vorheerd des nahe gelegenen Hohofens wird das flüssige Roheisen mittelst Kellen von starkem Eisenblech, welche mit Lehm überzogen sind, geschöpft und durch die Einsatzthür m auf den Heerd des Ofens ausgegossen, wo es der Einwirkung des Flammenstroms ausgesetzt und in dem flüssigen Zustande erhalten, zugleich aber durch den mittelst der Formen n eingeführten heißen Windstrom geläutert wird. Das flüssige Gußeisen, welches dem Windstrom auf dem Heerde eine große Oberfläche darbietet, erhält durch das Anprallen des durch die beiden Formen einströmenden Windes auf das Metallbad, eine ununterbrochene Bewegung, wodurch sich die Oberfläche stets erneuert, so daß alle Theile des Eisens nach und nach der Einwirkung des Luftstroms ausgesetzt werden. Die Pressung des heißen Windes ist so groß, daß sie einer Wassersäule von 16 bis 18 Zoll das Gleichgewicht hält.

Wenn das Roheisen (mit den demselben beigemengten Eisenerzen, Gaarschlacken, Kalk u. s. f.) 1½ bis 2 Stunden lang der Behandlung im Ofen ausgesetzt gewesen ist, so wird es mittelst einer unter der Einsetzthür m, in gleichem Niveau mit der Sohle des Heerdes, befindlichen Abstichöffnung abgestochen und in eine gußeiserne Form, als sogenanntes Feineisen, abgelassen. Es ist mit einer Schlackenschicht bedeckt, welche durch Begießen mit vielem kaltem Wasser nach dem erfolgten Erstarren des Eisens abgelößt wird. (§. 946.)

Fig. 13—17. Feineisenfeuer (Raffinirheerd) mit einer Reihe Formen.

Fig. 13. ist zur Hälfte (links) Vertikalprofil nach der Linie AB in Fig. 15., zur Hälfte (rechts) Vorderansicht des Feuers oder Heerdes; Fig. 14. die äußere Ansicht von der Formseite, Fig. 15. zur Hälfte (links) Grundriß in der Höhe der Formen, zur Hälfte (rechts) Oberansicht über den gußeisernen Tragerahmen, ohne die darüber befindliche Essenmauer. Fig. 16. Hinteransicht; Fig. 17. Vertikaler Längendurchschnitt der gußeisernen Wasserform.

Der Schmelzheerd a Fig. 15. des Feineisenfeuers, welcher fast wie die gewöhnlichen Frischfeuer construirt ist, besteht aus dem Boden b Fig. 13. aus Sand; der Formzacken wird durch einen gußeisernen Wasserkasten c vertreten, auf welchem die beiden Wasserformen d aufliegen, welche so stark geneigt sind, daß der Windstrom die Mitte des Heerdbodens trifft. Den Hinterzacken und den Gichtzacken vertreten ebenfalls die gußeisernen Wasserkasten e und f. Durch diese Wasserkasten, in welche mittelst einer Zuflußröhre ununterbrochen kaltes Wasser aus dem Wasserreservoir g einströmt, werden die Umfassungswände des Heerdes so abgekühlt, daß sie der großen Hitze widerstehen und dem Schmelzen nicht ausgesetzt sind. Auch wird der Boden des Heerdes unter den Formen stets im feuchten Zustande erhalten. Es ist bequem, den Gichtkasten f und den Hinterkasten e aus dem Ganzen, im rechten Winkel gebogen, gießen zu lassen.

Die Vorwand des Heerdes besteht aus einer starken gußeisernen Platte h, in welcher sich in der Mitte, unten, das Abstichloch i befindet.

Die gußeisernen hohlen Wasserformen d, welche auf der hintern Seite unten einen angegossenen Handgriff k haben (Fig. 13, 15, 16, 17.), um sie leichter stellen zu können, erhalten, behufs der Abkühlung durch kleine oben mit Trichtern versehene Röhren l, kleine an den Reservoirkasten g angebrachte Hähne, wodurch ein (vergl. Fig. 1—5. Tafel XLIII.) ununterbrochener Zufluß von kaltem Wasser herbeigeführt wird, während das erhitzte Wasser mittelst der kleinen abwärts gebogenen Röhren m wieder abgeführt wird. Zur Befestigung der kleinen Röhren l und m sind an den Hinterseiten der Formen oben die kleinen Löcher α angebracht. (Fig. 16.)

Die Esse n ist über einem gußeisernen Tragerahmen p, der außerhalb ringsum mit einem aufwärts stehenden Rande o versehen ist, von gewöhnlichen Mauerziegeln aufgeführt. Der Rahmen p erhält an den Ecken, auf der Form- und auf der Gichtseite, angegossene, horizontal hervorragende Tragelappen r mit an den Enden nach aufwärts gebogenen Nasen. Auf diesen Tragelappen ruhen die gußeisernen Reservoirkasten g, welche durch besondere mit einem Hahn verbundene Röhren fortwährend mit kaltem Wasser versorgt werden.

Der Tragerahmen p wird durch vier an den Ecken angeschraubte gußeiserne, im horizontalen Querschnitt einen Winkel bildende Tragständer s, unterstützt, welche mit ihren Fußplatten t auf einem gußeisernen Fußrahmen u festgeschraubt sind.

Die beiden Trageständer an der vordern oder Arbeitsseite verkröpfen sich über den Form- und Gicht-Wasserkasten, damit sie unter ihnen durchreichen können. Ueber diesen beiden Wasserkasten auf der Form- und Gichtseite stehen die beiden gußeisernen Feuerplatten v, welche mit ihren nach außen vorstehenden Rändern, zwischen und an den Trageständern s festgeschraubt sind. Diese Feuerplatten v haben unten einen großen länglichen rechteckigen Ausschnitt, in welchen die starke gußeiserne Formplatte w mit einer vorspringenden passenden Verstärkung so eingreift, daß sie mit der Formplatte auf der äußern Seite des Feuers oder Heerdes sich ausgleicht (bündig ist). Die Formplatte w, in welcher schräge, gerundete, den Formen angemessene Ausschnitte x Fig. 14. angebracht sind, durch welche die Formen d durchgeführt werden, sind durch Schließbolzen und Schließkeile an den Feuerplatten v außerhalb befestigt. Die Schließbolzen selbst sind mit versenkten Köpfen in die Formplatten w eingelassen, wie aus Fig. 13. zu ersehen ist.

Die Abstichplatte b wird durch die beiden Vorheerdbackenplatten y (welche in Fig. 15. punctirt unter der Vorheerd-Deckplatte z angedeutet sind) gegen den Heerd in fester Stellung erhalten. Auf den beiden Backenplatten y liegt die Vorheerddeckplatte z.

Bei dem Abstechen des fertigen Feineisens mittelst des Abstichloches i in der Abstichplatte b, wird in dem Sande zwischen den beiden Backenplatten y die Abstichrinne gefertigt, durch welche das flüssige Feineisen in gußeiserne mit Lehm inwendig vorher überzogene Formen geleitet wird (§. 950.).

Fig. 18 — 22. Puddlings-Frischofen auf der Hütte zu Charenton und auf der zu Creuzot.

Fig. 18. Vordere Längen-Ansicht; Fig. 19. Vertikaler Durchschnitt nach der Linie EF in Fig. 18.; Fig. 20. Grundriß nach der gebrochenen Linie ABCD in Fig. 19.; Fig. 21.

Vertikaler Längen=Durchschnitt der gußeisernen Heerdplatte im vergrößerten Maaßstabe und Fig. 22. Ober=Ansicht derselben.

Es ist hier nur ein einzelner Ofen dargestellt; gewöhnlich kuppelt man zwei dergleichen Oefen, indem sie sich mit den Essen berrühren. Immer muß aber jeder Ofen seinen besondern Essenschacht erhalten, weniger damit jeder ohne Störung des andern reparirt werden kann, als damit für jeden Ofen der Luftstrom, durch das Register oder den Verschlußdeckel auf der Essenmündung, dem jedesmaligen Bedürfniß gemäß regulirt werden könne.

Die Esse ruht auf vier gußeisernen Trageplatten b und ist in den äußern Wänden c in 3 Absätzen von gewöhnlichen Mauerziegeln, im Essenfutter d aber von feuerfesten Thonziegeln aufgeführt. Jeder Absatz ist in gewöhnlicher Art mittelst durch die Rauhmauern c durchgehender geschmiedeter Anker e und durch Ankersplinte f, welche durch die außerhalb hervorragenden Ankerköpfe lothrecht durchgesteckt und in den äußeren Seiten der Mauer etwas eingelassen sind, verankert. Die Trageplatten b, welche auf den unteren Seiten Verstärkungsrippen erhalten, übergreifen sich einander mit den an ihren Enden angegossenen Nasen und bilden so eine feste Verankerung. Die Trageplatten b werden durch vier plattenförmige, mit Verstärkungsrippen versehene gußeiserne Trageständer g unterstützt, welche auf einem festen Fundament ruhen. Sie umfassen oben die darauf liegenden Trageplatten mit ihren Klauen. Zwischen diesen Trageständern sind starke Pfeiler i (in der Richtung der vordern und hintern Längenwand des Ofens) von gewöhnlichen Mauerziegeln bis zu den Trageplatten in die Höhe geführt, so daß die zwischen denselben von feuerfesten Thonziegeln aufgeführten untern Theile des Essenfutters d, auf der dem Ofen entgegengesetzten Seite der Esse, so wie auf der dem Ofen zugewendeten Seite (über dem Ofengewölbe) frei stehen, um deren Abkühlung durch die äußere Luft zu bewirken und sie dadurch vor der zu starken Erhitzung zu schützen. Aus der Größe der Grundfläche der Essenmauern und aus der Stellung des Essenschachtes ergiebt sich, daß der in der Zeichnung dargestellte Ofen einer von zwei gekuppelten Puddlings-Frischöfen ist. Weil der untere Theil des Essenfutters am schnellsten durch die Hitze zerstört wird und öfter erneuert werden muß, so kann vermöge der durch die Trageplatten b und Tageständer g bewirkten Unterstützung des obern Essentheils, eine solche Erneuerung unbeschadet des darüber befindlichen Essentheils ausgeführt werden. Zur Anfertigung des unteren Essenfutters werden die besten feuerfesten Thonziegel auserlesen. Oben ist auf dem Essenschacht ein gußeiserner Rahmen befestigt, mit dem eine Hebelvorrichtung in Verbindung steht, um den gußeisernen Verschlußdeckel der Essenmündung, mittelst der am Ende des doppelarmigen Hebels herabhängenden Kette h, nach Belieben schließen und öffnen zu können. Die Esse wird stets unabhängig von dem Ofen aufgeführt.

Das Umfassungsmauerwerk (Rauhgemäuer) k des Ofens besteht aus gewöhnlichen Mauerziegeln, alles innere Mauerwerk aber, mit Ausnahme des unter dem Rost und des unter der gußeisernen Heerdplatte befindlichen, besteht aus feuerfesten Ziegeln.

Die beiden langen Seitenmauern des Ofens sind außerhalb mit gußeisernen Mantelplatten m eingefaßt, welche mit ihren Enden in das Fundament eingreifen. Diese Mantelplatten werden durch, gegen die Stöße (Fugen) derselben aufrecht gestellte, gußeiserne Ankerplatten l festgehalten. Die Ankerplatten l, welche auf der äußern Seite mit Verstärkungsrippen versehen sind, erhalten an ihren Enden ihre Befestigung in dem Fundament; oben aber, wo sie mit ihren Köpfen über den Mantelplatten hervorragen, sind zwei einander gegenüberstehende durch Ankerbolzen zusammenbefestigt und verbunden. Aehnliche Ankerplatten befestigen mittelst langer Ankerbolzen n die Stirnseiten des Ofens. Der gußeiserne mit Falzeisen versehene Rahmen o, welcher auf der gußeisernen Sohlbank p der Einsetzthüröffnung q aufsteht, wird durch die benachbarten Ankerplatten l zugleich festgehalten.

Die gußeiserne, kastenartig gebildete, auf der innern Seite mit feuerfesten Ziegeln ausgemauerte Einsetz= oder Arbeitsthür r, welche mittelst einer Hebelvorrichtung geöffnet und geschlossen wird, ist unten mit einer kleinen, mittelst einer Thür verschließbaren Oeffnung s versehen, durch welche die Arbeitswerkzeuge durchgesteckt werden. Die große Thür r, in welcher sich auch noch ein mit einem Thonpfropf zu verschließendes Spähloch von 1 Zoll Weite befindet, um den Zustand des Eisens im Ofen zu beobachten, wird nur dann geöffnet, wenn Roheisen oder Feineisen zum Frischen eingesetzt, und wenn das gefrischte Eisen aus dem Ofen genommen wird. Das Schürloch t, welches sich nach außen erweitert, ist mit einem gußeisernen Kasten eingefaßt, welcher auf einer gußeisernen Sohlbank ruht. Es wird jedesmal nach dem Einschüren, entweder durch eine besondere Vorsetzthür, oder gewöhnlich durch Steinkohlen geschlossen. An der hinteren Stirnseite ist in der Feuerungsmauer, dicht über dem Rost u, eine gußeiserne Platte v eingesetzt, um die Mauer, welche daselbst von der gußeisernen Platte w unterstützt oder getragen wird, zu befestigen. In dieser Platte befinden sich kleine Oeffnungen, durch welche die Eisenstangen, mit welchen die Luppen oder Ballen aus dem Ofen nach dem Hammer geschafft und daselbst zusammengequetscht werden, in den Feuerungsraum über dem Rost hineingesteckt und daselbst angewärmt werden können, um sie an den Ballen anzuschweißen, in so fern diese nicht mit Zangen aus dem Ofen genommen werden.

Die gußeisernen Heerdplatten x, welche dem eigentlichen Frischheerd zur Grundlage dienen, liegen in den Seitenwänden des Ofens und in dem Mauerwerk unter der Feuerbrücke y und unter der Fuchsbrücke z. Diese Heerdsohle kann aus meh=

ren oder aus einer einzigen gußeisernen Platte bestehen. Bei dem auf der Zeichnung dargestellten Ofen hat die aus dem Ganzen gegossene Platte etwa die Gestalt eines Doppel-Trapezes, und ist ringsum mit einem den Heerd begränzenden, oben vorstehenden Rand α (Fig. 21. und 22.) versehen, welcher aber vor der Einsetzthür fehlt. Diese Gestalt des Heerdes soll den Vorzug gewähren, daß die schon fertigen Luppen, während man mit der Anfertigung der folgenden noch beschäftigt ist, dem oxydirend wirkenden Luftstrom weniger ausgesetzt werden, weil der ausgebauchte Heerdraum vor der Arbeitsthür außer der Richtung des Stromes liegt, so daß das Verbrennen des Eisens vermindert wird.

Die Heerdplatte liegt unten ganz frei, damit sie durch die äußere Luft abgekühlt werden kann.

Der Ofenraum mündet unmittelbar in den Essenschacht mit einem abwärts nach der Sohle der Esse geneigten Fuchs tz, um die über die Fuchsbrücke z ablaufende, unten in der Sohle des Essenschachtes sich anhäufende Schlacke, flüssig zu erhalten, welche dann von Zeit zu Zeit aus der Oeffnung β, Fig. 18. weggenommen wird (§. 960.).

Fig. 23. Vorder-Ansicht von einem Theil eines Puddling-Frischofens auf der Hütte zu Terrenoire.

Die Ankerplatten b sind hier zugleich an den Mantelplatten a angegossen und machen zusammen ein Ganzes aus. Die Ankerplatten werden sowohl oben über dem Ofengewölbe als auch unten über der Hüttensohle mittelst durchgehender Anker gegenseitig befestigt. Der Ofen ist zu dem sogenannten Schlakkenfrischen eingerichtet, weshalb sich unter der Arbeitsthür d eine Oeffnung c befindet, um die Schlacke aus dem Heerde abzulassen. Diese Oeffnung ist während der Arbeit mit Sand zugestopft. Oben neben dem Schürloch f befinden sich zwei kleine viereckige Oeffnungen e, um durch dieselben die Stäbe zum Herausnehmen der Luppen hineinzustecken und darin anzuwärmen. Man vermeidet auf diese Weise den Zutritt der kalten Luft unmittelbar über den Rost, welcher bei der vorhin beschriebenen Einrichtung nicht zu vermeiden ist (§§. 960. 965.).

Tafel XLIII.

Fig. 1—5. Feineisenfeuer (Raffinirheerd) mit zwei Reihen Formen.

Fig. 1. Vertikal-Durchschnitt nach der Linie AB in Fig. 5.; Fig. 2. Vorder-Ansicht von der Abstich- oder Arbeitsseite; Fig. 3. Vertikaler Längen-Durchschnitt nach der Linie CD in Fig. 5.; Fig. 4. Aeußere Längen-Ansicht von der Formseite; Fig. 5. Grundriß in der Formhöhe.

Das Feuer mit seiner Esse ist auf einem gehörig festen Fundament errichtet. Die Esse a wird auf gußeisernen, an den untern Seiten mit Verstärkungsrippen versehenen Trageplatten c, welche mit den an ihren Enden angegossenen Klauen über einander übergreifen, aus gewöhnlichen Mauerziegeln aufgeführt. Die Trageplatten b sind von vier gußeisernen Trageständern c unterstützt, von denen je zwei mit ihren Fußplatten zwischen den schwalbenschwanzförmig hervorragenden Rändern oder Leisten der 2½ Fuß tief im Fundament liegenden Sohlplatten d befestigt und mit diesen zugleich vermauert sind, wie in Fig. 1. punctirt angedeutet ist. Der Theil des Fundaments zunächst unter dem Heerde, besteht aus einer 11 Zoll starken Schicht e von feuerfesten Ziegeln. Der Heerd, in welchen der Wind durch drei auf jeder von 2 einander gegenüber liegenden Seiten (Formseiten), also zusammen durch sechs Formen einströmt, ist auf den beiden Formseiten und auf der Rückseite mit gußeisernen Kasten f eingefaßt, welche auf ihren obern Seiten mit eingepaßten Deckeln luftdicht eingefalzt und verschlossen sind. Diesen Kasten wird ununterbrochen mittelst einer Röhre kaltes Wasser zugeführt, damit sie der Einwirkung der Hitze widerstehen können.

Der hintere oder Rückkasten g (Fig. 3, 4, 5.) hat zum

innern Querschnitt ein Rechteck, und gleiche Eisenstärke; die beiden Wasserkasten f auf den Formseiten erhalten aber einen trapezförmigen innern Querschnitt und an den, dem Heerde zugekehrten Seiten eine größere Eisenstärke, weil sie bei ihrer Stellung unter dem Winde der Formen, ohne diese Vorsicht bald wegschmelzen würden. Gewöhnlich theilt man indeß diesen Wasserkasten einen gleichmäßigen Querschnitt zu, damit man sie umkehren kann, wenn sie von der einen Seite abgenutzt sind, so wie es auch zweckmäßig ist, dem Hinterkasten g dieselbe Gestalt und Größe zu geben, weil er dann längere Zeit aushält und so nach Bedürfniß eine der beiden andern ersetzen kann.

Diese Wasserkasten stehen nur mit ihren dem Heerde zugekehrten Seiten auf der von feuerfesten Ziegeln angefertigten Sohlschicht e; größtentheils ruhen sie auf dem Fundament und erhalten eine Bettung von feuerfestem Thonmörtel. Mit eben solchem Mörtel sind diese Kasten an den Stellen, wo sie aneinander stoßen bestrichen. Die Deckel werden mit einem dauerhaften Eisenkitt-Mastix luftdicht eingefugt.

Die neben den Form-Wasserkasten f stehenden gußeisernen Wasserkasten h, dienen zur Abkühlung des Arbeitsgezähes. Auf den beiden Form-Wasserkasten stehen die beiden gußeisernen Feuerplatten i; sie sind durch Schraubenbolzen k, auf welche kleine gußeiserne Röhren aufgeschoben werden, um ihnen dadurch den richtigen unveränderlichen Abstand von den Trageständern b zu geben, an letzteren befestigt. An ihren Fußenden sind diese Feuerplatten i, wie aus Fig. 1, 4, 5. zu ersehen, mit langen Ausschnitten für die durchzuführenden Formen versehen. Vor diesen Ausschnitten werden, an den innern oder Heerdseiten, auf die Form-Wasserkasten f, mit den Heerdseiten der letzteren bündig, die gußeisernen Formplatten l aufgestellt, mit ihrem oberen Theil in die dazu auf den innern Seiten der Feuerplatten i vorhandenen Einschnitte oder Vertiefungen eingelassen und an diesen mit Schrauben befestigt. Eine jede der Formplatten l ist mit drei oben ausgeschweiften Ausschnitten versehen, durch welche die Wasserformen m in den Heerd hinein reichen. Der Boden des Heerdes besteht aus einer Bettung n Fig. 1. und 3. von feuerbeständigem Sand (oder auch von Frischschlacken oder Eisensinter) und ist außerhalb auf der Abstichseite durch eine Rinne von gewöhnlichem Sand verlängert, welche letztere erst unmittelbar vor dem Abstich gefertigt wird. Auf den Formseiten des Raffinirfeuers sind, außerhalb auf den an den Trageständern b angegossenen Konsolen, gußeiserne Wasserreservoirkasten o aufgestellt und mittelst Schraubenbolzen an den äußeren Seiten der Feuerplatten i befestigt. Sie werden durch die Röhrenleitungen p, welche mit Hähnen versehen sind, um den Abfluß zu regeln, mit Wasser versorgt.

Die Wasserformen m haben eine solche Neigung in den Heerd, daß, während der Wind der einen das Metallbad in der Mitte bestreicht, der aus der andern den entgegengesetzten Rand desselben berührt. Sie sind wechselsweise auf den beiden Formwasserkasten f so vertheilt, daß eine gleichmäßige Windeinführung in den Heerd stattfindet. Auf der Hinterseite erhalten die Formen einen geschweiften Handgriff η, um ihnen die erforderliche Richtung leicht zu geben. Durch eine Unterlage auf ihrer Hinterseite erhalten sie die beabsichtigte geneigte Lage in den Heerd.

Durch die an den Wasserreservoiren angebrachten Hähne r wird den hohlen schmiedeeisernen Wasserformen m, mittelst der mit ihnen verbundenen und oben mit Trichtern versehenen kleinen Röhren s, kaltes Wasser zugeführt. In ähnlicher Art erhalten auch die Wasserkasten f und g mittelst der Röhren t, u Zufluß von frischem Wasser. Das warme Wasser wird aus den Wasserformen durch die gebogenen Röhrenenden v in den Wasserkasten h geleitet, in welchen auch zugleich mittelst der heberartig gebogenen Röhren w, das erwärmte Wasser aus den Heerd-Wasserkasten f und g fließt. Der obere Rand der

Wasserkasten b ist mit einem kleinen Ausschnitt versehen, um das überflüssige Wasser abzuführen. In Fig. 1. sind x die mittelst lederner Schläuche mit dem Windsammelkasten verbundenen blechernen Düsen.

Der Heerd wird vorne durch die Schlackenplatte (oder Vorheerdplatte, Abstichplatte) y geschlossen, welche sich gegen die beiden Form-Wasserkasten f lehnt und in den Zusammensetzungsfugen mit letzteren, mit Thonmörtel bestrichen ist. Sie wird durch die beiden Backenplatten z festgehalten, auf denen zugleich die Vorheerd-Deckplatte x ihr Auflager erhält. Diese Backenplatten haben vorn einen schrägen Einschnitt α Fig. 3. und 4., welcher einer horizontal liegenden Eisenstange β zur Grundlage dient, um eine Auflage für den Abstichspieß zu erhalten, mit welchem das Abstichloch γ in der Vorheerdplatte y beim Ablassen des Feineisens geöffnet wird. Das abgestochene Eisen fließt in gußeiserne mit Lehm bestrichene Formen δ, welche auf ihrer untern Seite durch eine kleine Rinne mit Wasser abgekühlt werden können.

Die auf der Arbeitsseite an den Bolzen k hängenden Platten e dienen zum Schutz der Arbeiter gegen die Hitze (§. 950.).

Fig 6—9. Puddlings-Frischofen auf der Rybnicker Hütte in Oberschlesien.

Fig. 6. Vertikaler Längen-Durchschnitt des Ofens nach der punktirten Linie AB in Fig. 9.; Fig. 7. Längen-Ansicht von der Arbeitsseite; Fig. 8. Horizontaler Durchschnitt der Esse nach CD in Fig. 6.; Fig. 9. Grundriß des Ofens nach der gebrochenen punctirten Linie EFGH.

Dieser Ofen ist in seinen Wänden ohne Rauhmauer, bloß mit dem aus feuerfesten Thonziegeln bestehenden Futter a aufgeführt. Das Gewölbe c, die Feuerbrücke b, die Fuchsbrücke d und das Essenfutter e, bestehen ebenfalls aus feuerfesten Ziegeln, alles übrige Mauerwerk der Essenwände, so wie auch die

Ausmauerung des Aschenfalls f, aus gewöhnlichen Ziegeln. An den äußeren Seiten ist der Ofen mit gußeisernen Ankerplatten g mantelförmig eingefaßt, von denen die an der hintern Seite bei der Feuerung mittelst eines nach innen hineintretenden Randes zwischen den Ankerplatten der Längenwände durch Schraubenbolzen angeschraubt ist. Die Ankerplatten erheben sich 8 Zoll über den äußeren Scheitel des Gewölbes c, welches letztere unbedeckt ist. Auf den beiden Längenseiten sind die Ankerplatten oben mit vertikal hervortretenden geschweiften und abgerundeten Ohren oder Lappen versehen, mittelst deren die einander gegenüberstehenden Ankerplatten durch die geschmiedeten Anker h und durch die durch deren Köpfe vorgeschlagenen Keile mit einander fest verbunden sind. Unterhalb der gußeisernen Heerdplatte i sind sie noch durch die gußeisernen Anker k zusammengeankert. Die Ankerplatten auf den langen Seiten des Ofens erhalten an den innern Flächenrändern angegossene horizontale Leisten m, auf welchen die Heerdplatte i ruhet. Letztere wird außerdem in die Mauer unter der Fuchsbrücke d eingelassen und liegt zugleich auf den gußeisernen Balken l, worauf die Feuerbrücke b ebenfalls mit aufgeführt ist. Die Heerdplatte i hat an der unter der Feuerbrücke b befindlichen Seite einen hackenförmigen, angegossenen nach oben hervortretenden Rand, um der Brücke dadurch mehr Haltung zu geben. Die Stirnmauer n vor der Feuerung, welche ebenfalls von feuerfesten Ziegeln aufgeführt ist, ruht auf der gußeisernen Trageplatte q, unter welcher sich der Rost r befindet.

Der Ofen steht mit seinem Vordertheil unter der Esse s; der schräg abwärts geführte Fuchs t desselben mündet daher unmittelbar in den Essenschacht s ein. Die Esse ist auf gußeisernen Tragebalken u, welche mit den an ihren Enden angegossenen Hacken sich aneinander ankernd übergreifen, aufgeführt. Die Tragebalken werden durch die gußeisernen Ständer v getragen, und diese ruhen mit ihrem Fuß auf der gußeisernen

Fußplatte w, welche auf der gußeisernen Sohlplatte x liegt. Die dem Fuchs t gegenüber liegende Oeffnung y dient zum Ausziehen der Schlacke. Die Esse ist mit Absätzen aufgeführt und in jedem Absatz in gewöhnlicher Art durch Anker und Splinte verankert.

In dem ersten Absatz der Esse, oberhalb der gußeisernen Tragebalken u, sind an zwei gegenüberliegenden Seiten (Fig. 6. und 8.) Nieschen z in der Rauhmauer angebracht, theils um das Essenfutter durch den Zutritt der äußern Luft abzukühlen, theils und vorzüglich um zu dem in diesem niedrigen Niveau leicht schadhaft werdenden Futter bequem gelangen und dasselbe ausbessern zu können. An dem Schürloch α Fig. 7. und 9 ist, des bequemern Schürens wegen, ein gußeiserner Schürkasten β angeschraubt, welcher mit einem Rande in dasselbe eingelassen ist. Das Schürloch ist mit einer Vorsetzthür versehen, welche bei dem Einschüren geöffnet wird, in so ferne nicht die Steinkohlen selbst den Verschluß bilden.

Die Arbeitsthür γ von Gußeisen, kastenförmig auf der innern Seite, wie bei den Flammenöfen, mit feuerfesten Ziegeln ausgemauert, in welcher sich unten eine ebenfalls verschließbare Oeffnung δ, Fig. 7. befindet, steht auf einer Sohlbank auf und liegt dicht anschließend zu beiden Seiten in Falzen. Diese Sohlbank und die Falzen sind an einem gußeisernen Rahm ε angegossen, welcher, von innen nach außen, mit den Falzen und der Sohlbank, zwischen den beiden Ankerplatten g durchgeschoben, der Rahm selbst aber von innen gegen die Ankerplatten mittelst Schrauben befestigt ist. Unterhalb der Sohlbank der Thür γ ist zwischen den Anker- oder Mantelplatten g, eine besondere Mantelplatte ϑ, an den beiden Mantelplatten g durch Schrauben befestigt. In dieser Platte ϑ befindet sich eine Oeffnung η zum Abstechen der flüssigen Schlacke aus dem Ofen.

Die dem Fuchs zunächst gelegene Thür ζ, welche sich zwischen Falzen bewegt, die, so wie die Sohlplatte worauf sie steht, an der Mantelplatte g zugleich mit angegossen ist, dient zum Einsetzen des Roheisens in den dem Fuchs zunächst befindlichen Heerdraum des Ofens. Das Roheisen, welches für die nächstfolgende Frischoperation bestimmt ist, soll hier nämlich vorläufig angewärmt werden, und Glühhitze erhalten.

Beide gußeisernen Thüren, γ und ζ werden in schon bekannter Art, durch Hebelvorrichtungen geöffnet und geschlossen. In der ersteren Thür befindet sich auch noch ein kleines Spähloch von 1 Zoll Durchmesser, um den Zustand des Eisens auf dem Heerde beobachten zu können. Der Frischheerd auf der Heerdplatte i wird aus Eisensinter und Gaarschlacke angefertigt.

Die gußeiserne Heerdplatte i liegt unten ganz frei, theils um sie durch die Luft abzukühlen, theils um sie nöthigenfalls leicht auswechseln zu können, wenn sie schadhaft geworden seyn sollte.

Die beträchtliche Länge des Heerdes erfordert Steinkohlen, die eine lange Flamme geben. Bei schwach flammenden Kohlen würde sie nicht zu empfehlen seyn. Auch dürfte die Arbeitsthür zu nahe an der Feuerbrücke liegen und den Arbeitern durch diese Stellung die Manipulation auf dem Heerde erschweren. Der Heerd des Ofens ist überhaupt noch nach der älteren Art, ohne Luftkühlung an den Seitenwänden, construirt. (§. 960.)

Tafel XLIV.

Fig. 1 — 4. Puddlingsfrischofen, auf der Hütte zu Alf an der Mosel.

Fig. 1. Längenansicht des Ofens von der Arbeitsseite; Fig. 2. Vertikaler Längendurchschnitt nach der punktirten Linie **AB** in Fig. 3.; Fig. 3. Grundriß nach der gebrochen punktirten Linie **CDEF**.

Fig. 4. Aeußere Ansicht des obern Absatzes der Esse mit dem Verschlußdeckel.

Das Ofenfutter a, das Gewölbe b, die Mauern c des Fuchses d, die Feuerbrücke e und das Essenfutter f sind von feuerfesten Thonsteinen; die äußern Umfassungsmauern g des Ofens und die h der Esse, von gewöhnlichen Ziegeln aufgeführt. Auf den äußern Seiten ist der Ofen mittelst Platten mantelförmig eingefaßt. Die Einfassung auf der äußern Stirnseite bei dem Feuerungsraum besteht aus einem aus dem Ganzen gegossenen $\frac{5}{4}$ Zoll starken, zur Verminderung des Gewichts, durchbrochenen Rahmen i. Dieser Rahmen ist durch 4 Anker k befestigt, von denen die beiden untern (in Fig. 3. punktirt angedeuteten) der Länge nach durch die Längenwände des Ofens durchgehen, die beiden obern aber über dem Gewölbe b des Ofens (Fig. 1.), freiliegend durchreichen. An diesen Ankern, welche die gußeisernen Tragequader l der Esse mit einer Klaue umfassen, ist der Mantelrahmen i, mittelst drei Zoll breiter, vertikal durch die vor dem Rahmen hervorragenden Ankerköpfe durchgesteckter, gußeiserner Splinte m befestigt, welche außerdem noch durch die geschmiedeten Keile n fest angezogen werden. Mittelst ähnlicher, durch die Längenwände unten quer durchgelegter und anderer oben über dem Gewölbe b quer durchreichender Anker k, sind die gußeisernen Mantelplatten der Längenwände, durch die lothrecht durch die Ankerköpfe durchgeführten, mittelst Keile n befestigten Splinte m angeankert. Durch diese Verankerungen wird den Wänden des Ofens die nöthige Stabilität gegen die Seitenverschiebung des Gewölbes ertheilt, und das Springen derselben durch die Ausdehnung beim Erhitzen möglichst verhindert. Die Esse, welche auf gußeisernen Tragebalken o ruht, die von vier gußeisernen Trageständern l unterstützt sind, ist 42 Fuß von der Sohle bis zur obern Ausmündung hoch und in 3 Absätzen aufgeführt. Auf der Ausmündung derselben liegt eine gußeiserne, die Essenwände mit einem Rande umfassende Kranzplatte p Fig. 4., auf welcher die Hebelvorrichtung für die Verschlußklappe (vergl. Taf. XXIII. Fig. 12—25.) befestigt ist.

Der Fuchs d mündet unmittelbar in den Essenschacht t ein, weshalb auch der vordere Theil des Ofens unter der Esse steht. Der Heerd besteht, wie es jetzt allgemein eingeführt ist, nicht aus einer massiven Mauer oder einem massiven Gewölbe, sondern aus einer gußeisernen Platte u, welche von der gußeisernen Trageplatte w und den gußeisernen Trageschienen v unterstützt wird und auf der Mauer der Fuchsbrücke x aufliegt. Diese Heerdplatte dient dem eigentlichen Heerd z zur Unterlage.

Ueber der Trageplatte w und zum Theil auch auf der Heerdplatte u ist, dem Rost a' zunächst, die Feuerbrücke e von feuerfesten Thonziegeln aufgeführt. Die Heerdplatte u liegt frei über dem offenen Raum b', der mit dem Aschenfallraum c' unter dem Rost in offener Verbindung steht, um die Heerdplatte durch den Zutritt der Luft von unten abzukühlen.

Auf der Arbeitsseite des Ofens befinden sich in der Ofenmauer drei Oeffnungen. Die dem Fuchs zunächst liegende Thüröffnung e', welche durch eine mittelst einer Hebel-Vorrichtung zu bewegende, gußeiserne, kastenförmige, nach der innern Seite mit feuerfesten Ziegeln ausgemauerte Thür zu verschließen ist, dient zum Einsetzen des Roheisens, um solches vorher anzuwärmen. Diese Thür bleibt während der Frischperiode möglichst luftdicht geschlossen. Die Thüröffnung ist mit einem gußeisernen Rahm eingefaßt, welcher in gewöhnlicher Art mit einem Falz versehen ist, worin sich die Thüre bewegt. Die zweite, etwa in der Mitte des Heerdes befindliche, ebenfalls mit einem Rahmen versehene und in ähnlicher Art wie jene erstere verschließbare Thüröffnung c' dient zum Herausnehmen des gefrischten Eisens. Während der Frischoperation bleibt diese Thür ebenfalls möglichst dicht geschlossen, indem die in derselben befindliche, 5 Zoll im Quadrat große, eigentliche Arbeitsöffnung f', die ebenfalls mit einer Thür dicht verschließbar ist, zur Bearbeitung des Eisens mit dem Arbeitsgezähe dient. In der Thür e' befindet sich außerdem noch das kleine Spähloch von 1 Zoll Größe, welches mit einem Thonpfropfen verschlossen ist. Die gußeiserne Sohlbankplatte, worauf die Thüre ruht, wird nach Lösung der Bolzenkeile i' abgenommen, wenn das gefrischte Eisen aus dem Ofen herausgeschafft werden soll, sodann aber mittelst der Bolzenkeile i auf der Brüstungsplatte h' befestigt. Die dritte ebenfalls mit gußeisernen Platten eingefaßte und mittelst einer Thür verschließbare Oeffnung k' ist das Schürloch.

An der Seite des Essenschachtes befindet sich eine 3 Fuß hohe Oeffnung, welche mit einer von Thonsteinen angefertigten Mauer l' verblendet ist. In dieser Verblendung befinden sich zwei Oeffnungen, um die über die Fuchsbrücke x nach dem Essenschachte heruntergeschmolzene Schlacke von Zeit zu Zeit herauszunehmen Die Blendmauer hat nur den Zweck, bei vorfallenden kleinen Reparaturen in den Essenschacht gelangen zu können, ohne die Essenmauer selbst deshalb durchzubrechen.

Auch dieser Ofen ist noch nach alter Art construirt, indem der Heerd ohne Luftkühlung an den Seiten geblieben ist; auch scheint die große Länge des Heerdes nicht vortheilhaft zu seyn. (§. 960.)

Fig. 5—7. Puddlings-Frischofen mit gußeisernen Heerdkasten; auf der Hütte zu Alf.

Fig. 5. Vertikaler Längendurchschnitt des Ofens nach der punktirten Linie AB in Fig. 7.; Fig. 6. Vertikaler Durchschnitt nach CD in Fig. 7.; Fig. 7. Grundriß nach EF in Fig. 5.

Die inneren oder die Futtermauern a des Ofens, die Feuerbrücke b, das Gewölbe c, der obere Theil der Fuchsbrücke d, so wie das Essenfutter e sind von feuerfesten Thonziegeln, alles übrige Mauerwerk des Ofens und der Esse von gewöhnlichen Mauerziegeln aufgeführt. Die unten frei liegende und dadurch dem Luftzutritt zugängliche gußeiserne Heerdplatte f wird, wie bei dem eben beschriebenen Ofen, von gußeisernen in den Seitenwänden eingemauerten Tragebalken g unterstützt, und ruht außerdem mit dem einen Ende auf der Trageplatte h, auf welcher die Feuerbrücke b errichtet ist und mit dem andern Ende in der Fuchsmauer d. Der Raum i unter der Heerdplatte communicirt auf der einen Seite mit dem Aschenfallraum k, und auf der andern Seite bei l neben der Fuchsmauer d durch einen Kanal mit der äußern Luft, so daß eine ununterbrochene Strömung von kalter Luft nach der mit Pfeilen angedeuteten Richtung, unter der Heerdplatte f nach dem Rost m stattfindet. Die Seitenwände des Heerdes werden durch einen aus dem Ganzen gegossenen (18—19 Ctnr. schweren) hohlen Kasten n ohne Boden begränzt. Der Boden des Kastens wird auf der schmalen Seite (an der Feuerbrücke b), woselbst der Kasten gegen einen aufwärtsstehenden Rand der Heerdplatte f anliegt, durch die Heerdplatte f selbst, und auf den langen Seiten theils durch die Heerdplatte, theils durch die Seitenmauern gebildet. Der Kasten hat unterhalb der Arbeitsöffnung p einen dreieckigen, sonst aber einen trapezförmigen Querschnitt (Fig. 5. und 6.) Auf der äußern Seite der vordern Seitenwand communicirt der hohle Kasten mittelst eines kleinen unterhalb der Einsetzthür q Fig. 7. ausmündenden Kanals mit der äußeren Luft; auf der gegenüberliegenden Seite mündet er, mittelst einer Seitenöffnung, in eine, in und über der andern Längenwand des Ofens lothrecht aufgeführte Zugröhre r Fig. 5. und 7. Hierdurch findet eine fortwährende Strömung von kalter Luft, nach der mit Pfeilen Fig. 7. angedeuteten Richtung, durch den hohlen Raum des Heerdkastens statt, wodurch derselbe abgekühlt wird.

Der eigentliche Heerd auf der Heerdplatte f besteht auch bei diesem Ofen aus einer Bettung von Gaarfrischschlacken, mit denen zugleich die innern Wände des Heerdkastens n bedeckt sind. (§. 960.)

Fig. 8—11. stellen den Heerdkasten n Fig. 7. noch besonders dar. Fig. 8. ist die Oberansicht, Fig. 9. die Seiten-ansicht von der Seite der Arbeitsthür, Fig. 10. Profil nach der Linie AB in Fig. 8.; Fig. 11. die innere Ansicht von der Fuchsseite gesehen. Mit der Seite C liegt der Kasten gegen die Feuerbrücke; der Theil D liegt unter der Arbeitsthür, der Theil E unter der Einsetzthür zunächst dem Fuchs F. Fig. 9. ist die Einmündungsöffnung für die äußere Luft. Bei G Fig. 8. befindet sich auf der äußern Seite die Ausmündungsöffnung, die mit dem Zugrohr r in Verbindung steht.

Fig. 12 — 15. Puddlingsfrischofen mit gußeisernen Heerdkasten, auf der Alvenslebenhütte in Oberschlesien.

Fig. 12. Längenansicht des Ofens von der Arbeitsseite; Fig. 13. Vertikaler Längendurchschnitt nach der punktirten Mittellinie AB in Fig. 14.; Fig. 14. Horizontaler Durchschnitt nach der gebrochen punktirten Linie CDEF in Fig. 13., zugleich aber auch durch die Einsetzöffnungen. Fig. 15. Vertikaler Querdurchschnitt nach GHIK in Fig. 14.

Der Ofen hat nur ein Futter von feuerfesten Ziegeln, ohne die dasselbe sonst gewöhnlich umschließende Rauhgemäuer-Umfassung. Auf den äußern Seiten ist derselbe mit einem Mantel von $\frac{5}{4}$ Zoll starken gußeisernen Platten a eingefaßt, die den Ofen zugleich tragen. Oberhalb des Gewölbes b und dicht über der Sohle der Hütte sind die Mantelplatten der langen Seiten des Ofens durch Anker mit einander verbunden. Die obern Anker d bestehen aus Schmiedeeisen und sind mittelst geschmiedeter Keile an den äußern Seiten der Mantelplatten befestigt. Die untern durchgehenden Anker f sind von Gußeisen, haben an den Enden unten schwalbenschwanzförmige Einschnitte, in welche, sowohl auf den innern als auf den äußern Seiten der Mantelplatten, schräge geschmiedete Keile e eingetrieben sind, wodurch die Platten in unverrückter Lage gegen einander festgehalten werden.

Die gußeiserne $2\frac{1}{2}$ Zoll starke Heerdplatte c liegt mit ihren langen Seitenkanten auf den, an den innern Seiten der Seiten-Mantelplatten angegossenen horizontal hervorragenden Trageplatten g, welche durch Consolen oder Knaggen i, unterstützt sind. In eben der Art wird auch die Trageplatte h, auf welcher die Heerdplatte zugleich mit aufliegt, und über welcher die Feuerbrücke k aufgeführt ist, unterstützt. Die Knaggen i befinden sich an einer, an der inneren Seite der Mantelplatten unter dem Tragerande g angegossenen Verstärkungsleiste, an welcher sie ebenfalls angegossen sind. Auf der Heerdplatte liegt der gußeiserne hohle Kasten l, den Fig. 15. im Profil und Fig. 14. im horizontalen Durchschnitt zeigt, und welcher dem vorhin (Fig. 5 — 12.) beschriebenen zwar ähnlich ist, aber darin abweicht, daß der hohle Raum nur an der Feuerbrücke durch einen geschlossenen eisernen Kasten, an den andern Seitenwänden des Ofens aber blos durch schräg gestellte Platten gebildet wird. Dieser Kasten oder kastenförmige Raum hat einen trapezförmigen, unter der Einsetzthür p, aber einen fast quadratischen Querschnitt, und bildet die Begränzung der Heerdwände. Die schräge liegenden gußeisernen Platten, welche den kastenförmigen Raum bilden, liegen mit einigem Spielraum gegen einen auf der obern Seite der Heerdplatte c angegossenen, schräg sich erhebenden, mit den Kastenwänden parallellaufenden Rand. Auf den langen Seiten ruht der obere Rand der den Kasten bildenden Platten auf Knaggen n, (Fig. 14, 15), welche an der innern Seite der Mantelplatten angegossen sind. Der auf solche Art gebildete hohle Heerdkasten communicirt an der vordern Seite des Ofens durch die in dem Mantel a befindlichen Oeffnungen o und q mit der äußern Luft (Fig. 12. und 14.) und mündet in die lothrecht aufgeführten in Fig. 14. punktirt angedeuteten Zugröhren (Luftröhren) r aus. Die kalte Luft wird daher den innern Raum des Heerdkastens nach der mit Pfeilen angedeuteten Richtung durchströmen und die innern Wände desselben abkühlen. Der eigentliche Heerd besteht aus einer Bettung s (Fig. 15.) von Gaarschlacke.

Der Ofen mündet mit einem schräg abwärts absteigenden Fuchs y in den Essenschacht, unter welchem der Ofen mit seinem Vordertheil steht. Die Esse ist in gewöhnlicher Art auf gußeisernen Tragebalken errichtet, die von gußeisernen Trageständern unterstützt werden.

Die Mantelplatte a, auf der äußern schmalen Seite des Ofens bei der Feuerung, greift mit nach innen hineintretenden Rändern zwischen die Längen-Mantelplatten und ist mit diesen durch Schrauben verbunden. Die große Arbeitsthür mit ihrem Rahmen t, wird in bekannter Art durch eine Hebel-Vorrichtung geöffnet und geschlossen. Die mit einem Vorkasten w versehene Oeffnung v, ist das Schürloch, welches zu dem Rost x führt. Der Aschenfall z communicirt mit dem Raum unter der gußeisernen Heerdplatte.

Der Ofen hat einen kürzeren Heerd, wie die vorhin beschriebenen, auch befindet sich die Arbeitsthür in einer etwas größeren Entfernung von der Feuerbrücke, wodurch nicht allein die Arbeit erleichtert, sondern auch die starke Einwirkung der durch diese Thür eindringenden atmosphärischen Luft auf die im Ofen befindliche Eisenmasse vermindert, und zugleich eine gleichmäßigere Hitze in dem eigentlichen Arbeitsraum herbeigeführt wird (§. 960.).

Tafel XLV.

Fig. 1—5. Puddlingsfrischofen mit doppeltem Heerd.

Fig. 1. Vertikaler Längendurchschnitt des Ofens nach der punktirten Linie AB in Fig. 3.; Fig. 2. Aeußere Längenansicht von der Arbeitsseite; Fig. 3. Grundriß nach der punktirten Linie CD in Fig. 1.; Fig. 4. Vertikales Querprofil nach EF in Fig. 3.; Fig. 5. Hintere Stirnansicht des Ofens (von der Seite der Feuerung).

Dieser Ofen unterscheidet sich hinsichtlich seiner Konstruction, außer der durch die beiden Heerde bedingten, kaum von den einfachen Puddlingsfrischöfen. Die äußeren Wände a desselben, die Umfassungswand d des Essenfutters, und das Mauerwerk e unter dem kleinen der Esse zunächst gelegenen Heerd g und unter der Fuchsbrücke l, so wie die Mauern u zur Unterstützung der gußeisernen Heerdplatte c sind von gewöhnlichen Ziegeln; die Ofengewölbe h und i, die Feuerbrücke k, die Fuchsbrücke l, die Ausmauerung der Schlackengrube m, der Heerd g des kleinen Ofens f, das Essenfutter n, und die Ofenfuttermauern o von feuerfesten Ziegeln angefertigt. Die Wände des Ofens haben keinen gußeisernen Mantel, sondern sind nur durch die Ankerplatten p verankert, welche unten in dem Fundament vermauert und oben durch geschmiedete über den Ofen hinwegreichende Anker r mit einander verbunden sind. Um der über der Feuerung auf dem Rost q aufsteigenden Flamme die Richtung nach dem Heerdraum zu geben, hat das Gewölbe h auch über dem Feuerungsraum gegen die Stirnseite des Ofens daselbst einen Bogen erhalten, welcher durch die gußeiserne Winkelplatte ρ geschützt und getragen wird. Der untere Theil der Esse kann unabhängig von den anderen Essentheilen erneuert werden, indem der obere Theil von gußeisernen Trageplatten s, durch gußeiserne Trageständer t unterstützt, getragen wird. Aber auch die Esse selbst, deren Rauhmauer, wie gewöhnlich, mit Absätzen aufgeführt ist, hat bei jedem einzelnen Absatz einen eingemauerten gußeisernen Tragerahmen v erhalten, von welchem das Essenfutter des nächstfolgenden Absatzes getragen wird, so daß sich das Schachtfutter in den einzelnen Absätzen der Esse erneuern läßt, ohne deshalb das darauf folgende mit abbrechen und erneuern zu dürfen, wenn solches noch brauchbar ist. Die Verankerung der Esse ist die gewöhnliche; sie geht aus den Zeichnungen deutlich hervor. Auf Fig. 2. ist w das Register oder die Verschlußklappe für die Esse. Zunächst der Feuer=

brücke c befindet sich der eigentliche Frischheerd, dessen gußeiserne Heerdplatte c an den Seiten auf dem Mauerwerk u, (Fig. 1. u 4.) und mit der Querseite rechts auf dem Mauerwerk unter der Fuchsbrücke l aufliegt. Der mittlere Theil dieser Platte wird durch gußeiserne Ständer x unterstützt. Der hohle Raum unter der Heerdplatte dient zur Abkühlung der letzteren durch die Luft, weshalb er mit dem Aschenfallraum unter dem Rost in Verbindung steht. Die beiden Heerde sind durch die abgetreppte vertiefte Schlackengrube m getrennt, in welche die Schlacken von dem Frischheerd abfließen. Das Gewölbe des Frischheerdes über der Schlackengrube folgt der schrägen Abtreppung derselben, um die Schlacken in der Schlackengrube hitzig zu erhalten und das Herausnehmen und Ablassen derselben zu erleichtern. Von hier steigt das Gewölbe i des kleinen Heerdes wieder aufwärts, erhält über dessen Mitte seinen höchsten Scheitel, neigt sich dann wieder abwärts und mündet mit dem horizontal geführten Fuchs z in den Essenschacht. In der tiefsten Stelle über der Schlackengrube sind die beiden Gewölbe h und i gegen den Gurtbogen y gelehnt.

Der kleine Ofen f dient zum Vorwärmen des demnächst auf dem Frischheerd zu frischenden Roheisens. α ist die Einsetzthür. Das auf dem kleinen Heerd f vorgewärmte Roheisen wird mittelst der dem Fuchse l zunächst liegenden Einsetzthür β in den Frischofen gebracht und durch die Arbeitsthür γ bearbeitet, welche zu diesem Zwecke mit der verschließbaren Oeffnung δ versehen ist. Unter den beiden Thüren β, γ befinden sich die Schlackenabstichöffnungen ε. Zum Herausbringen des vorgewärmten Roheisens aus dem kleinen Wärmöfen und dessen Transportirung und Einbringung durch die Thür β in den Frischofen, dient der bewegliche Krahn ζ. Die drei gußeisernen kassettenartigen, inwendig mit feuerfesten Ziegeln ausgemauerten Thüren α, β, γ, welche auf gußeisernen Sohlbänken ruhen und zwischen den Falzen gußeiserner Rahmen dicht anschließend sich bewegen, werden durch Hebelvorrichtungen, (Fig 2. u. 5.) geöffnet und geschlossen. Damit die beiden Thüren β, γ möglichst luftdicht an den gußeisernen Rahmen anschließen, sind die gußeisernen, an den Ankerplatten p befestigten Spreizbalken η angebracht und zwischen diesen Spreizbalken und den Thüren geschmiedete Spreizkeile ϑ vorgesteckt. — λ ist das Schürloch. Die Aschengrube unter dem Rost η ist mit gußeisernen angeankerten Platten in Wänden und Boden eingefaßt, um das Mauerwerk gegen Beschädigungen bei dem öftern Ausräumen derselben zu schützen. (§. 960.) Man vergleiche übrigens Tafel XLIII. Fig. 6—9.

Fig. 6—7. Puddlingsofen bei Holzfeuerung.

Fig. 6. Vertikaler Längendurchschnitt nach AB in Fig. 7.; Fig. 7. Grundriß des Ofens nach der gebrochen punktirten Linie CEFGHI in Fig. 6.

Die Futtermauern a des Ofens, das Gewölbe b, die Feuerbrücke c, die Fuchsbrücke d, der Fuchskanal e und das Essenfutter f bestehen aus feuerfesten Thonziegeln, alles übrige Mauerwerk des Ofens und der Esse aus gewöhnlichen Ziegeln. Der Ofen ist durch gußeiserne, mit geschmiedeten Ankern und Splinten befestigte Ankerplatten g, in schon beschriebener Art, verankert. Das Gewölbe b schließt sich über der Feuerung ebenfalls mit einem Bogen, zur bessern Leitung der Flamme in den Ofenraum, an der Stirmauer der Feuerung an, und wird durch die Platte k, zugleich mit der Außenmauer, unterstützt.

Die Feuerbrücke c erhebt sich 15 Zoll und die Fuchsbrücke $9\frac{1}{2}$ Zoll über der gußeisernen Heerdplatte, auf welcher der eigentliche Frischheerd gebettet wird. Der hohle Raum unter der Heerdplatte steht, wie gewöhnlich, in Verbindung mit dem Aschenfallraum, um die Heerdplatte h durch die Luftströmung abzukühlen. Die Oberkante der Feuerbrücke ist vom

Scheitel des Gewölbes nur 7 Zoll entfernt. Der Fuchs über der Fuchsbrücke ist 11 Zoll breit und 6 Zoll hoch. Er neigt sich zuerst abwärts bis zur Sohle des Essenschachtes, um die über den Heerd abfließende Schlacke, in den zur Aufnahme derselben bestimmten Raum unter der Esse l zu leiten.

Der Feuerungsrost liegt $18\frac{1}{2}$ Zoll tief unter der zur Beförderung des Flammenzuges abgerundeten Oberkante der Feuerbrücke.

Das Eintragen des Holzes auf den Rost i geschieht durch das weite, mit einer Thür verschließbare Schürloch m. Die Arbeitsthür n, von Gußeisen, auf der innern Seite mit feuerfesten Thonziegeln ausgemauert, ist an ihrem untern Rande mit einer nach innen sich erweiternden verschließbaren Oeffnung o zum Durchführen der Arbeitsgezeuge in den Ofen versehen (§. 976.).

Fig. 8 — 9. Puddlings-Frischofen bei Torffeuerung, auf der Hütte zu Ichour.

Fig. 8. Vertikaler Längendurchschnitt nach der punctirten Linie AB in Fig. 9.; Fig. 9. Grundriß des Ofens nach der gebrochenen Linie CDEF in Fig. 8.

Das äußere Mauerwerk des Ofens ist mit einem aus gußeisernen Platten a zusammengesetzten Mantel umgeben, welche in der schon erwähnten Art mittelst über das Gewölbe hindurchreichender Anker aneinander befestigt sind. Die inneren Wände des Ofens, das Gewölbe b, die Feuerbrücke c, die Einfassungen des Fuchses d, die Fuchsbrücke e und das Essenfutter f bestehen, wie gewöhnlich, aus feuerfesten Thonziegeln, alles übrige Mauerwerk des Ofens und der Esse aus gewöhnlichen Mauerziegeln. Der untere Theil des Essenschachtes steht, bis zu einer Höhe von $7\frac{1}{4}$ Fuß über der Hüttensohle, auf zwei Seiten frei zwischen den beiden andern bis zur Sohle herabgehenden äußeren Essenwänden. Ueber den dadurch gebildeten

Nischen g wird das äußere Mauerwerk der Esse durch die gußeisernen Trageplatten h unterstützt, welche, so wie die Seiten- und zugleich Stütz-Platten i, von dem Mauerwerk der als Pfeiler dienenden beiden Außenmauern der Essen getragen werden.

Der Fuchs mündet, nachdem er des Schlackenabflusses wegen schräg abwärts geführt worden, dicht über der Sohle des Essenschachtes aus. Um das Erstarren der Schlacke zu verhindern, ist außerhalb vor der Oeffnung l ein Rost m angebracht, um darauf ein Feuer zu unterhalten. Die hohl liegende gußeiserne Heerdplatte n erhält ihr Auflager in den Ofenwänden und in dem Mauerwerk des Fuchses d und der Feuerbrücke c, wird aber außerdem noch durch die gußeisernen Säulen o unterstützt. Der eigentliche Frischheerd wird über der Heerdplatte n aus Frischschlacken zusammengesetzt. Die Feuerbrücke c ist über der in den Seitenwänden des Ofens aufliegenden gußeisernen Trageplatte p aufgemauert. q ist die Arbeitsthür, r das Schürloch, s der Rost (§. 976.).

Fig. 10, 11. Puddlings-Frischofen bei Torffeuerung.

Fig 10. Vertikaler Längen-Durchschnitt des Ofens nach AB in Fig. 11.; Fig. 11. Grundriß desselben nach der gebrochen punctirten Linie CD.

Dieser Ofen weicht von dem oben erwähnten hinsichtlich seiner innern Construction darin ab, daß der Ofenraum hier gerade, parallele Seitenwände und eine gleiche Breite mit dem Feuerungsraum erhalten hat, daß sich die Seitenwände mit gleichen concaven Bögen dem Fuchs anschließen, und daß dem Ofen eine geringere Rostfläche zugetheilt ist, welches indeß nur bei vorzüglich gutem und stark ausgetrocknetem Torf ausführbar ist. Das Schürloch g erweitert sich von außen nach innen und ist horizontal durch die Mauer geführt. Die Fuchsbrücke h liegt in gleichem Niveau mit dem auf der gußeisernen

Heerdplatte i von Sand gefertigten Heerd e; k ist die Arbeitsöffnung (§. 976.).

Fig. 12—15. Katalonischer Rennheerd, auf der Hütte zu Cabre.

Fig. 12. Ansicht des Heerdes von der vordern oder Arbeitsseite; Fig. 13. Vertikaler Durchschnitt desselben nach der Linie AB in Fig. 15.; Fig. 14. Vertikaler Durchschnitt desselben nach der Linie CD in Fig. 15. und Fig. 15. Grundriß in der Linie EF. Der Heerd, dessen Dimensionen bei den katalonischen Rennheerden sehr verschieden sind, je nach der Größe desselben für die einzuschmelzende Erzmasse, hat zum Boden einen platten Granitstein a, der in fast gleicher Höhe mit der Hüttensohle liegt. Bei feuchtem Grunde wird ein Abzugskanal unter dem Heerde angelegt; bei trockenem Grunde legt man den Bodenstein über eine Schlacken-Ausfüllung. Der Bodenstein muß nicht größer seyn, als es eben möglich ist, ihn in den Heerd hineinzulegen, ohne die Heerdwände einzureißen. Da dessen Oberfläche keine regelmäßige Form hat, so werden die Zwischenräume zwischen den Bodensteinen und den Heerdwänden mit Thon ausgefüllt. Die Rückwand b, welche sich aus dem Heerde neigt, besteht aus Mauerwerk, sehr häufig aber aus Granit, welcher mit Thon überzogen wird. Im letzteren Falle werden in den Winkel, welchen die Rückwand mit der Gichtwand bildet, gewöhnlich geschmiedete Eisenstücke eingesetzt. Die Formwand ist aus über einander liegenden in die Formmauer c eingesetzten, geschmiedeten, balkenähnlichen Stücken d zusammengesetzt, welche von dem Bodenstein bis zur Form e hinaufreichen. Die Gichtwand, der Form gegenüber, ist aus eben solchen schmiedeeisernen Stücken (massoques) oder Balken d construirt. Die vordere oder Schlackenwand f, welche der Hinterwand b gegenübersteht, besteht aus zwei mit einem Zwischenraum neben einander lothrecht aufgestellten geschmiedeten Plattenstücken g, welche durch das geschmiedete darauf liegende Bruststück h, dessen Enden eingemauert sind, in fester Stellung erhalten wird. Das Bruststück oder Brusteisen h dient zur Unterlage für das Arbeitsgeräth während der Arbeit. Ueber diesem Brust̆stücke liegt, vor demselben hervortretend, die Vorheerdplatte i, mit einiger Neigung in den Heerd. Sie dient zum Zusammenhalten der Kohlen im Feuer. Die Formwand, die vordere oder Schlackenwand und die Gichtwand stehen lothrecht, letztere indeß nur bis auf eine Höhe von 10 Zoll über dem Bodenstein, von wo sie sich ebenfalls aus dem Heerde neigt.

Die Zwischenräume der Platten g, der Schlackenwand f sind mit Thon ausgefüllt. In dieser Thonausfüllung befindet sich, etwa 4 Zoll über dem Bodenstein a in der Mitte das Schlackenloch k. Unterhalb des Schlackenloches liegt ein geschmiedetes Sohlstück l, zwischen den beiden Platten g, welches zur Unterlage für die Brechstangen dient, wenn die Luppe aus dem Heerde gehoben und von dem Bodenstein zuvor gelöst wird.

Das Hauptmauerwerk der Formmauer, und der Rückmauer, welches sich in der Regel 6 bis 10 Fuß über den Heerd erhebt, lehnt sich gewöhnlich an zwei im Winkel aufgeführten Mauern, welche bis zum Hüttendach in die Höhe geführt sind. Dieses ist zum Durchzug des Rauchs und der Flamme mit einer entsprechenden Oeffnung versehen; selten bringt man eine Art von Esse an (§. 988.).

Fig. 16. Situationsplan von einer Katalonischen Luppenfrischhütte. Es ist:

A der eigentliche Hüttenraum.

a der Heerd des Feuers.

b das Wassertrommel-Gebläse.

c der Hammer.

D Sammelteich für das Hammerrad.

e Einschußgerinne für das Hammerrad.

F Seitenkanal für das Wassertrommel-Gebläse.

g Wasserkasten zum Gebläse, welcher bis zur Einmündung der Lutten geführt ist.

h Abflußgraben für das überflüssige Wasser.

K Kanal zur Abführung des Wassers vom Trommel-Gebläse.

L Abflußgraben von dem Wasserradgerinne des Hammers.

p p p Abtheilungen für die Erze und Zuschläge.

x Räume in dem darüber befindlichen Geschoß zu den Schlafkammern für die Arbeiter.

M Kohlen-Magazin.

N Magazin für die Erze.

O Wohnung und Büreau des Beamten.

Tafel XLVI.

Fig. 1—4. Korsikanischer Rennheerd.

Fig 1. Vertikaler Durchschnitt des Heerdes nach der Linie AB in Fig. 4; Fig. 2. Ansicht desselben in der Linie CD in Fig. 4.; Fig. 3. Ansicht nach der Linie EF in Fig. 4. und Fig. 4. Grundriß nach den Linien G, H, I, K.

Die Darstellung des Schmiedeeisens unmittelbar aus den Erzen, theilt sich in zwei Operationen: 1) in die des Röstens oder eigentlich der Reduction; 2) in die des Frischens oder des Zusammenschweißens des reducirten Eisens. Beide Operationen werden in nach einander folgenden Zeiträumen in einem und demselben Heerde ausgeführt. Das Resultat des Röstens besteht theils aus gerösteten Erzen, welche noch nicht vollständig reducirt sind und daher bei einer künftigen Röst- oder Reduktions-Arbeit wieder mit angewendet werden; theils aus Schlacken, wovon diejenigen, welche kurz vor Beendigung des Röstens aus dem Heerde abgestochen werden, bei der folgenden zweiten Operation, nämlich bei dem Frischen als sogenannte reducirende Schlacken (Gaarschlacken, Scories douces) also als Zuschläge, mit in Anwendung kommen, theils aus dem vollständig reducirten Erz (minéral cuit), welches bei einer Röstoperation gewöhnlich in solcher Quantität dargestellt wird, daß es, in 5 Theile getheilt, in fünf auf einander folgenden Frischperioden fertig gefrischt werden kann.

Das durch den Frischprozeß bei der zweiten Operation erhaltene Produkt besteht aus einer Luppe (masello) von gefrischtem Eisen und aus zweierlei Arten von Schlacken, wovon diejenigen, welche durch das Schlackenloch abgestochen werden, bei dem folgenden Frischen als Zuschlag in Anwendung kommen, und diejenigen, welche sich unterhalb des, von dem früheren Frischen erhaltenen, Behufs des Ausschweißens und nachherigen Ausschmiedens, in denselben Heerd eingelegten masello ansammeln, als unbenutzbar weggeworfen werden. Durch die 5 aufeinanderfolgenden Frischoperationen erhält man also 5 masello. Auf den Zeichnungen ist der Heerd in dem Zustande dargestellt, wie er bei der ersten Operation, nämlich bei dem Rösten der Erze, in Anwendung kommt.

Der Heerd ist mit einer Masse von Gestübbe oder von Kohlenlösche ausgefüllt. Er bildet einen etwas über die Hüttensohle erhobenen gemauerten Raum a, welcher sich gegen eine Mauer, nämlich gegen die Formmauer b, worin die kupferne Form c eingesetzt ist, anlehnt. Vor diesem Gestübbe-Heerde befindet sich, rechtwinklich gegen die Formmauer b, eine kleine, etwa 2′ 7″ hohe, und 3′ 9″ lange und nur einen Stein starke Mauer d, welche oben und auf der Seite mit einem geschmiedeten Ankerbande e an der Mauer b befestigt ist.

In dieser Mauer, welche die Schlackenwand bildet, befindet sich die mit dem Schlackenloch versehene Schlackenplatte f. Eine Rückwand und eine Formwand sind nicht vorhanden.

Der Boden des Heerdes besteht aus einer Steinplatte g, welche stets mit einer dicken Schicht Kohlenlösche h Fig. 1. bedeckt ist. Die kupferne Form c ragt weit in den Heerd hinein; ihr Vorsprung beträgt etwa 10 Zoll; die Neigung in den

Heerd 20 Grad, ohne eine Neigung weder nach der Schlackenwand d, noch nach der dieser gegenüberliegenden Heerdseite. Die Mündung der Form liegt 19 bis 20 Zoll über dem Bodenstein b: auf diese Entfernung kommt es indeß wesentlich nicht an, weil sie durch die Dicke oder Stärke der über dem Bodenstein gebildeten eigentlichen Heerdsohle oder Schicht h bestimmt wird. Das Schlackenloch ist von der Formmauer etwa 19 Zoll entfernt.

Der Röstheerd wird in folgender Art gebildet:

Nachdem der letzte masello (Luppe) bei dem letzten Frischen gebildet und aus dem Heerd gezogen worden, wird das Feuer durch Begießen mit Wasser gänzlich ausgelöscht, die größeren Kohlen werden zurückgezogen, das Gebläse wird angelassen, um die Abkühlung zu beschleunigen, und die Heerdmasse mit einer Brechstange abgelöset, wobei die Schlacken, welche darin noch etwa zurückbleiben könnten, sorgfältig bei Seite gebracht werden. Sobald die Hitze des Heerdes es zuläßt, häuft man rings um die Form e eine Wand von angefeuchteter Kohlenlösche h auf, welcher man die Gestalt giebt, daß dadurch ein halbelliptischer Schacht gebildet wird. Die Sohle des Schachtes liegt 4 bis 4½ Zoll unter der Formmündung. Die große Axe der Ellipse dieses Schachtes liegt in der Richtungslinie von der Form- zur Gichtseite. Die innere, der Form zugekehrte Fläche dieses aus angefeuchteter Kohlenlösche construirten Schachtraums wird mit besonders dazu auserlesenen Kohlen ausgefüttert und dadurch ein zweiter Kohlenschacht aus groben Kohlen gebildet, dessen Wände, damit sie nicht sogleich nach Innen hinein gedrückt werden, eine kleine Neigung nach Außen erhalten. Die beiden vertikalen Wände i auf den Zeichnungen Fig. 1. und 4. sind die äußeren Umfassungswände dieses inneren Kohlenschachtes, welcher sodann mit Kohlen ausgefüllt wird.

Zwischen der inneren Wand des aus Gestübbe gebildeten Schachtes h und der äußern Seite des innerhalb desselben aufgeführten kleinen Schachtes i, bleibt ein Zwischenraum zur Aufnahme der Erze k, welchen man durch zwei vertikale, aus horizontal über einander gelegten Kohlen gebildete Scheidewände l in drei Zellen k theilt. Die Scheidewände l werden gleichzeitig mit den Schachtwänden i aufgeführt.

Hierauf werden in jede der beiden Seitenzellen zwei Körbe (Maaß) zerkleinertes Erz, und in die mittlere, größere Zelle drei dergleichen Körbe gebracht. Die Erzausfüllung wird mit einer dünnen Schicht n von feinem Gestübbe, bei deren Aufhäufung mit großer Sorgfalt verfahren wird, begränzt. Die erste Aufschichtung des Erzes reicht bis zum Rande des Kohlenschachtes, etwa 14 Zoll über der Sohle. Auf diese Schicht erhebt sich eine zweite, von demselben Erzinhalt. Bei dieser zweiten Aufschichtung wird die innere Wand noch durch die äußere Seite des Kohlenschachtes begränzt, aber die äußere wird nicht mehr von Gestübbe aufgeführt. Um das geröstete und zerschlagene Erz außerhalb zu stützen, führt man hinter demselben eine Wand aus großen Blöcken von rohen Erzen auf, über welche man andere von geringerer Größe bis zum Rande des Schachtraums h aufstellt. Auf diese Grundlage und auf die Schlackenmauer d, erhebt man eine Wand von solchen Stükken, welche nach erfolgter Reduction zerschlagen und bei der nächsten Frischoperation in Anwendung gebracht werden sollen.

Auf diese Weise wird wieder ein halbelliptischer hohler Raum um den Kohlenschacht i gebildet, in welchen 7 Körbe schon geröstetes, aber vollständig reducirtes Erz geworfen und letztere sodann gleichförmig mit einer Schicht Gestübbe bedeckt werden, womit die ganze Einrichtung des Röstheerdes beendigt ist. Ueber dem Heerde befindet sich ein kleiner Heerdmantel m, welcher den Rauch und die Flamme in die Esse o leitet (§. 989.).

Fig. 5—9. Doppel-Schweißofen, auf der Hütte zu Rybnick in Ober-Schlesien.

Fig. 5. Vorder-Ansicht; Fig. 6. Stirn-Ansicht; Fig. 7.

Vertikaler Querdurchschnitt nach der Linie AB in Fig. 9.; Fig. 9. Grundriß nach der Linie CD in Fig. 8. und Fig. 8. Vertikaler Längen-Durchschnitt.

Die Schweißöfen unterscheiden sich sehr unbedeutend von den Flammenöfen zum Frischen. Um dem Eisen den höchsten Grad der Schweißhitze schnell zu ertheilen, erhalten sie niedrige Gewölbe, wodurch die Flamme stärker concentrirt wird. Der wesentlichste Unterschied der Schweißöfen von den Frischöfen besteht in der größeren Höhe der Feuerbrücke, um das zu schweißende Eisen vor der unmittelbaren Einwirkung der Stichflamme zu schützen.

Die in der Zeichnung dargestellten beiden Schweißöfen lehnen sich an den entgegengesetzten Seiten der gemeinschaftlichen Esse an, in welcher jeder Ofen einen besondern Essenschacht erhält, um den einen Ofen von dem andern unabhängig zu machen.

Die Oefen sind mit gußeisernen Mantelplatten a umgeben, durch welche sie zugleich nebst ihren Feuerungsrosten und Heerden getragen werden. Die Mantelplatten a sind in das Fundament eingelassen und werden über demselben durch gußeiserne, mit Verstärkungsrippen versehene Ankerplatten b, welche lothrecht gegen die Stöße der ersteren aufgestellt, und mit ihren unteren Enden ebenfalls in das Fundament eingelassen sind, mittelst geschmiedeter, über die Ofen-Gewölbe hinwegreichender Anker c befestigt.

Die Heerde d der Oefen werden von gußeisernen Platten e getragen, welche der Länge nach aus zwei mit Falzen zusammengesetzten einzelnen Platten (Fig. 7.) bestehen. Diese Heerdplatten ruhen mit dem einen Ende in der Essenmauer, in der Mitte aber und am andern Ende auf drei gußeisernen Tragebalken f, welche durch die Mantelplatten a durchreichen und mit den an den untern Seiten ihrer hervorragenden Köpfe angebrachten Nasen, die Mantelplatten a zugleich verankern. Um die Köpfe der Tragebalken durch die dazu in den

Mantelplatten a angebrachten viereckigen Löcher, deren untern Rand die Nasen dieser Köpfe auswendig überfassen, durchstecken zu können, erhalten dieselben eine diesem Zweck entsprechende Höhe, wie Fig. 5. zeigt. Die Tragebalken f liegen nicht allein auf dem untern Rande dieser Löcher der Mantelplatten, sondern zugleich auch auf kleinen Consolen g Fig. 7., welche an den inneren Seiten der Mantelplatten angegossen sind. Der freie Raum unter der Heerdplatte e communicirt mit dem Aschenfallraum und auf diese Weise mit der äußeren Luft, um die Heerdplatte von unten abzukühlen. Ueber den Heerdplatten e sind die Oefen mit ihren Wänden aufgeführt, von denen die inneren oder die Futtermauern aus feuerfesten Thonziegeln, die äußeren zunächst der Mantelplatten a aus gewöhnlichen Ziegeln bestehen. Das von feuerfesten Thonziegeln angefertigte Gewölbe h hat einen gradlinigten, nach dem Fuchse i hin schwach geneigten Scheitel. Der Fuchs i erhebt sich ansteigend gegen den Essenschacht und mündet unmittelbar in denselben ein. Der Heerd d besteht aus einer 13 Zoll dicken Schicht von Sand, welcher unmittelbar auf eine, auf der gußeisernen Heerdplatte e liegenden Thonziegel-Schicht aufgeführt und festgestampft ist. Ueber dem Heerd d ragt die aus feuerfesten Ziegeln aufgeführte Feuerbrücke k, 6 Zoll hervor.

Die Seitenwände der Feuerung reichen bis zum Fundament herunter, begränzen hier den Aschenfallraum und tragen zugleich die Rostbalken m mit dem Rost i. Ueber dem Rost wird die Feuerungs-Stirnmauer n durch einen gußeisernen eingemauerten Balken o getragen. Das Schürloch p ist mit einem sich nach außen erweiternden und etwas vor der äußern Wandfläche vorragenden gußeisernen Kasten eingefaßt. An der vordern oder Arbeitsseite eines jeden Ofens befinden sich nebeneinander zwei gußeiserne, unten mit Einsetz-Oeffnungen r versehene Arbeitsthüren q, welche mittelst gußeiserner Hebel α leicht bewegt werden können. Die Hebel sind in gußeisernen oben mit Schlitzen versehenen Hebelständern β beweglich befestigt. Die Thüren sind zwischen Falzleisten s beweglich, welche, so wie die Sohlplatten t, worauf die Auflagerplatten v der Thüren ruhen, an den Mantelplatten a angegossen werden. Die Mantelplatten a sind daher auch mit Ausschnitten u Fig. 5., für die Thüröffnungen versehen. Unter den Sohlplatten v sind kleine Consolen oder Knaggen w zur Unterstützung derselben angegossen. Die Oeffnung γ unterhalb der Einsetzthür q dient zum Abstechen der auf dem Heerd sich ansammelnden Schlacke, in so ferne dieselbe nicht auf andere Weise, nämlich durch Herabfließen von dem Heerde in einen unter der Esse angebrachten Schlackenraum fortgeschafft wird. Der obere Theil der Esse, nahe über den beiden Oefen, ruht auf gußeisernen Trageplatten x, welche durch 6 gußeiserne Trageständer y unterstützt wird. Diese Trageständer sind mit ihren Köpfen unter den Trageplatten x und mit ihren Fußplatten auf der gußeisernen Sohlplatte z mit Schraubenbolzen befestigt.

An den beiden, den Oefen zugewendeten Seiten ist die äußere Umfassungsmauer der Esse mit Nieschen ta versehen, welche bis an die von feuerfesten Ziegeln aufgeführten Essenfutter hinanreichen. Die Verankerung der Esse ist die gewöhnliche (§. 966.).

Tafel XLVII.

Fig. 1—4. Schweiß-Ofen, dessen man sich in Süd-Wales bedient, um sowohl gefrischtes und zu kleinen Platten unter dem Hammer zusammengeschlagenes Eisen, als auch altes Schmiedeeisen in Schweißhitze zu bringen und nachher zu Barren und Schienen auszustrecken.

Fig. 1. Ansicht des Ofens von der Arbeitsseite; Fig. 2. Vertikaler Querdurchschnitt nach der gebrochenen Linie ABCD in Fig. 4.; Fig. 3. Vertikaler Längendurchschnitt nach der Linie

EF in Fig. 4. und Fig. 4. Grundriß des Ofens nach der Linie GH in Fig. 3.

Der Ofen, welcher etwa 7¾ Fuß lang und 3 Fuß breit und von der Hüttensohle 4½ Fuß hoch ist, enthält in dem mittleren Theil den eigentlichen Schweißofen A und zu beiden Seiten des letzteren die Glühöfen B Fig. 4. In den beiden Glühöfen werden die in dem Schweißofen A in Schweißhitze zu bringenden Eisenpaquete angewärmt, um die Schweißhitze demnächst schneller zu erlangen. Die Glühöfen werden durch die Flamme erhitzt, welche aus dem Schweißofen durch die Communications-Oeffnungen a in selbige hineindringt. Zuweilen ist der Schweißofen nur mit einem Glühofen verbunden. Die innern Wände b der Oefen und die Gewölbe d, womit sie oben geschlossen sind, so wie die Heerde e in den Glühöfen, bestehen aus feuerfesten Thonziegeln, die übrigen Außenwände c aber aus gewöhnlichen Mauerziegeln.

Der Heerd f des Schweißofens A ist aus angefeuchtetem Koaksstaub fest zusammen geschlagen und erhält in der Mitte eine muldenförmige Vertiefung, welche mit einer geneigten Rinne nach dem Schlacken-Abstichloch h Fig. 1. und 2. ausläuft. Die Heerde e der beiden Glühöfen bestehen aus feuerfesten auf die hohe Kante gelegten Thonziegeln, und in eben der Art wird auch die Sohle g unter dem Heerde f des Schweißofens angefertigt.

Auf der Seite des Schürlochs i liegt, in gleicher Höhe mit dessen unterm Rande, eine gußeiserne Platte k, welche von zwei kleinen Mauern l unterstützt wird. Auf dieser Platte sind die Koaks aufgehäuft, die durch das Schürloch i in den Schweißofen gelangen. Die Koaks werden mit der Schaufel bis zu der Größe zerstoßen, daß nach jedesmaligem Einschüren das Schürloch i dicht verstopft werden kann.

Auf der Vormauer m befindet sich die gußeiserne Vorheerdplatte n, auf welcher die Eisenpaquete ruhen, um sie leicht in die Oefen hineinschieben zu können. In der Vormauer m ist in gleicher Höhe auf der Hüttensohle ein überwölbter Raum c, durch welchen man zu dem Schlackenloch h gelangt, aus welchem die wenige von den zu schweißenden Eisenpaqueten sich absondernde Schlacke von dem Schweißheerde abgelassen wird. Unter dem überwölbten Raum c sind zwei kleine Pfeiler o gegen die Schlackenmauer p zur Befestigung der letztern aufgeführt. Sie werden, wenn der Heerd f des Schweißofens schadhaft geworden ist und erneuert werden muß, abgebrochen und nach erfolgter Erneuerung des Heerdes wieder vorgemauert. Der Heerd hält gewöhnlich 14 Tage aus. Unter den beiden Glühöfen befinden sich zwei mit gußeisernen Platten p überdeckte, an den schmalen Seiten des Ofens offene Räume q, von denen der links, Fig. 3., zur Verbindung der Windleitungsröhre r mit der Düse s dient, welche in der kupfernen Form t liegt, die in der Formmauer u angebracht ist.

An der Rückwand, in welcher sich das Schürloch i (Fig. 2.) befindet, sind zwei Mauer-Vorsprünge v, von treppenförmig aus derselben in den Ofenraum hineingestreckten feuerfesten Ziegeln angebracht, auf welchen die vorderen schaufelförmigen Enden der geschmiedeten Eisenstäbe w über dem Feuer des Schweißofens ruhen, wenn die auf diese schaufelförmigen Enden liegenden Eisenpaquete x in den Schweißofen geschoben werden. Die hinteren Enden oder Griffe dieser Stäbe erhalten während der Schweißoperation auf der Platte n ihr Auflager.

An der vordern Seite des Ofens befinden sich über der gußeisernen Vorheerdplatte n die Oeffnungen y zu den Einsetzthüren des Schweißofens und der beiden Glühöfen. Diese Oeffnungen werden mit rahmförmigen gußeisernen, mit feuerfesten Thonziegeln ausgemauerten Thüren z, welche sich zwischen den Leisten der Ankerplatten α an den Mantelplatten β dicht anschließen, mittelst Hebelvorrichtungen geöffnet und geschlossen. Die beiden Thüren vor dem Schweißofen erhalten unten kleine halbrunde Ausschnitte γ Fig. 1., damit die Thüren geschlossen werden können, wenn die hinteren Enden der Eisenstäbe w auf der Vorheerdplatte u, während der Schweißhitze aufliegen. In den Thüren z befinden sich außerdem noch kleine Spähöffnungen δ, um das in die Oefen eingesetzte zu glühende und zu schweißende Eisen beobachten zu können. Der Ofen ist außerhalb durch gußeiserne Mantelplatten α und Ankerplatten β, in derselben Art, wie bei den Flammen- und Puddlingsöfen erwähnt worden, verankert.

Eine Esse zur Abführung des Rauchs und der Flamme ist nicht vorhanden; zu deren Abführung werden gleich bei der Einfeuerung mit Koaks die Thüren vor den beiden Glühöfen B auf kurze Zeit geöffnet (§§. 937. 991.).

Fig. 5—8. Doppel-Schweißfeuer und Doppelesse auf der Creutzburger Hütte in Oberschlesien (Wärmfeuer).

Fig. 5. Grundriß, genommen über den Formen der beiden Heerde oder Feuer; Fig. 6. Vordere Ansicht; Fig. 7. Längen-Profil nach der Linie AB in Fig. 5; Fig. 8. Aeußere Ansicht von der Formseite.

Der von den Essenmauern auf drei Seiten, nämlich auf den beiden Formseiten und auf der Rückseite, eingeschlossene Heerd, welcher, so wie das Mauerwerk der Esse, aus gewöhnlichen Ziegeln besteht, ist auf einem soliden Fundamente aufgeführt. Zu beiden Seiten dieses Heerdes befinden sich an den beiden Formwänden a, die beiden gegen den Heerdraum vertieften 1 Fuß breiten, 2 Fuß 3 Zoll langen Wärmfeuer oder Zainheerde c. Der Heerdraum b zwischen den beiden Wärmfeuern, welcher mit gußeisernen Platten belegt ist, dient zur Aufschüttung der zur Feuerung bestimmten Kohlen. Vorn an der Brust sind die beiden Feuer durch die Schlackenmauern begrenzt, die mit Deckplatten d bedeckt sind, welche unter die Deckplatten b greifen. Unter diesen Deckplatten, welche zum Auflager des zu wärmenden (glühenden) Eisens dienen, ist in der Schlackenmauer das Schlackenloch e durchgeführt, mittelst dessen die sich im Wärmheerde ansammelnde Schlacke weggezogen wird. Dasselbe hat gußeiserne Backenstücke nnd ist noch besonders durch alte Plattenstücke bedeckt.

Um das Eisen auf größere Längen gleichmäßig zu erwärmen (glühen), wird jedem Feuer der Wind mittelst zwei Formen f, zugeführt. Die Formen liegen söhlig in den Formmauern g, welche, wie bei den gewöhnlichen Frischfeuern durch gußeiserne Sohlplatten i, Seitenplatten k und Deckplatten h, von dem Mauerwerk der Formwände a dergestalt getrennt sind, daß sie, unbeschadet den letzteren, erneuert werden können.

Die mit den Düsen l in Verbindung stehenden gußeisernen Windstöcke (lothrechtstehenden Windzuleitungsröhren) m, erweitern sich oben in der Art zu sogenannten Ventilstöcken (Ventilsitzen) n, daß sich innerhalb ein Absatz oder Rand bildet, gegen welchen eine gußeiserne Ventilscheibe p, im Fall der Wind abgesperrt werden soll, luftdicht anschließt. Mit der Ventilscheibe p ist eine Scheibe o mittelst der Nuß r beweglich verbunden, so daß durch die an den Schrauben o befestigten Hebelgriffe q der Wind regulirt, oder ganz abgesperrt werden kann. Der Deckel s des Ventilstockes n ist mittelst dreier kleiner Schraubenbolzen t luftdicht befestigt, indem diese Schraubenbolzen mit den an ihren untern Enden befindlichen Oesen, auf die kleinen geschmiedeten, an dem Ventilstock außerhalb angeschraubten (oder eingegossenen) Zapfen, zuvor aufgesteckt werden.

Neben der Esse befindet sich ein gußeiserner Wasserkasten u zum Abkühlen des Eisens und des Feuers. Die vordere und ein Theil der innern Seite der Formwände a ist mit einer auf der Fußplatte v stehenden und von einer Kopfplatte w überdeckten, winkelförmigen, gußeisernen Platte x bekleidet, um das Mauerwerk gegen Beschädigungen während der Arbeit zu schützen. Die Platte x wird oben durch die Ankerköpfe festgehalten. Die gemeinschaftliche Esse ist über dem Heerd auf 13¾ Fuß Höhe von der Hüttensohle lothrecht aufgeführt; von hier ab bildet sie außerhalb einen Absatz, verjüngt sich bis zur Höhe der Kehlbalken, und geht von da lothrecht mit einem Querschnitt von 18 Zoll Breite und 2¼ Fuß Länge bis über die Firste des Daches. Der untere Theil der Esse ist mit gußeisernen durchgehenden Ankern z, y und der obere Theil mit geschmiedeten Ankern befestigt, gerade wie bei den Frischfeueressen. Ueber der Arbeitsseite ruht die vordere Essenmauer auf gußeisernen Ankern z. In dem Heerdmauerwerk ist ein überwölbter, vorn offener Kanal oder Raum tz zur Ersparung von Mauerwerk angebracht, welcher zum Kohlenbehälter oder zu andern Zwecken zu benutzen ist. (§. 1002.)

Fig 9—11. Glühofen zum Glühen von Eisenblech und Schneideeisen, unmittelbar auf glühenden Kohlen.

Fig. 9. Grundriß über dem Heerd der beiden neben einander gebauten Glühöfen; Fig. 10. Vertikal-Durchschnitt des größern Ofens A nach der Linie AB in Fig. 9.; Fig. 10. Vordere Ansicht der beiden Oefen.

Die beiden neben einander befindlichen Oefen A und B, von denen der erstere in der Zeichnung der größere ist, weil er zum Glühen der schon weiter vorgestreckten Bleche dient, wogegen in A das Materialeisen oder auch die vorgewalzten Stürze zu den Blechen die Glühhitze erhalten, haben eine länglich rechteckige Heerdfläche und sind mit einem flachen Gewölbe b überspannt, welches auch auf der hintern Seite, woselbst sich das Schürloch c befindet, bis zum Heerd hinabreicht.

Die innern Wände d und die Gewölbe b sind von feuerfesten Thonziegeln, die äußern Wände e aber, so wie das übrige Mauerwerk, und die Essenwände f von gewöhnlichen Ziegeln aufgeführt.

Die beiden gußeisernen Roste h, welche den größten Theil der Heerdflächen einnehmen und auf welchen die Bleche und das Schneideeisen über abgeflammten Steinkohlen geglüht werden liegen auf gußeisernen, mit ihren Enden eingemauerten Rostbalken i. Unter den Rosten befinden sich geräumige Aschenfallräume k, durch welche zugleich die Luft zur Feuerung für die Roste einströmt. Der kleinere Ofen B ist nicht mit einem besondern Schürloch versehen, indem die Steinkohlen durch die Einsetzthür auf den Rost geworfen und ausgebreitet werden. Die Einsetzthüröffnungen m sind von solcher Breite, daß das zu glühende Eisen (Stürze und Bleche) bequem in die Oefen gebracht werden kann. Vor den Einsetzöffnungen m stehen auf untergelegten gußeisernen Untersätzen n die kassettenartigen gußeisernen, auf der innern Seite mit feuerfesten Ziegeln ausgemauerten Vorsetzthüren l, unter welchen eine 6 Zoll hohe Oeffnung verbleibt, durch welche die zu glühenden Bleche und s. f. in die Oefen gesetzt und wieder herausgezogen werden. Da die Oefen nicht mit Füchsen in die Essen g einmünden, so steigen Rauch und Flamme durch die erwähnten Oeffnungen unter den Vorsetzthüren l aus den Ofen und werden mittelst des auf der gußeisernen, mit einem Rand versehenen Trageplatte o aufgeführten Rauchfanges p in die Essenschächte g geleitet. Die über den Oefen aufgeführte Esse, welche die beiden abgesonderten Essenschächte g enthält, ist durch gußeiserne starke Trageplatten q unterstützt, welche von den Widerlager-Mauern e getragen werden, damit die Esse die Ofengewölbe nicht belastet.

Auf der Vorder- und Hinterseite sind die Oefen durch gußeiserne Ankerplatten r verankert, deren Fußenden in das Fundamentmauerwerk eingelassen und befestigt, die obern Enden aber durch geschmiedete Anker s gegenseitig mit einander befestigt sind.

Die Vorsetzthüren l ruhen mit ihren Untersätzen n auf den gußeisernen Brüstungsplatten u, welche auf den vor den Oefen 15 Zoll vorspringenden Brustmauern t aufliegen. (§§. 1002. 1033.)

Tafel XLVIII.

Fig. 1 — 4. Blechglühofen bei Steinkohlen-Feuerung auf der Hütte zu Charenton.

Fig. 1. Vertikaler Längendurchschnitt des Ofens nach der Linie AB in Fig. 4.; Fig. 2. Vertikaler Querdurchschnitt nach der gebrochen punktirten Linie CDEFGH in Fig. 4.; Fig. 3. Ansicht der vordern oder der Arbeitsseite; Fig. 4. Grundriß des Ofens nach der gebrochen punktirten Linie IKLM in Fig. 1.

Der Ofen hat im Allgemeinen die Form und Konstruktion der Flammenöfen. Der Heerd a des Glühraumes des Ofens besteht aus einer Schicht von feuerfesten Ziegeln, welche auf die hohe Kante gestellt sind und unmittelbar auf dem vollen Mauerwerk b, von gewöhnlichen Ziegeln ruhen. Um die auf dem Heerd liegenden zu glühenden Bleche so wenig als möglich dem oxydirenden Luftstrom auszusetzen, ist die Feuerbrücke c höher als bei den Puddlingsöfen und Schweißöfen, nämlich 12 Zoll über der Heerdsohle aufgeführt, und deshalb auch die Höhe von dieser Sohle bis zum Scheitel des Gewölbes d, größer. Die Futtermauern e, die Feuerbrücke c und der untere Theil des Essenschachtes bestehen aus feuerfesten Thonziegeln, so wie auch das Gewölbe d. Letzteres hat einen sehr flachen Bogen und ist über dem Rost f, gegen die innere Stirnwand der Feuerung mit einem viertelkreisförmigen Bogen ausgewölbt, um die Flamme besser in den Glühraum zu leiten. Das auf der langen Seite des Ofens befindliche Schürloch g, durch welches die Steinkohlen auf den von den gußeisernen Rostbalken h unterstützten Rost f eingeschürt werden, ist mit einem vor der äußern Wand des Ofens etwas hervortretenden, von innen nach außen sich erweiternden, gußeisernen Schürkasten eingefaßt. Auf den äußern Seiten ist der ganze Ofen von gußeisernen Mantelplatten i umschlossen, welche mit ihren untern Enden in das Fundament 6 Zoll tief hineingreifen. Die Mantelplatten werden durch gußeiserne Ankerplatten k festgehalten, welche die Zusammensetzungsfugen der Ankerplatten bedecken, mit ihren untern Enden in dem Fundament vermauert sind und an ihren obern über den Mantelplatten hervorragenden Enden gegenseitig durch geschmiedete Anker l mit einander verbunden werden. Die Wände m der über dem vordern Theil des Ofens befindlichen Esse p, werden von gußeisernen, auf den untern Seiten mit Verstärkungsrippen versehenen, quer übereinander liegenden Trageplatten n, welche mit den an ihren Enden angegossenen Nasen sich verankernd überfassen, getragen. Die Trageplatten sind durch 4 runde hohle gußeiserne Säulen o unterstützt, welche mit ihren Fußplatten auf der in dem Fundament eingemauerten Sohlplatte q festgeschraubt sind. Durch diese Einrichtung wird die Belastung des Ofengewölbes von der Esse nicht allein verhindert, sondern dasselbe kann auch, als ganz unabhängig von der Esse reparirt oder erneuert werden. Die vordere Quer- oder Stirnwand r, in welcher sich unten auf der Heerdsohle die überwölbte Einsetzöffnung s befindet, bildet mit der innern lothrechten Zungenmauer t, in welcher sich, unten über dem Heerde, die überwölbte Fuchsöffnung u befindet, einen lothrechten Flammen-Abzugskanal v (Fig. 1, 2, 4.), dessen horizontaler Querschnitt 4 Zoll breit und $3\frac{3}{4}$ Fuß lang ist, indem er die ganze Breite des Glühheerdes zur Länge hat. Dieser Kanal v verengt sich nach der Quere des Ofens und erweitert sich nach der Richtung der Länge desselben trichterförmig zu einem Kanal oder einer Röhre w, welche in den Essenschacht p einmündet.

Vor der vordern Essenwand und der Stirnwand r des Ofens ist eine sogenannte verlorne Esse x aufgeführt, welche sich nur wenig über das Dach der Hütte erhebt. Sie dient dazu, die Flamme und den Rauch abzuführen, welche während des Oeffnens der Arbeits- oder Einsetzthür y, durch die Arbeitsöffnung s herausschlagen und die Arbeiter sonst dadurch belästigen würden. Das Mauerwerk z dieser Esse ist auf einer gußeisernen Trageplatte α aufgeführt, welche mit beiden Enden in den Ofenwänden aufliegt.

Die gußeiserne kassettenförmige Einsetzthür y, welche auf der innern Seite mit feuerfesten Thonziegeln ausgemauert ist, ruht auf der gußeisernen Sohlbankplatte β und lehnt sich an dem gußeisernen Rahmen δ an. Zwei Hebelsarme ε und ε', welche an der gemeinschaftlichen Are γ (Fig. 3.) befestigt sind, dienen zur Handhabung dieser Thür. Die kleinen gußeisernen Zapfenständer η sind über der Trageplatte α mit Schrauben befestigt. Weil bei den Glühöfen die Einsetz- oder Arbeitsthüren sehr oft geöffnet werden müssen, so bringt man sie nicht an den langen Seitenwänden, sondern an der, der Feuerung gegenüber befindlichen Querseite des Ofens an, um das Eindringen der äußern Luft in den Ofenraum bei geöffneten Thüren, durch die entgegenströmende Ofenflamme zu verhindern und dem Abkühlen des Ofens mehr vorzubeugen. Die Zungenmauer ι hat den Zweck, die längs dem Scheitel des Gewölbes d streichende Flamme vorn gegen den Heerd a niederzudrücken und die Flammenhitze dadurch gleichförmig zu verbreiten. Die durch die Einsetzthür y in den Glühöfen eingesetzten zu glühenden Bleche liegen nicht unmittelbar auf der Heerdsohle, sondern auf $3\frac{1}{2}$ Zoll im Quadrat starken, parallel mit den Ofenwänden auf dem Heerd liegenden, gußeisernen Stäben, damit auch die unteren Flächen gleichförmig geglüht werden. (§. 1033.)

Fig. 5—8. Glühofen zum Glühen der Eisenbleche auf der Hütte zu Terrenoire.

Fig. 5. Vertikaler Längendurchschnitt des Ofens nach der Linie AB in Fig. 8.; Fig. 6. Vordere Ansicht; Fig. 7. Vertikales Querprofil nach der Linie CD in Fig. 8.; Fig 8. Horizontaler Durchschnitt nach der gebrochenen Linie EF.

Die innere Einrichtung dieses Ofens stimmt mit der des vorherbeschriebenen überein. Die innern Wände e, die Feuerbrücke c, der Heerd a, das Gewölbe d und die untern Theile des Essenschachts bestehen aus feuerfesten Thonziegeln; die äußern Wände m, das untere Mauerwerk b und die Essenwände sind von gewöhnlichen Ziegeln aufgeführt. Das Gewölbe ist, von der vordern Stirnwand t bis zur hintern Querwand an der Feuerung, mit horizontalem Scheitel durchgeführt. Das Schürloch g ist eben so wie bei dem vorigen Ofen angeordnet. Da der innere Ofenraum hier niedriger ist als bei jenem Ofen, so war es zweckmäßig, die Feuerbrücke c höher über den Heerd a zu legen, um den oxydirenden Luftstrom von den Blechen vollständiger abzuhalten. Der Aschenraum unter dem Rost f steht hier auf der hintern Querseite des Ofens durch eine weite Oeffnung mit der äußern Luft in Verbindung. Ueber dem Rost wird die Quermauer an der Feuerung durch die gußeiserne Platte n unterstützt. Auf dieser Seite ist der Ofen nur allein mit einer Mantelplatte i bekleidet, übrigens auf allen Seiten, wie bei dem vorigen Ofen, durch gußeiserne Platten k, mittelst geschmiedeter, dieselben an ihren obern Enden gegenseitig verbindender, Ankerschienen l verankert.

Die Esse p ist vorn zur Seite des Ofens aufgeführt, damit sie noch für einen zweiten, symmetrisch daneben gestellten Glühofen benutzt werden kann, indem zum ununterbrochenen Betriebe eines Blechwalzwerks zwei Glühöfen erforderlich sind. Statt die Flamme gegen den vordern Theil der Heerdfläche, wie es bei dem vorigen Ofen geschah, durch die Zungenmauer t niederzudrücken, sind hier auf beiden Seiten des Heerdes im Niveau der Heerdsohle in beiden Seitenmauern des Ofens, Kanäle oo, o'o'o', angebracht, durch welche Rauch und Flamme in die Esse p geleitet werden. Der Kanal o' ist innerhalb der Stärke der Seitenmauer des Ofens in die Höhe geführt und dann über dem Gewölbe desselben nach der Esse p geleitet, in welche er einmündet.

Die verlorne Esse x erhebt sich hier nicht über die Ofenhöhe, indem die aus der Einsetzöffnung s, bei dem Oeffnen der Einsetzthür y herausströmende Flamme, doch hinreichend abgeleitet wird, um die Arbeiter nicht zu belästigen. Die äußere Mauer r, welche diese Esse bildet, ist auf einer breiten geschmiedeten gebogenen eisernen Schiene q aufgeführt.

Das Oeffnen der auf der Sohlbankplatte β ruhenden und gegen den gußeisernen Rahmen δ anliegenden Einsetzthür y, in welcher sich ein kleines Spähloch befindet, wird sehr einfach und bequem mittelst eines seitwärts angebrachten Hebels z bewirkt. Die beiden kleinen gußeisernen Ständer α für die Hebelaxe, sind an den beiden geschmiedeten Ankerschienen l aufgeschraubt, welche an dieser Stelle die gußeisernen Ankerplatten k mit den lothrecht eingemauerten geschmiedeten Ankerstäben ε verbinden, und von denen die vordere auf der Mauer r aufliegt, die andere aber durch die Mauer t durchgeführt ist.

Der obere Theil der Umfassungsmauern w der Esse p, wird hier ebenfalls durch gußeiserne Trageplatten u getragen, welche letzteren von 4 gußeisernen Trageständern v unterstützt werden. Der untere Theil der Esse kann daher auch hier, unabhängig von dem obern Theil derselben, erneuert werden.

Diese Oefen sind vorzugsweise da anzuwenden, wo zwei Oefen neben einander aufgerichtet (gekuppelt) und an eine beiden gemeinschaftliche Esse gelegt werden sollen. Der vorhin beschriebene Glühofen ist mehr für einen isolirt stehenden Ofen geeignet, und ein solcher wird gewöhnlich auch nur da angewendet, wo kein Raum vorhanden ist, um die Esse zur Seite anzulegen (§. 1033.).

Fig. 9—12. Blechglühofen bei Holzfeuerung auf dem Eisenhüttenwerk bei Kutzdorf, (Regierungsbezirk Frankfurth).

Fig. 9. Vordere Ansicht des Ofens von der vordern Quer- oder Arbeitsseite; Fig. 10. Aeußere Längenansicht desselben;

Fig. 11. Vertikaler Durchschnitt nach der Linie AB; Fig. 12. Vertikaler Längendurchschnitt durch die Mitte des Ofens.

Die innern Wände des Ofens der Heerd a, die Feuerbrücke b, das Gewölbe neben der Feuerbrücke, das eigentliche Ofengewölbe und die innern Wände des Fuchses d sind von feuerfesten Thonziegeln, alles übrige Mauerwerk aber von gewöhnlichen Ziegeln aufgeführt. An den Außenseiten ist der Ofen durch gußeiserne vertikale Ankerplatten f, in der schon erwähnten Art mittelst geschmiedeter Zuganker g verankert. Die Ankerplatten f halten zugleich die horizontal und bündig in den äußeren Längenwänden liegenden Ankerplatten h fest, welche dem Druck des Gewölbes widerstehen.

Das in geringer Höhe über dem Heerd a befindliche flache Gewölbe c, läuft mit einem beinah viertelkreisförmigen Bogen unten gegen die innere Stirnmauer des Feuerungsraumes, welche von der gußeisernen Platte i getragen wird. Nach der Arbeits- oder Einsetzöffnung l hin, hat das Gewölbe eine ziemlich starke Neigung gegen den Heerd, um die Flammenhitze gegen die Heerdsohle niederzudrücken. Damit der oxydirende Luftstrom, welcher sich aus dem Feuerungsraum über den Heerd verbreitet, den fertigen Blechen, beim Ausglühen derselben nach ihrer Vollendung unter den Walzen, nicht nachtheilig werde, ist mit der Feuerbrücke b ein flaches Gewölbe e verbunden, dessen Oberfläche mit der Kante der Feuerbrücke in einer Ebene liegt, wodurch die Feuerbrücke auf zweckmäßige Weise verbreitert und ein dem Flammenzuge unzugängliches Gewölbe zum Ausglühen der Bleche gewonnen worden ist, ohne den zum Glühen des Materialeisens und der Stürze erforderlichen Heerdraum zu beeinträchtigen

Der Heerd ruht auf einem massiven Gewölbe, dessen hohler Raum k an der vordern Seite des Ofens offen ist. Damit das zu glühende Material an beiden Seiten der Glühhitze ausgesetzt werde, wird dasselbe nicht unmittelbar auf die Heerdsohle, sondern auf vierkantige Unterlagen m gelegt. Diese Unterlagen von feuerfesten Ziegeln, oder auch von Eisen, liegen in fünfzölliger Entfernung von einander, parallel mit den Längenwänden des Ofens.

Die vor der Einsetzöffnung l stehende gußeiserne, kastenförmig gegossene inwendig mit Thonziegeln ausgemauerte Verschlußthüre n, welche auf der Sohlplatte o ruht, wird in gewöhnlicher Art durch eine Hebelvorrichtung geöffnet und geschlossen. Durch den, nahe an der Arbeitsöffnung l, im Scheitel des Gewölbes befindlichen, mittelst der abgetreppten Mauer o (Fig. 9, 10, 12.) zuerst lothrecht, dann in schräger und zuletzt in horizontaler Richtung geführten, in die Esse einmündenden Fuchs d, werden der Rauch und die Flamme in die Esse p geleitet, welche sich an der langen Seite des Ofens befindet. Die Essenmauer ist in gewöhnlicher Art verankert. Mittelst eines gußeisernen Schiebers r kann der Fuchs d verschlossen und die Hitze in dem Ofen zurückgehalten werden.

Fig. 13—15. Doppel-Blechglühofen bei Steinkohlenfeuerung bei Neustadt-Eberswalde. (Regierungsbezirk Potsdam.)

Fig. 13. Vertikaler Längendurchschnitt nach AB in Fig. 14. Fig. 14. Grundriß des Ofens; Fig. 15. Aeußere Ansicht einer mit der Hebelvorrichtung verbundenen Verschlußthür. Die beiden kugelförmig construirten Gewölbe a und b lehnen sich an einem gemeinschaftlichen, quer über den Heerd gespannten Gurtbogen c, welchem die beiden innern vorspringenden Pfeilermauern d zu Widerlagsmauern dienen. Die beiden Glühräume liegen, der Länge nach, quer durch den gemeinschaftlichen Ofen und sind nur durch die unter dem Gurtbogen c befindlichen Scheidewände e getrennt, durch welche die Oeffnung f gebildet wird, um die Flamme aus dem der Feuerung zunächst liegenden Glühraum in den zweiten, auf der entgegengesetzten Seite an der Esse liegenden Glühraum zu leiten, aus welchem sie durch den eigentlichen Fuchs g in die Esse h abgeführt wird.

Der Feuerungsraum, welcher sich auf der langen Seite des Ofens befindet, wird durch das Gewölbe a ebenfalls überspannt. Die Feuerbrücke k, welche auf der Feuerungsseite etwas abgerundet ist, um das Einströmen der Flamme in den Ofen zu befördern, bildet zugleich einen Theil der Ofenwand. Ueber den Heerd m erhebt sich die Feuerbrücke 18 Zoll hoch, wodurch der Flammen- und Luftstrom an der untern Fläche des Gewölbes fortzustreichen genöthigt wird, also die auf der Heerdsohle liegenden Stürze und Bleche vor den oxydirenden Wirkungen des Flammenstroms ziemlich geschützt werden. Durch das Schürloch i, welches in gewöhnlicher Art mit einem gußeisernen Schürkasten ausgefüttert ist, werden die Steinkohlen auf den Rost l eingeschürt, welcher letztere auf den gußeisernen Rostbalken n aufliegt.

Die Heerdsohlen m liegen in gleichem Niveau. Die zu glühenden Stürze und Bleche liegen ebenfalls nicht unmittelbar auf dieser Sohle, sondern auf Unterlagen o, die hier aus feuerfesten Ziegeln bestehen, wozu aber auch eiserne Glühbalken angewendet werden. Der Heerd m ist unterwölbt und die dadurch gebildeten hohlen Räume q an der Außenseite des Ofens, sind unterhalb der Einsetzthüren p, offen.

Die Einmündung in den Fuchs g befindet sich bei dem zweiten Glühraum, neben welchem die Esse h seitwärts aufgeführt ist, zunächst der Einsetzthür p, in der langen Seitenmauer des Ofens, in welcher der Fuchs in schräger Richtung (wie in Fig. 13. punktirt angedeutet) bis über das Ofengewölbe emporsteigt und horizontal in den Essenschacht h einmündet.

Die Verankerung des Ofens durch die gußeisernen Ankerplatten r mittelst geschmiedeter Zuganker, so wie die Verankerung der Esse h sind in gewöhnlicher Art ausgeführt. Die Einsetzthüren p ruhen auf der gußeisernen Brustplatte s, welche auf dem außerhalb der Oefen vorspringenden Heerdmauerwerk aufliegt.

Der zunächst dem Feuerungsraum befindliche Glühraum, welcher am stärksten erhitzt wird, dient zum Glühen des Materialeisens und der vorgewalzten Stürze; der andere Glühraum zum Glühen der in der Bearbeitung schon weiter vorgeschnittenen und zu fertigen Blechen auszuwalzenden Stürze. Durch diesen Ofen können daher das Vorbereitungswalzwerk und das Walzwerk zum Fertigwalzen der Bleche, gleichzeitig beschäftigt werden. (§. 1033.)

Tafel XLIX.

Fig. 1—6. Blechglühofen bei Steinkohlen auf der Alvenslebenhütte zu Königshütte in Oberschlesien.

Fig. 1. Vertikaler Längendurchschnitt nach der Linie **AB** in Fig. 3.; Fig. 2. Vertikaler Querdurchschnitt nach der Linie **CD** in Fig. 3.; Fig. 3. Horizontaler Durchschnitt nach der gebrochen punktirten Linie **EFGH** in Fig. 1.; Fig. 4. Hintere Ansicht des Ofens (ohne die Esse); Fig. 5. Seitenansicht und Fig. 6. Vordere Ansicht des Ofens.

Die Esse a befindet sich über der Mitte des Glühofens und wird in der Höhe von 2½ Fuß über demselben, von gußeisernen Trageplatten bb, cc getragen, welche quer über einander liegen und mit den an ihren Enden angegossenen Nasen (Hacken) sich an einander ankernd, übergreifen. Die Trageplatten werden durch vier gußeiserne, auf der im Fundament eingemauerten Sohlplatte e angeschraubte Trageständer d unterstützt, zwischen welchen der Glühofen steht.

Das aus feuerfesten Thonziegeln bestehende Essenfutter f ist auf allen Seiten, mit Ausnahme des obersten Absatzes, von der Rauhmauer g des Essenschachtes durch einen 1 Zoll weiten hohlen Füllungsraum getrennt, um sich beim Erhitzen ungehindert ausdehnen zu können. In den einzelnen Absätzen der

Esse wird es durch zwei nach außen vorgestreckte Thonziegelschichten, mit sogenannten Sätteln (Kränzen) i versehen, um sich in den correspondirenden Kranzöffnungen im Rauhschacht aufzusatteln, und eine feste Unterlage zu gewinnen, wenn es sich, bei dem Stillstande des Glühofens, wieder zusammenzieht. Deshalb erhalten diese Sättel oder Kränze nicht allein auf den Seiten, sondern auch oben ein Zoll Spielraum, so daß die Ausdehnung des Essenfutters frei stattfinden könne. Der oberste Absatz der Esse, welche hier kein besonderes Futter hat, ruht auf einer rahmförmigen gußeisernen Platte μ. Das darunter befindliche Schachtfutter kann bei dieser Einrichtung erneuert werden, ohne daß daraus Nachtheile für die obersten Essentheile entstehen.

An den, den langen Wänden des Ofens zugewendeten Seiten, sind die äußern Essenwände unten stärker, als auf den beiden anderen Seiten und treppen sich allmählich zu der bestimmten Stärke ab. (Vergl. Taf. XXIV. Fig. 1—4.) Die Esse ist in gewöhnlicher Art mittelst durchgehender Anker h und außerhalb durch deren hervorragende Köpfe und durchgesteckte Splinte k befestigt, welche letztere in die abgetreppten Außenwände ganz eingelassen werden, um lothrecht geführt werden zu können, wie in Fig. 6. punktirt angedeutet ist. Die Essenausmündung ist, wie bei den Puddlingsöfen, mit einem gußeisernen Verschlußdeckel versehen, welcher mittelst eines Hebels und Stangenkette geöffnet und geschlossen werden kann.

Sämmtliches in den Zeichnungen eng schraffirte Mauerwerk besteht aus feuerfesten Thonziegeln, das weit schraffirte aus gewöhnlichen Mauerziegeln. Auf der Heerdsohle l liegen, parallel mit den langen Ofenwänden, die 3 Zoll hohen Unterlagen m aus feuerfesten Ziegeln oder aus Eisen, auf welche die zu glühenden Bleche gelegt werden, damit sie auf beiden Seiten die Glühhitze erhalten können. Die Feuerbrücke n erhebt sich 6 Zoll über den Heerd und liegt mit ihrer obern Seite 18 Zoll unter dem Scheitelpunkt des Gewölbes o. Nach der Feuerungsseite ist die Feuerbrücke zum bessern Einströmen der Flamme in den Glühraum abgerundet. Das Gewölbe o neigt sich, von seinem höchsten Punkt über der Feuerbrücke nach der Einsetzöffnung hin, allmählig mit sanfter Biegung gegen die Heerdsohle, dessen Scheitel es sich bis auf 14 Zoll nähert. Ueber der Feuerung ist es mit einem viertelkreisförmigen Bogen gegen die Feuerungs-Stirnmauer p gespannt, welche letztere über dem Rost q von einer gußeisernen, auf der obern Seite mit einer Verstärkungsrippe versehenen Trageplatte p, die in den Seitenwänden des Ofens aufliegt, getragen wird. Unter dieser Platte p communicirt die äußere Luft mit dem Aschenfallraum unter dem Rost.

Das Schürloch r ist mit einem gußeisernen, nach außen hervortretenden und von innen nach außen sich erweiternden Schürkasten s versehen. Der Rost q wird durch die beiden gußeisernen, in den Seitenwänden des Aschenfallraums aufliegenden Rostbalken t unterstützt. Im Scheitel des Gewölbes o, nahe an der vordern Stirnmauer u, in welcher sich die Einsetzöffnung v befindet, ist die Einmündung des Fuchses w, durch welchen die Flamme und der Rauch zur Esse a abgeführt werden. Dieser Fuchs steigt bis zur äußern Ofenhöhe lothrecht, von da ist derselbe aber rückwärts schräg aufsteigend zur Esse geführt, in welche er ausmündet. Durch den in dem schräg aufsteigenden Fuchskanal befindlichen gußeisernen Verschlußschieber x, läßt sich mit Hülfe des gußeisernen doppelarmigen und mit einem Gegengewicht für den Schieber versehenen Hebels y, dessen Axenständer z in der Essenmauer befestigt ist, der Fuchskanal nach Belieben öffnen und schließen.

Zwischen dem schräg aufsteigenden Fuchskanal w und dem Ofengewölbe o sind in dem Mauerwerk Kanäle α ausgespart, um die Belastung des Gewölbes dadurch zu vermindern.

Wenn bei geöffnetem Schieber x der Fuchs w zur Abführung der Flamme und des Rauchs in die Esse benutzt wird, so erlangen die Bleche auf dem Heerde einen geringeren Grad von Glühhitze, weil die Flamme mehr längs dem Scheitel des Ofengewölbes fortstreicht; sollen die Stürze oder die Bleche schneller und stärker geglüht werden, so geschieht dies dadurch, daß der Fuchs w mittelst des Schiebers v geschlossen und die Flamme durch den Fuchs β abgeleitet wird, welcher vorn in der Heerdsohle, nahe an der Stirnmauer u angebracht ist. Dadurch wird die Flamme tiefer auf die Heerdsohle hinabgezogen und die Bleche werden nicht allein zur größtmöglichsten Glühhitze gebracht, sondern es wird zugleich auch die, durch die Einsetzthür γ eindringende äußere Luft abgehalten und die Orydation der Bleche in einem höheren Grade verhindert. Diese Einrichtung trägt aber nicht bloß unmittelbar zur Verminderung des Wärmeverlustes bei, sondern sie bewirkt auch eine stärkere Erwärmung des ganzen Ofenkörpers durch die Art wie der Fuchskanal weiter bis zur Esse fortgeführt wird. Der Fuchs β steigt nämlich senkrecht in der ganzen Breite des Heerdes bis 4 Zoll über der Hüttensohle hinab und theilt sich hier in zwei unter dem Heerde fortgehende Kanäle δ, welche etwa in der Mitte der Heerdlänge, seitwärts mit abgerundeten Biegungen, rechtwinklig durch die langen Ofenwände unten durchgeführt sind und in die lothrechten Fuchskanäle ε einmünden. Die letztern wenden sich oberhalb des Ofens rückwärts, steigen über demselben etwas schräg auf und münden in die Esse daselbst aus. Die vertikalen Wände der Fuchskanäle ε sind an den langen Ofenwänden zwischen den gußeisernen Trageständern d aufgeführt. Oberhalb des Ofens werden die Fuchskanäle w und ε durch geschmiedete, dieselben umfassende Ankerbänder η verankert.

Wenn auch während des Oeffnens des Fuchses w, die andern Fuchskanäle β, δ, ε offen bleiben, so wird die Ofenflamme doch nur allein durch w abgeführt, weil sie dem kür=

zeren Wege folgt. Die Einsetzthür γ, welche aus einem gußeisernen kastenförmigen Rahmen besteht, der auf der innern Seite mit Thonziegeln ausgemauert ist, wird durch den Hebel ϑ geöffnet und geschlossen, dessen Axe in dem kleinen gußeisernen Ständer ζ liegt.

Die äußern Wände des Ofens sind mit gußeisernen Mantelplatten a' eingefaßt, welche mit ihren untern Enden in das Fundament eingelassen werden. Diese Mantelplatten werden durch lothrecht aufgestellte mit ihren untern Enden ebenfalls in das Fundament einzulassende Ankerplatten b' gegen den Ofen festgehalten, indem sie durch geschmiedete, über den Ofen hinwegreichende Anker mit einander verbunden sind. Die Mantelplatten an der hintern Stirnseite bei der Feuerung und an den langen Außenwänden der beiden Fuchskanäle ε sind, um das Gewicht zu vermindern, durchbrochen, wie aus Fig. 4. und 5. zu ersehen ist. Die Mantelplatten an den kurzen Wänden der beiden Fuchskanäle e sind an den gußeisernen Tragständern d mit angegossen, wie aus dem Grundriß Fig. 3. hervorgeht.

Unterhalb der Einsetzthür γ, und vorn an den langen Seiten des Ofens befinden sich nahe über der Hüttensohle Oeffnungen c' welche verloren zugemauert sind, aber geöffnet werden, wenn die untern Fuchskanäle δ von Ruß und Asche gereinigt, oder ausgebessert werden sollen (§. 1033.).

Fig. 7 — 9. Glühofen zum Ausglühen des Draths.

Fig. 7. Ober-Ansicht des Ofens nach abgenommenem Deckel; Fig. 8. Vertikal-Durchschnitt nach der Linie AB in Fig. 9.; Fig. 9. Grundriß des Ofens nach der punctirten gebrochenen Linie CD in Fig. 8.

Auf einem cylindrischen, etwa 4¼ Fuß hohen massiven Pfeiler a, von 5 Fuß Durchmesser, steht ein gußeiserner hohler Cylinder b, von 7 Fuß Höhe und 4½ Fuß lichtem Durchmesser mit seinem Boden auf, in welchen der zu glühende Drath eingelegt wird. Um den Zutritt der Luft während des Glühens von dem Drath abzuhalten, wird der Cylinder durch einen passenden Deckel c mittelst Schrauben, welche durch denselben und den obern Rand des Cylinders durchgehen, verschlossen, und die Fugen außerdem noch mit Thon oder Lehm verdichtet.

Der Pfeiler a steht mit dem Cylinder b innerhalb eines runden gemauerten Ofens d, welcher bis zur Oberfläche des Pfeilers a cylindrisch, bei 8 Fuß lichtem Durchmesser, aufgeführt ist. Von da an erhebt sich derselbe kuppelförmig bis zur Höhe des gußeisernen Cylinders b, bis wohin er sich allmählig so verengt, daß seine innere Wandfläche sich dem Deckel und Rand des Cylinders bis auf 6 Zoll nähert und hier nur noch 6 Fuß 2 Zoll lichten Durchmesser behält. In dem Raum zwischen dem Pfeiler a und dem Ofen d liegt, 18 Zoll unter der Oberfläche des ersteren, der Feuerungsrost e. Die Roststäbe sind aus einzelnen schmalen concentrischen Ringstücken zusammengesetzt, welche auf den Rostbalken g ruhen, die concentrisch in der Ofenmauer und in dem Pfeiler a eingemauert sind. Wenn der Cylinder b mit dem zu glühenden Drath angefüllt und mit dem Deckel c verschlossen ist, wird die obere Mündung des Ofens mit einem genau passenden kuppelartigen Deckel (oder Haube) f bedeckt, in dessen Mitte sich ein 6 Zoll weites blechernes Rohr befindet, durch welches der Rauch in eine Esse oder in die freie Luft abgeführt wird. Der Deckel f ist aus einzelnen Stäben haubenförmig zusammengenietbet, durch welche in kurzen Entfernungen Nägel durchgeschlagen sind, deren unten durchreichenden langen und unterhalb gewundenen Spitzen den Lehm-Ueberzug festhalten, woraus der innere Theil des Deckels angefertigt wird.

Der Ofen erhält 4 Schürlöcher h, nahe über dem Rost e, welche je zwei und zwei einander gegenüberstehen, und durch welche das Brennmaterial in den concentrischen Feuerungsraum gebracht wird. Nach jedesmaligem Einschüren werden die Thüren vor den Schürlöchern geschlossen. Unter jedem Schürloch h befindet sich eine Aschenfallthür i, durch welche die Luft unter den Rost einströmt und welche zugleich zum Reguliren des Zuges dienen.

Nach 6 bis 8stündigem Feuern hört man mit dem Einschüren des Brennmaterials auf, nimmt die Haube f bald nachher ab und läßt den gußeisernen Cylinder b erkalten (§. 1025.).

Fig. 10—13. Oberschlesisches Rohstahlfeuer.

Fig. 10. Vertikaler Durchschnitt des Feuers und der Esse nach der Linie AB in Fig. 12.; Fig. 11. Vertikaler Durchschnitt nach der Linie CD in Fig. 12.; Fig. 12. Grundriß des Feuers in der Formhöhe und Fig. 13. Vorder-Ansicht desselben.

Die Einrichtung des Rohstahlfeuers weicht wenig von der eines gewöhnlichen Frischfeuers ab; die Esse ist ganz so wie bei diesem construirt. Der Formzacken a hat 12 Grad Neigung aus dem Heerde, der Gichtzacken (Widerblase) b, 3 Grad Neigung aus dem Heerde, um die Luppe (den Schrei) besser herausheben zu können; auch der Hinterzacken c neigt sich 3 Grad aus dem Heerde. Die Bodensteine d bestehen aus Sandstein oder Grauwacke ꝛc. Die Form h in welcher die beiden Düsen i liegen, hat 7—12 Grad Neigung in den Heerd. Der Gichtzacken b, welcher sich 9 Zoll über dem Hinter- und den Formzacken erhebt und an der Heerdmauer o angelehnt ist, wird von der Platte g mit überdeckt, welche letztere dazu dient, das Feuer besser zu schließen und zu verhindern daß sich die von Zeit zu Zeit aufzuschüttenden Kohlen nicht fest vor der Gicht setzen, sondern aufgelockert in den Heerd gelangen. Der Raum k, in gleichem Niveau mit der Oberkante des Hinterzackens, wird ebenfalls mit einer gußeisernen Platte bedeckt. Der Vorheerd ist mit einer gußeisernen Platte l, welche sich an den Ecken abrundet eingefaßt, und ist oberhalb des Schlackenloches u durch

5 einzelne eben so geformte gußeiserne Plattenstücke bis 10 Zoll über dem Formzacken erhöht. Eine von geschmiedeten Trageschienen getragene, an den gußeisernen Essen-Ankerbalken angehängte ½ Stein starke Mauer e, von welcher noch ein Schutzblech f herabhängt, dient zum Schutz der Arbeiter gegen die Flammenhitze. Ueber dem Ankerbalken p befindet sich außerhalb eine 5 Zoll tiefe halbcirkelförmige Blende.

Fig. 14. Stahlfrischfeuer (Hartzerrennfeuer) zum einmaligen Niederschmelzen des Rohstahleisens, auf der Hütte zu St. Gallen in Steyermark.

Dieses Stahlfrischfeuer unterscheidet sich von einem Eisenfrischfeuer (Weichzerrennfeuer) sehr wenig. Die Fig. 14. stellt den vertikalen Durchschnitt eines solchen Feuers durch die Mitte des Vorder- und des Hinterzackens so dar, daß man die Formmauer zur Ansicht hat.

Der Schlackenzacken (Sinterblech) a, welcher mit vier lothrecht über einander angebrachten Schlackenlöchern α versehen, und vor welchem eine zwischen den Heerdmauern b befindliche Nische angebracht ist, wird zu beiden Seiten durch zwei Steine in dieser Nische festgehalten. Der Formzacken (Abbrand) und der Gichtzacken (Voreisen), sind 21 Zoll lang, der Hinterzacken (Wolfseisen) c und das Sinterblech a haben 28 Zoll Länge und sämmtliche 4 Zacken bilden mit einander rechte Winkel.

Der Heerdboden d, dessen Oberfläche söhlig liegt, besteht aus einer 4 Zoll dicken Schicht von Lehm, welcher ein Grundlager e von Stein zur Sohle hat. Ueber dem Heerdboden befindet sich der 10 bis 12 Zoll tiefe, mit Lösche bis zum Formauge ausgestampfte Löschheerd (Löschboden) f, in welchem die Rohstahlluppe gebildet wird.

Der Formzacken, auf welchem die Form aufgelagert ist, ragt bis zur Oberfläche des Löschbodens empor und neigt 2 Zoll in den Heerd; der Gichtzacken aber um ebenso viel aus dem

Heerd. Ueber dem lothrechtstehenden Hinterzacken (Wolfseisen) c, steht eine gußeiserne Platte g zum Schutz der Rückenmauer h.

Die Form (in Steyermark Eßeisen, sonst auch Deßeisen genannt) ragt 4 Zoll vor dem Formzacken in das Feuer hinein, hat 17 Grad Neigung in dasselbe und zugleich auch etwas Neigung gegen den Hinterzacken c. Sie liegt in der Mitte des Formzackens und bläst rücksichtlich der Mitte ihres Auges, 10 Zoll vom Sinterblech a. Das Auge der Form ist halbrund, $1\frac{1}{2}$ Zoll lang und $1\frac{1}{2}$ Zoll hoch, bei einem Obermaul von $1\frac{1}{2}$ Linien. Die $1\frac{1}{3}$ Zoll weiten Mündungen der beiden Düsen sind rund; die eine liegt 5 Zoll, die andere $5\frac{1}{2}$ Zoll von dem Formauge zurück.

Vor dem Sinterblech a auf der Mauer b liegt die Löschbank i und unten vor dem Sinterblech in der Hüttensohle befindet sich die Schlackengrube k, in welche die flüssige Schlacke (Lacht, Koth oder Sinter genannt) abgelassen wird.

Fig. 14. stellt das Feuer in dem Zustande dar, in welchem es zu einem neuen Einschmelzen des Roheisens vorgerichtet ist und sich auf dem Löschboden schon etwas Schlacke angesammelt hat, so daß der mittlere in einer Zange k eingespannte Kolben, der mit den übrigen beiden zusammen eingelegten Kolben bis dahin über der Form lag, so tief in das Feuer hineingeschoben worden ist, daß sein vorderes Ende sich dem Formauge gegenüber befindet, wie in der Zeichnung punctirt angedeutet ist. Während die 12 Kolben von der vorigen Luppe so nach und nach zur Schweißhitze gebracht und unter dem Hammer zu vierkantigen Stäben ausgeschmiedet werden, wird das in eine große, 6 Fuß lange Zange eingespannte, einzuschmelzende Rohstahleisen (die Garbe genannt) über die Ecke des Heerdes, welche die Gicht und Schlackenplatte bildet, an das Feuer gelegt, zuerst allmählig angewärmt und dann nach und nach so in das Feuer gerückt daß dasselbe 6 Zoll über und zugleich 6 Zoll vor die Form zu liegen kommt und so allmählig das Abschmelzen erfolgt. Die auf dem Löschboden des Feuers aufgeschütteten, durch weite Siebe gereinigten Kohlen l, sind rings um das Feuer mit Kohlenlösche m umgeben (§. 1065.).

Fig. 15 — 17. Heerd zum Ausheizen der Stahlkolben nach der Paaler Methode.

Fig. 15. Vertikaler Durchschnitt des Heerdes nach der Linie AB in Fig. 17.; Fig 16. Grundriß in der Formhöhe; Fig. 17. Vertikaler Längen-Durchschnitt nach CD in Fig. 15.

Der Heerd ist unter einer Zerrennfeuer-Esse vorgerichtet, hat 2 Fuß 9⅓ Zoll Länge, 1 Fuß 5¼ Zoll Breite und 9½ Zoll Tiefe bis zur gußeisernen Bodenplatte f Fig. 17. In der Mitte wird, nach der Länge des Heerdes, durch zwei gußeiserne Zacken a und b, von denen der vordere a, 11 Zoll, der hintere 6,10 Höhe hat, eine 4 Zoll tiefe und 4 Zoll breite Gasse g gebildet, welche die Form h, deren rundes Auge 1½ Zoll Durchmesser hat, mit 5 bis 6 Grad Neigung bestreicht. Die Räume c zwischen den langen Heerdwänden und den Zacken a und b sind mit Lösche ausgestampft.

Die Gasse oder der Kanal g wird mit kleinen Kohlen ausgefüllt. Quer über der Gasse g werden auf die Zacken a und b 20 Kölbchen i (kleine Stahlkolben) neben einander gelegt, welche 1 bis 1½ Fuß hoch mit gröberen Kohlen l überschüttet werden, die man vorn mit einer Anfüllung von Kohlenlösche k umgiebt, um den Zutritt der Luft abzuhalten und ein dichteres Anschließen der Lösche an den durchgesteckten Schenkeln der Zangen zu bewirken. Sodann beginnt das Anwärmen der Kölbchen, welches nach 1½ Stunden so weit gediehen ist, daß sie ausgereckt werden können. Dies geschieht unter einem 140 Pfund schweren Hammer (Ziehhammer), dessen Bahn 12 Zoll lang und 1 Zoll breit ist. Die Kölbchen werden mit einem Male, d. h. ohne ein zweites Anwärmen, zu Stäben von ½ Zoll Quadrat ausgeschmiedet (§. 1066.).

Fig. 18. Grundriß der Pfannen zum Verzinnen der Bleche (§. 1041.).

Tafel L.

Fig. 1—4. Stahl=Cementir=Ofen, bei Holzfeuerung.

Fig. 1. Vertikaler Durchschnitt nach der Linie AB in Fig. 4.; Fig. 2. Vertikaler Längen=Durchschnitt nach der Linie CD; Fig. 3. Vordere Ansicht und Fig. 4. Grundriß nach der Linie EF in Fig. 1 und 2.

Der Ofen ist 16 Fuß lang, 15½ Fuß breit und 9 Fuß 2 Zoll in den äußern Wänden hoch. Der Heerd l des Ofenraumes und die inneren oder die Futterwände m, so wie das über den ganzen innern Ofenraum gespannte, an den langen Seitenwänden in der Höhe von 3 Fuß 9 Zoll vom Heerde ab beginnende und mit dem Scheitel sich 6 Fuß 4 Zoll über den Heerd h erhebende Gewölbe d, sind von feuerfesten Thonziegeln, das Mauerwerk unter dem Heerde l, die äußern Wände n und der Essenmantel h sind von gewöhnlichen Ziegeln aufgeführt. Mitten durch den 9 Fuß breiten, 10½ Fuß langen Heerd des Ofens ist der Länge nach der 1 Fuß 10 Zoll breite und von der Heerdfläche 2 Fuß tiefe Feuerungsraum durchgeführt, in welchem sich der Rost a befindet. Der Feuerungsraum ist durch die Scheidewand o in zwei gleiche Theile getheilt, von denen jeder in der Außenmauer mit einer durch eine Thür verschließbare Einheizöffnung b versehen ist. Unter den Rosten a der beiden Feuerungen befinden sich 15 Zoll breite Aschenfallräume p, welche unter den Einheizthüren offen sind und dort mit der äußern Luft communiciren. Quer über dem Heerd sind, in Entfernungen von 4½ Zoll von einander, 7 Zoll breite 1 Fuß 9 Zoll starke kleine Scheidewände q von feuerfesten Thonziegeln aufgeführt. In diesen kleinen Wänden q, welche sämmtlich mit gewölbten Bögen quer über den Feuerungsraum hinweggeführt werden, sind gleich bei deren Aufführung zu beiden Seiten des Feuerungsraumes zwei 1 Fuß 4 Zoll tiefe und 2 Fuß 3 Zoll breite Einschnitte für die beiden Cementirkasten c, c, und ein dergleichen von 3 Fuß 1 Zoll Breite und 10½ Zoll Tiefe für den mittleren Cementirkasten c′ ausgespart. In diesen Einschnitten sind die 3 Cementirkasten c, c, c′, deren Böden und Wände aus feuerfesten Thonsteinen bestehen, in der Art aufgeführt, daß unter den Böden, zwischen den kleinen Gurtmauern q, ein 5 Zoll hoher, 4½ Zoll weiter Raum als Canal offen bleibt. Die drei Cementirkasten sind jeder mit Einschluß des Bodens 3 Fuß 4 Zoll hoch. Der mittlere Cementirkasten, welcher bei gleicher Höhe mit den andern beiden Kasten, wegen der gewölbten Bögen in den Gurtmauern q über dem Feuerungsraum, nicht so tief wie die beiden andern gelegt werden kann, ragt mit seinem obern Rande über diese hervor. Durch diese Lage der Cementirkasten in den Einschnitten der kleinen Gurtmauern bilden sich, so tief dieselben in den letzteren stehen, von der Feuerung aus kleine Kanäle o, durch welche die Flamme den Boden und die Seitenwände der Cementirkasten gleichmäßig umströhmt und gleichförmig in Glühhitze bringt. Auf den Seiten des Gewölbes d sind 8 Zugöffnungen e, nämlich auf jeder Seite vier, durch welche Rauch und Flamme abgeführt werden. Sie dienen zugleich zur Verstärkung des Zuges, folglich auch der Hitze im Ofen, so wie überhaupt zur Regulirung des Zuges, um den Ofenraum an allen Stellen ziemlich gleichmäßig zu erhitzen. Dieses Reguliren geschieht ganz einfach durch größeres oder geringeres Oeffnen der auf die Zuglöcher gelegten Steine.

Die Oeffnung f dient zum Eintragen des Eisens und zum Herausnehmen der cementirten Stäbe aus dem Ofen, so wie auch als Einsteige-Oeffnung für die Arbeiter. Während des Brandes ist sie mit einer verlornen Mauer geschlossen. Der Cementirofen könnte frei in der Hütte stehen, man stellt ihn aber gewöhnlich unter einem Essenmantel h, in welchem sich auf jeder Seite eine Oeffnung g befindet, welche als Thüren dienen, um zu den Zugöffnungen e, Behufs des Regulirens des Zuges, zu gelangen. Auf den vordern Seite des Ofens sind 3 Oeffnungen i in der Mauer, des Ofens, und in derselben Richtung auch drei dergleichen durch die Wände der 3 Cementirkasten durchgehende Oeffnungen i' angebracht, welche zum Herausnehmen und Hineinschieben der Probestäbe dienen und durch Stöpsel verschlossen werden. Die Mauern des Ofens über dem Feuerungsraum werden durch Gewölbebogen k getragen (§. 1085.).

Fig. 5—8. Stahl-Cementir-Ofen bei Steinkohlenfeuerung, zu Sheffield.

Fig. 5. Vertikaler Durchschnitt nach der Linie AB in Fig. 7.; Fig. 6. Vertikaler Durchschnitt nach der Linie CD in Fig. 7. und 8. und nach den Linien EFGH in Fig. 5.; Fig. 7. Horizontaler Querschnitt nach der Linie IK in Fig. 5, 6. und Fig. 8. Horizontaler Querschnitt nach der Linie LM in Fig. 5 u. 6.

Der im horizontalen Querschnitt 16 Fuß lange 14½ Fuß breite Ofen steht frei unter einer runden, unten lothrechten, oben conischen, als Schornstein sich verengenden Esse h, welche mit einer Eingangsthür versehen ist. Der mitten durch den Heerd durchgeführte Feuerungskanal ist hier schmaler als bei dem vorigen Ofen, weil die Steinkohlen eine stärkere Hitze entwickeln als das Holz. In dem Ofen befinden sich nur zwei, ebenfalls von feuerfesten Thonziegeln aufgeführte Cementirkasten c c, und zwar zu beiden Seiten des Feuerungsraumes. Mittelst der Thür b werden die Steinkohlen auf den Rost a des Feuerungsraumes gebracht. Ueber dem Ofen ist der Länge nach ein halbcirkelförmiges Gewölbe d gespannt, gegen welches an den schmalen Seiten des Ofens bogenförmige Walme gegengewölbt sind. Die Oeffnung e, oben in der Mitte des Gewölbes, dient zum Abziehen des Rauchs und der Flamme. Außerdem wird aber die Flamme noch durch die beiden Zugöffnungen f in den Seiten des Ofens abgeführt. Diese Oeffnungen f stehen durch horizontale in den Seitenwänden des Ofens fortgeführte Canäle g, mit essenartig an allen vier Ecken des Ofens in die Höhe geführten Abzugsröhren k, in Verbindung. Durch diese Züge k und die Oeffnungen f wird der Zug im Ofen regulirt. Die Oeffnungen l in der vordern Mauer dienen zum Einsetzen und Herausnehmen der Stäbe, die Oeffnungen i i' zum Herausziehen der Probestäbe. Beide Oeffnungen werden während des Cementirens verschlossen. Die beiden Cementirkasten c c stehen hier ebenfalls in Einschnitten der quer durch die Breite des Ofens mit kleinen gewölbten Bogen über den Feuerungskanal hinweggeführten Gurtmauern q, welche, wie bei dem vorher beschriebenen Cementirofen, kleine Zugkanäle o, unter den Böden und an den Seitenwänden der Cementirkasten bilden, durch welche sich die Flamme gleichförmig vertheilt und die Cementirkasten, so wie den Ofenraum gleichmäßig erhitzt. Die Oeffnung n Fig. 5., welche zum Einsteigen der Arbeiter in den Ofen dient, wird während des Cementirens verschlossen (§. 1085.).

Fig. 9—11. Stahl-Raffinirheerd zu St. Gallen in Steyermark. Fig. 9. Grundriß des Heerdes über der Form genommen; Fig. 10. Vorder-Ansicht und Fig. 11. Ober-Ansicht des Heerdes oder der Feuergrube.

Der Raffinirheerd erhält im Allgemeinen die Construktion eines gewöhnlichen Frischheerdes. Der mit drei Schlackenlöchern versehene Schlackenzacken a wird durch zwei gußeiserne aufrechtstehende Platten b festgehalten Vor dem Heerde ist c die sogenannte Essenbank, welche zur Auflagerung für die Stäbe dient. Durch die schräge Fläche d der Rückwand der Esse wird der Rauch 2c. in den Essenschlott geleitet. e e sind ein Paar in das Feuer eingelegte Kolben.

Bei dem sogenannten Pletten oder Abschienen füllt man die 14 Zoll tiefe Feuergrube bis zur Form mit Lösche aus, steckt in diese Lösche 9 Rohstahlstücke f Fig. 10 und 11. lothrecht ein. Das mittlere, der Form zunächst stehende Rohstahlstück ist von derselben $2\frac{1}{2}$ bis 3 Zoll entfernt, und alle 9 Stücke erhalten eine etwas höhere Lage als die Form. Dann werden wieder ähnliche Rohstahlstücke g über die hervorstehenden Köpfe der ersteren gelegt, und quer über diese wieder andere Stücke h in 2 Linien Entfernung von einander; sodann folgt abermals eine Schicht i quer über diese und dann so fort, bis 7 Schichten auf den Stäben g über einander liegen, welche zusammen eine Höhe von 8 Zoll erhalten. In die oberste Schicht k werden die sogenannten Wurzelbrocken gelegt, nämlich die Stücken, welche von unganzen Kolben beim Ganzmachen abgefallen und für sich in viereckige Stückchen zerschlagen worden sind. Auf diese Aufschichtung werden Kohlen l aufgeschüttet, die durch Kohlenlösche e zusammengehalten werden, welcher ein Stück Holz von dreieckigem Querschnitt zur Grundlage dient. (§. 1075.)

Tafel LI.

Fig. 1. und 2. Handscheere zum Beschneiden schwacher Eisenbleche.

Fig. 1. Seitenansicht der Scheere; Fig. 2. Stirnansicht der beiden schneidenden Schenkel im geschlossenen Zustande derselben. Der eine Schenkel a, oder der Hebelsarm für den schneidenden Schenkel b, ist schräg in einer Schwelle c, welche auf zwei Pfählen d aufgezapft ist, mittelst eines Keiles e befestigt. Der bewegliche Hebelsarm f des beweglichen schneidenden Schenkels g ist zum bequemen Handhaben desselben vorn etwas aufwärts gebogen.

Fig. 3—5. Stabeisenscheere zum Zerschneiden von Stabeisen; auf der Rybnicker Hütte in Oberschlesien in Anwendung.

Fig. 3. Seitenansicht der Scheere mit dem Ständer, worauf sie befestigt ist; Fig. 4. Obere Ansicht des gußeisernen Scheerenständers; Fig. 5. Hintere Ansicht desselben. Der Scheerenständer besteht in einer 5 Fuß langen, 2 Fuß breiten und 3 Zoll starken gußeisernen Platte a, über welcher die beiden kleinen angegossenen, 3 Zoll starken Backen b und c, 10 Zoll lothrecht hervorragen. Die Platte a liegt auf einem festen Fundament und ist mit demselben durch 4 starke, in das Fundament tief hineingehende Schraubenbolzen e verbunden. In den zwischen den beiden Backen b und c gebildeten Schlitz wird der 3 Zoll starke bewegliche Scheerenschenkel d mit seinem hintern Ende eingesetzt und bewegt sich darin auf einem durch denselben und die beiden Backen durchgesteckten geschmiedeten runden Bolzen f Fig. 3., welcher außerhalb der Backe c mit einem starken Kopf versehen und am andern Ende gegen die Backe b mittelst eines Splintkeils α befestigt ist. An der innern Seite des beweglichen Scheerenschenkels d und an der innern Seite des festen Scheerenschenkels g, welcher letztere an der Fußplatte a und an der Backe c angegossen ist, sind die verstählten Schneideeisen β bündig eingelassen und durch Schraubenbolzen δ mit versenkten Köpfen befestigt. Damit sich der bewegliche Scheerenschenkel in einer und derselben lothrechten Ebene bewege und dabei mit seinem Schneideeisen an das Schneideeisen des festen Scheerenschenkels stets möglichst fest anliege, was bei den Scheeren immer eine Hauptbedingung ist, werden zwei 2 Fuß 4 Zoll hohe gußeiserne Ständer gg, in 3 Zoll Entfernung von einander, mit Schwalbenschwanz-Zapfen in die Platte a eingesetzt und festgekeilt, zwischen denen der Hebelsarm des beweglichen Scheerenschenkels durchgeht und sich darin, mit nur geringem Spielraum, auf und nieder bewegt. Die Bewegung dieses Hebelarmes geschieht durch einen an dem Wellkranz h angegossenen Daum i, welcher, nach jedesmaliger Umdrehung der Wasserradwelle k, auf welcher der Wellkranz h aufgekeilt ist, das vordere Ende des Hebelarmes ergreift und niederdrückt. Ein über dem Hebelsarm des beweglichen Schenkels zwischen den beiden Ständern g mittelst des Bolzens e beweglich befestigter, gußeiserner, doppelarmiger Hebel l, dessen vorderer Arm mit dem beweglichen Scheerenschenkel d durch Hacken und Bänder befestigt ist, zieht denselben nach jedesmaligem Niedergange durch seinen schweren hintern Arm wieder in die Höhe und öffnet dadurch die Scheere. Das hintere Ende des hintern Armes des Hebels l ist, um ein starkes Gewicht zu erhalten, stärker als der übrige Theil desselben, und auf der oberen Seite noch mit einem eingegossenen Zapfen m versehen, um, wenn es erfordert wird, Beschwerungsgewichte aufstecken zu können.

Da der Daumen i, wegen der bedeutenden bewegten Massen des Wasserrades und der Wasserradwelle mit Zubehör, das Bestreben hat, den beweglichen Schenkel d der Scheere im Moment des Angriffs plötzlich niederzudrücken, so ist die Bewegung dieser Scheere mit nachtheilig wirkenden Stößen verbunden, weshalb die Anwendung derselben nicht empfohlen werden kann, wenn die Bewegung nicht auf eine zweckmäßige Weise, wie später angegeben werden soll, bewirkt wird.

Fig. 5. u. 6. Blecheisenscheere zu Skebo in Schweden.

Die Scheere, welche Fig. 5. in der Längenansicht und Fig. 6. in der Seitenansicht darstellt, erhält durch den 4 Fuß hohen 3⅞ Fuß langen rahmförmigen gußeisernen Scheerenständer a, der mit seiner 13 Zoll breiten Fußplatte c durch 8 lange Schraubenbolzen über einem tiefen Fundament befestigt ist, eine feste und sichere Stellung. Unten an der Fußplatte c sind auf der Seite des Ständers a, Verstärkungsrippen b angegossen. An dem Ständer a ist eine an beiden Enden gekröpfte gußeiserne Platte d mit 4 Schraubenbolzen befestigt, zwischen welcher und dem Ständer a sich der bewegliche Scheerenschenkel f mit dem hintern Theil auf dem 2 Zoll starken Axenbolzen e dreht, welcher durch den Ständer a, den beweglichen Scheerenschenkel f und die angeschraubte Platte d durchgeht. Der vordere Theil des beweglichen Schenkels f bewegt sich in einem lothrechten Schlitz, welcher durch die vorn an dem Ständer a angeschraubte, an beiden Enden gekröpfte gußeiserne Platte g gebildet wird, wodurch die lothrechten Ebenen der Schneideeisen immer so viel als möglich in Berührung erhalten werden. An dem obern horizontalen Rand der kleinen

Oeffnung i, in dem Ständer a, durch welche das zu zerschneidende Blecheisen durchgesteckt wird, ist auf der innern Seite des Ständers, das unbewegliche Schneideeisen α bündig eingelassen und durch zwei kleine Schraubenbolzen β mit versenkten Köpfen befestigt. Auf dieselbe Weise ist das bewegliche Schneideeisen an der innern Seite des beweglichen Scheerenschenkels f, wie punktirt angedeutet ist, eingelassen und durch zwei kleine Schraubenbolzen β mit versenkten Köpfen, befestigt. Die Erhebung des beweglichen Schenkels f, wodurch der Schnitt vollführt wird, geschieht durch eine auf dem Zapfen h einer gußeisernen Welle befestigte, excentrische, gußeiserne Scheibe k, welche gegen die untere Seite des vordern Endes des beweglichen Scheerenschenkels f wirkt, welcher sich nach jedem Erheben durch sein eigenes Gewicht niedersenkt, also immer auf der Scheibe k ruht. Weil durch diese excentrische Scheibe dem beweglichen Schenkel nach und nach eine von Null an steigende Geschwindigkeit ertheilt wird, so ist die Bewegung der Scheere nicht mit nachtheiligen Stößen verbunden, wie bei der vorherbeschriebenen Scheere. Abgesehen davon, daß während des Schneidens des Eisens zwischen den Schneideeisen der Scheere, der Widerstand des Eisenstückes zunimmt, weil der Hebelsarm dieses Widerstandes durch den sich allmählig von der Axe e der Scheere entfernenden Schnitt, in demselben Verhältniß größer wird, nimmt auch der Hebelsarm der Last an der excentrischen Scheibe von Null an bis zur gänzlichen Erhebung des Scheerenschenkels fortwährend zu. Hierdurch wird eine nachtheilige ungleichförmige Bewegung der Scheere hervorgebracht, so daß die Anwendung der excentrischen Scheibe ebenfalls nicht ohne Mängel ist. Uebrigens ist es zweckmäßig, daß die Schneideeisen der Scheere während der Vollführung des Schnittes nicht einen sehr spitzen Winkel mit einander bilden, indem der Widerstand des unter irgend einem Winkel der Schneideeisen auszuführenden Schnittes mehr als halb so groß ist, wie derjenige, welcher unter einem halb so großen Winkel gemacht wird; denn diese Widerstände verhalten sich etwa umgekehrt wie die Sinuse der Schnittwinkel. Das Hineinführen der zu schneidenden Stäbe in die Schnittöffnung und das Verschieben derselben nach jedesmaligem Schnitt, ist bei dieser Scheere mit Unbequemlichkeit für den Arbeiter verbunden, weil er die Stäbe gegen die horizontale unbewegliche Schneide nicht füglich drücken kann.

Da die excentrische Scheibe mittelst des beweglichen Schenkels f, das ihr zunächst liegende Ende des Scheerenständers von dem Fundament abzuheben strebt, und dies um so mehr, je härteres oder kälteres Eisen geschnitten wird, so ist besonders auf die feste Verbindung dieses Vorderendes des Ständers mit dem Fundament Rücksicht zu nehmen.

Fig. 7—10. Stabeisenscheere; auf der Elisenhütte zu Baruschowitz in Oberschlesien.

Fig. 7. Seitenansicht; Fig. 9. Oberansicht der ganzen Scheerenvorrichtung; Fig. 8. die Queransicht des Scheerenständers mit seiner Befestigung in dem Fundament; Fig. 10. Seitenansicht desselben von der Seite des damit verbundenen beweglichen Ständers.

Der Scheerenständer besteht aus zwei Theilen, von denen der unbewegliche a mit der Ständerplatte b aus dem Ganzen gegossen und mit angegossenen Rippen d verstärkt ist. Der bewegliche Ständertheil f steht mit seiner angegossenen, an den Seitenkanten abgeschrägten Fußplatte e auf der Ständerplatte b zwischen schräg hervorgehenden Rändern c, an denen er festgekeilt ist. Er ist auf der äußern Seite ebenfalls durch eine Rippe d verstärkt. Die Ständerplatte b wird mit vier langen Schraubenbolzen g Fig. 7. u. 8., welche 4 Fuß 5 Zoll tief in das Fundament hineinreichen, befestigt. Diese Schraubenbolzen gehen durch die gabelförmigen Enden der horizontal eingemauerten starken geschmiedeten Anker h durch, und sind unter denselben mittelst starker Splinte i befestigt, welche sich zugleich an den nasenförmigen Absätzen unter den Gabelenden der Anker anlehnen. In Fig. 9 ist auf der linken Seite ein solcher Anker punktirt angedeutet. Die Ständerplatte b liegt nicht unmittelbar auf dem Fundament, sondern über zwei gußeisernen Balken k, die auf dem Fundament über vier untergelegten kleinen geschmiedeten Querschwellen l gestreckt sind. Die kleinen Schwelleisen l liegen paarweise zu beiden Seiten der zwischen ihnen durchgehenden Schraubenbolzen. Zwischen den beiden Ständern a und f geht der als doppelarmiger Hebel wirkende bewegliche Scheerenschenkel m durch; er bewegt sich auf dem starken Bolzen n, welcher durch die beiden Ständer a und f und durch den beweglichen Scheerenschenkel m in seinen Bolzenlöchern durchgesteckt ist. An der innern Seite des kurzen Hebelarms des beweglichen Scheerenschenkels m, ist das Schneideeisen α bündig eingelassen und durch zwei kleine Schraubenbolzen β mit versenkten Köpfen befestigt. Das andere Schneideeisen ist an der innern Seite der Verbreitung des Ständers a gegen die horizontale Kante des kleinen Ausschnittes β mit seiner Schneide eingelassen und eben so wie das vorige befestigt.

Die Erhebung des hinteren langen Hebelarms des beweglichen Scheerenschenkels m, wodurch der Schnitt der Scheere bewirkt wird, erfolgt durch eine starke gußeiserne excentrische Scheibe von 2 Fuß Durchmesser und 9 Zoll Excentricität. Diese Scheibe, welche auf der Welle p aufgekeilt ist, hat auf ihrer äußern runden Fläche eine ausgedrehte Vertiefung (Fig. 7. und 9.), in welcher der lange Hebelsarm mit seiner auf der untern Seite angeschraubten, verstählten, eisernen Schiene aufliegt. Die Länge des langen Hebelarms der Kraft, von der Axe n bis zum Angriffspunkt der excentrischen Scheibe, verhält sich zum Hebelsarm der Last, von der Axe n bis zu Ende der Schneideeisen, wie $8\frac{2}{3} : \frac{23}{24}$ oder etwa wie 9 : 1. Hieraus ergiebt sich, daß die Scheere bei den starken Dimensionen aller ihrer Theile und bei der zweckmäßigen Verankerung in dem

Fundament hinreichende Stärke zum Zerschneiden des im erhitzten Zustande befindlichen Eisens besitzt. Da mit dem Erheben des beweglichen Scheerenschenkels m zugleich ein Bestreben verbunden ist, den der excentrischen Scheibe zunächst gelegenen vordern Theil der Ständerplatte k zu heben (während der hintere Theil niedergepreßt wird), so muß derselbe besonders fest in dem Fundament verankert sein.

Fig. 11 — 14. Stabeisenscheere; auf der Elisenhütte zu Rybnick in Oberschlesien.

Fig. 11. Seitenansicht; Fig. 12. Hintere Ansicht; Fig. 13. Oberansicht der Vorrichtung.

Der gußeiserne Scheerenständer a steht mit der 4 Zoll starken Fußplatte b, mit welcher er aus einem Stück gegossen ist, auf zwei über dem Fundament d gestreckten Schwellen c. Die hintere Seite der Ständerplatte b ist durch zwei Schraubenbolzen e an der hintern Schwelle c befestigt, indem sie auf der untern Seite dieser Schwelle durch vorgesteckte starke eiserne Splinte i festgehalten wird. Die vordere Seite der Ständerplatte c, welche, bei der Erhebung des beweglichen Scheerenschenkels, dem Bestreben ausgesetzt ist sich von der vordern Schwelle c zu erheben, ist durch zwei $7\frac{3}{4}$ Fuß lange Schraubenbolzen f, mit einer 6 Fuß 11 Zoll tief in dem Fundament eingemauerten $2\frac{1}{4}$ Zoll starken gußeisernen Ankerplatte g, welche auf der untern Seite durch Rippen h verstärkt wird, fest verbunden. Unterhalb dieser Ankerplatte sind die Schraubenbolzen f mittelst vorgesteckter starker geschmiedeter Splinte befestigt. An dem Ständer a ist an dessen hinteren schmalen Seite ein Ansatz angegossen, worauf sich zugleich der eine Axenzapfen der Axenwelle α des beweglichen Scheerenschenkels h in einer ausgerundeten Lager-Vertiefung bewegt. An diesem Ansatz des Ständers ist auch die geschweifte gußeiserne Platte k Fig. 12. (welche in Fig. 11. punktirt angegeben ist) durch 5 Schraubenbolzen ε befestigt, an welcher das gußeiserne Lager l für den andern Zapfen der Axenwelle α angegossen ist, und dabei zugleich durch die angegossene Knagge m verstärkt wird. Die Axenwelle α ist in die untere Seite des hintern Endes des beweglichen Scheerenschenkels eingelassen und mittelst der beiden Schrauben β befestigt. Eine mit dem geschmiedeten angeschraubten Zugband n, mit Schrauben und auch mittelst des Schraubenbolzens δ befestigte Ueberlageschiene γ, hält den Axenwellzapfen auf dem Ansatz des Ständers a fest. Diese etwas zusammengesetzten Verbindungen des Axenwellenlagers l mit dem Ständer a würden dauerhafter und einfacher durch einen aus einem Stück gegossenen Scheerenständer ersetzt werden können. Damit das auf der innern Seite des beweglichen Scheerenschenkels b eingelassene und durch zwei kleine Schraubenbolzen ζ mit versenkten Köpfen befestigte Schneideeisen o Fig. 11. und 13., an dem am Ständer a befestigten Schneideeisen, bei der Vollführung des Schnittes, fest anliege, legt sich der bewegliche Scheerenschenkel während seiner Bewegung mit der äußern Seite gegen die lothrecht stehende Leitschiene p, welche unten in der Ständerplatte b befestigt und oben durch den Schraubenbolzen q mit dem Ständer a verbunden ist. Der Ständer a ist in der Mitte mit einem an der untern Seite gerundeten, von innen nach außen sich erweiternden Loch ϑ Fig. 11. versehen, an dessen oberen horizontalen Kanten, an der innern Seite des Ständers, das unbewegliche Schneideeisen eingelassen und durch die Schrauben η, η befestigt ist. Der Schnitt erfolgt daher, eben so wie bei der Scheere zu Skebo, durch die Erhebung des beweglichen Schenkels b.

Die (für den tiefsten und höchsten Stand des beweglichen Scheerenschenkels) horizontal liegende Bleuelstange s Fig. 11. ist mit zwei Zugschienen t und r beweglich verbunden, von denen die untern t sich zugleich mit ihrem am unteren Ende angebrachten Zapfen ϱ in einem an der Ankerplatte g Fig. 11. angegossenen Zapfenlager μ bewegt; die andere Zugschiene r ist unten an dem Vorderende des beweglichen Scheerenschenkels b mit einem runden Zapfen beweglich befestigt. Für den niedrigsten Stand des beweglichen Scheerenschenkels b bilden die Zugstangen r und t einen stumpfen Winkel mit einander, während die Warze des Krumzapfens, mit welcher die Bleuelstange s beweglich verbunden ist, seinen entferntesten Stand von dem Fundament des Scheerenständers erhält. Für den höchsten Stand des beweglichen Scheerenschenkels bilden die beiden Zugstangen r und t eine grade Linie, während die Krumzapfenwarze dem Fundament des Scheerenständers am nächsten ist. Hieraus ergiebt sich, daß, dem Widerstande des zu durchschneidenden Eisens zweckmäßig entsprechend, die Kraft im ersten Augenblick des Erhebens des beweglichen Schenkels am kleinsten, und zu Ende des Hubes, wo der Widerstand, wegen der durch den kleinern Schnittwinkel größer gewordenen Schnittfläche der größte ist, ebenfalls am größten ist, und endlich, daß die Geschwindigkeit des beweglichen Scheerenschenkels, im ersten Moment des Erhebens am größten ist, und bis zu Ende des Hubes allmälig bis zu Null abnimmt.

Fig. 14. ist die Stirnansicht des mit zwei Warzen x versehenen gußeisernen Krumzapfens, welcher mit der viereckigen Oeffnung v auf dem Kopf der Krumzapfenwelle festgekeilt ist. Die eine Warze x ist vom Mittelpunkt der Krumzapfenwelle 13 Zoll, die andere 7 Zoll entfernt, um nach Belieben den Scheerenwinkel, durch die Anwendung der einen oder andern Warze, vergrößern oder verkleinern zu können.

Fig. 15—18. Scheere zum Beschneiden der Eisenbleche; auf dem Eisenhüttenwerk Eisenspalterei bei Neustadt Eberswalde.

Fig 15. Seitenansicht der Vorrichtung von der Seite des Hebelarms des beweglichen Scheerenschenkels und zugleich der vertikale Durchschnitt nach der Linie AB in Fig. 16.; Fig. 16. Vertikaler Durchschnitt nach der punktirten Linie CD in Fig. 15.;

Fig. 17. Stirnansicht und Fig. 18. Oberansicht derselben. Der gußeiserne Scheerenständer a dieser Vorrichtung, welcher mit seiner auf der untern Seite durch 7 Zoll breite und $2\frac{1}{4}$ Zoll starke Rippen c verstärkten Fußplatte b, auf einem in der Erde befestigten starken eichenen Klotz mittelst der 5 Schraubenbolzen d befestigt ist, indem zugleich die gedachten Rippen c in dem Klotz eingelassen sind, hat die Form einer in seiner äußern Begränzung geschweift gerundeten vertikalen Platte von 3 Zoll Stärke, welche nach vorn schnabelförmig 11 Zoll überragt, und zwischen dieser Ueberragung und der Fußplatte b einen 14 Zoll im Quadrat großen Ausschnitt erhalten hat, wie Fig. 15. zeigt. An der äußern geschweiften Rundung ist der Ständer an beiden Seiten durch einen $1\frac{1}{4}$ Zoll vorspringenden und $1\frac{1}{4}$ Zoll starken Rand e, und gegen den gedachten Ausschnitt durch $2\frac{1}{2}$ Zoll starke Rippen oder Ränder g, g', ebenfalls an beiden Seiten verstärkt. Die horizontalen Rippen g über dem Ausschnitt ragen $2\frac{3}{4}$ Zoll zu beiden Seiten vor gedachter Platte, welche als die Kernplatte des Ständers zu betrachten ist, hervor; die vertikalen Rippen g' treten ebenfalls $2\frac{3}{4}$ Zoll vor der Kernplatte des Ständers hervor und laufen gegen die Fußplatte b mit noch größerer Hervorragung aus.

Gegen die untere Seite der Rippen oder Ständer g, welche den Ausschnitt mit einer horizontalen Fläche begränzen, ist an dem vordern Theil ein gußeiserner Ansatz f, Fig. 15, 16, 17. mittelst der vier Schraubenbolzen h befestigt, an dessen untern Seite die beiden Träger k und l angegossen sind, zwischen denen sich der geschmiedete bewegliche Scheerenschenkel i, auf dem durch dieselben und den Schenkel i durchgehenden Axenbolzen n bewegt. Damit sich der bewegliche Schenkel i während seines Niederganges, wobei er den Schnitt vollführt, mit seinem Axenloch nicht gegen den durch dasselbe durchgehenden Bolzen n anlege, ist dieses Loch länglich ausgeschlitzt (Fig. 16.) und auf der äußern Seite des beweglichen Schenkels i eine Scheibe m angeschweißt, mit deren verstähltem und bogenförmig geschweiftem Rand der Schenkel i, bei dem Niedergange, sich gegen eine, an der Ansatzplatte f, zwischen den beiden Axenbolzenträgern k und l befestigten kleinen Stahlplatte o andrückt und bogenförmig daran gleitet. Hierdurch wird bewirkt, daß der Axenbolzen, da er, bei der Vollführung des Schnittes, von unten keinen und von der Seite nur einen geringen Druck erleidet, nicht die sonst erforderliche Stärke erhalten darf und auch weniger abgenutzt wird. Das hintere schnabelförmige Ende p des beweglichen Scheerenschenkels i ruht auf einer mit ihrem hintern Ende auf der Fußplatte b durch 2 Schrauben α, α befestigten Feder q Fig. 17. und 18., welche fortwährend den Scheerenschenkel so nach oben preßt, daß die angeschweißte Scheibe m ununterbrochen an der Stahlplatte o anliegt, und nach vollendetem Schnitt, bei seiner Erhebung nicht mit dem länglichen Axenloch auf den Bolzen n zurückfällt und auf demselben ruhet. Das convexe Schneideeisen r ist auf der vordern oder äußern Seite des beweglichen Schenkels i durch 3 Schraubenbolzen β, mit versenkten Köpfen, befestigt. Damit diese kleinen Schraubenbolzen β den gegen das Schneideeisen gerichteten Druck nicht auszuhalten haben, stemmt sich die obere Kante des Schneideeisens nicht allein gegen die untere Kante der an dem Schenkel i angeschweißten Scheibe m, sondern auch gegen den besonders angeschweißten Ansatz s Fig. 15 — 17.

Das mit einer geraden Schneide versehene, untere feste Schneideeisen u Fig. 17. und 18. ist durch 3 kleine Schraubenbolzen ε mit versenkten Köpfen an der innern Seite der gußeisernen Leiste t in einem Einschnitt befestigt. Die Leiste t ruht mit ihrer angegossenen, auf der untern Seite abgeschliffenen kleinen Fußplatte v auf einer kleinen Erhöhung der großen Ständerfußplatte b, deren obere Seite gleichfalls abgeschliffen ist, und ist auf derselben mittelst der beiden Schrauben δ, Fig. 17. und 18. befestigt. Damit das Schneideeisen u recht genau und sicher gegen das obere Schneideeisen r vorgeschoben, gerichtet und zugleich festgestellt werden könne, erhalten die Löcher in der kleinen Fußplatte v, durch welche die kleinen Schrauben δ durchgehen, eine längliche Gestalt. Wenn bei dieser Einrichtung die Schrauben δ etwas gelößt werden, so läßt sich die Leiste t, woran das untere Schneideeisen n befestigt ist, mit ihrer kleinen Fußplatte v mittelst der beiden, durch die kleinen Mutterständer w Fig. 15, 17, 18. durchgehenden Schrauben ϑ nach Belieben vorwärts schrauben, und durch das nachherige Anziehen der Schrauben δ, so wie durch die Schrauben ϑ in eine feste unverrückbare Stellung bringen. Der hintere Träger l des Axenbolzens des beweglichen Scheerenschenkels i, ist auf der rechten Seite Fig. 16 und 17. durch ein Ohr verbreitert, in welchem ein, mit dem Axenbolzen n concentrischer Schlitz ζ angebracht ist. Dieser Schlitz ist auf beiden Seiten des Ohres mit einem kleinen wenig vorspringenden Rand eingefaßt. Durch den beweglichen Scheerenschenkel i und den Schlitz ζ dieses Ohres ist ein Schraubenbolzen η durchgesteckt und auf der hintern Seite des Ohres, durch eine Mutter über einer untergelegten Scheibe, so befestigt, daß bei der Auf- und Niederbewegung des beweglichen Schenkels der Bolzen η, welcher sich in dem Schlitz ζ mit auf und nieder bewegt, demselben nur einen geringen Spielraum an der innern Seite des Ohres des Trägers l gestattet. Durch diese Vorrichtung wird bewirkt, daß sich der Schenkel i stets in einer vertikalen Ebene bewegt und daß sich das bewegliche Schneideeisen r von dem festen Schneideeisen n seitwärts nicht entfernen kann.

Der geschweifte geschmiedete Hebelsarm x Fig. 16, 17, 18. des beweglichen Scheerenschenkels i, wirkt als einarmiger Hebel, und erhält seine Auf- und Niederbewegung durch eine gußeiserne excentrische Scheibe y, welche mittelst ihrer viereckigen Oeffnung an dem Kopf ϱ der eisernen Welle tz Fig. 18. festgekeilt ist. An dem Hebelsarm x ist mit eisernen Keilen ein geschmiedeter

Bügel z befestigt, innerhalb dessen Schenkel sich die excentrische Scheibe bewegt, indem der Bügel und der Hebelsarm in die Vertiefung derselben eingreifen. Die excentrische Scheibe erhält in der Minute 36 bis 40 Umgänge und eben so viele Schnitte macht daher auch die Scheere, indem zum Erheben des Hebelsarmes sowohl wie zum Niedergehen desselben, wobei der Schnitt erfolgt, ein halber Umgang der excentrischen Scheibe erfordert wird. Da bei der Erhebung des Hebelsarmes weiter keine Last, als nur daß sein Gewicht zu überwinden ist, so erfolgt der Schnitt bei der bedeutenden Geschwindigkeit der excentrischen Scheibe mit einer großen Heftigkeit, jedoch, wenn starkes Blech oder wohl auch Eisen in Stäben geschnitten wird, nicht ohne starke Stöße und Erschütterungen gegen den Scheerenständer. Es ist daher eine zureichende Befestigung des Ständers durch die Ankerbolzen d ganz besonders erforderlich, um so mehr als der lange Hebelsarm x mit großem statischem Moment die Abhebung des Ständers q von dem Klotz, worauf er befestigt ist, zu veranlassen strebt. Da der Schnitt bei dem Niedergange des Hebelsarms erfolgt, so hat letzterer das Bestreben, die der excentrischen Scheibe y zunächst gelegene Seite des Scheerenständers a auf sein Lager niederzudrücken, die entgegengesetzte Seite aber davon abzuheben, weshalb auf dieser Seite die Befestigungsbolzen d auch am stärksten sein müssen.

Die Excentricität der excentrischen 2 Fuß $4\frac{1}{2}$ Zoll im Durchmesser großen Scheibe beträgt 9 Zoll, und die Entfernung von dem Axenbolzen n bis zum Angriffspunkt der excentrischen Scheibe an dem Hebelsarm 8 Fuß $9\frac{1}{2}$ Zoll; die Entfernung des weitesten Schnittpunktes der Schneideeisen von dem Axenbolzen o ist aber nur 9 Zoll, so daß sich das Verhältniß der beiden letzten Entfernungen ziemlich genau wie 13 : 1 verhält.

Fig. 19—22. Scheere zum Durchschneiden gewalzter Eisenstäbe auf der Hütte zu Alf.

Fig. 19. Seiten-Ansicht; Fig. 20. Hinter-Ansicht, und

Fig. 21. Ober-Ansicht dieser Scheere. Der gußeiserne Scheerenständer besteht aus den beiden Theilen a und b, von denen der erstere, als der Haupttheil, mit seiner Fußplatte c auf den 3 hölzernen Schwellen d, e, f ruht. Die Schwelle d ist über den vorderen Köpfen der beiden Schwellen e und f oben bündig eingekämmt; alle drei liegen auf dem Fundament g, und sind an ihren Seiten vermauert. Die Fußplatte c ist durch vier starke, 6 Fuß 4 Zoll tief in das Fundament hineingeführte Ankerbolzen i auf den Schwellen und in dem Fundament befestigt. Die untern Enden dieser Ankerbolzen gehen durch eine 6 Fuß tief unter der Oberfläche des Fundaments g eingemauerte gußeiserne Ankerplatte h Fig. 20. hindurch und werden mittelst der in die Splintlöcher derselben, unterhalb der Ankerplatte, eingetriebenen starken Splintkeile k festgeankert. Ueber der Fußplatte c werden die Ankerbolzen durch aufgeschraubte Muttern befestigt. Der andere Theil b des Scheerenständers ist mit seiner oberen Hälfte nach Außen gekröpft, ruht mit seiner unteren Hälfte auf der Fußplatte c und ist daselbst auf der innern Seite an dem Ständertheil a durch die beiden Schraubenbolzen l befestigt. In dem oben zwischen den beiden Backen der Ständertheile a und b gebildeten 4½ Zoll breiten Schlitz, liegt der als doppelarmiger Hebel wirkende bewegliche Scheerenschenkel m und bewegt sich darin auf dem Axenbolzen n, welcher durch die beiden Ständertheile a und b durchgeht und an der äußern Seite des Theiles (der Backe) b mittelst des Splintkeiles o befestigt ist. An dem hintern Theil des beweglichen Schenkels ist, an der innern Seite, unten das sogenannte bewegliche Schneideeisen bündig eingelassen und durch Schrauben mit versenkten Köpfen befestigt. Das feste oder unbewegliche Schneideeisen, oben an der innern Seite der hintern Verlängerung p des Ständers a, ist so eingelassen und durch Schrauben befestigt, daß seine Schneide sich in horizontaler Lage befindet. An dem bogenförmigen Theil der vorderen Verlängerung q des Ständers a ist ein, mit dem Axenbolzen n concentrischer und ausgeschliffener Schlitz r Fig. 19. angebracht, in welchen der an der innern Seite des Hebelsarmes des beweglichen Schenkels m angegossene, mit dem Axenbolzen n ebenfalls concentrische Ansatz hineingreift und sich darin auf und nieder bewegt. Hierdurch und indem sich der Hebelsarm des beweglichen Scheerenschenkels m mit seiner innern Seite an den mit dem Schlitz r versehenen Bogen anlegt, wird der bewegliche Scheerenschenkel nicht nur genöthigt, sich in einer und derselben lothrechten Ebene zu bewegen, sondern auch verhindert, sich mit seinem Schneideeisen seitwärts von dem untern festen Schneideeisen zu entfernen. Das vordere Ende des Hebelsarmes des beweglichen Schenkels ist mit einem runden Zapfen s versehen, auf welchem die eiserne Hülse t mit ihren beiden Zapfen beweglich ist. Eine auf den Zapfen s vor der Hülse t gesteckte Scheibe, die mittelst eines kleinen Keilbolzens u befestigt wird, verhindert die Hülse sich von dem Zapfen loszulösen. Mit den beiden Zapfen der Hülse t, so wie mit der Warze u des Krumzapfens ist eine gußeiserne Bleuelstange w beweglich verbunden, mittelst welcher dem Scheerenschenkel m die auf- und niedergehende Bewegung ertheilt wird. Die Verbindung der Bleuelstange w mit den beiden Zapfen der Hülse t und mit dem Krumzapfen v, welche Fig. 22. in der vordern Ansicht darstellt, ist in ähnlicher Art wie bei den Dampfmaschinen-Bleuelstangen ausgeführt. Die eisernen Bänder α, durch welche die Bleuelstange w mit den beiden Zapfen der Hülse t und mit der Warze u des Krumzapfens v verbunden ist, und zwischen welchen messigene Lager gegen die Zapfen liegen, sind an der Bleuelstange durch eiserne Keile β befestigt, welche mittelst angebrachter Schraubengewinde und Flügelmuttern fest angezogen werden können. Der Hub des Krumzapfens beträgt 7 Zoll und bewirkt an den äußersten Enden der Schneideeisen der Scheere eine Entfernung der Scheerenschenkel von 3 Zoll.

Zum Durchschneiden erwärmter Eisenstäbe hat diese Scheere, welche nur einen geringen Raum zur Aufstellung erfordert, wohl hinreichende Festigkeit, zum Durchschneiden kalter Eisenstäbe dürfte sie zu schwach sein. Soll sie zum Durchschneiden kalter Eisenstäbe in Anwendung gebracht werden, so ist nicht allein eine Verstärkung sämmtlicher Theile erforderlich, sondern es wird auch nothwendig, den Hebelsarm des beweglichen Schenkels sowohl als die Bleuelstange länger zu machen; die letztere aus dem Grunde, um die Linie, welche sie bei ihrer Bewegung beschreibt, einer lothrechten Linie mehr zu nähern. Für Scheeren zum Durchschneiden des kalten Eisens dürften sich Bleuelstangen, besonders so zusammengesetzt wie diese, als dauerhaft nicht erweisen, indem die stärkeren Stöße leicht ein Zerbrechen ihrer Verbindungs-Vorrichtungen mit den Zapfen herbeiführen. Zweckmäßiger wird die Bewegung des beweglichen Scheerenschenkels durch ähnliche Vorrichtungen wie bei den vorhin beschriebenen Scheeren vorkommen, bewirkt werden (§. 362.).

Tafel LII.

Fig. 1—3. Schwarzblechscheere; auf der Hütte zu Dillingen.

Fig. 1. Ansicht von der Arbeitsseite; Fig 2. Quer-Ansicht von der Seite der Scheeren-Oeffnung; Fig. 3. Ober-Ansicht.

Der Hauptscheerenständer a ist mit seiner Fußplatte b aus einem Stück gegossen und auf der äußeren Seite durch drei Rippen c verstärkt. Auf der Fußplatte b, welche durch vier lange starke Schraubenbolzen c im Fundamentmauerwerk befestigt ist, befinden sich zwei angegossene, schräg hervorragende Leisten d, zwischen welchen der zweite Scheerenständer e aufgestellt und festgekeilt ist. Zwischen den beiden Scheerenständern a und e bewegt sich der mit seinem lothrecht herabhängenden Hebelarm f einen Winkelhebel bildende Scheerenschenkel g auf dem starken Axenbolzen h, welcher durch denselben und durch die beiden

Ständer a und e durchgesteckt ist, zu welchem Zweck jene Maschinentheile mit Löchern versehen sind. Der Scheerenschenkel e ist durch einen Hals i verstärkt, worin ein rundes Loch ausgebohrt ist, um die Bewegung auf dem Axenbolzen b auszuführen. Gegen die beiden Stirnen des Halses i, des Schenkels g, sind die beiden abgeschliffenen Scheiben m und n auf den Axenbolzen b aufgeschoben, von denen m mit der äußern Seite an der inneren Seite des Ständers a, die Scheibe n aber mit der äußern Seite an dem Absatz des Axenbolzens b anliegt.

Dieser Absatz des Axenbolzens wird dadurch gebildet, daß dem hinteren Ende desselben (jenseits der Scheibe n), welches durch den Ständer e durchgeht, eine größere Stärke zugetheilt wird, als dem vorderen Theil, welcher durch den Hals des beweglichen Scheerenschenkels und durch den Ständer a durchgesteckt ist. Auf dem vorderen mit einem Gewinde versehenen Ende des Axenbolzens b, welches durch den Ständer a durchreicht, ist eine starke Schraubenmutter l gegen eine aufgesteckte Scheibe o aufgeschraubt. Damit sich der Axenbolzen b, bei dem Anziehen der Schraubenmutter l nicht drehen könne, wird am hintern Ende desselben, außerhalb des Ständers e ein starker konischer Stift p (Fig. 2, 3.) in ein rundes Loch getrieben, welches zur Hälfte in dem Axenbolzen und zur Hälfte in dem Ständer e eingebohrt ist. Rings um das Bolzenloch erhält der Ständer e einen Verstärkungsrand q. An der innern Seite des beweglichen Scheerenschenkels g, unten an der schnabelförmigen Kante desselben, ist das Schneideeisen k in einem dazu angebrachten Einschnitt zur Hälfte eingelassen, und durch zwei kleine Schraubenbolzen $\alpha\,\alpha$ Fig. 2 und 3. befestigt. Das unbewegliche Schneideeisen r ist, in Uebereinstimmung mit dem vorigen, an der inneren Seite des Ständers a, oben gegen die Kante desselben, ebenfalls durch zwei kleine Schraubenbolzen $\beta\,\beta$ befestigt, ruht aber, weil es in dem Ständer a nicht eingelassen ist, auf einem angegossenen Absatz s Fig. 2., wodurch das Abbrechen der Schraubenbolzen verhindert wird.

Das dem Schneideeisen entgegengesetzte hintere Ende des Scheerenschenkels ist bis zu Ende des Ständers a geschweift verlängert und durch eine angegossene Rippe t mit dem Halse i Fig. 3. verbunden. In diese Verlängerung des Scheerenschenkels wird eine starke Schraube u mit ihrem Gewinde eingedreht, deren durchgehender Gewindekopf gegen eine verstählte und abgeschliffene Schiene v wirkt, welche an der innern Seite des Ständers a mittelst der Schrauben δ befestigt ist. In Fig. 1. ist diese Schiene v da, wo die Schrauben δ zu sehen sind, punctirt angedeutet. Durch das Anziehen dieser Schraube u und der Schraubenmutter l wird der bewegliche Scheerenschenkel g so gestellt, daß er sich stets in einer vertikalen Ebene bewegt und daß sich das Schneideeisen k desselben von dem Schneideeisen r seitwärts nicht entfernen kann.

Da der Gewindekopf der Schraube u, während der Bewegung des beweglichen Schenkels, nur mit einer kleinen Fläche gegen die verstählte Schiene v wirkt, so findet eine starke Reibung statt, welche nicht allein eine schnelle Abnutzung der Schiene v und besonders des Gewindekopfs der Schraube u herbeiführt, sondern auch leicht das Zerbrechen der letztern verursachen kann. Zweckmäßiger ist es daher, an der innern Seite des beweglichen Scheerenschenkels eine ebenso verstählte Schiene wie die v, in eine passende Vertiefung genau so einzulassen, daß dieselbe vor der inneren Seite des Scheerenschenkels etwas vorsteht, sich an die Schiene v anlegt und bei der Bewegung längs derselben gleitet. Die eingelassene Schiene würde dann durch zwei, von der äußern Seite des Scheerenschenkels her eingedrehte Schrauben, gegen die andere Schiene v fest angedrückt werden können, wenn die Schrauben tiefer hineingedreht werden. Die Reibung zwischen den beiden abgeschliffenen Schienen würde dadurch geringer und die beiden Schrauben würden dem Zerbrechen weniger ausgesetzt sein, als die Schraube u. Der Schiene v, die ebenfalls in eine Versenkung des Ständers a eingelassen sein muß, damit die Schrauben δ, welche sie festhalten, nicht abbrechen, würde ohne Schwierigkeit eine solche Lage und Länge zugetheilt werden können, daß die kürzere, in dem Scheerenschenkel eingelassene Schiene, bei der Bewegung die Schiene v nicht verläßt, sich nämlich über die Enden derselben nicht hinaus bewegt und aus der Versenkung herausfällt.

Der Hebelsarm f des beweglichen Scheerenschenkels, welcher durch einen Schlitz in der Fußplatte b durchgeht, ist am unteren Ende mit einem durchgesteckten und fest angeschraubten Zapfen w versehen, mit welchem die, für den mittleren Stand des Hebelsarmes f, horizontale Bleuel- oder Zugstange x beweglich verbunden ist. Die Bewegung der Bleuelstange x, also auch die des beweglichen Scheerenschenkels, erfolgt entweder durch eine excentrische Scheibe oder durch einen Krumzapfen. Die Länge des Hebelsarmes f von dem Axenbolzen n bis zu dem Zapfen w beträgt 4½ Fuß, die Entfernung von dem Axenbolzen bis zum entferntesten Punkte des Schneideeisens k 1 Fuß 7⅞ Zoll; daher verhält sich für den nachtheiligsten Fall die am Zapfen w des Hebelsarmes f wirkende, zu der am Ende der Schneide k daraus aufspringenden Kraft nur wie 1:2,73, weshalb eine bedeutende Kraft am Zapfen w des Hebelsarms f erforderlich ist. Zweckmäßiger würde es also seyn, wenn die Schneideeisen dem Axenbolzen n näher angebracht würden, weil dann am Zapfen w des Hebelsarmes f nicht allein eine geringere Kraft erfordert, sondern auch die Scheerenständer weniger erschüttert werden würden.

Für die freie Bewegung des Hebelsarms f ist in dem Mauerwerk, worauf die Ständerfußplatte b befestigt ist, auf eine hinlängliche Vertiefung Rücksicht genommen.

Die Bewegungsart des lothrecht herabhängenden Hebelsarms f durch die horizontale Bleuelstange x hat nicht allein den Vortheil, daß die ganze Scheeren-Vorrichtung einen geringen Raum einnimmt, sondern daß sie auch an jedem beliebigen Ort im Hüttenraum aufgestellt werden kann, indem sich die Bewegung durch horizontale, allenfalls mit Winkelhebeln verbundene Zugstangen, auch von einer entfernt liegenden Betriebswelle, mittheilen läßt.

Da die an dem vertikal herabhängenden Hebelsarm f wirkende Zugstange x das Scheerengerüst an der ihr zugewendeten Seite zu heben und dasselbe auf dem Fundament zu verschieben strebt, so müssen die Ankerbolzen c, womit die Fußplatte b auf dem Fundament befestigt ist, nicht allein recht tief in dasselbe hineinreichen, sondern auch sehr stark sein, indem nicht allein ihre absolute, sondern auch ihre relative Festigkeit in Anspruch genommen wird.

An der vordern Seite des Scheeren-Gerüstes befindet sich ein Tisch, auf welchem eine große mit Rollen versehene Platte, auf eisernen an dem Tisch befestigten Schienen längs der Scheerenschneiden hin und her bewegt werden kann. Auf diese Platte werden die zu beschneidenden starken Bleche gelegt und können so sehr genau gegen die Schneiden bewegt werden.

Fig. 4 — 7. Blechscheere zum Beschneiden starker Kesselbleche auf der Rybnicker Hütte in Oberschlesien.

Fig. 4 Längen-Ansicht der Scheere von der Arbeitsseite; Fig. 5. Ober-Ansicht, und Fig. 6. die vordere Quer-Ansicht.

Der bewegliche Scheerenschenkel a wirkt als doppelarmiger Hebel in derselben Art wie bei der Taf. LI. Fig. 7 — 10. beschriebenen Scheere, welche mit dieser im Allgemeinen ganz übereinkommt. Der lange horizontale Hebelsarm b wird hier eben so wie dort durch eine gegen die untere Seite desselben wirkende excentrische Scheibe c gehoben und senkt sich nachher durch das eigene Gewicht, so daß derselbe mit der, mittelst der Schraubenbolzen α befestigten verstählten und abgeschliffenen Frictionsschiene e, stets auf der excentrischen Scheibe zwischen deren hervorspringenden Rändern aufliegt. Der Scheerenschenkel a, welcher, durch die Erhebung des langen Hebelarmes b, mittelst des an dem kurzen vorderen Arm unten an der innern Seite eingelassenen und durch die beiden Schrauben β befestigten Schneideeisens d, den Schnitt ausführt, bewegt sich zwischen den beiden Scheerenständern f und g auf dem Axenbolzen h, der durch die in den beiden Scheerenständern f und g und in dem Scheerenschenkel a, befindlichen Löcher durchgesteckt ist. Der Axenbolzen h liegt mit einem starken Kopf an der äußern Seite des Ständers f fest an, und ist mittelst eines auf der äußern Seite des Ständers g durch ein Splintloch eingetriebenen Splintkeils i befestigt. An dem Ständer f ist an dessen inneren Seite das unbewegliche Schneideeisen oben eingelassen und mittelst der kleinen Schraubenbolzen ε mit versenkten Köpfen befestigt. Der Scheerenständer f und die mit ihm aus einem Stück gegossene Fußplatte k, stehen auf den beiden, über dem Fundament der Länge nach gestreckten eichenen Schwellen l. Er wird durch vier starke Schraubenbolzen m festgehalten, welche durch die Schwellen l durchgehen und in dem Fundament tief befestigt sind. Der zweite Scheerenständer g steht, mit seiner unten an den Seiten abgeschrägten Fußplatte n zwischen den an der Fußplatte k des Ständers f oben angegossenen schräg hervorragenden Leisten p und wird gegen dieselben festgekeilt, wie Fig. 7. in der hintern Seiten-Ansicht zeigt. Die äußeren Seiten der beiden Ständer f und g sind durch Rippen o verstärkt.

Gegen die äußere Seite des Ständers f liegt, in gleicher Höhe mit ihm, eine gußeiserne Tischplatte q, welche auf den beiden gußeisernen Ständern s und t festgeschraubt ist. Der Tischständer s ist durch Schraubenbolzen zugleich an dem Scheerenständer f befestigt. Auf die Tischplatte q werden die zu beschneidenden Bleche gelegt, um sie zwischen die Schneiden der Scheere zu führen.

Der Ständer f erhält am hinteren Ende noch eine Verlängerung durch das Ohr v, an welches sich der bewegliche Scheerenschenkel während der Bewegung anlegt, damit sich das an derselben befestigte Schneideeisen d von dem untern Schneideeisen r (Fig. 5.) seitwärts nicht entfernen kann. Da der lange Hebelsarm b mit großer Kraft das der excentrischen Scheibe zunächst liegende Ende der Ständerplatte k zu heben strebt, so ist es zweckmäßig, dieselbe nach dieser Seite hin um wenigstens 18 Zoll zu verlängern, und derselben überhaupt eine größere Stärke zuzutheilen.

Die Länge des Hebelsarms b von dem Axenbolzen h bis zum Angriffspunkt der excentrischen Scheibe c beträgt 9½ Fuß, die Entfernung des äußersten Punktes des Schneideeisens d von dem Axenbolzen h, 1 Fuß 7 Zoll; für den größten Widerstand verhält sich daher die am Angriffspunct des Hebelsarms b wirkende Kraft zu der daraus am äußersten Ende des Schneideeisens d entspringenden Kraft, wie 1 : 6.

Bei der starken Construction der Scheerenständer wird die Scheere auch zum Durchschneiden der gewalzten Eisenschienen im warmen Zustande noch hinreichende Festigkeit besitzen, sie erfordert aber, wegen des langen Hebelsarmes b, viel Raum und ist daher nicht sehr bequem.

Die excentrische Scheibe c wird zu Rybnick unmittelbar von der Wasserradwelle w in Bewegung gesetzt, auf deren Zapfenkopf sie befestigt ist, und welcher letztere durch die Muffe x noch mit einer andern Getriebwelle z in Verbindung steht.

Fig. 10—16. Scheere zum Beschneiden der Kesselbleche; auf der Kreutzthaler Walzwerkshütte bei Siegen.

Fig. 10. Längen-Ansicht; Fig. 11. Vordere Stirn-Ansicht; Fig. 12. Ober-Ansicht dieser Scheere.

Auf der gußeisernen Sohlplatte a, welche durch vier starke, tief in das Fundament hineinreichende und darin verankerte Schraubenbolzen auf dem Fundament befestigt ist, stehen die drei gußeisernen Ständer b, c, d mit ihren Fußplatten schwalbenschwanzartig zwischen den beiden schräg hervorragenden an der Sohlplatte angegossenen starken Leisten e und sind gegen dieselben festgekeilt. Die beiden Ständer c und d sind Lagerständer, in welche metallene Doppellager eingesetzt werden. Fig. 13. ist die Vorder-Ansicht und Fig. 14. die Ober-Ansicht des Lagerständers c; Fig. 8. und 11. die Vorder-Ansicht; Fig. 12. die Ober-Ansicht des Lagerständers d Fig. 8. In den metallenen Lagern α der beiden Lagerständer c und d bewegt sich die gußeiserne Welle f und zwar in dem Lager des Ständers c mit einem $11\frac{1}{4}$ Zoll und in dem Lager des Ständers d mit einem $5\frac{1}{2}$ Zoll starken Zapfen. Da der Zapfen der Welle f in dem Lager des Ständers d schwächer ist als die Welle selbst, so kann sich dieselbe nicht nach dem Ständer d hin verschieben. Damit sich dieselbe aber auch nicht gegen den Ständer c hin verschiebe, was leicht geschehen könnte, indem der Zapfen derselben in dem Lager des Ständers c stärker ist, als sie selbst; so wird auf den an der äußern Seite des Ständers d hervorragenden Zapfen i ein Ring g aufgeschoben. Dieser ist mittelst eines kleinen Bolzens h befestigt, welcher durch ein Loch des Zapfens i durchgesteckt wird und zum Theil in den Ring g Fig. 19. eingreift, damit sich derselbe mit dem Zapfen i zugleich drehe und keine Friction gegen den Bolzen h ausübe.

Auf den mittleren stärkeren Theil der Welle f wird der lothrecht (für den mittlern Stand) herabhängende Hebelsarm l mit seiner starken Hülse k aufgeschoben und durch zwei konische starke Stifte oder Bolzen, welche zur Hälfte in die Welle f und zur Hälfte in die Hülse eingreifen, befestigt. Das untere Ende des durch einen Schlitz der Sohlplatte a durchgehenden, in einem besondern Raum des Fundaments sich frei bewegenden Hebelsarms l, ist mit einer horizontalen (auf der Zeichnung nicht angegebenen) Zugstange verbunden, welche unmittelbar durch eine, an dem Kopf der Betriebswelle befestigte excentrische

Scheibe, oder durch einen Krumzapfen bewegt wird und so der Welle f durch den hin und her bewegten Hebelsarm l die Bewegung mittheilt. Damit die Welle f durch den Widerstand der zu beschneidenden Bleche nicht aus den Lagern der Ständer c und d gehoben werden könne, sind dieselben mit starken gußeisernen Lagerdeckeln m, n versehen, welche mittelst der, durch die vorspringenden Seiten der Lagerständer durchgehenden starken Schraubenbolzen o und p befestigt sind.

Oben an der Stirn des vor dem Ständer c hervorragenden, 13 Zoll starken, runden Kopfs q der Welle f, ist ein 4 Zoll vor dem Kopf hervortretender 18 Zoll breiter, in der Mitte 6½ Zoll starker Ansatz r angegossen, dessen untere Seite bogenförmig gekrümmt ist. In dem bogenförmigen Einschnitt s an der Stirn dieses Ansatzes r ist das bewegliche Schneideeisen t durch drei Schrauben β mit versenkten Köpfen befestigt. Die Schneide dieses Schneideeisens ist ebenfalls bogenförmig gekrümmt. Das Schneideeisen t ist zum Beschneiden der stärkern Bleche bestimmt; sollen schwächere Bleche beschnitten werden, so wird ein etwas längeres, aber schwächer gekrümmtes Schneideeisen eingesetzt, wie in Fig. 40. punctirt angedeutet ist. Das untere sogenannte feste Schneideeisen u, wird an der innern Seite des Ständers b, oben in einen Einschnitt desselben eingesetzt und durch die kleinen Schraubenbolzen ε mit versenkten Köpfen befestigt und zwar so, daß die grade Schneide desselben über der horizontalen Kante des Ständers b hervorragt.

Die Ständer b und c sind mit einander durch einen Schraubenbolzen v fest verbunden, auf welchem zwischen den beiden Ständern ein starkes eisernes Rohr w (oder Hülse) aufgeschoben ist, damit sich die beiden Ständer b und c weder von einander entfernen, noch sich einander nähern können, also die Schneideeisen t und u stets an einander anliegen.

Der Hebelsarm l, von der Axe der Welle f bis zu der mit ihm verbundenen horizontalen Zugstange ist 5 Fuß lang, und die Entfernung des äußersten Punctes des Schneideeisens t von der Achse der Welle f beträgt 8 Zoll, mithin verhält sich die Kraft am untern Ende des Hebelarmes l, zu dem am Ende des Schneideeisens t zu überwindenden Widerstande, für den nachtheiligsten Fall, nämlich für den äußersten Punct des beweglichen Schneideeisens, wie 1 : 7,5. Bei diesem günstigen Verhältniß ist das Scheerengerüst nicht so großen Stößen und Erschütterungen ausgesetzt, wie bei den vorhin beschriebenen Scheeren, und da die Entfernung des äußersten Punktes des Schneideeisens von der Axe der Welle f geringe ist, die Stelle f und die Ständer b, c, d eine sehr bedeutende Stärke besitzen, auch der Sohlplatte a, (welche an den Enden etwas stärker sein könnte) eine zweckmäßige Länge zugetheilt ist, so eignet sich die Scheere um so mehr zum Beschneiden starker Bleche, als sich der Schnittwinkel der Schneideeisen gegen das Ende des Schnittes nur sehr wenig verkleinert. Außerdem ist diese Scheere auch wegen des geringen Raumes, dessen sie bedarf, und aus dem Grunde zu empfehlen, weil sie wegen der horizontalen Zugstange, durch welche sie die Bewegung von der Betriebswelle erhält, auch in beträchtlicher Entfernung von letzterer aufgestellt werden kann.

Fig. 15—16. Eisenblechscheere zu Skebo in Schweden.

Fig. 15. Längen-Ansicht von der der Arbeitsseite entgegengesetzten Seite; Fig. 16. Quer-Ansicht von der Seite der Betriebswelle.

Der bewegliche Scheerenschenkel a, dessen Hebelsarm b durch eine excentrische, auf dem vierkantigen Kopf der eisernen Welle d befestigte Scheibe c gehoben wird und durch das eigene Gewicht wieder niedersinkt, ist mit der Axenwelle e aus einem Stück gegossen und durch die Rippen f, f verstärkt. Die Axenwelle e, welche nur 4 Zoll stark ist, bewegt sich mit ihrem 3 Zoll starken vordern Zapfen in dem Zapfenloche, welches in dem obern horizontalen Rahmen des aus einem Stück gegossenen vordern Scheerenständers g befindlich ist, und mit dem hintern Zapfen in einem mit einem Lagerdeckel h versehenen Zapfenlager, welches in eine Vertiefung des hintern Scheerenständers k eingelassen und darin durch Schraubenbolzen befestigt wird. Die beiden Scheerenständer g und k, welche durch angegossene Rippen i verstärkt sind, stehen mit ihren Fußplatten l und m auf einem festen Fundament, und sind in demselben durch tief hineinreichende und versplintete Ankerbolzen befestigt. Die Fußplatte l des Ständers k ist $14\frac{1}{2}$ Zoll breit, und die m des Ständers g $13\frac{1}{2}$ Zoll breit, welche Breiten für die Stabilität der verhältnißmäßig hohen Ständer viel zu klein sind. Der Ständer g ist an der vordern Seite oben mit einer angegossenen horizontalen Platte n versehen, auf welcher die zu beschneidenden Bleche gegen die Schneiden der Scheere geschoben werden. Das Schneideeisen, welches an der innern Seite des beweglichen Schenkels unten gegen dessen Kante eingelassen und durch 4 kleine Schraubenbolzen α mit versenkten Köpfen befestigt ist, hat die beträchtliche Länge von 1 Fuß 11 Zoll. Das feste Schneideeisen n wird an der innern Seite des Ständers g, oben gegen dessen horizontale Kante in einen Einschnitt bündig eingelassen und ebenfalls durch 4 Schraubenbolzen β befestigt. Es hat eine Länge von 1 Fuß 9 Zoll.

Die Entfernung von der Axe der Welle e bis zum Angriffspunkt des Hebelarms auf der excentrischen Scheibe c beträgt 5 Fuß, die des äußersten Punkts des Schneideeisens am beweglichen Schenkel a von der Axe der Welle e 2 Fuß 4 Zoll. Es verhält sich daher für den ungünstigsten Fall, nämlich für den äußersten Punkt des beweglichen Schneideeisens, die Kraft am Angriffspunkt des Hebelarms b zu dem am äußersten Punkt des beweglichen Schneideeisens zu überwindenden Widerstande, wie 1 : 2,14. Wegen dieses geringen Verhältnisses und der bedeutenden Entfernung des äußersten Punkts des beweglichen Schneideeisens, ist die Scheere nur zum Beschneiden sehr dünner Bleche geeignet, und selbst zu diesem Zweck besitzt sie, bei der geringen Stärke der Axenwelle h und bei den im Verhältniß zu ihrer Höhe sehr schwachen Scheerenständern, nicht einmal die nöthige Stabilität. Sollte sie zum Beschneiden starker Bleche angewendet werden, so würden die starken Erschütterungen, welche aus der verstärkten Kraftanwendung hervorgehen, leicht das Zerbrechen der Vorrichtung veranlassen. (§. 862.)

Fig. 17 — 19. Einlaß- oder Durchlaß-Vorrichtung, (auch Vorlage genannt) zum leichtern und genauen Einführen der schwachen Eisenstäbe in die Kaliber der Feineisen-Walzen. Fig. 17. stellt das Profil einer solchen, zwischen zwei Walzwerksständern angebrachten Einlaßvorrichtung mit dem Profil der beiden Walzen nach der Linie AB in Fig. 18. dar. Fig. 18. ist der Grundriß der beiden zusammengehörenden Walzgerüstständer mit der Oberansicht der Einlaß-Vorrichtung; Fig. 19. die Vorderansicht der Durchlaß-Vorrichtung selbst.

Um die schon ausgewalzten Eisenstäbe in die noch engeren Kaliber zweier Feineisenwalzen, worin sie fertig ausgewalzt werden sollen, leicht und richtig hineinzuleiten, steckt man sie in Leitungen oder kleine Leitungskanäle, die ganz nahe an den Kalibern der beiden Feineisen-Walzen (oder, bei der Anfertigung von Bandeisen, ganz nahe an der Berührungslinie der beiden glatten und harten Walzen) ausmünden, wodurch sie dann leicht von den Walzen ergriffen und durchgezogen werden. Diese Leitungskanäle, deren Querschnitt dem Kaliber der hineinzuführenden Eisenstäbe entspricht, damit die Stäbe nicht lose, sondern mit einiger Kraftanwendung in dieselben hineingesteckt werden können, und deren Einmündungen sich ein wenig erweitern, werden für jede Breitendimension des Stabes durch zwei eiserne Schienen aa gebildet, welche mit ihren breiten genau abgeschliffenen Seiten fest an einander liegen und in deren an einanderstoßenden Flächen in einer jeden derselben der halbe Querschnitt des Leitungskanales eingeschnitten ist. Damit sich die Leitungen nicht leicht abnutzen, müssen sie verstählt werden. Da in den

Zeichnungen Fig. 17—19. für die Walzen l drei Kaliber oder Dimensionen der Breite der Stäbe angenommen sind, so sind auch drei Paar Leitungsschienen, welche die Kanäle oder Leitung bilden, angebracht, nämlich aa, a'a', a''a''. Diese Leitungsschienen werden in einen gußeisernen, horizontal zwischen beiden Walzwerkständern befestigten Kasten b, dessen beide langen vertikalen Seiten offen sind, hochkantig, genau passend eingeschoben. Wenn feine flache Stabeisensorten, und nicht Bandeisen, gewalzt werden soll, so müssen die durch die Leitungsschienen gebildeten Kanäle genau gegen die Kaliber der Walzen l gestellt werden. An den beiden Enden des Kastens b sind vertikale Nuthen c angegossen, mittelst deren der Kasten zwischen den beiden an den inneren Seiten der Gerüstständer f, f, angegossenen Leisten d horizontal eingeschoben wird. Vermittelst der durch die vordern Backen der Nuthen c, mit ihren Gewinden durchgehenden beiden Schrauben e, e', wird der Kasten gegen die Leisten d fest angeschraubt. An den beiden Walzgerüstständern f, f', sind auf beiden Seiten eiserne Leisten gg, g'g', mittelst der Schraubenbolzen h, h' horizontal und in gleicher Höhe mit den Leitungsschienen aa, a'a', a''a'' befestigt. In die Leisten gg und g'g' sind Muttern eingeschnitten, durch welche die langen Schrauben i, i' mit ihren langen Gewinden durchgehen und mit den Köpfen der Gewinde gegen die beiden äußeren Leitungsschienen a und a'' unmittelbar wirken. Gegen die Leitungsschienen wirken auch die Gewindeköpfe der beiden durch die vertikalen Seitenwände des Kastens b eingeschnittenen Schrauben k und k'. Mit Hülfe der beiden Schrauben i, i' und der beiden Schrauben k, k' lassen sich die Leitungsschienen leicht nach den Kalibern der Walzen richtig stellen und zugleich befestigen. Damit die Leitungsschienen durch die Friction der in die Leitungskanäle eingesteckten zu walzenden Eisenstäbe gegen die Wände der Kanäle nicht aus dem Kasten b heraus und gegen die Walzen hingezogen werden können, werden sie an ihren vordern Enden, oben und unten mit Ansätzen versehen, mit welchen sie sich gegen die vordere Seite des Kastens b stemmen, wie aus Fig 17. zu ersehen ist. Die vordern Enden der Leitungsschienen aa, a'a', a''a'' sind an ihren hintern, gegen die Walzen gerichteten Enden centrisch zugespitzt, damit sie tief zwischen die Walzen, ohne dieselben zu berühren, hineinreichen. (§. 860.)

Fig. 20 — 22. Vorrichtung zum Reinigen des gewalzten Bandeisens von Glühspahn; auf der Hütte zu Neuenkirchen in Saarbrücken. (Skizze ohne Maaßstab.)

Fig. 20. Vertikaler Durchschnitt eines Walzwerksgerüstes mit zwei Hartwalzen a, a, unter welchen das Bandeisen dargestellt und mittelst der zwischen den beiden Walzgerüstständern angebrachten, in der Zeichnung im Profil dargestellten Abschabe-Vorrichtung zugleich vom Glühspahn gereinigt wird. Der untere Theil der Abschabe-Vorrichtung, die sogenannte Abschabebank, welche Fig. 21. in der obern Ansicht darstellt, besteht aus einer gußeisernen starken Platte b, welche die lichte Entfernung der beiden Walzgerüstständer zur Länge hat. Sie ruht, in horizontaler Lage, an der vordern Seite des Walzgerüstes zwischen den beiden Gerüstständern, auf einem in die Nuthen c derselben, mit beiden Enden eingeschobenen und darin unterstützten starken geschmiedeten Riegel d, indem sie mit den an ihren Enden angegossenen Ohren e Fig. 21. ebenfalls in die Nuthen c der Gerüstständer eingeschoben ist. Auf der obern Seite dieser Bank b ist an der den Walzen zugekehrten Seite derselben, eine plattenförmige Verstärkung f (in der ganzen Länge der Bank) angegossen, durch welche, in gleicher Flucht mit der Oberseite der Bank, ein Schlitz, von der Länge der Walzen a, horizontal durchgeht. In diesen Schlitz werden die kleinen Eisenstäbe g in solcher Anzahl eingeschoben, daß darin, gegenüber der Stelle der Walzen woselbst das Bandeisen durchgeführt werden soll, ein Zwischenraum h Fig. 21. von der Breite des Bandeisens verbleibt. Um dies leicht bewerkstelligen zu können, müssen von den Stäben g, die alle eine gleiche Dicke besitzen, mehre von verschiedenen Breiten vorräthig seyn. Damit sich die Stäbe g nicht durch den Schlitz, in welchen sie eingeführt werden, nach den Walzen hin durchziehen können, werden sie an ihrem hintern Ende oben mit einem Ansatz versehen, wie in Fig. 20. angegeben ist, mit welchem sie sich gegen die obere Schlitzbacke anlegen. Durch die Bankplatte b ist außerdem noch ein langer Schlitz k Fig. 20, 21. vertikal durchgeführt, an dessen hinterer, vertikaler Längenseite das untere, an der obern Kante verstählte Schabeeisen i, mittelst der kleinen Schrauben α angeschraubt ist, und welches über der Oberfläche der Bankplatte b etwa $\frac{1}{2}$ Zoll hervorragt.

Der obere Theil der Abschabe-Vorrichtung, welchen Fig. 20. im Querprofil und Fig. 22. in der obern Ansicht darstellt, besteht aus einem gußeisernen Balken l, der mit seinen an beiden Enden angegossenen Ohren oder Zapfen m in die beiden schon erwähnten Nuthen c der Walzgerüstständer, oberhalb der Abschabebank b, eingeschoben ist, und darin wagerecht auf und niederbewegt werden kann. Diese Bewegung geschieht durch zwei, an den beiden inneren Seiten der Walzgerüstständer oben durch Schrauben β beweglich befestigte Hebelsarme n, mit welchen der Balken l, mittelst der auf der oberen Seite befestigten Oesen ε, Fig. 22. mit den beiden Zugstangen o beweglich verbunden ist. Der Balken l hat einen langen lothrecht durchgehenden Schlitz q, in welchen das Abschabeeisen i der Bankplatte b eingelassen ist. An den beiden langen äußeren Seiten des Balkens l sind die beiden Schabeeisen r mittelst der durchgehenden Schraubenbolzen δ befestigt, welche mit ihren unteren verstählten Schabekanten etwa $\frac{1}{2}$ Zoll vor der Unterfläche des Balkens l hervorragen.

Soll das Bandeisen durch die Hartwalzen a durchgezogen und vom Glühspahn gereinigt werden, so hebt ein Arbeiter mit den Hebeln n den obern Theil der Schabevorrichtung in die Höhe, während ein anderer das vordere Ende des Bandeisens in den Zwischenraum h Fig. 21., der zwischen den Stäben g gebildet wird, hineinsteckt und bis zu den Walzen so weit vorschiebt, daß letztere dasselbe fassen können. Alsdann wird der Obertheil mit seinen beiden Schabeeisen mittelst der Hebel o auf das Bandeisen niedergedrückt, und letzteres dadurch genöthigt, ehe es von den Walzen gefaßt wird, zwischen den drei Schabeeisen r, r und i, in der in Fig. 20. angedeuteten Krümmung gepreßt durchzugehen, wodurch die Oberseite des Bandeisens durch die beiden obern Schabeeisen rr, und die untere Seite desselben durch das untere Schabeeisen i, von dem Glühspahn befreit wird. Damit sich der Bandeisenstab auf der hintern Seite der Walzen nicht um die untere Walze nach unten herumbiegen könne, gleitet derselbe über eine Platte s, welche auf einem in die Nuthen t der Walzgerüstständer eingeschobenen und darin festgestellten eisernen Riegel u befestigt ist. (§. 860.)

Tafel LIII.

(Bergl. §§. 860. 965—971. 1005. 1006.)

Fig. 1—10. Zeichnungen zur Erläuterung der Konstruktion der Walzen für die Stabeisenbereitung unter Walzwerken.

In der Regel kommen bei der Bereitung des Stabeisens in Flammenöfen (Puddlingsöfen) die verschiedenen Arten von Walzwerksgerüsten in Anwendung, welche sich theils durch ihre Größe und Stärke, theils durch die Beschaffenheit der einzulegenden Walzen, nämlich durch die Konstruktion der Kaliber unterscheiden, welche die Walzen nach ihrer verschiedenen Bestimmung erhalten müssen. Diese drei Arten von Walzgerüsten sind (§. 860.)

Luppenwalzen oder Puddlingswalzen,

Grobeisenwalzen und

Feineisenwalzen.

Außerdem werden, zur Darstellung des ganz dünnen, flachen Stabeisens, noch:

Bandeisenwalzen

angewendet, welche indeß hier unberücksichtigt bleiben, weil die Walzen zur Darstellung des Bandeisens, eben so wie die Walzen zur Blechbereitung, keine Kaliber erhalten, sondern aus harten und glatt abgedrehten Walzen bestehen.

Bei den Luppenwalzen und bei den Grobeisenwalzen werden bis jetzt nur Walzgerüste mit zwei Walzen angewendet. Aber das Luppenwalzwerk sowohl als das Grobeisenwalzwerk bestehen in der Regel aus einem zusammengehörenden Paar, oder aus zwei Walzgerüsten, indem in dem ersten Gerüst die Streckarbeit, — nämlich die Umgestaltung des rohen Materialeisens zu vierkantigen Stäben, — und in dem zweiten Gerüst die Schlichtarbeit, — nämlich die Bearbeitung der Vierkantstäbe zu den Dimensionen, welche das zur weiteren Verarbeitung unter den Grobeisenwalzen (bei den Luppenwalzgerüsten) oder das zum Verkauf und Verbrauch bestimmte Stabeisen (bei den Grobwalzgerüsten) erhalten soll, — vorgenommen wird.

Man hat also Luppenstreckwalzen und Luppenschlichtwalzen, so wie Grobeisenstreckwalzen und Grobeisenschlichtwalzen zu unterscheiden. Das Schlichtwalzwerk wird auch das vollendende, so wie das Streckwalzwerk des vorbereitende genannt. Unter den Schlichtwalzwerken der Grobeisenwalzgerüste erhalten die unter dem Streckwalzwerk vorbereiteten Quadratstäbe entweder ihr verlangtes Kaliber als Quadratstäbe; oder sie werden darunter zu flachen Stabeisensorten, zu Rundeisen, zu Sechseckeisen u. s. f. ausgezogen. Die Schlichtwalzwerke der Luppenwalzgerüste dienen zur Bereitung des flachen Eisens, welches zerschnitten, zu Paqueten zusammengelegt und demnächst den Streckwalzen der Grobeisenwalzgerüste übergeben wird.

Bei den Feineisenwalzwerksgerüsten hat man in der neueren Zeit fast allgemein drei über einander liegende Walzen angewendet, um die Arbeit mehr zu fördern, welches aus dem Grunde ausführbar ist, weil zu den Feineisenwalzwerken nur solches Materialeisen (in der Regel von den Streckwalzwerken der Grobeisenwalzwerke) angewendet wird, welches schon geringere Dimensionen erhalten hat, also mit einer geringeren Kraftanwendung durch die Walze geführt werden kann. Die Feineisenwalzwerke bestehen ebenfalls wenigstens aus zwei Walzgerüsten, aus dem Feineisenstreckwerk und dem Feineisenschlichtwerk. Wendet man stärkeres Materialeisen an, so läßt man die Feineisenwalzwerksvorrichtungen auch wohl aus drei Gerüsten bestehen, von denen das erste dann gewissermaaßen die Stelle des Grobeisenschlichtwalzwerks vertritt.

1. Luppenstreckwalzen.

Diese Walzen sind im Körper gewöhnlich 40 Zoll lang, 18 Zoll stark und enthalten etwa 7 Kaliber. Die Kaliber in den Walzen erhalten eine seitwärts verdrückt-kreisförmige Gestalt, wie Fig. 1. darstellt. Die nachstehenden Zahlenwerthe bezeichnen Durchmesser von Kreisen, welche den verlangten Vierkant-Kalibern der darzustellenden Stäbe angehören, nach denen sie konstruirt werden müssen. Für die von 1 bis 7 auf einander folgenden Kaliber der Stäbe erhalten die denselben entsprechenden Kreise nach der abfallenden Reihefolge $7\frac{1}{4}$, 6, 5, $4\frac{1}{4}$, $3\frac{3}{4}$, $3\frac{1}{4}$, $2\frac{7}{8}$ Zoll zum Durchmesser. Es beträgt daher die Differenz des 1. und 2. Kalibers $1\frac{1}{4}$ Zoll

2.	=	3.	=	1	=
3.	=	4.	=	$\frac{3}{4}$	=
4.	=	5.	=	$\frac{1}{2}$	=
5.	=	6.	=	$\frac{1}{2}$	=
6.	=	7.	=	$\frac{3}{8}$	=

Diese nach den Durchmessern der Kaliberkreise als zweckmäßig ermittelten abnehmenden Verhältnisse sind nur als annähernd zu betrachten, weil die Kaliber selbst, durch die Konstruktion eine andere Gestalt erhalten. Soll die Luppe alle Kaliber durchlaufen, so würde sie nach und nach von ihrem anfänglichen Volum bis zu $2\frac{7}{8}$ Zoll herabgedrückt sein. Wenn die Luppen aber nicht unmittelbar aus dem Ofen unter das Streckwerk gebracht, sondern zuerst unter dem Hammer zusammen gequetscht werden, wie es jetzt gewöhnlich geschieht, weil hierdurch die Schlacke vollständiger entfernt wird, so benutzt man meistentheils nur die vier kleinern Kaliber zum Ausstrecken und wendet die drei größeren nur dann an, wenn der Hammer etwa schadhaft geworden wäre.

Die Konstruktion der Kaliber nach den zur Grundlage angenommenen Kreisen, geschieht nach Fig. 2., (das kleinste Kaliber von $2\frac{7}{8}$ Zoll Kreisdurchmesser ist auf der Zeichnung zum Grunde gelegt) in folgender Art.

Auf einer geraden Linie werden aus dem Punkt a auf jeder Seite die Hälften des Kreisdurchmessers von $2\frac{7}{8}$ Zoll, also $1\frac{7}{16}$ Zoll nach b und c hin aufgetragen, die Linie bc, gleich dem Durchmesser, in 4 gleiche Theile getheilt und die Theilpunkte d und e bemerkt. Sodann errichtet man, von der Mitte a aus, die senkrechte Linie af, beschreibt von e und d aus mit der Weite be = cd, die Bogen g und h, welche sich in f schneiden. Die Linie af theilt man in vier gleiche Theile, und trägt einen solchen Theil auf den Bogen g von b nach n, und auf den Bogen h von c nach m, trägt ferner die Hälfte dieses Theils, also $\frac{1}{8}$ af auf die gerade Linie von c nach o und von b nach p ab. Die beiden Punkte mo und np werden durch einen Kreisbogen verbunden, der die Länge ac = ab zum Halbmesser hat. Die auf diese Weise gebildete Figur ombfgnp bildet dann das einzudrehende Kaliber für die eine Walze, welches für die zweite Walze ganz in derselben Art und Größe konstruirt wird. — Dasselbe Konstruktions-Verfahren wird bei allen übrigen Kalibern der Luppenstreckwalzen angewendet. Die verdrückte Gestalt der Einschnitte oder Kaliber trägt vorzüglich zum Quetschen und Reinigen des zu streckenden Eisens und zur Beschleunigung der Walzarbeit bei. Um das bessere Eingreifen oder Fassen der zwischen den Walzen auszustreckenden Luppen zu befördern, sind die Seiten der drei ersten und größten Kaliber mit einem Handmeißel centrisch eingefurcht.

Durch die gebrochenen Kanten om, pn Fig 2. bilden sich, an den gewalzten Stäben, diesen ähnliche Vertiefungen (Näthe), welche größtentheils dadurch wieder entfernt werden, daß der Stab durch das engste Kaliber zweimal durchgelassen und bei dem zweiten Durchgang so umgedreht wird, daß die Näthe nach dem obern und untern Winkel des Kalibers zu liegen kommen.

Das Gewicht der obern Walze beträgt 2700—2800, das der untern 2800 Pfund.

2. Luppenflachwalzen.

Fig. 3. stellt ein Paar solcher Walzen in der Längenansicht in der Lage dar, wie sie über einander liegen und in einander greifen. Der eigentliche Walzenkörper ist etwa 26 Zoll lang; der größte Durchmesser der oberen Walze beträgt 16 Zoll und der der untern 20 Zoll. Auf diese Hauptdimensionen werden die Walzen abgedreht, ehe das Eindrehen der Kaliber erfolgt. Nach der Zeichnung sind zwar die Durchmesser der wirkenden Flächen, nämlich die Durchmesser der obern Walze in ihren Kaliberringen (Patricen) den Durchmessern der untern Walze in den correspondirenden Kalibervertiefungen (Matricen) gleich; allein bei dem Abdrehen der Walzen erhält die obere Walze für alle ihre eingreifenden Kaliberringe einen um $\frac{1}{16}$ Zoll größeren Durchmesser als die untere Walze in ihren Kalibervertiefungen, so daß z. B. dem Ringe der obern Walze zum sechsten Kaliber nicht 16 Zoll, sondern $16\frac{1}{16}$ Zoll Durchmesser zugetheilt werden. Dadurch soll nicht allein die Walzarbeit beschleunigt, sondern auch verhindert werden, daß der durchgehende Stab dem Laufe der obern Walze nicht folgt, oder sich nicht nach oben umbiegt.

Damit die obere Walze willig in die untere eingreifen könne, werden die Einschnitte a der untern Walze verjüngt nach unten, also die dieselben trennenden Ringe verjüngt nach oben, wie Fig. 4. bei b angegeben ist, abgedreht und zwar so, daß das Kaliber am Boden der Einschnitte die richtige Weite hat, und sich nach oben etwa um $\frac{1}{16}$ Zoll erweitert. Die Kaliberringe der obern Walze müssen durchaus rechtwinklich abgedreht seyn.

Um im ersten oder stärksten Kaliber ein besseres Greifen und Quetschen des durchzuführenden Stabes zu bewirken, wird die runde Fläche des eingreifenden ersten Kaliberringes der obern Walze, der Quere nach, mit einem Meißel eingefurcht.

Bei den Schlichtwalzen der Grobeisenwalzgerüste, unter welchen flache Eisensorten dargestellt werden sollen, geht man in der Regel von dem Grundsatz aus, den Quadratstäben unter den Streckwalzen diejenige Stärke im quadratischen Durchschnitt zu geben, welche der Breite des darzustellenden flachen Eisens entspricht. Soll z. B. 2 Zoll breites und $\frac{1}{2}$ Zoll dickes Flacheisen gewalzt werden, so wird das Materialeisen unter den Streckwalzen zu Quadratstäben von 2 Zoll Stärke ausgestreckt, und der 2zöllige Stab dann unter den Schlichtwalzen in Kalibern von 2 Zoll Breite und nach und nach abnehmenden Höhe bis zu $\frac{1}{2}$ Zoll, ausgestreckt. Es ändern sich also nur die Höhen, aber nicht die Breiten der Kaliber und die Veränderungen in den Höhen sind auf eine einfache Weise durch die Stellung der Walzen, nämlich durch die Größe der Entfernung der obern von der untern Walze hervorzubringen, dergestalt, daß sich unter 2 Zoll breiten Kalibern, 2zölliges Flacheisen von jeder beliebigen Stärke darstellen läßt.

Nur auf einigen Hüttenwerken geht man von einem andern Prinzip aus und läßt die von den Streckwalzen kommenden Quadratstäbe bei den Schlichtwalzen durch Kaliber gehen, die nicht allein in der Höhe ab-, sondern auch in der Breite zunehmen, so daß sich die Eisenstäbe unter den Schlichtwalzen der Dicke und der Breite nach ausdehnen müssen. Das erste Verfahren ist jedoch das vorzüglichere, theils weil es das einfachere ist, theils weil es die besten und am schärfsten gewalzten und abgeschlichteten Stäbe liefert.

Anders ist es bei den Schlichtwalzen für die Luppenwalzgerüste. Es kommt hier nicht darauf an, gute und sauber gewalzte Stäbe zu erhalten, sondern die Walzarbeit nach Möglichkeit zu fördern und das Ausstrecken des Eisens zu platten Stäben zu beschleunigen, indem der Zweck dieser Schlichtwalzarbeit nur darin besteht, das Eisen zu flachen, $\frac{3}{4}$ Zoll starken Stäben zusammen zu pressen, welche zerschnitten werden, um Paquete zu bilden, oder das Material für die Streckwalzen des Grobeisenwalzwerks zu liefern. Die Schlichtwalzen werden daher mit Kalibern versehen, welche nicht allein in der Höhe nach und nach abnehmen, sondern auch in der Breite nach einem bestimmten Verhältniß wachsen.

Die Kaliberbreiten steigen etwa von $2\frac{13}{16}$ Zoll bis zu $3\frac{2}{16}$ Zoll, als dem breitesten der Einschnitte, jedoch liefert das letzte (oder sechste) Kaliber (Fig. 3.) nur einen Stab von (reichlich) 3 Zoll Breite, nach dem völligen Erkalten gemessen.

Bei dem Betriebe der Walzen werden dieselben so tief in einander gestellt, daß das letzte oder breiteste Kaliber einen $\frac{3}{4}$ Zoll starken Stab liefert. Sechs Kaliber sind in der Regel für die Luppenschichtwalzen schon hinreichend. Hiernach und nach den in die Fig. 3. eingeschriebenen Maaßen ergeben sich für die Kaliber dieser Walzen folgende Verhältnisse:

	I.	II.	III.	IV.	V.	VI.
	Zoll	Zoll	Zoll	Zoll	Zoll	Zoll
Kaliberbreite	2,812	2,875	2,937	3,000	3,062	3,125
Kaliberstärke bei $\frac{3}{8}$zölligem Eisen	1,917	1,583	1,333	1,125	0,917	0,750
Differenz in der Stärke . . .	0,334	0,250	0,208	0,208	0,167	
Kaliber-Querschnitt in □Zollen	5,39060	4,55112	3,91502	3,37500	2,80785	2,34375
Differenz im Querschnitt . .	0,83948	0,63610	0,54002	0,56715	0,46400	
Streckverhältnißzahlen . . .	0,84	0,86	0,86	0,83	0,81	

Das Gewicht der obern Walze beträgt etwa 1950 Pfund und das der untern Walze etwa 2120 Pfund.

3. Grobeisenstreckwalzen.

Diese Walzen sind 48 bis 52 Zoll lang, 18 bis 19 Zoll dick und enthalten eine unbestimmte Anzahl von Kalibern in abfallender Größe. Auf der Zeichnung Fig. 5. sind 13 Kaliber angenommen, deren Konstruktion weiter unten angegeben werden wird. Auf ein zweckmäßiges Abnehmen der Größe der Kaliber kommt es wesentlich an, indem bei einer zu schwachen Abnahme die Streckarbeit zu sehr verzögert wird, und bei einem zu schnell abfallenden Verhältniß der Größe der Kaliber die Stäbe nicht leicht durch die Walzen hindurch gehen und zu sehr gequetscht werden, so daß sie zu Stücken zerfallen. Die folgende Scale in der Abnahme der Dimensionen hat sich auf mehren Hüttenwerken sehr bewährt gezeigt.

Das 1ste und größte Kaliber ist konstruirt auf einen Kreis von

		$6\frac{18}{32}$	Zoll	Durchmesser
„	2te	$5\frac{16}{32}$	„	„
„	3te	$4\frac{24}{32}$	„	„
„	4te	$4\frac{4}{32}$	„	„
„	5te	$3\frac{20}{32}$	„	„
„	6te	$3\frac{6}{32}$	„	„
„	7te	$2\frac{28}{32}$	„	„
„	8te	$2\frac{16}{32}$	„	„
„	9te	$2\frac{6}{32}$	„	„
„	10te	$1\frac{28}{32}$	„	„
„	11te	$1\frac{20}{32}$	„	„
„	12te	$1\frac{14}{32}$	„	„
„	13te	$1\frac{8}{32}$	„	„

Nach dem 2ten Durchgange würden die Paquete und die daraus gebildeten Quadratstäbe also dünner geworden sein um

	$1\frac{2}{32}$	Zoll
Nach dem 3ten Durchgange um	$\frac{24}{32}$	„
„ „ 4ten „ „	$\frac{20}{32}$	„
„ „ 5ten „ „	$\frac{14}{32}$	„

Nach	dem	6ten	Durchgange	um	$\frac{14}{32}$ Zoll
=	=	7ten	=	=	$\frac{12}{32}$ =
=	=	8ten	=	=	$\frac{12}{32}$ =
=	=	9ten	=	=	$\frac{10}{32}$ =
=	=	10ten	=	=	$\frac{10}{32}$ =
=	=	11ten	=	=	$\frac{8}{32}$ =
=	=	12ten	=	=	$\frac{6}{32}$ =
=	=	13ten	=	=	$\frac{6}{32}$ =

mithin würde der Stab, wenn er alle Kaliber durchlaufen hätte, nach 12 Durchgängen um $5\frac{10}{32}$ Zoll dünner geworden seyn. Auch diese Verhältnisse sind, wie bei den Luppenstreckwalzen nur als annähernd anzunehmen.

Von der Dimension des zu fertigenden Stabeisens hängt es ab, wie viele Kaliber dieser Vorbereitungs= oder Vorwalzen es durchlaufen muß, bevor es unter die Schlicht= oder Vollendungswalzen gebracht wird, indem die Einschnitte in beiden Walzenpaaren correspondiren müssen. Wird z. B. fertiges Eisen von $1\frac{1}{2}$ Zoll im Quadrat verlangt, so können die vorgestreckten Paquete und Stäbe schon aus dem 9ten Kaliber von $2\frac{6}{32}$ Zoll Weite, zu den Grobeisen=Fertigwalzen übergehen.

Aus den angegebenen Zahlenwerthen geht hervor, daß die Weite der Einschnitte annähernd in dem Maaße abnimmt, als der Stab kälter und dünner wird. Es ist jedoch nicht immer erforderlich, daß ein Stab die Kaliber der Reihenfolge nach, durchläuft. Oft überspringt man ein Kaliber, wenn der Hitzgrad des Stabes dazu hinreichend zu seyn scheint, welches der Beurtheilung, Erfahrung und Einsicht des Arbeiters überlassen bleiben muß.

Um die Construction der Einschnitte oder der Kaliber dieser Walzen, welchen eben so wie bei den Luppen= (Puddlings=) Streckwalzen der Kreis zum Grunde liegt, näher darzulegen, sollen die Dimensionen des sechsten Kalibers von $3\frac{6}{32}$ Zoll zum Grunde gelegt werden. Man beschreibt aus dem Punkt a

Fig. 6. einen Kreis von $3\frac{9}{32}$ Zoll Durchmesser, halbirt denselben durch die die Berührungslinie der beiden Walzen bildende horizontale Linie bc, theilt sowohl den oberhalb als den unterhalb dieser Linie liegenden Halbkreis in 5 gleiche Theile und bemerkt die Punkte d, e, f, g. Alsdann beschreibt man aus d, e, f, g mit der Linie hd = ei = gh = fi, die Kreisbogen hl, il, hk und ik, zieht durch die beiden Scheitelpuncte k und l, die auf der Linie bc senkrechte Linie kl und theilt dieselbe in 10 gleiche Theile. Einen dieser Theile ($= \frac{1}{10}$ kl) trägt man von i nach m und n und von h nach o und p ab, und trägt dann die Hälfte dieses Theiles ($= \frac{1}{20}$ kl) auf die Linie bc, von i nach q und von h nach r. Mit einem Kreisbogen von $\frac{1}{2}$ hi = $1\frac{19}{32}$ Zoll Halbmesser verbindet man nun nq, mq, ho, hp. Die hierdurch gebildeten Winkel oqm und pho bewirken eine Beschleunigung der Walzarbeit und verhindern die Bildung dünner Näthe, die sonst entstehen würden.

Auf diese Weise werden alle übrigen Kaliber nach Maaßgabe ihrer Größe construirt. — Das Gewicht einer jeden Walze beträgt etwa 3200 Pfunde.

4. Grobeisen Schlicht-Walzen.

a. Walzen für vierkantiges, nämlich für gröbere Sorten Quadrat-Eisen.

Die Grobeisen-Schlichtwalzen für vierkantiges Eisen sind etwa 26 Zoll lang, die untere Walze mehrentheils 16 Zoll, die obere Walze hingegen $16\frac{1}{16}$ Zoll im Durchmesser stark, aus dem schon früher angegebenen Grunde. Die Anzahl der Kaliber ist unbestimmt; bei der folgenden Betrachtung sollen deren 11 angenommen werden, welche in den Seiten von $1\frac{3}{4}$ Zoll reichlich bis zu einem schwachen Zoll abnehmen. Zur Bestimmung des Abnahme-Verhältnisses der Kaliber ist es am zweckmäßigsten, das abnehmende Verhältniß der Größe der Diagonalen der Quadrate festzustellen. Welche Verhältnißzahlen sich dabei durch Erfahrung als bewährt gezeigt haben, ergiebt sich aus der sogleich folgenden Tabelle.

Um bei der angenommenen oder gegebenen Größe der Diagonalen, die Kaliber oder die Einschnitte in den Walzen zu konstruiren, verfährt man in folgender Art, wobei die Größe der Diagonale des ersten und größten Kalibers das Anhalten geben mag. Die Diagonale dieses Kalibers hat eine Länge von 2½ Zoll. Von dieser Dimension nimmt man die Hälfte, also eine Länge von 1¼ Zoll, beschreibt mit dem Halbmesser von 1¼ Zoll auf der Walzenbegränzungslinie einen Kreis, legt durch den Mittelpunkt eine die Walzentheilungslinie rechtwinklig durchschneidende Linie und verbindet die das Quadrat bestimmenden Punkte durch gerade Linien, wie aus Fig. 7. deutlich hervorgeht. Bei dem Eindrehen der Kaliber bleibt vorzüglich das Abrunden der scharfen Kanten a, a, sowohl an der untern als obern Walze zu empfehlen, weil man sonst nicht leicht einen Stab ohne Nath erhalten wird.

Die Verhältnisse der Kaliber ergeben sich aus folgender Zusammenstellung.

	I.	II.	III.	IV.	V.	VI.	VII.	VIII.	IX.	X.	XI.
Diagonal-Längen	Zoll $\frac{40}{16}$	Zoll $\frac{36}{16}$	Zoll $\frac{34}{16}$	Zoll $\frac{32}{16}$	Zoll $\frac{30}{16}$	Zoll $\frac{42}{24}$	Zoll $\frac{40}{24}$	Zoll $\frac{38}{24}$	Zoll $\frac{48}{32}$	Zoll $\frac{46}{32}$	Zoll $\frac{44}{32}$
Differenz der Diagonalen	$\frac{4}{16}$	$\frac{2}{16}$	$\frac{2}{16}$	$\frac{2}{16}$	$\frac{3}{24}$	$\frac{2}{24}$	$\frac{2}{24}$	$\frac{5}{64}$	$\frac{2}{32}$	$\frac{2}{32}$	
Längen der Seiten	$1,\frac{76}{100}$	$1,\frac{59}{100}$	$1,\frac{50}{100}$	$1,\frac{41}{100}$	$1,\frac{33}{100}$	$1,\frac{25}{100}$	$1,\frac{18}{100}$	$1,\frac{12}{100}$	$1,\frac{6}{100}$	$1,\frac{0,1}{100}$	$0,\frac{0,97}{100}$
Differenz der Seiten	0,17	0,09	0,09	0,08	0,08	0,06	0,06	0,06	0,05	0,04	

Hieraus geht hervor, wie unbedeutend bei den Grobeisen-Schlicht- oder Vollendungswalzen die Abnahme der Kaliber in den Seiten ist, indem sie vom 1sten zum 2ten Kaliber, wo der Stab am wärmsten ist, = 0,17 Zoll, dann zweimal = 0,09″, zweimal = 0,08″, dreimal = 0,06″ und einmal = 0,04″ beträgt. Man könnte der Meinung seyn, daß die Abnahme im Vergleich mit den Streckverhältnissen, wie sie hier und dort wohl bei den Grobeisen-Schlichtwalzen angetroffen werden, in zu geringem Maaße fortschreiten, allein für die Walzarbeit ist dies schwach abfallende Verhältniß von wesentlichem Nutzen, indem man nach Umständen ein Kaliber überspringen kann, und dennoch ein Stabeisen von vorzüglichem äußeren Ansehen erhalten wird. Walzen, bei denen die Kaliberweiten zu stark abnehmen, veranlassen gewöhnlich Kantenrisse bei den Stäben, auch wird dadurch die Dichtigkeit und Gleichartigkeit des Eisens verringert.

Der Raum zwischen je zwei Kalibern ist ziemlich unbestimmt, nimmt aber in dem Verhältniß ab, in welchem die Kaliber kleiner werden.

Das Gewicht jeder der beiden Walzen beträgt etwa 1900 Pfunde.

b. Walzen für grobe Sorten Rundeisen.

Die Grobeisen-Rundeisenwalzen sind, wie die vorhergehenden, ebenfalls etwa 26 Zoll lang, 16 und $16\frac{1}{16}$ Zoll stark und enthalten dann etwa 14 Kaliber von zwei Zoll bis $\frac{7}{8}$ Zoll im Durchmesser.

Sie erhalten folgende abnehmenden Kaliberweiten, denen der Kreis zum Grunde liegt.

						Zoll	Zoll	
Das	1ste	und	stärkste	Kaliber	ist weit	2	=	Differenz.
=	2te	=	=	=	= =	$1\frac{21}{24}$	$\frac{3}{24}$	=
=	3te	=	=	=	= =	$1\frac{18}{24}$	$\frac{3}{24}$	=
=	4te	=	=	=	= =	$1\frac{16}{24}$	$\frac{2}{24}$	=

					Zoll	Zoll	
Das	5te	Kaliber	ist	weit	$1\frac{14}{24}$	$\frac{2}{24}$	Differenz
=	6te	=	=	=	$1\frac{12}{24}$	$\frac{2}{24}$	=
=	7te	=	=	=	$1\frac{10}{24}$	$\frac{2}{24}$	=
=	8te	=	=	=	$1\frac{8}{24}$	$\frac{2}{24}$	=
=	9te	=	=	=	$1\frac{6}{24}$	$\frac{2}{24}$	=
=	10te	=	=	=	$1\frac{4}{24}$	$\frac{2}{24}$	=
=	11te	=	=	=	$1\frac{2}{32}$	$\frac{1}{10}$	=
=	12te	=	=	=	1	$\frac{2}{32}$	=
=	13te	=	=	=	$\frac{30}{32}$	$\frac{2}{32}$	=
=	14te	=	=	=	$\frac{28}{32}$	$\frac{2}{32}$	=

Hiernach würde der Stab in den beiden ersten Kalibern um $\frac{3}{24}$'' dünner gestreckt, vom 4ten bis 10ten um $\frac{2}{24}$'', im 11ten um $\frac{1}{10}$'' und vom 12ten bis 14ten um $\frac{2}{32}$ Zoll.

Die Abnahme der Kaliberweiten ist geringe, es wird aber dadurch nicht allein ein schönes äußeres Ansehen der fertigen Stäbe bewirkt, sondern auch die Arbeit sehr gefördert. Ein stärkeres Abnehmen der Kaliber ist nicht zu empfehlen.

Zur Construction der Kaliber mag hier das erste, 2 Zoll weite, zum Anhalten dienen.

Auf der Walzenberührungslinie a b Fig. 8. beschreibt man aus dem Punkt c einen Kreis, dessen Durchmesser 2 Zoll beträgt und zieht durch den Mittelpunct c die Linie d e senkrecht auf a b. Alsdann schlägt man aus g und f mit der Linie g d = f d die Bogen d b e und d i e. Jeden der beiden innern Bogen theilt man in 6 gleiche Theile und bemerkt die Punkte k, l, m, n. Denn setzt man die Spitze des Zirkels in n und sucht im ersten Quadranten des Kreises den Punkt wo die zweite Zirkelspitze den Kreis tangirt (welches in s stattfindet) und beschreibt den Kreis st; ebenso aus m im zweiten Quadranten den Bogen r o, im dritten aus l den Bogen o q und im vierten aus k den Bogen p t. Die so beschriebene Figur t d u e bestimmt die Gestalt des ersten Kalibers für Rundeisen. Das=

selbe Verfahren wird bei jedem der 14 Rundeisen-Kaliber angewendet. Die Abrundung der Ecken verhindert die Bildung einer Nath an den ausgewalzten Stäben, die völlig rund werden, obgleich dies aus der Gestalt des Durchschnittes der Kaliber nicht einzuleuchten scheint. Dabei ist jedoch zu berücksichtigen, daß der zu walzende Stab häufig umgedreht werden muß, so daß ihm, wenn er einmal die Richtung nach t n in dem Kaliber gehabt hat, bei dem zweiten Durchgange durch die Walzen die Richtung nach d e angewiesen werden muß. Jede der beiden Walzen wiegt etwa 1900 Pfunde.

c. Walzen für gröbere Sorten Flacheisen.

Die Construction und die abnehmenden Verhältnisse der Kaliber für die Walzen zu dem darzustellenden Flacheisen, lassen sich vollständig aus den Untersuchungen entnehmen, welche weiter unten bei den Walzen zur Darstellung der feineren Sorten von Flacheisen angestellt werden sollen.

5. Kleineisen oder Feineisen-Streckwalzen.

Bei den bisher betrachteten Walzen liegen immer nur 2 Stück über einander; bei den Feineisenwalzen sind aber die Walzgerüste gewöhnlich zur Aufnahme von drei über einander laufenden Walzen eingerichtet. Die Länge von allen drei Walzen ist gleich und beträgt 36—40 Zoll; der Durchmesser ist aber etwas verschieden und beträgt, wenn die mittlere Walze einen Durchmesser von 13 Zollen hat, welches eine sehr gewöhnliche Dimension ist,

bei der oberen Walze = $13\frac{1}{32}$ Zoll
" " mittleren " = 13 "
" " unteren " = $12\frac{31}{32}$ "

Aus welchen Gründen der Durchmesser der unteren Walze geringer als der der mittleren, und der Durchmesser dieser geringer als der der oberen Walze angenommen wird, ist schon oben erörtert. Man befolgt indeß nicht auf allen Hüttenwerken diese Maaßregel und theilt dann der mittleren Walze einen etwas grösseren Durchmesser als der oberen und der unteren Walze zu, welche beide dann gewöhnlich einen gleichen Durchmesser zu erhalten pflegen.

Die Construction der Kaliber geschieht nach der bei den Grobeisenstreckwalzen angegebenen Methode. Die Kaliber erhalten daher ebenfalls die Gestalt eines abgerundeten und verschobenen Vierecks. Die Zahl der Kaliber richtet sich nach der Länge der Walzen und nach dem Bedarf. Bei einer Länge der Walzen von 39 Zollen lassen sich bequem 18 Kaliber eindrehen, welche von $4\frac{4}{32}$ Zoll Kreisweite bis zu einem halben Zoll Kreisweite abnehmen. Das abfallende Verhältniß der Kreise, welche den Quadratkalibern in so ferne zum Grunde liegen, als sie nach demselben construirt werden, geht aus folgender Uebersicht hervor:

1stes	Kaliber	$4\frac{4}{32}$	Zoll	Durchmesser	=	Zoll	Differenz.
2tes	=	$3\frac{20}{32}$	=	=	$\frac{16}{32}$	=	=
3tes	=	$3\frac{6}{32}$	=	=	$\frac{16}{32}$	=	=
4tes	=	$2\frac{6}{32}$	=	=	$\frac{12}{32}$	=	=
5tes	=	$2\frac{14}{32}$	=	=	$\frac{12}{32}$	=	=
6tes	=	$2\frac{4}{32}$	=	=	$\frac{10}{32}$	=	=
7tes	=	$1\frac{28}{32}$	=	=	$\frac{8}{32}$	=	=
8tes	=	$1\frac{20}{32}$	=	=	$\frac{8}{32}$	=	=
9tes	=	$1\frac{14}{32}$	=	=	$\frac{6}{32}$	=	=
10tes	=	$1\frac{8}{32}$	=	=	$\frac{6}{32}$	=	=
11tes	=	$1\frac{4}{32}$	=	=	$\frac{4}{32}$	=	=
12tes	=	1	=	=	$\frac{4}{32}$	=	=
13tes	=	$\frac{28}{32}$	=	=	$\frac{4}{32}$	=	=
14tes	=	$\frac{25}{32}$	=	=	$\frac{3}{32}$	=	=
15tes	=	$\frac{22}{32}$	=	=	$\frac{3}{32}$	=	=
16tes	=	$\frac{20}{32}$	=	=	$\frac{2}{32}$	=	=
17tes	=	$\frac{18}{32}$	=	=	$\frac{2}{32}$	=	=
18tes	=	$\frac{16}{32}$	=	=	$\frac{2}{32}$	=	=

Hieraus ergiebt sich, daß der Stab vom 1sten zum 2ten Kaliber um $\frac{1}{2}$ Zoll, im 3ten um $\frac{7}{16}$ Zoll, im 4ten und 5ten um $\frac{6}{16}$ Zoll, im 6ten um $\frac{5}{16}$ Zoll, im 7ten und 8ten $\frac{4}{16}$ Zoll, im 9ten und 10ten um $\frac{3}{16}$ Zoll, im 11ten bis 13ten um $\frac{2}{16}$ Zoll, im 14ten und 15ten um $\frac{3}{32}$ Zoll und in den drei letzten Kalibern, in jedem um $\frac{1}{16}$ Zoll dünner gewalzt wird.

Jede der 3 Feineisen=Streck= oder Vorbereitungswalzen wiegt etwa 1500 Pfunde.

2. Kleineisen oder Feineisen Schlicht- oder Vollendungswalzen.

a. Walzen für schwache Sorten Quadrateisen.

Die Kleineisen=Vierkant=Walzen sind etwa 26 Zoll lang, im Durchmesser 13 und $13\frac{1}{16}$ Zoll stark und enthalten 25 Kaliber, welche in folgender Art abnehmen.

	I.	II.	III.	IV.	V.	VI.	VII.	VIII.	IX.	X.	XI.	XII.	XIII.
Diagonallängen	Zoll $\frac{42}{32}$	Zoll $\frac{40}{32}$	Zoll $\frac{38}{32}$	Zoll $\frac{36}{32}$	Zoll $\frac{34}{32}$	Zoll $\frac{32}{32}$	Zoll $\frac{30}{32}$	Zoll $\frac{22}{24}$	Zoll $\frac{21}{24}$	Zoll $\frac{20}{24}$	Zoll $\frac{19}{24}$	Zoll $\frac{18}{24}$	Zoll $\frac{23}{32}$
Differ. d. Diagonalen	$\frac{2}{32}$	$\frac{2}{32}$	$\frac{2}{32}$	$\frac{2}{32}$	$\frac{2}{32}$	$\frac{2}{32}$	$\frac{0,03}{100}$	$\frac{1}{24}$	$\frac{1}{24}$	$\frac{1}{24}$	$\frac{1}{24}$	$\frac{0,03}{100}$	
Längen der Seiten	0,926	0,883	0,840	0,795	0,751	0,708	0,663	0,648	0,618	0,589	0,559	0,530	0,508
Differenz der Seiten	0,043	0,043	0,044	0,045	0,043	0,045	0,015	0,030	0,029	0,030	0,029	0,022	

		XIV.	XV.	XVI.	XVII.	XVIII.	XIX.	XX.	XXI.	XXII.	XXIII.	XXIV.	XXV.
Diagonallängen	Zoll	Zoll $\frac{22}{32}$	Zoll $\frac{21}{32}$	Zoll $\frac{20}{32}$	Zoll $\frac{19}{32}$	Zoll $\frac{18}{32}$	Zoll $\frac{17}{32}$	Zoll $\frac{16}{32}$	Zoll $\frac{15}{32}$	Zoll $\frac{14}{32}$	Zoll $\frac{13}{32}$	Zoll $\frac{12}{32}$	Zoll $\frac{11}{32}$
Differ. d. Diagonalen	$\frac{1}{32}$	$\frac{1}{32}$	$\frac{1}{32}$	$\frac{1}{32}$	$\frac{1}{32}$	$\frac{1}{32}$	$\frac{1}{32}$	$\frac{1}{32}$	$\frac{1}{32}$	$\frac{1}{32}$	$\frac{1}{32}$	$\frac{1}{32}$	
Längen der Seiten		0,485	0,463	0,441	0,419	0,397	0,375	0,353	0,331	0,309	0,287	0,265	0,243
Differenz der Seiten	0,023	0,022	0,022	0,022	0,022	0,022	0,022	0,022	0,022	0,022	0,022	0,022	

Die Anzahl und das abnehmende Verhältniß der Kaliber sind natürlich nicht als unbedingte Norm für die feinen Vierkant Schlichtwalzen anzusehen, vielmehr findet dabei auf verschiedenen Hüttenwerken eine große Abweichung statt; indeß haben sich die angegebenen Verhältnisse durch Erfahrung als zweckmäßig erwiesen. Vergleicht man die Abnahme dieser Kaliberweiten mit der bei den Grobeisen-Vierkant-Schlichtwalzen stattfindenden, so zeigt sich die bedeutend geringere Abnahme bei den ersteren, welches bei allen schwachen Eisensorten nothwendig ist, um Stäbe von gefälligem äußeren Ansehn darzustellen. Auch hier ist es unerläßlich, die scharfen Kanten etwas mit der Feile zu brechen, jedoch bedarf es keiner so starken Abrundung als bei den Walzen für Grobeisen.

Das Gewicht einer jeden Walze beträgt etwa 1250 Pfunde.

b. Walzen für schwache Sorten Rundeisen.

Die Construction der Kaliber für kleine Sorten Rundeisen erfolgt in derselben Art wie bei den Rundeisenwalzen für Grobeisen, weshalb hier auch nur die abfallenden Dimensionen der Kaliber, wonach dieselben construirt werden, und welche sich im Erfolge als zweckmäßig erwiesen haben, mitgetheilt werden sollen.

Eine Walze von 26 Zoll Länge wird 22 Kaliber erhalten können, von $1\frac{3}{8}$ Zoll bis zu $\frac{11}{32}$ Zoll abnehmend.

Das	1ste	Kaliber	ist	weit	$\frac{44}{32}$	Zoll	=	Zoll	Differenz.
=	2te	=	=	=	$\frac{42}{32}$	=	$\frac{2}{32}$	=	=
=	3te	=	=	=	$\frac{40}{32}$	=	$\frac{2}{32}$	=	=
=	4te	=	=	=	$\frac{38}{32}$	=	$\frac{2}{32}$	=	=
=	5te	=	=	=	$\frac{36}{32}$	=	$\frac{2}{32}$	=	=
=	6te	=	=	=	$\frac{34}{32}$	=	$\frac{2}{32}$	=	=
=	7te	=	=	=	$\frac{32}{32}$	=	$\frac{2}{32}$	=	=
=	8te	=	=	=	$\frac{30}{32}$	=	$\frac{2}{32}$	=	=
=	9te	=	=	=	$\frac{28}{32}$	=	$\frac{2}{32}$	=	=
=	10te	=	=	=	$\frac{26}{32}$	=	$\frac{2}{32}$	=	=

Das	11te	Kaliber	ist	weit	$\frac{24}{32}$	Zoll	$\frac{2}{32}$	Zoll	Differenz.
=	12te	=	=	=	$\frac{22}{32}$	=	$\frac{2}{32}$	=	=
=	13te	=	=	=	$\frac{20}{32}$	=	$\frac{1}{32}$	=	=
=	14te	=	=	=	$\frac{19}{32}$	=	$\frac{1}{32}$	=	=
=	15te	=	=	=	$\frac{18}{32}$	=	$\frac{1}{32}$	=	=
=	16te	=	=	=	$\frac{17}{32}$	=	$\frac{1}{32}$	=	=
=	17te	=	=	=	$\frac{16}{32}$	=	$\frac{1}{32}$	=	=
=	18te	=	=	=	$\frac{15}{32}$	=	$\frac{1}{32}$	=	=
=	19te	=	=	=	$\frac{14}{32}$	=	$\frac{1}{32}$	=	=
=	20te	=	=	=	$\frac{13}{32}$	=	$\frac{1}{32}$	=	=
=	21te	=	=	=	$\frac{12}{32}$	=	$\frac{1}{32}$	=	=
=	22te	=	=	=	$\frac{11}{32}$	=	$\frac{1}{32}$	=	=

Das Gewicht einer jeden Walze beträgt etwa 1100 Pfunde.

c. Walzen für sechs- und achtkantiges Eisen.

Das sechs- und achtkantige Eisen wird selten in starken, meistens in schwachen Sorten angewendet. Für beide Sorten sind die abnehmenden Kaliberweiten dieselben; aber in den Grundkreis des Kalibers wird entweder ein Sechseck oder ein Achteck dergestalt eingezeichnet, daß die scharfen Eckkanten mit der Walzen-Berührungslinie zusammentreffen, so daß diese Linie das Sechseck oder das Achteck halbirt, oder einen der größten Durchmesser des Polygons bildet.

Die Kreisweiten betragen für beide Sorten:

im	1sten	Kaliber	1 Zoll			Zoll	Differenz
=	2ten	=	$\frac{21}{24}$	=	$\frac{3}{4}$	=	=
=	3ten	=	$\frac{19}{24}$	=	$\frac{2}{24}$	=	=
=	4ten	=	$\frac{17}{24}$	=	$\frac{2}{24}$	=	=
=	5ten	=	$\frac{20}{32}$	=	$\frac{5}{64}$	=	=
=	6ten	=	$\frac{18}{32}$	=	$\frac{2}{32}$	=	=
=	7ten	=	$\frac{20}{40}$	=	$\frac{2}{32}$	=	=
=	8ten	=	$\frac{18}{40}$	=	$\frac{2}{40}$	=	=
=	9ten	=	$\frac{16}{40}$	=	$\frac{2}{40}$	=	=
=	10ten	=	$\frac{14}{40}$	=	$\frac{2}{40}$	=	=

im 11ten Kaliber $\frac{12}{16}$ Zoll $\frac{2}{16}$ Zoll Differenz.
= 12ten = $\frac{10}{16}$ = $\frac{2}{16}$ = =

Auch bei diesen Walzen darf man nicht unterlassen, die Ecken an den Walzenberührungslinien mit der Feile etwas abzurunden.

Sollen gröbere Sorten von sechs- und achtkantigem Eisen (unter den Grobeisen-Schlichtwalzen) dargestellt werden, so erhalten die Grundkreise der Kaliber dieselben abfallenden Verhältnisse, welche bei Anfertigung des groben Vierkanteisens zu befolgen sind, nur daß in die Grundkreise die Sechs- oder die Achtecke eingetragen werden.

d. Walzen für Flacheisen.

Bei dem Eindrehen der Kaliber zur Darstellung der flachen Eisenstäbe, deren Breitendimension größer ist als ihre Dicke, befolgt man bekanntlich zwei verschiedene Methoden. Nach dem ersten Verfahren erhalten die Kaliber, neben der abnehmenden Höhe eine zunehmende Breite, so daß das auf dem Streckwalzwerk vorbereitete Quadrateisen, unter den Flacheisenwalzen nicht allein nach der Richtung der Länge, sondern auch nach der Richtung der Breite ausgedehnt wird. Nach dem zweiten Verfahren erhalten die Kaliber, zur Darstellung der Stäbe von einer gewissen Breite, sämmtlich dieselbe Dimension in der Breite und es vermindern sich nur successiv die Höhenabmessungen, so daß die vorbereiteten Quadratstäbe nur allein nach der Richtung der Länge und nicht nach der Richtung der Breite ausgedehnt werden. Es soll zuerst von dem ersten Verfahren die Rede seyn.

Das Walzenpaar, welches Fig. 9. in der Längen-Ansicht darstellt, ist für drei Sorten Flacheisen eingerichtet, nämlich für ¾ Zoll, 1 Zoll und 1¼ Zoll breite Stäbe. Der mittlere Theil derselben enthält ein breites Kaliber A, welches als ein für alle Gemeinschaftliches angesehen wird. Durch dasselbe wird die Stärke oder die Dicke der Stäbe bestimmt, weil sich bei diesem Kaliber die Entfernung der oberen von der unteren Walze, welche zur Erlangung der begehrten Stärke der Stäbe erfordert wird, am zuverläßigsten durch die Stellung der Walzen ermitteln läßt. Man stellt das Kaliber jedoch nicht ganz genau auf die Stärke, welche die fertigen Eisenstäbe erhalten sollen, sondern läßt die Entfernung der beiden Walzen von einander etwas größer ausfallen. Dies ist besonders bei der Anfertigung von solchem flachem Feineisen der Fall, welches seine letzte Vollendung unter den Hartwalzen erhält, wobei den Stäben erst die vorschriftsmäßige Stärke zugetheilt wird.

Der Haupt-Durchmesser der auf der Zeichnung dargestellten unteren Walze beträgt $15\frac{1}{2}$ Zoll, der der oberen Walze $13\frac{1}{8}$ Zoll; die eigentlichen wirkenden Flächen (Matricen und Patricen) in der unteren und in der oberen Walze haben gleiche Durchmesser.

Zu $\frac{3}{4}$ Zoll breitem Eisen sind 3, zu 1 Zoll breitem 4, und zu $1\frac{1}{4}$ Zoll breitem Eisen 5 Kaliber in den Walzen eingeschnitten.

Die Zwischenrippen der unteren Walze haben alle eine Stärke von $\frac{3}{4}$ Zoll. Die Kaliberrertiefungen und die Kaliberringe (Matricen und Patricen) müssen so genau in einander passend eingedreht werden, daß sich die Walzen ohne Zwang und ohne Friction bewegen, indem sonst die Haltbarkeit der Rippen sehr gefährdet werden würde.

Die zu den $\frac{3}{4}$ Zoll breiten Eisenstäben bestimmten drei Kaliber nehmen in der Breite von $\frac{1}{2}$ Zoll auf $\frac{9}{16}$ Zoll bis $\frac{10}{16}$ Zoll zu. Es würden mithin zur verlangten Breite von $\frac{3}{4}$ Zoll noch $\frac{2}{16}$ Zoll fehlen. Diese fehlende Breite können die Stäbe nur durch das gemeinschaftlche breite Kaliber, oder auch wohl durch die Hartwalzen erlangen.

Aehnlich verhält es sich mit den vier Kalibern zu den 1 Zoll breiten Stäben. Diese steigen von $\frac{5}{8}$" auf $\frac{17}{24}$", $\frac{19}{24}$" bis $\frac{27}{32}$ Zoll. Mithin muß der Stab unter dem gemeinschaftlichen Kaliber oder unter Hartwalzen in einem besondern Walzgerüst noch um $\frac{5}{32}$ Zoll in die Breite ausgedehnt werden.

Auch die fünf Kaliber zu den $1\frac{1}{4}$" breiten Stäben gehen nur bis zu $1\frac{3}{28}$" Breite; es müssen daher die an der verlangten Breite noch fehlenden $\frac{4}{28}$" durch das gemeinschaftliche Kaliber beschafft werden.

Es erfordert sehr geübte, aufmerksame und sachkundige Walz-Arbeiter, um mit so construirten Walzen, Stäbe von vorschriftsmäßiger Stärke und Breite darzustellen. Diese Schwierigkeit wird noch größer, wenn die Kaliber in einem unrichtigen Verhältniß in der Höhe abnehmen nnd in der Breite zunehmen. Die folgenden Zusammenstellungen enthalten die progressiv zunehmenden Breiten und progressiv abnehmenden Höhen der Kaliber, welche man durch Erfahrung als bewährt gefunden hat. Durch die Stellung des gemeinschaftlichen Kalibers t wird die Stärke oder Dicke der fertigen Stäbe, mit der vorhin erwähnten Modifikation, bestimmt. Es sind Beispielsweise zwei Fälle gewählt, für flaches Stabeisen von $\frac{1}{4}$ Zoll und von $\frac{1}{10}$ Zoll Dicke.

a) Wenn das gemeinschaftliche Kaliber A ¼ Zoll weit gestellt ist.

	I. zu ¾ Zoll Breite.	II. zu ¾ Zoll Breite.	III. zu ¾ Zoll Breite.	I. zu 1 Zoll Breite.	II. zu 1 Zoll Breite.	III. zu 1 Zoll Breite.	IV. zu 1 Zoll Breite.	I. zu 1¼ Zoll Breite.	II. zu 1¼ Zoll Breite.	III. zu 1¼ Zoll Breite.	IV. zu 1¼ Zoll Breite.	V. zu 1¼ Zoll Breite.
Kaliberbreite . . .	0,500	0,562	0,625	0,625	0,708	0,791	0,875	0,750	0,833	0,916	1,000	1,083
Kaliberstärke . . .	0,500	0,437	0,375	0,646	0,500	0,437	0,375	0,646	0,500	0,437	0,375	0,312
Differenz in der Stärke	0,063	0,062		0,146	0,063	0,062		0,146	0,063	0,062	0,063	
Kaliber-Querschnitt .	0,2500	0,2455	0,2343	0,4037	0,3540	0,3456	0,3281	0,4845	0,4165	0,4002	0,3750	0,3378
Differenz im Querschnitt	0,0045	0,0112		0,0497	0,0084	0,0175		0,0680	0,0163	0,0252	0,0372	
Streckverhältnißzahl .	0,982	0,954		0,876	0,976	0,949		0,859	0,960	0,937	0,900	

b) Wenn das gemeinschaftliche Kaliber A $\frac{1}{10}$ Zoll weit gestellt ist.

	I.	II.	III.	I.	II.	III.	IV.	I.	II.	III.	IV.	V.
Kaliberbreite . . .	0,500	0,562	0,625	0,625	0,708	0,791	0,875	0,750	0,833	0,916	1,000	1,083
Kaliberstärke . . .	0,350	0,287	0,225	0,496	0,350	0,287	0,225	0,496	0,350	0,287	0,225	0,162
Differenz in der Stärke	0,063	0,062		0,146	0,063	0,062		0,146	0,063	0,062	0,063	
Kaliber-Querschnitt .	0,1750	0,1612	0,1406	0,3100	0,2478	0,2270	0,1968	0,3720	0,2915	0,2628	0,2250	0,1754
Differenz im Querschnitt	0,0138	0,0206		0,0622	0,0208	0,0302		0,0805	0,0287	3,0378	0,0496	
Streckverhältnißzahl .	0,921	0,872		0,799	0,916	0,866		0,783	0,901	0,856	0,779	

Das Walzenpaar, welches in Fig. 10 in der Längenansicht dargestellt ist, enthält die Kaliber für $1\frac{1}{8}$ Zoll, für $1\frac{7}{8}$ Zoll und für 2 Zoll breite Stäbe. Für jede von diesen Flacheisensorten sind drei Kaliber eingedreht und auch hier wird das breite Kaliber A dazu angewendet, den Stäben die verlangte richtige Dimension in der Dicke und Breite zu ertheilen, in so fern ihnen nicht etwa unter besonderen Hartwalzen die letzte Vollendung gegeben wird.

Eben so wie bei dem ersten Flachwalzenpaar, folgen auch hier zwei Zusammenstellungen, und zwar bei der Annahme, daß in einem Fall das Hauptkaliber A $\frac{1}{4}$ Zoll, im andern $\frac{1}{10}$ Zoll weit gestellt ist, das Flacheisen folglich dort eine Stärke oder Dicke von $\frac{1}{4}$ Zoll und hier von $\frac{1}{10}$ Zoll erhalten soll. Die Dimensionen der Kaliber sind nach den in Fig. 10. eingeschriebenen Maaßen anzunehmen.

a) Wenn das Hauptkaliber A $\frac{1}{4}$ Zoll weit gestellt ist.

	I. zu $1\frac{1}{2}$ Zoll Breite.	II. zu $1\frac{1}{2}$ Zoll Breite.	III. zu $1\frac{1}{2}$ Zoll Breite.	I. zu $1\frac{7}{8}$ Zoll Breite.	II. zu $1\frac{7}{8}$ Zoll Breite.	III. zu $1\frac{7}{8}$ Zoll Breite.	I. zu 2 Zoll Breite.	II. zu 2 Zoll Breite.	III. zu 2 Zoll Breite.
Kaliberbreite . . .	1,250	1,312	1,375	1,594	1,656	1,687	1,687	1,750	1,812
Kaliberstärke oder Dicke	0,688	0,500	0,313	0,938	0,625	0,375	0,938	0,625	0,375
Differenz der Stärke .	0,188	0,187		0,313	0,250		0,313	0,250	
Kaliber-Querschnitt .	0,8600	0,6560	0,4303	1,4951	1,0350	0,6326	1,5824	1,0937	0,6995
Differenz im Querschnitt	0,2040	0,2257		0,4601	0,4024		0,4887	0,3942	
Streckverhältnißzahl	0,763	0,656		0,692	0,611		0,691	0,621	

b) Wenn das Hauptkaliber A $\frac{1}{10}$ Zoll weit gestellt ist.

	I.	II.	III.	I.	II.	III.	I.	II.	III.
Kaliberbreite . . .	1,250	1,312	1,375	1,594	1,656	1,687	1,687	1,750	1,812
Kaliberstärke oder Dicke	0,583	0,350	0,163	0,788	0,475	0,225	0,788	0,475	0,225
Differenz der Stärke .	0,188	0,187		0,313	0,250		0,313	0,250	
Kaliber-Querschnitt .	0,6725	0,4592	0,2241	1,2560	0,7866	0,3795	1,3293	0,8312	0,4077
Differenz im Querschnitt	0,2133	0,2351		0,4694	0,4071		0,4981	0,4235	
Streckverhältnißzahl	0,682	0,488		0,626	0,482		0,625	0,490	

Die Anfertigung der flachen Eisenstäbe unter Walzen, deren Kaliber nicht eine gleichbleibende Breite erhalten, geht rascher von statten, als bei dem andern System, nach welchem den Kalibern eine gleichbleibende Breite zugetheilt wird, weil sich die Stäbe im letzten Fall nur allein nach der Richtung der Länge ausdehnen. Bei Befolgung dieses Systems müssen die Kaliber in der untern Walze eine kleine Erweiterung nach oben erhalten, wie vorhin bei dem Luppenflachwalzen (Fig. 4.) erläutert ist.

Werden flache Stäbe unter Kalibern von constanter Breite gewalzt, so wendet man, als Materialeisen zu den Flachstäben, Quadrateisen an, dessen jede Seite die Breite des zu walzenden Flacheisens zur Länge hat. Bei sehr gutem und zähem Stabeisen kann man die Höhe der Kaliber in dem Verhältniß von 15 zu 11 abnehmen lassen, so daß sich, bei einer gegebenen Breite und Dicke des darzustellenden Flacheisens, die Zahl der erforderlichen Kaliber leicht ermitteln läßt. Flaches Eisen z. B. von $2\frac{1}{2}$ Zoll (30 Linien) Breite und $\frac{1}{4}$ Zoll (3 Linien) Dicke, würde sieben Kaliber erfordern, indem man Stäbe von 30 Linien im Quadrat als Materialeisen anzuwenden haben würde. Die Dimensionen der Höhe dieser Kaliber — bei der gleichbleibenden Breite von 30 Linien für alle Kaliber — wird in folgender Art ermittelt:

1stes	Kaliber	30 $(\frac{11}{15})$	=	22	Linien	Höhe
2tes	"	22 $(\frac{11}{15})$	=	16,133	"	"
3tes	"	16,133 $(\frac{11}{15})$	=	11,831	"	"
4tes	"	11,831 $(\frac{11}{15})$	=	8,676	"	"
5tes	"	8,676 $(\frac{11}{15})$	=	6,362	"	"
6tes	"	6,362 $(\frac{11}{15})$	=	4,661	"	"
7tes	"	4,661 $(\frac{11}{15})$	=	3,518	"	"

Man würde also bei dem ersten Kaliber etwa eine Höhe von

22 Linien

dem 2ten von 16 "

dem	3ten	=	$11\frac{1}{2}$	Linien
=	4ten	=	$8\frac{1}{4}$	=
=	5ten	=	$6\frac{1}{8}$	=
=	6ten	=	$4\frac{1}{2}$	=
=	7ten	=	3	=

zutheilen. Wegen der großen Anzahl von Kalibern für das sehr breite und dabei sehr schwache Flacheisen, wodurch die Walzarbeit ungemein verzögert wird, pflegt man solche flache Stabeisensorten auch immer nur unter Kalibern von abnehmender Höhe und gleichzeitig zunehmender Breite auszuwalzen. Nur flache Stäbe, bei denen das Verhältniß der Breite zur Dicke weniger bedeutend ist als in dem gewählten Beispiel, werden unter Flacheisenwalzen mit Kalibern von konstanter Breite dargestellt.

Wenn das Materialeisen nicht von besonderer Güte ist, so läßt sich das Ausdehnungsverhältniß von 15 : 11 nicht einmal beibehalten, sondern etwa nur wie 15 : 12 annehmen.

Fig. 11. Längenansicht zweier Flacheisenwalzen bei dem Stabeisen-Walzwerk zu Paruschowitz in Oberschlesien.

Die hier dargestellten Walzen sind mit Einschnitten für vier Sorten von Flacheisen von verschiedener Breite bestimmt. Für jede dieser Sorten behalten aber die zu demselben gehörenden Kaliber dieselbe Breite, und nehmen nur in der Höhe so lange ab, bis die Stäbe die verlangte Stärke oder Dicke erreicht haben, so daß das auszuwalzende Stabeisen nur allein nach der Richtung der Länge, und nicht nach der Richtung der Breite ausgedehnt wird. Durch diese Einrichtung wird die Erlangung eines bessern äußern Ansehens der Stäbe bezweckt, als sie erhalten würden, wenn zugleich eine Breitenausdehnung, nach dem vorhin ausführlich entwickelten System, durch zunehmende Breite der Kaliber, bei abnehmender Höhe derselben, statt fände. — Durch die Stellung der obern Walze, nämlich durch die Größe, um welche sich dieselbe von der untern Walze, bei dem Durchführen der zu walzenden Stäbe durch das letzte, oder das vollendende Kaliber, für eine jede Stabeisensorte entfernen kann, ist man, eben so wie bei dem vorher entwickelten System, in den Stand gesetzt, flache Eisenstäbe von gleichbleibender Breite, aber von verschiedener Stärke der Stäbe, darzustellen.

Die wirkenden Flächen haben bei beiden Walzen einen gleichen Durchmesser. Weil aber die Matricen, nämlich die Kaliberverliefungen in der untern Walze, eingedreht seyn müssen, und die obere Walze die Patricen, oder die Kaliberringe enthält; so muß der Hauptdurchmesser der untern Walze, wegen des nothwendigen Ineinandergreifens der Ringe und der Vertiefungen, welche zusammen die Kaliber bilden, größer seyn als der der obern Walze.

Damit die Kanten der Stäbe in den scharfen Ecken der Kaliber der untern Walze B sich nicht fest einklemmen, wodurch leicht rissige und schiefe Stäbe entstehen würden, so sind jedesmal in dem ersten und stärksten Kaliber a für jede Eisensorte die Ecken (oder Winkel) bei der untern Walze gebrochen.

Fig. 12. Ein Theil der äußern Längenansicht zweier übereinander sich bewegenden Vierkanteisen-Walzen.

Weil die Kaliber bei diesen Walzen zur Hälfte in der oberen Walze eingedreht sind und nicht, wie bei den Flacheisenwalzen geschehen muß, in einander greifen, so erhalten beide Walzen in der Regel einen ganz gleichen Durchmesser, wenigstens ist kein zureichender Grund vorhanden, den Walzen verschiedene Durchmesser zuzutheilen. Bei den Flachwalzen wird die Seitenverschiebung der einen Walze von der andern schon durch das Ineinandergreifen der Kaliber gehindert. Bei denjenigen Walzen hingegen, bei welchen sich die eine Hälfte des Kalibers in der einen, und die andere Hälfte desselben in der andern Walze befindet, würde sich eine Seitenverschiebung nicht verhindern lassen. Um derselben vorzubeugen, bringt man an den Stirnseiten der Walzen scharf in einander greifende Ringe a und b an, welche eine Verschiebung der Walzen nach der horizontalen Richtung verhindern. Bei der obern Walze A sind die Ringe a kleiner als der anliegende Kaliberring c und bei der untern Walze B sind die Ringe b um eben so viel größer als der anliegende Kaliberring d. — Aber auch bei den Flacheisenwalzen ist es sehr anzurathen, dergleichen Ringe a und b an den Stirnen der Walzen einzudrehen, weil die Kaliberringe (Patricen) der oberen Walze sich willig und lose in den Kaliber-Vertiefungen (Matricen) der unteren Walze bewegen müssen. Auch selbst da, wo die Einrichtung getroffen ist, den Flachwalzen durch Feststellen der Walzenlager mittelst Schrauben (wie bei den Walzgerüstständern auf der Alvenslebenhütte in Oberschlesien Taf. LVII.) eine feste und unverrückbare Lage in horizontaler Richtung zu geben, wird die Anbringung von dergleichen in einander greifenden Stirnringen sehr zweckmäßig sein.

Fig. 13—15. Hölzerner Unterbau (Sohlwerk) zur Befestigung der gußeisernen Sohlplatten für Walzwerks-Gerüstständer.

Fig. 13. Ober-Ansicht dieses Fundamentes mit der darauf befestigten gußeisernen Sohlplatte; Fig. 14. Vertikaler Längendurchschnitt nach der Linie AB in Fig. 13.; Fig. 15. Vertikaler Querdurchschnitt nach der Linie CDEF in Fig. 14.

Dieses Sohlwerk besteht aus zwei unter der Hüttensohle aufgeführten parallelen und senkrechten Holzwänden von starkem Eichenholz, welche auf ein festes Fundament gestellt und von gemauerten Wänden umgeben werden. Die Construktion ist folgende.

In der 4 Fuß 8 Zoll tiefen und 5 Fuß 5½ Zoll breiten, von 1 Fuß 8 Zoll starken Mauern umgebenen Sohlgasse (Walzgerüstgrube) sind auf der gut fundamentirten massiven oder gemauerten Sohle, in bestimmten Entfernungen von einander, die eichenen 10 und 11 Zoll starken Querschwellen b gestreckt, welche mit ihren beiden Enden durch die Längenmauern c der Grube durchreichen. Ueber diesen Querschwellen b liegen, dicht an den Längenwänden c der Grube, die eichenen Langschwellen d, und sind über erstere 3½″ tief in der Art überblattet, daß die Ueberblattung ¾″ tief aus den Querschwellen und auch ¾″ tief aus den Langschwellen herausgestemmt ist. Auf die Langschwellen d werden, in 6 Fuß 1 Zoll Entfernung von einander, die 9″ im Quadrat starken Stiele e eingezapft, auf welche letztere dann die 10″ und 10½″ starken eichenen Rahme oder Holme f aufgezapft werden. Die so construirten Holzwände sind zwischen den Stielen e durch Kreuzbänder (Andreas-Kreuze) g verstrebt, welche unten in den Langschwellen d und in den Stielen e, und oben in den Rahmen f und Stielen e eingezapft sind. Diese Kreuzbänder g, (von starkem Halbholz) sind da, wo sie sich kreuzen, bündig über einander geblattet und durch Schraubenbolzen α mit einander fest verbunden. Die Langschwellen d, welche mit ihren Köpfen gleichfalls in die Umfassungsmauern der Grube hineinreichen, sind auf den Querschwellen b mit starken Schraubenbolzen β befestigt. Durch die langen Schraubenbolzen γ, welche durch die Rahme f, die Strebebänder g und durch die Langschwellen d durchgehen, erhalten die Holzwände eine große Festigkeit in ihrem Verbande. Diese Schraubenbolzen, deren Köpfe in die Oberseiten der Rahme f eingelassen sind, werden auf den Unterseiten der Langschwellen d durch starke Muttern gegen untergelegte Scheiben befestigt. Das Mauerwerk, auf welchem die Langschwellen d in ihrer ganzen Länge aufliegen, erhält da, wo die Schraubenbolzen γ durch die Schwellen d durchgehen, Einschnitte oder Aussparungen h, um von der Grube aus frei zu den Muttern dieser Schraubenbolzen gelangen und dieselben festschrauben zu können. Unter den Stielen e, wo sich diese Einschnitte nahe bei einander befinden, ruhen die Schwellen d zwischen zwei solchen Einschnitten auf eichenen untergestellten Klötzen i. Damit sich die beiden Holzwände einander nicht nähern können, sind quer über die Rahme f eichene Zangen oder Spannriegel k mit ihren Enden oben bündig eingeblattet; die langen durchgehenden Schraubenbolzen ε, welche die beiden Rahme f mit einander verbinden, verhindern dagegen daß sich die Holzwände von einander entfernen. Da dieselben bei dem Umgange der Walzen in den auf ihnen befestigten Walzgerüsten mehr nach der Richtung der Quere als der Länge erschüttert werden, so würde es zweckmäßig seyn, sie auch nach der Quere durch Strebebänder (Andreaskreuze) wie die g zu verstreben.

Auf den Holmen oder Rahmen f und auf den Spannriegeln h liegen die 4 Zoll starken gußeisernen Sohlplatten l, von solcher Länge, daß auf einer jeden derselben ein aus zwei Ständern bestehendes vollständiges Walzwerksgerüst Platz findet. Diese Sohlplatten sind oben längs ihrer Längenkanten mit hervorragenden Leisten m versehen, welche an den innern Seiten schwalbenschwanzförmig abgeschrägt sind (Fig. 15.). Zwischen diesen Leisten m werden die Walzgerüstständer auf die Sohlplatten l mit ihren ebenfalls schwalbenschwanzförmigen abgeschrägten Füßen geschoben und in den Leisten festgekeilt. Auf den äußeren Seiten dieser Leisten m erhalten die Sohlplatten l angegossene plattenförmige, viereckige Verstärkungen n, durch welche viereckige Bolzenlöcher o Fig. 13. lothrecht durchgeführt werden. Mittelst der durch diese Bolzenlöcher o und durch die Rahme f durchgehenden Schraubenbolzen δ Fig. 14. und 15. erfolgt die Befestigung der Sohlplatten an den Rahmen f. Unter den Rahmen sind diese Bolzen δ durch starke, gegen geschmiedete Scheiben sich anlegende Splinte ε befestigt, welche gegen das Herausfallen aus den Bolzen-Schlichtlöchern, durch zwei an ihren Enden befindliche Nasen oder Lappen gesichert werden. Oben über den Sohlplatten sind auf den hervorragenden Gewinden der Schraubenbolzen δ starke Muttern aufgeschraubt. Außerdem werden die Sohlplatten l noch durch Schraubenbolzen ζ an den Spannriegeln h befestigt, weshalb in den Sohlplatten die Bolzenlöcher p Fig. 13. angebracht sind. Die Sohlplatten l, welche zur Verminderung des Gewichts in der Mitte mit offenen Feldern r versehen sind, erhalten zur Befestigung der Walzgerüstständer zwei parallel laufende Schlitze q, für zwei dergleichen Ständer 4 solche Schlitze. Durch diese Schlitze werden die Schraubenbolzen gesteckt, durch welche die Gerüstständer mit ihrem Fuß an den Sohlplatten festgeschraubt werden. Diese langen Schlitze q gewähren ein bequemes Mittel um die Ständer gegen einander zu verschieben und sie leicht wieder zu befestigen, wenn längere oder kürzere Walzen eingelegt werden sollen. Früher wurde jeder Gerüstständer mit seiner angegossenen Fußplatte auf das Sohlwerk mittelst Schraubenbolzen befestigt; dies Verfahren hatte nicht allein die Unbequemlichkeit, das Verrücken der Gerüstständer nur mit Schwierigkeiten und mit Zeitverlust zu bewerkstelligen, sondern es gestattete auch keine so feste und genaue Stellung der beiden Gerüste gegen einander, wie auf einer gemeinschaftlichen gußeisernen Sohlplatte.

Die Aufstellung und Befestigung der Walz-Gerüste auf hölzernen Sohlwerken oder Unterbauen, welche auf massiven Fundamenten ruhen, gewährt vor der Befestigung auf massiven Unterbauen den Vorzug, daß die Erschütterungen, welche stets aus den Stößen der sich bewegenden Walzen entspringen, durch die Elasticität der Hölzer gemildert werden und daher weniger das Zerbrechen einzelner Theile der Walzwerke veranlassen. Dieser Vortheil würde dagegen verloren gehen, und es würde im Gegentheil durch die große Federkraft des Holzes, ein unsicherer Stand der Walzgerüste eintreten, wenn den hölzernen Unterbauen nicht eine hinreichende Stabilität zugetheilt wird. Wo diese fehlt, da sind die hölzernen Fundamentirungen durchaus mangelhaft und verwerflich. Wie aber auch die Unterbaue der Walzwerke ausgeführt werden mögen, ob ganz massiv, oder wie hier von Holz auf massiven Fundamenten, so müssen sie doch stets auf festem Boden gegründet sein; und wenn dieser mangelt, so muß die Gründung der Fundamente entweder über einem Schwell- oder Pfahlrost geschehen.

Die Grube oder Sohlgasse gewährt nicht allein das Mittel, zu den Befestigungsbolzen der Sohlplatte l und der hölzernen Wände zu gelangen, und das hölzerne Sohlwerk leicht ausbessern oder erneuern zu können, wenn es schadhaft geworden ist; sondern es ist auch dazu bestimmt, das zur Abkühlung der Walzen auf dieselben geleitete Wasser aufzunehmen und abzuführen.

Fig. 16, 17. Richtplatten für die gewalzten Stäbe. Fig. 16. Oberansicht, Fig. 17. Querdurchschnitt der mit einem Rande a versehenen gußeisernen Platte, welche zum Geraderichten der gewalzten Eisenstäbe dient. (§. 860.)

Tafel LIV.

Fig. 1—8. Stabeisen-Walzwerksgerüst; auf der Rybnicker Hütte in Oberschlesien, nach einer ältern Konstruktion.

Fig. 1. ist die äußere Längenansicht des Walzwerks und zugleich der vertikale Längendurchschnitt durch die Mitte der Walzgerüstgrube. Fig. 2. ist der vertikale Querdurchschnitt nach der gebrochenen Linie ABCD in Fig. 1., und Fig. 3. ist die Oberansicht des der Betriebswelle zunächst liegenden ersten, oder des Streck-Walzgerüstes und zugleich Grundriß des zweiten oder des Schlicht-Walzgerüstes nach den Linien EF, GH, IK in Fig. 1.

Das Streck-Walzwerkgerüst A Fig. 1. enthält die beiden Walzen zu vierkantigem Grobeisen. Die ersten Kaliber dieser Walzen dienen zum Strecken oder Vorwalzen für die folgenden kleineren Kaliber dieser Walzen und für die Schlichtwalzen des Walzgerüstes B Fig. 1. zur Darstellung des groben Flacheisens.

Die Schwungradwelle a ist mit der untern Walze e des Walzgerüstes A durch die Kuppelungs- oder Zwischenwellen d mittelst der Kuppelungsscheiben b und c verbunden und setzt diese dadurch in Bewegung. Die Kuppelungsscheiben b und c, von denen die erstere auf dem Kopf g Fig. 3. des Zapfens der Schwungradwelle a, und letztere auf dem Kopf h der Kuppelungswelle d befestigt ist, können durch Herausziehen des Bolzens α leicht außer Verbindung gebracht und dadurch die Kuppelungswelle d mit den Walzen außer Bewegung gesetzt werden. Die Beschreibung dieser zweckmäßig konstruirten Kuppelungsscheiben ist bei Tafel. XXXVII. zu finden.

Die Walzen e und f des Walzgerüstes A sind mit den Walzen i und k des Walzgerüstes B durch die Zwischenwellen l verbunden. Sie umfassen an dem einen Ende mit ihren angegossenen Muffen m die Zapfenköpfe der beiden Walzen i und k, eben so wie die Zwischenwelle d mit ihrer Muffe m den Zapfenkopf der untern Walze e umfaßt. Mit ihren andern Enden stecken die beiden Zwischenwellen l mit ihren Zapfen in den Muffen n, n, und greifen zugleich in letztere mit schrägen Versatzungen o ein, durch welche die Muffen den Zwischenwellen l, l die Bewegung mittheilen. Die Muffen n, welche die Kuppelung der Zwischenwellen l mit den beiden Walzen e und f bewirken, umfassen die Zapfenköpfe der beiden Walzen e und f. Die Zapfenköpfe der Walzen, mit welchen die letzteren in die Muffen eingreifen, sind rund, wie p Fig. 1, 3. zeigt und haben zwei halbrunde Vertiefungen q, in welche die in den Oeffnungen der Muffen m und n inwendig angegossenen halbrunden Leisten oder Federn eingreifen, wodurch die Fortpflanzung der Bewegung bewirkt wird. Die Kuppelungsgetriebe r, durch welche den obern Walzen f und k die Bewegung mitgetheilt wird, sind mit den Muffen n, wie aus Fig. 1.

und 3. hervorgeht, aus einem Stück gegossen. Diese Art der Anbringung der Kuppelungsgetriebe ist nicht lobenswerth, theils weil sie durch ihr unsicheres Lager nicht genau und richtig in einander greifen, theils weil sie den stärksten Stößen der Walzen unmittelbar ausgesetzt sind, wodurch sehr leicht ein Abbrechen der Zähne herbeigeführt wird. Zweckmäßiger ist es, die Kuppelungsgetriebe zwischen zwei besonderen Ständern in feste Lager zu legen und die vor den Lagern hervorragenden Köpfe der Getriebewellen mit nicht zu kurzen Zwischenwellen mit den Zapfenköpfen der Walzen durch bewegliche besondere Muffen zu verbinden, wie zu Tafel XXXVIII. näher erörtert ist. Jene Konstruktion, von deren Nachtheilen man sich vielfältig überzeugt hat, findet daher auch nur selten eine Anwendung. Auch ist es nicht zweckmäßig, vielmehr nachtheilig, die Zwischenwellen, wie hier die d und l, mit den Muffen m aus einem Stück zu gießen. Die Muffen gehören zu den zerbrechlichsten Theilen bei den Walzwerken; werden sie mit den Zwischenwellen aus einem Stück gegossen, so werden durch das Zerbrechen derselben auch diese mit unbrauchbar. Das Einlegen neuer Muffen mit den mit ihnen aus einem Stück gegossenen Zwischenwellen, kann dann sehr kostbar werden. Besser ist es, wie jetzt auch gewöhnlich geschieht, die Muffen und die Zwischenwellen als besondere und für sich bestehende Gußstücke anzufertigen, und erstere auf letztere und auf die Zapfenköpfe der Walzen, mit einigem Spielraum aufzuschieben. Zu Tafel XXXVIII. finden sich auch Bemerkungen über die zweckmäßigste Gestalt der Profile der Zapfenköpfe der Walzen und der Zwischenwellen, für die Muffen, worauf hier Bezug genommen wird.

Die gußeisernen Unterlagen s Fig. 2. für die oberen Walzen, welche Fig. 6. in der Stirnansicht, Fig. 7. in der obern Ansicht und Fig. 8. in der unteren Ansicht nach größerem Maaßstab darstellen, in denen sich die Walzenzapfen in metallenen Einlegelagern β Fig. 6. u. 7. bewegen, werden von den

Ständern aus durch die langen Schraubenbolzen t Fig. 2. getragen. Ueber den Ständerkappen u, welche bei allen Grobeisenwalzgerüsten mit den Walzgerüstständern v aus einem Stück gegossen sind, und nur bei den Feineisen-Walzgerüsten (Tafel LVII.) aus einem besonderen Stück bestehen, sind die durch dieselben durchgehenden Schraubenbolzen t mittelst starker Muttern befestigt. Unter den Lagern s sind durch die Schlitzlöcher der Bolzen t starke Splinte ε Fig. 2. durchgeführt, auf welchen die Lager s mit ihren Nuthen γ Fig. 6. u. 8. ruhen. Die gußeisernen Oberlager w der Oberwalzen, stellen Fig. 4. in der innern Stirnansicht und Fig 5. in der Oberansicht nach größerem Maaßstabe dar. Sie erhalten ebenfalls metallene Einlegelager β und werden mit den starken Stellschrauben x, deren Muttern in die Ständerkappen u eingelassen sind, auf die Walzenzapfen niedergepreßt, um der obern Walze dadurch eine sichere und richtige Stellung zu geben und zu verhindern, daß sich dieselbe (bei den Flacheisenwalzen) nicht zu einer größeren Höhe erheben kann, als durch die Stellung der Schraubenspindel bestimmt wird. Diese Stellung wird ganz einfach durch die Schraubenbolzen t und die große Stellschraube x bewirkt. Die Stellschrauben erhalten ihre drehende Bewegung durch lange Hebelsarme y. Die in die Ständerkappen u eingelassenen Muttern der Schrauben werden durch aufgelegte, mittelst der Schraubenbolzen t zugleich befestigte starke Scheiben z verhindert, sich bei dem Eindrehen der Schrauben x zu erheben. Diese Art der Befestigung der Muttern in die Ständerkappen ist auch nicht zu empfehlen, theils weil die Befestigung nicht vollständig bewirkt werden kann, theils weil es nicht zweckmäßig ist, diese Befestigung von den Schraubenbolzen t abhängig zu machen. Dauerhafte und zweckmäßige Konstruktionen findet man auf Tafel LVII.

Unter den Kappen u der Walzwerksständer sind an den innern Seiten der Pfeiler v dieser Ständer, Rippen oder Federn a' Fig. 2. von dreieckigem Querschnitt angegossen, in welche die Oberlager w und die Unterlager s der Oberwalzen, mit ihren ebenso gebildeten gabelförmigen Seitenkanten, wie in Fig. 5, 7. und 8. bei ϑ zu ersehen, eingreifen, wodurch dieselben verhindert werden, seitwärts aus den Ständern auszuweichen. Um die Oberlager w zwischen diesen Federn a' in die Gerüstständer einlassen zu können, nachdem vorher, wie es nothwendig ist, die Oberwalzen mit ihren Unterlagern s eingelegt sind, so wird die eine Seite dieser Gabeln ϑ der Oberlager aus zwei Theilen zusammengesetzt, von welchen nur der eine Theil mit dem obern Lager aus einem Stück gegossen, der zweite b' aber für sich bestehend ist und mittelst zweier Schraubenbolzen η erst dann an dem festen gabelförmigen Theil des Oberlagers befestigt wird, wenn das Oberlager zwischen den Federn a' der Ständer eingesetzt ist. Auch diese Art, die Walzenzapfenlager in die Gerüstständer einzusetzen, ist mangelhaft und in der neueren Zeit durch zweckmäßiger konstruirte Lager außer Gebrauch gekommen.

An den innern Seiten der Walzwerksständer sind, in der Nähe der untern Walzen, hervorragende Leisten c' mit kleinen Trageknaggen angegossen, auf welchen bei dem Walzwerk A (Fig. 1.) gußeiserne Platten d' aufgeschraubt sind, die zum Auflager für die zu walzenden Luppenstücke und für die weiter auszuwalzenden Stäbe dienen. Bei dem Flacheisen-Walzwerk B sind auf diese Leisten c', an der vordern Seite die Vorlageplatte e' und an der hintern Seite die Platte f' zur Anbringung der Abstreifmeissel, mittelst Schrauben ζ befestigt.

Die Vorlageplatte e' erhält auf der obern Fläche gegen die untere Walze hin $2\frac{1}{2}$ Zoll hohe angegossene Leisten g', Fig. 2. und 3., welche in solchen Entfernungen von einander angebracht sind, daß sie gerade auf die vorspringenden Kaliber der untern Walze i treffen, ohne sie zu berühren. Es werden dadurch auf der Vorlageplatte Abtheilungen von gleicher Breite mit den Kalibern gebildet, um den Arbeitern das Durchführen des Eisens durch die Kaliber zu erleichtern. Auf den Leisten g' liegt nämlich der Länge nach eine gußeiserne Schiene i' Fig. 2., welche auf den beiden äußern Leisten g' (Fig. 3.) festgeschraubt ist, wodurch auf der Vorlageplatte e' zwischen den Leisten g' kleine, kurze Kanäle von der Breite der mit ihnen korrespondirenden Kaliber der untern Walze gebildet werden.

Für die groben Eisensorten sind diese Vorlagen ganz zweckmäßig; für die feinen Eisensorten würden sie unzureichend seyn. Auf der Platte f' sind in einen Einschnitt derselben, an der, der untern Walze i zugekehrten Seite, die Abstreifmeissel h' durch Schrauben befestigt. Sie greifen mit ihren aufwärts gebogenen vordern Enden (Fig. 2.) in die Kaliber der untern Walze i so weit ein, daß sie darin den Walzenkörper (den Boden der Kaliber) berühren. Diese Abstreifmessel haben den Zweck, den durchgewalzten Stab, der sich leicht in den eingeschnittenen Kalibern festsetzt, abzustreifen, und zu verhindern, daß sich derselbe nicht nach unten um die Walze herumbiege, von derselben ergriffen und um die Kaliber gewickelt, vielmehr gezwungen werde von der Walze über die Platte f zu gleiten. Die Abstreifmeissel werden auf sehr verschiedene, oft sehr einfache Weise bei den Flacheisenwalzen angebracht, und es werden später noch einige dieser letztern Art beschrieben werden.

Werden die Kaliber nicht genau lothrecht, sondern etwas verjüngt in die untere Walze eingeschnitten, wie auf Tafel LIII. Fig. 4. angegeben ist, so ist ein festes Einklemmen der Stäbe in die Kaliber zwar weniger zu besorgen; allein diese Einrichtung der Kaliber ist nur für das zur weiteren Verarbeitung bestimmte Materialeisen, aber nicht für das fertige Stabeisen, zu empfehlen.

Damit sich die Walzen in horizontaler Richtung nicht verschieben können, wird die untere Walze e Fig. 1. A an den Stirnseiten mit hervorragenden Ringen versehen, welche in entsprechende Einschnitte der obern Walze f scharf eingreifen. Bei den beiden Walzen i und k befinden sich, umgekehrt, diese hervorragenden Stirnringe an der obern Walze k und die Einschnitte an der untern Walze i. Dies Eingreifen der beiden Walzen durch die eingedrehten Ringe und Vertiefungen ist bei dem hier dargestellten Walzwerk um so unentbehrlicher, als die Lager der obern Walzen nicht durch die Schrauben, (wie bei den Walzwerksständern auf Tafel LVII.) gegen die Stirnen der Walzen gepreßt werden können. Das gabelförmige Eingreifen der Lager in die dreieckigen Federn a' der Ständer gestattet überhaupt nicht die Anbringung solcher Schraubenvorrichtung. Damit sich die zusammengehörenden Walzwerksständer oben nicht von einander entfernen können, sind sie durch starke Schraubenbolzen μ mit einander verbunden.

Die Unterlager k', welche in Fig. 2. in der innern Stirnansicht und in Fig. 3. in der Oberansicht dargestellt sind, werden mit den Walzgerüstständern aus einem Stück gegossen und haben ebenfalls metallene Einlegelager. Die Oberwalze des Schlichtwalzgerüstes ist hier mit einem Blechmantel m' Fig. 1. umgeben, um den Arbeitern das Zurückreichen der durch die Kaliber geführten Stäbe zum abermaligen Durchführen zu erleichtern, indem sie für die Stäbe dadurch eine Unterlage erhalten, welche ihnen die in Bewegung begriffene Walze nicht gewähren würde. Dieser Mantel ist indeß für geübte Arbeiter nicht nöthig und er wird für die Walzen nachtheilig, weil er das Abkühlen derselben durch Wasser, während der Walzarbeit, verhindert.

Die Gerüstständer sind mit ihren Fußplatten l', gegen welche sie verstärkend auslaufen, aus einem Stück gegossen und außerdem noch mit angegossenen Rippen n' versehen. Mit ihren Fußplatten stehen die Gerüstständer quer über der Walzgerüstgrube, auf den beiden eichenen Langschwellen m', auf welchen sie mittelst vier starker durch letztere durchgehender Schraubenbolzen ν Fig. 1. und 2. befestigt sind. Die Langschwellen m' liegen der Länge nach auf den beiden Fundamentmauern D der Walzgerüstgrube C, und sind, indem sie bündig mit den innern Seiten dieser Wände gelagert sind, zugleich in den eichenen Querschwellen o' eingekämmt.

Die Querschwellen o', welche quer über der Walzgerüstgrube C liegen, reichen mit ihren Enden quer durch die Wände D und sind in letzteren fest eingemauert. Die Langschwellen m' sind durch starke Schraubenbolzen p', — welche durch die Querschwellen o' durchgehen und mit starken schwalbenschwanzförmigen Klauen unter die schrägen Kanten der (5 Fuß 4 Zoll tief unter der Hüttensohle in die Längenwände D eingemauerten gußeisernen 2 Zoll starken) Ankerplatten q' greifen, — auf den Schwellen o' befestigt und an dem Fundament festgeankert. In ähnlicher Weise ist auch der Doppel-Angewellständer r' an der im Fundament E eingemauerten Ankerplatte s' befestigt. Um zu den Ankerbolzen p' frei gelangen, und dieselben erneuern zu können, sind dieselben nicht vermauert, sondern sie hängen frei in den dazu in den Längenwänden D angebrachten Nischen t'. — Die Verbindung der Walzgerüste mit ihren Sohlplatten und die Befestigung derselben im Fundament, ist nicht zweckmäßig, wenn das Einlegen längerer oder kürzerer Walzen ein Verschieben der Walzgerüstständer nothwendig machen sollte (§§. 860. 965—971.).

Tafel LV.

Grundriß der Puddlingsfrischhütte genannt Alvenslebenhütte in Oberschlesien.

Die Einrichtungen in den Puddlingsfrischhütten können sehr verschieden seyn; im Allgemeinen bleibt aber zu berücksichtigen, daß man den Oefen eine solche Lage und Stellung zu den Walzwerken geben muß, daß die Puddlingöfen zunächst dem Hammer und dem Luppen-Walzwerk, die Schweißöfen dagegen zunächst den Grob- und Feineisen-Walzwerken zu liegen kommen. Nächstdem müssen die Oefen eine solche Stellung gegen einander erhalten, daß die Arbeiter dadurch nicht in ihrem Geschäft verhindert werden und von der strahlenden Hitze der benachbarten Oefen so wenig als möglich zu leiden haben. Die Walzwerksgerüste müssen eine solche Stellung gegen einander erhalten, daß die Arbeiten unter den Luppenwalzen und unter den Grob- und Feineisen-Walzen gleichzeitig verrichtet werden können. Die Anfertigung langer Stäbe überhaupt, besonders aber die des Bandeisens und der Eisenbahnschienen, erfordert es, daß die Walzwerksgerüste hinreichend weit von einander stehen. Die Räume zwischen den Walzwerken werden außerdem theils durch die Aufstapelung des zu verarbeitenden Materialeisens, theils durch das Richten und vorläufige Niederlegen des gewalzten Eisens, so wie durch die Scheeren-Vorrichtungen, vielfach in Anspruch genommen. Geräumige Hüttengebäude werden durchaus erfordert, wenn die Frisch- und Streckarbeit in den Puddling-Frischhütten mit Erfolg betrieben werden soll.

In so fern das zu verfrischende Roheisen nicht unmittelbar aus dem Hohofen erfolgt, sondern durch den Prozeß des Weißmachens zum Verfrischen vorbereitet wird, muß auch für Räume zu dem Gebläse und den Weißeisenfeuern, oder zu den Flammenöfen, wenn die Weißarbeit in diesen vorgenommen wird, gesorgt werden. Auf der Alvenslebenhütte befinden sich die Weißeisenvorrichtungen in besonderen Hüttengebäuden und sind von der Frisch- und Streckarbeit ganz getrennt.

Eine wesentliche Verschiedenheit in der inneren Einrichtung der Puddling-Frischhütten wird durch den Umstand herbeigeführt, ob der schwere Hammer zum Zusammendrücken der Luppen, die Walzwerke, die Scheeren u. s. f. durch Wasserräder oder durch Dampfmaschinen in Bewegung gesetzt werden. Im ersten Fall sind fast immer, — wenn die Anlage nicht etwa auf eine sehr geringe Produktion beschränkt ist, — mehre Wasserräder erforderlich, wodurch eine wesentliche Modifikation in der Aufstellung der verschiedenen Quetsch- und Streck-Vorrichtungen veranlaßt werden kann. Zu welcher Modifikation man aber auch bewogen, oder durch die zweckmäßigste Benutzung der Wasserkräfte genöthigt wird; so bleibt es doch immer nothwendig, den Gesichtspunkt bei der Ausführung festzuhalten, die zusammengehörenden Arbeiten in den Oefen und bei den Hämmern und Walzwerken, nicht in getrennten, sondern in möglichst zusammenhängenden Räumen statt finden zu lassen.

Alle Arbeiten unter den Hämmern, Walzwerken und Scheeren von einer einzigen Maschine, oder von einem Wasserrade abhängig zu machen, ist niemals anzurathen, um die verschiedenen Arbeiten nicht von einer Quelle der Kraft abhängig zu machen. Man trifft nicht selten die Einrichtung, daß der schwere Hammer zum Zusammendrücken der gefrischten Luppe von einem besondern Wasserrade oder von einer besondern Dampfmaschine in Bewegung gesetzt wird. Bei einer ausgedehnten Anlage wenn der Hammer fast niemals in Ruhe kommt, sondern von den Puddlingöfen ununterbrochen beschäftigt wird, ist diese Einrichtung die zweckmäßigste. Bei minder ausgedehnten Anlagen, wird dasselbe Wasserrad — in so fern die Höhe des Gefälles und die Menge der Wasserzuflüsse es gestatten, — zur Bewegung des Luppen- und des Grobeisenwalzwerks, so wie der Scheeren zum Durchschneiden des flachen Luppeneisens verwendet; oder es wird die Größe der Dampfmaschine nach der Kraft bestimmt, welche sie für die ihr zuzutheilenden verschiedenen Leistungen erhalten muß. Auch pflegt man, bei solchen minder ausgedehnten Anlagen, das Luppenwalzwerk wohl zugleich als Grobeisenwalzwerk, und auch als Blechwalzwerk zu benutzen, indem man, statt der Luppeneisenwalzen, Grobeisenwalzen oder Blechwalzen in das Walzgerüst einlegt. Die Geschwindigkeiten, welche für die verschiedenen Arbeiten erforderlich sind, bestimmt man durch das Verhältniß des Durchmessers des Rades an der Welle des Wasserrades (oder des Rades auf der unmittelbar von der Dampfmaschine in Bewegung gesetzten Welle) zu dem Durchmesser des Rades auf der Betriebswelle.

Die Puddling- und Schweißöfen stellt man nicht in den inneren Raum des Hüttengebäudes, sondern in Nebenräume, die mit dem Haupt-Hüttenraum in Verbindung stehen, theils der Reinlichkeit wegen, um die Schlacken und die Kohlen, mit welchen die Oefen mehr oder weniger umgeben sind, so wie die Cynders und Asche aus den Aschenfällen, von den Räumen zur Bearbeitung des gefrischten Eisens entfernt zu halten; theils um die strahlende Hitze, welche besonders die Puddlingöfen in gewissen Perioden des Frischprozesses verbreiten, nicht in jene Arbeitsräume eindringen zu lassen. Unter einer Bedachung sollten die Oefen aber jederzeit stehen, um die atmosphärische Feuchtigkeit von den Gewölben abzuhalten; ob man sie an ihren Seitenwänden ebenfalls durch eine volle Mauer, oder durch Bretter-Verschalungen schützt, hängt zum Theil von dem Clima ab. In England stehen die Oefen mehrentheils ganz frei; auf dem Continent gestatten die strengen Winter nicht immer eine solche Stellung. Die Arbeitsthüren, bei den Puddlingöfen sowohl als bei den Schweißöfen, müssen nach dem Innern des Haupt-Hüttengebäudes gerichtet seyn.

Wenn sich die Puddling-Frischhütten-Anlage nicht in der Nähe einer Eisengießerei befindet, so muß nothwendig auch auf Räume zur Aufstellung eines Kupolofens mit Gebläse, oder eines Flammenofens zum Umschmelzen des Roheisens Rücksicht genommen werden, um einzelne Theile der Maschinerie, — Kuppelungswellen, Getriebräder, Zapfenlager, Muffen u. s. f. — beim Schadhaftwerden schnell auswechseln zu können. Außerdem ist aber die Anlage von einer oder von mehren Handschmieden, zur Anfertigung und Reparatur der Geräthschaften, der Hängeeisen u. s. f. ein dringendes Bedürfniß. Nicht minder müssen Räume zur Aufstellung eines Drehwerks berücksichtigt werden, um die Walzen und die Kaliber in demselben abdrehen zu können.

Zweckmäßig ist es, die Hüttensohle des ganzen Haupt-Gebäudes mit gegossenen eisernen Platten zu belegen, nicht allein um den Sand und andere Unreinigkeiten von dem zu verarbeitenden Eisen abzuhalten, sondern auch um die Verunreinigung des Glühspans, welcher in den Puddlingöfen immer wieder angewendet wird, zu verhindern. Will man die Kosten umgehen, welche diese Auspflasterung veranlaßt, so ist es wenigstens nothwendig, die Räume in der unmittelbaren Nähe der Walzgerüste so wie denjenigen Theil der Hüttensohle, welcher in der Richtung der Walzgerüste nach dem Schweißofen sich befindet, mit gußeisernen Platten zu belegen. Die Arbeit wird ungemein verzögert, wenn die in der Schweißhitze befindlichen Kolben, mittelst Zangen von den Schweißöfen zu den Streckwerken getragen werden müssen und von den Ofenarbeitern den Walzarbeitern nicht zugeworfen werden, welches aber auf einer mit Sand bedeckten oder mit Steinen ausgepflasterten Sohle nicht ausführbar seyn würde.

Als ein nothwendiges Neben-Etablissement zu einer Frischhütten-Anlage ist eine Ziegelei zur Anfertigung von feuerfesten Ziegeln für die Oefen, Füchse und für die Essenfutter zu betrachten, in so fern keine Gelegenheit vorhanden ist, feuerfeste Mauermaterialien vortheilhaft in der Nähe anzukaufen.

Nebengebäude sind Magazine oder Schuppen zur Aufbewahrung des Roheisens, des Feineisens, der Brennmaterialien, der Halbprodukte, welche nach und nach weiter verarbeitet werden sollen, und endlich Magazine zur Aufbewahrung der fertigen Produkte. Waagen zum Abwägen der Materialien, der Halbprodukte und der fertigen Produkte sind ebenfalls zu berücksichtigen.

Nach der Größe der Fabrikation, welche beabsichtigt wird,

muß sich natürlich auch der Umfang und die Ausdehnung der Anlagen richten. Man kann annehmen, daß ein schwerer Hammer (Stirnhammer) vollkommen hinreichend ist, um die Luppen zusammenzudrücken, welche 10 Puddlingöfen liefern. Die Arbeiter müssen indeß eine regelmäßige Reihenfolge beobachten und eine ziemlich gleiche Gewandheit besitzen, damit der Hammer ununterbrochen im Gange seyn kann und keine Pausen entstehen. In derselben Zeit verrichtet auch das Luppenwalzwerk, dessen Walzen in der Minute 25 Umgänge machen, das Ausrecken der unter dem Hammer zusammengepreßten Luppen zu den Quadratstäben und zu den breiten Rohschienen, welche nach dem Zerschneiden zu Paqueten zusammengelegt und in den Schweißöfen weiter verarbeitet werden. Eine kräftige Scheeren-Vorrichtung zum Zerschneiden des breiten Luppeneisens genügt gleichfalls für die Produktion aus 10 Puddling-Frischöfen.

Unter den beiden Walzgerüsten des Grobeisenwalzwerks können wöchentlich — vorausgesetzt daß die Walzen in der Minute 25 bis 30 Umgänge machen, — 1500 Centner Grobeisen dargestellt werden.

Für die Kleineisenwalzwerke läßt sich eine wöchentliche Produktion von 800 bis 1100 Centner annehmen, je nachdem die Dimensionen, zu welchen das flache Stabeisen ausgestreckt werden soll, verschieden sind. Es ist dabei angenommen, daß die Walzen in der Minute 85 bis 90 mal umgehen.

Ein Feineisenwalzwerk, bestehend aus den Streckwalzen, den Vorbereitungswalzen und den Kaliberwalzen, liefert, bei einem 190 bis 200maligen Umgange der Walzen in der Minute, wenn drei über einander liegende Walzen angewendet werden, wöchentlich 200 bis 350 Centner Feineisen, je nachdem größere oder geringere Dimensionen des Feineisens verlangt werden.

Die Größe der wöchentlichen Produktion an Bandeisen, unter einem aus den Vorbereitungs- und aus den eigentlichen

Bandeisenwalzgerüsten bestehenden Bandeisenwalzwerk, ist ganz von der Beschaffenheit des Materials abhängig. Wendet man als Materialeisen solche Kolben an, die nur eine geringe Vorbereitung unter dem ersten Walzenpaar erfordern, so lassen sich wöchentlich 5 bis 600 Centner Bandeisen darstellen. Die Geschwindigkeit der beiden Walzen in jedem der beiden aneinander gekuppelten Gerüste ist so zu wählen, daß die Walzen etwa 80 Umläufe in der Minute machen.

Bei derselben Geschwindigkeit können unter einem verbundenen Streck- (Vorbereitungs-) und Schneidewerk wöchentlich 800 Centner geschnittenes Eisen dargestellt werden, wenn die Arbeit Tag und Nacht ohne Unterbrechung fortgeht, und wenn das Materialeisen so gewählt ist, daß die flachen Stäbe nicht oft durch die Vorbereitungswalzen hindurchgeführt werden dürfen.

Nach diesen Leistungen läßt sich, wenigstens mit ziemlicher Zuverläßigkeit die Menge der Walzwerksgerüste bestimmen, welche für eine gewisse Fabrikationsgröße aufgestellt und in Betrieb erhalten werden müssen. Es ist aber auch erforderlich, die Größe der bewegenden Kraft zu kennen, welche herbeigeschafft werden muß, um die nöthige Anzahl von Hämmern, Walzwerken und Scheeren in Betrieb zu setzen. Aus der Erfahrung haben sich einige allgemeine Angaben ergeben, welche sich in folgender Art ausdrücken lassen. Es sind erforderlich:

18 bis 20 Pferdekräfte	für einen 80 Centner schweren Stirnhammer, der in der Minute 70 — 75 mal gehoben wird.
10 „ 12 „	für ein Luppeneisenwalzwerk mit seinen beiden Gerüsten für die Vorbereitungs- und für die Streckwalzen, mit 30 Umgängen in der Minute für die Walzen.
9 „ 10 „	für die beiden Gerüste zu dem Grobeisenwalzwerk, dessen Walzen in der Minute etwa 30 Umgänge machen.

5 bis 6 Pferdekräfte	für die beiden Gerüste des Kleineisenwalzwerks, mit 80maligem Umlauf der Walzen.
5 = 6 =	für ein aus drei über einander liegenden Walzen und drei Walzgerüsten (den Streck-Vorbereitungs- und Kaliberwalzgerüsten) bestehendes Feineisenwalzwerk, mit 180 bis 200maligem Umlauf der Walzen in der Minute.
6 = 7 =	für ein Bandeisenwalzwerk, bestehend aus dem Vorbereitungs- und dem Bandeisen-Walzwerksgerüst, bei 75 — 80maligem Umgange der Walzen, wenn Bandeisen von 18 bis 20 Fuß Länge gewalzt werden soll. Bei einer Länge der Stäbe von nur 12 bis 14 Fuß, reichen schon vier Pferdekräfte hin.
4 = 5 =	für ein Schneidewerk, bestehend aus den Vorbereitungswalzen (dem Streckwerk) und dem eigentlichen Schneidewerk, bei 75 bis 80maligem Umlauf in der Minute und bei einer Länge der geschnittenen Ruthen oder Stäbchen von 16 Fuß.
14 = 16 =	für ein Walzwerk zur Bereitung von Eisenbahnschienen, mit 75 — 80maligem Umlauf der Walzen, bestehend aus zwei Walzgerüsten (§. 970. Taf. **LXIII.**).
15 = 16 =	für ein Walzwerk zur Darstellung von gewöhnlichen Eisenblechen, bei 25maligem Umlauf der Walzen.
19 = 20 =	für ein Walzwerk zur Darstellung von starken Kessel- und Maschinenblechen.
2 = $2\frac{1}{2}$ =	für starke Scheerengerüste.
$\frac{1}{2}$ = 1 =	für schwache und kleine Scheeren.

Die hier mitgetheilten Zahlen drücken das Maximum der erforderlichen Kräfte aus. Häufig werden geringere Kräfte angewendet, indeß wird dadurch die Arbeit verzögert und die Beschaffenheit des Eisens leidet bei dem langsamen Gange der Walzen. Auch muß man auf die Darstellung von langen Stäben, bei der Anwendung von geringeren Kräften Verzicht leisten. Mit der zunehmenden Länge der Stäbe wird der erforderliche Kraftaufwand zum Durchführen derselben durch die Walzen sehr bedeutend erhöhet.

Die Walzgerüste können hinter einander, oder auch in einer Linie neben einander, oder theils hinter, theils neben einander aufgestellt werden, wie die örtlichen Verhältnisse es mit sich bringen mögen. Immer ist aber dahin zu sehen, daß die Arbeiten unter den verschiedenen Vorrichtungen nicht die einen durch die anderen gestört werden. Wird die bewegende Kraft durch Wasserräder hervorgebracht, so ist es in den mehrsten Fällen vorzuziehen, die Reihen der verschiedenen Walzwerksgerüste neben einander zu stellen. Bei der Anwendung von Dampfmaschienen stellt man die Walzenreihen gewöhnlich hinter einander auf, wie es auch auf der Alvenslebenhütte geschehen ist.

In dieser Hütte befinden sich in dem Hauptgebäude zwei schwere Hämmer, drei Reihen von Walzwerksgerüsten, die Scheeren-Vorrichtungen für die Luppeneisen-Schienen, für das Grob-eisen und für das Band- und Feineisen, so wie die Streckbank zum Graderichten der Stäbe. Außerdem gestatten die räumlichen Verhältnisse der Hütte, das Walzen von langen Stäben, die Aufstellung von Waagevorrichtungen zum Abwägen der Halbprodukte und der fertigen Produkte und das Niederlegen großer Quantitäten von Halbprodukten, die in den Schweißöfen weiter verarbeitet werden, so wie von fertigen Erzeugnissen.

In den Nebenräumen sind die Puddlingöfen und die Schweißöfen aufgestellt; auch sind Handschmieden, Plätze zum

Zusammenlegen und Binden des in Bunden zu verkaufenden Eisens, und Raum zu Geräthen und zur Aufbewahrung von Walzen, berücksichtigt.

Die bewegende Kraft besteht aus zwei Dampfmaschinen, aus einer von 60, und aus einer zweiten von 80 Pferdekräften. Die erste betreibt einen schweren Hammer, die erste Walzwerksreihe und die Scheerenvorrichtung für die Luppeneisenschienen und für das Grobeisen. Die erste Walzwerksreihe besteht nur aus zwei Walzgerüsten, welche theils als Luppeneisenwalzgerüste, theils als Grobeisenwalzgerüste, theils als Kesselblech-Walzgerüste dienen, je nachdem die zu diesem oder zu jenem Zweck erforderlichen Walzen eingelegt werden. Die Anfertigung von starken Kesselblechen wird hier nur als ein seltener vorkommender Betriebszweig betrachtet. Auch ist es gerade nicht die Absicht, eine große jährliche Eisenproduktion zu bewerkstelligen, weil in diesem Fall noch ein besonderes Grobeisenwalzgerüst hätte aufgestellt werden müssen, um die Arbeiten unter den Luppeneisenwalzen weniger zu unterbrechen. Die Zahl der Umgänge der Luppen- und Grobeisenwalzen kann zwar bis auf 35 in der Minute erhöhet werden, indem die Kraft der Maschine vollständig dazu hinreicht, indeß werden bei dem gewöhnlichen Betriebe nur 25 — 28 Umgänge erfordert.

Die zweite Dampfmaschine von 80 Pferde-Kräften ist bestimmt, einen schweren Hammer (zum Zusammenschweißen von Kolben bei der Anfertigung sehr schwerer und starker Bleche, oder bei dem Walzen von Eisenbahnschienen), drei Scheeren-Vorrichtungen und zwei Reihen von Walzwerksgerüsten in Bewegung zu setzen. Die eine Reihe ist für die Anfertigung von Kleineisen, von Bandeisen und von Schneideeisen, — die zweite Reihe für die Anfertigung von Feineisen aller Art bestimmt.

Es ist einleuchtend, daß in demselben Raum auch eine andere Disposition in der Aufstellung der Walzgerüste und Hämmer hätte statt finden können, indeß ist bei der gewählten auf alle Umstände Rücksicht genommen, welche im Eingange der Erläuterung dieser Kupfertafel erwähnt worden sind.

Tafel LVI.

Feineisen-Walzwerk; in der Alvenslebenhütte in Oberschlesien.

Fig. 1. Längen-Ansicht; Fig. 2. Vertikaler Querdurchschnitt nach A, B, C, D in Fig. 1.; Fig. 3. Ober-Ansicht des Walzwerks; Fig. 4. Vertikaler Querdurchschnitt des Kuppelungsgetriebegerüstes nach EF in Fig. 1.

Die Walzwerksvorrichtung für das Feineisen besteht aus vier Ständergerüsten, nämlich aus dem Kuppelungsgetriebe-Ständergerüst A mit drei in einandergreifenden Kuppelungsgetrieben, und aus drei Walzgerüsten B, C, D. Die beiden Gerüste B und C enthalten jedes 3 über einander liegende Walzen; dem dritten Gerüst D, welches auf Taf. LV. ebenfalls als mit drei Walzen versehen angegeben ist, hat man absichtlich hier nur ein Walzenpaar zugetheilt, um kleine Abweichungen in der Construction zu zeigen. Wenn Feineisen aus gröberen Quadrateisenkolben gewalzt werden soll, so dient das Gerüst B zum Ausstrecken der Kolben, das Gerüst C zum Vorwalzen oder Vorbereiten der ausgestreckten Kolben und das Gerüst D zum Fertigwalzen. Wendet man Materialeisen an, welches schon auf geringere Dimensionen gebracht worden ist; so dient das Gerüst B zum Vorbereiten und C zum Fertigwalzen, indem es nur darauf ankommt, die, den jedesmaligen Dimensionen des Materialeisens und der darzustellenden Feineisenstäbe entsprechenden Kaliberwalzen, — welche in Auswahl vorhanden seyn müssen, — einzulegen. Daß in den Zeichnungen die Gerüste C und D mit Walzen mit flachen Kalibern dargestellt sind, ist, wie zu erwähnen kaum nöthig, — unwesentlich und zufällig. Die Walzwerksvorrichtungen, so wie die Zeichnung sie darstellt, ist zur Anfertigung von Kleineisen sowohl als von Feineisen geeignet.

Die beiden Ständer a eines jeden Walzgerüstes, welche auf Taf. LVII. speciell angegeben und erläutert sind, werden ebenso wie die Kuppelungsgetriebe-Ständer c durch die Ankerbolzen b mit einander verbunden und zusammen gehalten. Zwischen den Gerüstständern, an deren inneren Seitenflächen, sind Laschen α angegossen, welche den geschmiedeten Riegeln d zur Unterlage dienen. Auf diesen Riegeln sind die Abstreifeisen e mit ihren unteren klauenförmigen Enden festgestellt. In die Nuthen f der Walz-Gerüstständer (Fig. 2) werden eben solche Riegel wie d eingelegt und durch darin eingesetzte passende Tragestäbe unterstützt. Diese Riegel dienen zur Befestigung der Durchlaßvorrichtungen (Taf. LII. LVIII.), durch welche die Eisenstäbe in die Kaliber-Einschnitte der Walzen eingeführt werden. Mittelst der Schrauben β werden die Lager g, h, i, k der Walzen Fig. 2. so festgestellt, daß sich die Walzenaxen stets in einer und derselben Vertikalebene befinden.

Das Erheben und Senken der mittleren und obern Walzen zur Vergrößerung oder Verkleinerung der Höhen der Kaliber-Einschnitte, geschieht durch das Andrehen oder Nachlassen der Schraubenmuttern γ mittelst der Kurbelschlüssel δ, (vergl. Taf. LVII.). Durch die Schrauben ε Fig. 1, 2. werden die Lager der Walzen so festgestellt, daß sich die Walzen nicht in horizontaler Richtung verschieben können. Die Ständerkappen l der Walzgerüstständer a, so wie die Ständerkappen m der Kuppelungsgetriebe-Ständer c, werden durch die Schraubenmuttern η, mittelst der zugehörigen, durch die Ständerkappen durchgehenden und in den Ständerschenkeln durch die Keile ζ Fig. 2, 4. befestigten Schraubenbolzen, mit den Ständern verbunden.

Die Stellschrauben ϑ, welche durch die mit Handgriffen versehenen aufgeschobenen Schlüsselscheiben η Fig. 2. gedreht werden, wirken gegen die Oberlager g Fig. 2. der oberen Walz-

entweder unmittelbar oder mittelbar durch einen zwischen geschobenen Brechbock (Brechbank, §. 1039.).

Das richtige Eingreifen der Kuppelungs-Getriebe n, n', n'' in einander wird durch Erheben oder Senken der unteren Lager o und p derselben bewirkt. Zu diesem Zweck werden die unteren Lager o der obern Getriebe n Fig. 4. von den Hängebolzen ν getragen, und können durch die aufgeschraubten Muttern ψ höher oder niedriger gestellt werden. Durch die hohlen Hängebolzen ν sind die Hängebolzen π, welche die Unterlager p der mittleren Getriebe n' tragen, hindurchgeführt. Diese Hängebolzen gehen durch die Bügelböcke ϱ, welche in die Oberseiten der Ständerkappen m etwas eingelassen sind. Ueber diesen Bügelböcken ϱ sind die Hängebolzen π mittelst der Muttern φ befestigt und können durch die Muttern φ ebenfalls höher und niedriger gestellt werden.

Mit der Schwungradwelle q ist der Zapfenkopf der untern Kuppelungsgetriebewelle, durch die Zwischenwelle r mittelst der Muffe s und der Schiebemuffe t Fig. 1, 3. in Verbindung gesetzt, wodurch dem Kuppelungs-Getriebe die Bewegung mitgetheilt wird.

Die Schiebemuffe t, deren fester Theil auf dem Zapfenkopf der Schwungradwelle q befestigt, der verschiebbare Theil aber auf der Zwischenwelle r aufgeschoben ist und in jenen mit einer Verzahnung eingreift, ist schon auf Taf. XXXVIII. erläutert. Das Ein- und Ausrücken dieser Schiebemuffe geschieht durch eine hier nicht angegebene Hebelvorrichtung, übereinstimmend mit derjenigen, welche auf Taf. LXI. erläutert ist. Die Zwischenwelle r ist in dem auf den Zapfenkopf der Schwungradwelle befestigten (festen) Theil der Schiebemuffe, in einer runden Vertiefung im Mittelpunct derselben mit einem (sich drehenden) Auflager versehen, damit die Muffe bei dem Ausrücken nicht ohne Auflager bleibt.

Die Getriebräder n, n', n'' theilen den Walzen des Walzgerüstes B die Bewegung durch Zwischenwellen r mit, die mit den Köpfen der Walzen- und Kuppelungs-Getriebewellenzapfen durch die Muffen s verbunden sind. Durch eben solche Zwischenwellen r und Muffen s sind auch die Walzenzapfen der beiden Gerüste B und C und der C und D in Verbindung gesetzt.

Die Zwischenwellen r haben in ihrem Querschnitt eine rosettenförmige Gestalt, wodurch sich äußerlich Vertiefungen zwischen den Muffen s bilden, welche (vergl. Taf. LXI.) mit Holzstäben τ ausgelegt werden, die durch umgeschnallte Riemen σ festgehalten werden. Durch diese eingelegten Stäbe τ werden die Muffen s in unveränderter Lage auf den Zapfenköpfen der Walzen und auf den Enden der Zwischenwellen erhalten, so daß sie sich durch die Erschütterungen nicht auf den Zwischenwellen verschieben.

Die Walzgerüst- und Kuppelungs-Getriebeständer stehen auf den gußeisernen Sohlplatten u, welche für jedes Gerüst eine ganze Platte bilden, und die zwischen den Gerüstständern, unterhalb der Zwischenwellen, an einander stoßen. Die Sohlplatten sind an den Längenkanten mit schwalbenschwanzförmig hervorragenden Rändern oder Leisten v versehen, zwischen welchen die Gerüstständer, wie in Fig. 2. zu ersehen, eingeschoben und durch buchene Keile festgekeilt werden.

Die gußeisernen Sohlplatten u liegen auf drei Zoll starken eichenen Bohlen x, welche der Länge nach auf der Fundamentmauer E gelagert sind.

In der $5\frac{1}{4}$ Fuß starken Fundamentmauer E sind, 6 Fuß 1 Zoll tief unter der Oberfläche derselben, die gußeisernen, auf ihren obern Seiten verstärkten Ankerplatten w horizontal so eingemauert, daß ihre äußeren Kanten mit den äußern Seiten der Fundamentmauer bündig liegen.

An diesen Ankerplatten w sind die Sohlplatten u durch lange geschmiedete Ankerbolzen y angeankert, indem die unteren durch die Ankerplatten durchreichenden, mit Splintlöchern versehenen Enden der Ankerbolzen y durch starke Splinte λ befestigt sind. Die oberen mit Gewinden versehenen Enden der Ankerbolzen y, reichen in die an den Rändern v der Sohlplatten angegossenen Ohren z hinein und sind durch darin versenkte, auf die Gewinde fest aufzuschraubende Muttern befestigt, wodurch die Sohlplatten u mit dem Fundament E fest verankert sind. Um zu den Splinten λ unterhalb der Ankerplatten w bei vorkommenden Reparaturen oder bei Auswechselungen der Ankerbolzen, gelangen zu können, sind unterhalb der Ankerplatten w, in der Fundamentmauer E, kleine Nischen a angebracht. Weil es nicht allein unbequem, sondern auch kostspielig ist, in solchen Fällen die Erde an der Fundamentmauer bis zu den Nischen a aufzugraben, so ist es vorzuziehen, statt einer Fundamentmauer zwei dergleichen in 3 bis 4 Fuß Entfernung von einander, jede von 2½ Fuß Stärke, wie auf Tafel **LIV.** und **LXI.** angegeben, aufzuführen.

In Fig. 2. ist b eine gußeiserne 5¼ Zoll tief in die Fundamentmauer E eingelassene Rinne, durch welche das Wasser abfließt, welches mittelst einer durchlöcherten Röhre über den Walzgerüsten fortgeführt wird, um die Walzen abzukühlen.

Tafel LVII.

Fig. 1 — 37. Feineisen-Walzgerüstständer für drei Walzen mit den zugehörigen Armirungen.

Fig. 1. Innere Stirnansicht.

Fig. 2. Oberansicht.

Fig. 3. Grundriß nach AB.

Fig. 4 Seitenansicht.

Fig. 8. Querprofil des armirten Gerüstständers.

Das untere geschmiedete Lager a Fig. 1. und 8. der Mittelwalze, welches Fig. 16. in der innern Stirnansicht, Fig. 17. in der Oberansicht, Fig. 18. in der untern Ansicht, mit der

Vertiefung des darin einzusetzenden (Fig. 19. in der Oberansicht Fig. 20. in der äußern Stirnansicht Fig. 21. im Längenprofil gezeichneten) metallenen Einlegelagers b darstellt, hat an beiden Enden hervorragende Lappen, mit denen dasselbe an den Brüstungen der beiden Falzen des Gerüstständers anliegt. Auf der untern Seite sind in dazu angebrachten Vertiefungen, Fig. 18. zwei geschmiedete und verstählte Friktions-Leereisen c, welche Fig. 30. in der Oberansicht, Fig. 31. in der innern Stirnansicht, Fig. 33. in der Unteransicht und Fig. 32. im Querprofil darstellen, eingesetzt, mit deren schrägen verstählten Flächen das Lager auf den obern schrägen Flächen der beiden Zugkeile dd aufliegt.

Fig. 24. ist die Oberansicht, Fig. 25. die Seitenansicht und Fig. 26. das Profil eines solchen Zugkeils, an dessen dem Keil entgegengesetzten Ende eine Schraubenmutter mit Gewinde sich befindet. Mit ihrer untern schrägen Keilfläche liegen diese Zugkeile auf zwei ähnlichen Friktions-Leereisen ee, welche Fig. 34. in der Oberansicht, Fig. 35. in der innern Stirnansicht, Fig. 37. in der untern Ansicht, Fig. 36. im Profil darstellen. Diese Leereisen liegen in den Vertiefungen zweier auf den innern Seiten der beiden Gerüstschenkel angegossenen vorspringenden Knaggen f, f, wie sich aus Fig. 1, 5, 6 ergiebt.

Das Oberlager g der Mittelwalze, welches mit dem Unterlager der Oberwalze einerlei Gestalt und Größe hat, mit dem Unterschiede, daß letzteres gegen das erstere in umgekehrter Lage liegt, ist ebenfalls von Schmiedeeisen. Fig. 15. ist die innere Stirnansicht, Fig. 14. die untere, Fig. 13. die obere Ansicht. In die obere Seite des Oberlagers der Mittelwalze, und in die untere Seite des Unterlagers der Oberwalze, sind ebenfalls Friktionsleereisen c in den darin angebrachten Vertiefungen in derselben Art eingesetzt, wie vorhin angegeben worden ist. Zwischen den schrägen Flächen dieser Leereisen ee liegen ebenfalls zwei Zugkeile ii, welche Fig. 27. in der Oberansicht, Fig 28. in der Seitenansicht und Fig. 29. im Profil darstellen, mit ihren verstählten schrägen Keilflächen. An den Gewinden der Zugkeile dd, ii sind, auf den äußern Seitenflächen der Gerüstschenkel, Muttern vorgeschraubt, welche mittelst der Schraubenschlüssel kk angezogen werden können. Durch das Anziehen dieser Schraubenmuttern ziehen sich die Zugkeile gegen die Gerüstschenkel, wodurch die Walzen sich erheben, nämlich die Axen derselben sich von einander entfernen. Da die Leereisen i unter den beiden untern Zugkeilen eine feste Lage haben und nicht ausweichen, so müssen beim Anziehen der Zugkeile, wenn die Walzen dadurch mehr gehoben oder aus einander gestellt werden sollen, die Keilenden der Zugkeile sich erheben, welches bei den beiden obern Zugkeilen daher in doppeltem Maaße stattfinden wird. Daher müssen die Oeffnungen für die Zugkeile in den beiden Ständerschenkeln von der äußern nach der innern Seite, in ihrem vertikalen Durchschnitt sich erweitern, damit sich die Zugkeile mit ihren Keilenden, so viel solches erfordert wird, in denselben erheben können, wenn sie angezogen werden.

In Fig. 3. dem Grundriß nach der Linie AB in Fig. 1. sind die beiden obern Zugkeile ii in ihrem horizontalen Durchschnitt zu sehen.

Auf die Oberseite des Oberlagers l, welches Fig. 10. in der obern Ansicht, Fig. 11. in der Stirnansicht und Fig. 12. in der untern Ansicht darstellen, ist in zwei dazu vorhandenen Vertiefungen ein gußeiserner Bügel (Brechbock) m eingesetzt, gegen dessen obere Seite die Stellschraube mit ihrem untern Ende wirkt. Der Brechbock oder die Brechbank hat den in §. 1039. angegebenen Zweck zu erfüllen. Die Mutter n für die Stellschraube ist in dem Walzwerksständer eingelassen.

Fig 12a. ist die Oberansicht, Fig 12b. die Stirnansicht des metallenen Einsetzlagers in den Sitz des Gerüstständers für die untere Walze.

Zwischen den obern und untern Lagern der Ober- und

Mittelwalze stehen in dazu bestimmten Vertiefungen der Lager, zunächst der innern Seiten der Gerüstschenkel, lothrecht, die schmiedeeisernen Seitendruckschrauben-Legeeisen o, o, o, o. Unmittelbar gegen diese Legeeisen wirken die Schrauben p, p, p, p, die sich in den Gewinden der schwalbenschwanzförmig in die Brüstungen der beiden Falzen des Gerüstständers eingesetzten Muttern r, r, r, r drehen. Auf diese Weise wird eine Seitenbewegung der 4 Walzenlager bewerkstelligt, um die Axen der Walzen in eine senkrechte Lage übereinander stellen zu können.

Vermittelst der 8 Schrauben q Fig. 8., deren Muttern t schwalbenschwanzförmig in die Brüstungen der beiden Gerüstständerschenkel eingesetzt sind, wie Fig. 5. in der Vorderansicht und Fig. 7. in der Seitenansicht bei t zeigen, werden die Lager gegen die Walzen gestellt und festgehalten, dadurch also ein Stellen der Walzen nach der horizontalen Richtung bewirkt.

Die Ständerkappe s, welche in die beiden Ständerschenkel mit kurzen Verzapfungen eingelegt wird, ist mittelst zweier Schraubenbolzen, welche in die dazu bestimmten runden Oeffnungen in den beiden Ständerschenkeln eingelassen werden, und mittelst durchgesteckter Splinte befestigt, so daß sie mit dem Gerüstständer fest verbunden ist.

Die runden Oeffnungen u dienen dazu, die beiden Walzgerüstständer mittelst starker Ankerschraubenbolzen so zu verbinden, daß sie sich nicht von einander entfernen können. In die Vertiefungen der Laschen ww und in die Schlitze vv (Fig. 1.) zweier zusammengehörigen Walzgerüstständer werden vierkantig geschmiedete Stäbe eingelegt, welche in den Schlitzen v noch besonders durch eingesetzte Steifen unterstützt werden. Auf diese Stäbe werden die Abstreifeisen mit den an ihren untern Enden befindlichen Klauen aufgesetzt, indem ihre oberen zugeschärften Enden in den Einschnitten der Flacheisenwalzen liegen, damit das in diese Einschnitte hineingepreßte Eisen durch diese Abstreifeisen aus den Einschnitten herausgehoben werde.

Der Fuß des Walzgerüstständers steht auf einer starken, gußeisernen Sohlplatte z Fig. 1., welche auf beiden Seiten mit hervorragenden und längs der ganzen Sohlplatte durchlaufenden Laschen in Gestalt eines halben Schwalbenschwanzes versehen ist. Zwischen diesen Laschen wird der Fuß des Gerüstständers eingesetzt und festgekeilt. An diesen durchlaufenden Laschen der Sohlplatte sind in gewissen Entfernungen (5 bis 6′) Ohren angegossen, durch welche Ankerbolzen, die durch das ganze Fundament des Walzgerüstes reichen, durchgesteckt und unten im Fundament, unterhalb einer eingemauerten gußeisernen Platte, vermittelst eines durchgesteckten Splintes, oben aber in den erwähnten Ohren, mit Schraubenmuttern befestigt werden.

Die große Stellschraube y Fig. 8, welche sich in der in die Ständerkappe s einzusetzenden metallenen Mutter u (Fig. 22. in der Oberansicht und Fig. 23. in der äußern Ansicht dargestellt) bewegt, wird vermittelst eines auf den obern sechseckigen Zapfen der Stellschraube aufgesteckten, in Fig. 9. in der Oberansicht gezeichneten Griffrades gedreht.

Damit die runde Schraubenmutter, welche in einer ebenfalls runden Vertiefung der Ständerkappe von unten eingesetzt ist, sich beim Drehen der Stellschraube nicht zugleich mit drehe, sind in dem vorspringenden Rand der Mutter, auf dessen obern Seite zwei eiserne Dübel eingesetzt, welche wie in Fig. 22, 23. zu ersehen, und wie in Fig. 1. punktirt angedeutet ist, zur Hälfte in den genannten Rand der Mutter und zur Hälfte in die dazu in der Ständerkappe angebrachte Vertiefung greifen, welche jedes Drehen der Mutter verhindern.

Fig. 5. die innere Stirnansicht des unarmirten Gerüstständers ohne die Ständerkappe.

Fig. 6. die Oberansicht des Ständers ohne die Kappe und ohne Fuß.

Fig. 7. das Querprofil des unarmirten Gerüstständers.

(§§. 860. 969. 971. 1005.)

Fig. 38 — 49. **Kuppelungsständer mit einzelnen Theilen, zum Grobeisen-Walzwerk.**

Fig. 38. Innere Stirnansicht des Ständers.

Fig. 39. Oberansicht mit der Kappe.

Fig. 40. Oberansicht ohne die Kappe.

Fig. 41. Seitenansicht der Ständers.

Fig. 47. Querprofil der Kappe mit dem darin eingesetzten metallenen Einsatzlager. Die Sohlplatte a, Fig. 38. für den Kuppelungsständer stimmt mit derjenigen des Walzwerkgerüstes überein.

Zwei zusammengehörige Kuppelungsständer werden mittelst 2 durch die runden Oeffnungen b durchgehender, an beiden Enden mit Schraubenmuttern und Gewinden versehener Ankerbolzen aneinander befestigt.

Die Ständerkappe ruht auf den in dieselbe hineinreichenden Zapfen der beiden Schenkel des Ständers. Die Kappe selbst wird auf dieselbe Weise wie vorhin beschrieben, mittelst zweier Schraubenbolzen an den Ständer befestigt, deren untere in die viereckigen Oeffnungen der Ständerschenkel hineinreichenden Enden, mittelst durch die Schenkel durchgesteckte Splinte festgehalten, deren obere Gewindeenden aber mit Muttern oberhalb der Kappe festgeschraubt werden.

Das gußeiserne Unterlager d, dessen Stirnansicht Fig. 42. und dessen obere Ansicht Fig. 43. darstellen, ist, wie die Ständerkappe c, mit einem in dasselbe eingesetzten, Fig. 44. in der äußern Ansicht, Fig. 45. im Querprofil und Fig. 46. in der Oberansicht dargestellten metallenen Einsatzlager versehen. Das Lager d, welches mit seinen beiden Lappen an der Brüstung des Falzes der Ständerschenkel anliegt, wird durch 2 Hängebolzen ff, welche durch die Ständerkappe und durch das Lager d gesteckt sind, getragen.

Unterhalb des Lagers sind diese beiden Bolzen durch einen vorgesteckten Splint befestigt, welcher, wie aus Fig. 42. u. 43.

zu ersehen, in eine kleine Vertiefung eingelassen ist. Auf der Oberseite der Ständerkappe werden diese Hängebolzen durch Muttern befestigt, welche in die Gewinde der Bolzen eingreifen.

Fig. 48. Die Oberansicht und Fig. 49. die innere Stirnansicht des metallenen Lagers des untern Kuppelungsrades.

Fig. 50—65. Ständer mit zwei Walzen zum Grobeisen=Walzgerüst.*)

Fig. 50. Innere Stirnansicht des Ständers.

Fig. 51. Oberansicht desselben.

Fig 52. Grundriß desselben nach AB in Fig. 50.

Fig. 53. Querprofil durch die Mitte des Ständers. Der Ständer ist, in derselben Art wie vorhin angegeben, zwischen den durchlaufenden Laschen der Sohlplatte a festgekeilt. Die beiden zusammengehörigen Ständer werden vermittelst 4, durch die runden Oeffnungen b, b, b, b durchgehenden, mit Gewinden und Schraubenmuttern versehenen Ankerbolzen mit einander verbunden.

Die Laschen c, c und die beiden Schlitze d, d haben den schon angegebenen Zweck. Ganz auf dieselbe Weise ist auch hier die metallene Mutter e der Stellschraube f in die Ständer eingesetzt und mittelst zweier kleiner Dübel gegen Drehung gesichert. Die Ständer sind aus dem Ganzen gegossen und nicht mit einer beweglichen Kappe versehen, weil die Walzen seltener ausgewechselt werden, und weil eine bewegliche Kappe bei der Darstellung der starken Eisensorten, besonders der Eisenbahnschienen, die erforderliche Stabilität des Gerüstes nicht gewähren würde.

Fig. 62. Oberansicht und Fig. 63. Seitenansicht der Schraubenmutter.

Fig. 61 a. Oberansicht und Fig. 61 b. Stirnansicht des metallenen Einsetzlagers für die untere Walze.

*) Dies Gerüst dient auch zum Walzen von Eisenbahnschienen.

Das untere Lager g der obern Walze wird durch zwei Hängebolzen h, h, welche durch die Ständerkappe und durch das Ober- und das Unterlager der oberen Walze geführt sind, von der Kappe des Ständers getragen. Mit Hülfe dieser Hängebolzen kann bei den vollendenden Walzen (Flachwalzen) die Entfernung der obern von der untern Walze, folglich auch die Stärke der darzustellenden flachen Eisenstäbe, bei gleichbleibender Breite desselben, also bei gleichen Kalibern der Walzen, bestimmt werden. Oben über der Ständerkappe sind die beiden Hängebolzen durch Schraubenmuttern an ihren Gewinden befestigt und unterhalb des Unterlagers der obern Walze Splinte durch diese Bolzen gesteckt, welche in der Unterseite des Lagers in Vertiefungen liegen, damit sie durch Erschütterungen des Gerüstständers nicht herausgeschüttelt werden können.

Fig. 54. Stirnansicht, Fig. 55. Oberansicht dieses Lagers. Es ist von Gußeisen und zur Aufnahme des metallenen Einsetzlagers i, dessen Stirnansicht Fig. 59., Oberansicht Fig. 60. und Profil Fig. 61. darstellen, mit den entsprechenden Vertiefungen versehen. Das metallene Einsetzlager i wird schwalbenschwanzförmig in das gedachte Lager eingeschoben. Fig. 56. Stirnansicht, Fig. 57. Oberansicht und Fig. 58. Unteransicht des gußeisernen Oberlagers der oberen Walze. Es hat auf der Oberseite einen runden etwas hervorragenden Kopf, gegen welchen die Wirkung der Stellschraube f (Fig. 53.) mit ihrem Unterende unmittelbar gerichtet ist.

Die durch die Brüstungen der beiden Ständerschenkel gehenden Schrauben l, l ꝛc., Fig. 53., deren Muttern in der schon erläuterten Art in die Brüstungen schwalbenschwanzförmig eingesetzt werden, wie auch in Fig. 50. und 53. punktirt angedeutet ist, haben, indem sie gegen die an die Brüstungen der Ständerfalze sich anlegenden Lappen der Walzenlager wirken, den Zweck zu erfüllen, die Lager gegen die Walzen zu pressen und diesen dadurch die richtige Stellung zu geben.

Fig. 64. Oberansicht und Fig. 65. Längenprofil des schmiedeeisernen Schraubenschlüssels, mit welchem die Stellschraube f gedreht wird. (§§. 860. 869. 971.)

Fig. 66 — 96. Walzgerüstständer zum Walzen der Luppen und der Platten.*)

Fig. 66. Innere Stirnansicht.

Fig. 67. Oberansicht.

Fig. 68. Querprofil.

Fig. 69. Grundriß des Walzgerüstständers nach AB in Fig. 66.

Die Walzgerüstständer sind in der schon erwähnten Weise auf einer gußeisernen Sohlplatte a aufgestellt und befestigt, auch werden die zwei zusammengehörigen Ständer eben so durch 4 Ankerbolzen, welche durch die runden Oeffnungen b Fig. 66 durchgesteckt sind, mit einander befestigt. Die Laschen cc und die Schlitze dd Fig. 66. haben den bereits erläuterten Zweck ebenfalls zu erfüllen. In gleicher Weise wird auch die Stellschraubenmutter e, welche in Fig. 75. in der Oberansicht, Fig. 76. in der äußern Ansicht dargestellt ist, in die Ständer eingesetzt.

Fig. 66 u. 69. stellen den Walzwerkständer als zum Kesselblechwalzen armirt dar, indem hierbei das Oberlager h der Oberwalze durch die Stellschraube f heruntergepreßt, das Unterlager g der Oberwalze aber durch die beiden punctirt in Fig. 66. angedeuteten, durch den Ständer von unten durchgehenden cylinderförmigen schmiedeeisernen Stäbe kk, vermittelst einer unterhalb des Walzgerüstes angebrachten Hebelvorrichtung, gehoben wird. Für diesen Fall ist Fig. 87. die innere Stirnansicht, Fig. 88. die Oberansicht, Fig. 89. die untere Ansicht des gußeisernen Oberlagers der Oberwalze und Fig. 90. die innere Stirnansicht, Fig. 91. die Oberansicht des gußeisernen Unter-

*) Dies Gerüst dient auch zur Anfertigung starker Kesselbleche.

lagers der Oberwalze, Fig. 94. die Stirnansicht, Fig. 96. die Oberansicht und Fig. 95. das Querprofil der in die oben genannten beiden Lager einzusetzenden metallenen Einsetzlager und endlich Fig. 92. die Oberansicht, Fig. 93. die Stirnansicht des metallenen Einsetzlagers in den dazu bestimmten Sitz des Ständers für die Unterwalze. In Fig. 91., der unteren Ansicht des Unterlagers der Oberwalze, sind die beiden halbkugelförmigen Vertiefungen angegeben, in welchen dasselbe von den Stäben kk getragen wird. Wenn die Walzwerkständer zum Walzen des Luppeneisens benutzt werden sollen, werden, statt der eben erwähnten Ober- und Unterlager der Oberwalze und des Unterlagers der Unterwalze, die in Fig. 77. bis 86. dargestellten Ober- und Unterlager und Einsetzlager zur Armirung des Ständers angewendet, und das Unterlager der Oberwalze wird dann durch zwei geschmiedete Trage- oder Hängebolzen, wie bereits oben angegeben worden ist, von dem die Kappe vertretenden Theil des Ständers getragen. Alsdann ist Fig. 77. die innere Stirnansicht, Fig. 78. die Oberansicht, Fig. 79. die Unteransicht des gußeisernen Oberlagers, Fig. 80. die innere Stirnansicht, Fig. 81. die Oberansicht des gußeisernen Unterlagers, Fig. 84. die Stirnansicht, Fig. 85 das Querprofil und Fig. 86. die Oberansicht des metallenen Einsatzlagers für die beiden gußeisernen Lager, und endlich Fig. 82. die Stirnansicht und Fig. 83. die Oberansicht des metallenen Lagers der Unterwalze.

Die Schrauben l, l Fig. 68. haben den schon erwähnten Zweck zu erfüllen. Zum Drehen der Stellschraube f Fig. 68. wird auf den 6eckigen Kopf desselben ein gußeisernes kleines Rad (in Form eines Kammrades), welches Fig. 70. in der Oberansicht, Fig. 71. im Profil und Fig. 72. in der äußern Ansicht darstellt, aufgesetzt und mittelst eines Armes oder Schlüssels, dessen Ohr in die Zähne des Rades gesteckt wird, gedreht.

Fig. 73. ist die Oberansicht und Fig. 74. das Längenprofil dieses Schlüssels.

(§§. 860. 869. 971.)

Tafel LVIII.

Fig. 1—4. Bandeisen-Walzwerksgerüst; mit zwei Walzen nebst der Abschabe-Vorrichtung (§. 1006.)

Fig. 1. Aeußere Stirnansicht; Fig. 2. Vordere Längenansicht; Fig. 3. Vertikaler Durchschnitt des Walzwerks.

Die Gerüstständer a sind mit ihrem abgeschrägten Fuß auf der gußeisernen Sohlplatte aufgestellt und zwischen den angegossenen schräg hervorstehenden Leisten derselben (Fig. 13. bis 15. Tafel LIII.) festgekeilt. Die Ständerkappen b, bestehen aus besonders gegossenen Stücken, die vermittelst starker Schraubenbolzen e, welche 8 Zoll tief in den dazu in den Ständern angebrachten lothrechten Löchern eingelassen und durch starke, durchgehende Schlußkeile c befestigt sind, an den Ständern a mit den Muttern f festgeschraubt werden. Damit sich die beiden Gerüstständer a nicht von einander entfernen können, sind sie durch vier starke Ankerbolzen g verbunden, auf deren durchreichende Gewinde starke Muttern an den äußern Stirnseiten der Ständer a aufgeschraubt sind. Die Gerüstständer sind an den innern Seiten ihrer Ständerschenkel mit 2″ breiten und 2″ tiefen Falzen versehen, in welche die Oberlager h und die Unterlager k der Oberwalze l, mit eben so starken Blättern ihrer Falzen, von den innern Seiten der Gerüstständer aus, eingeschoben werden. Mittelst der auf den äußern Seiten der Gerüstständerschenkel, durch die Brüstungen der Falze derselben horizontal durchgehenden Schrauben i, deren Muttern in den inneren Seiten dieser Brüstungen schwalbenschwanzförmig eingesetzt sind, werden die Walzenlager h und k mit ihren metallenen Einlegelagern α gegen die Stirnen der Oberwalze l so festgestellt, daß letztere sich stets in unveränderter Lage bewegen muß. Ausführlicher ist die Anbringung und Konstruktion solcher kleinen horizontalen Stellschrauben i bei den Gerüstständern auf Tafel LIII. angegeben und erläutert. Die großen Stellschrauben n, deren Muttern von der untern Seite aus in die Ständerkappen b, mit Versatzung eingelassen werden, wirken gegen die Oberseiten der Oberlager h, und verhindern so das Erheben der Oberwalze l, welcher durch das Zurückdrehen der Stellschraube nach Erfordern eine höhere Lage oder eine größere Entfernung von der untern Walze ertheilt werden kann. Das Unterlager k der Oberwalze ruht mit der untern Fläche auf dem Gerüstständer zwischen den Schenkeln desselben, und erhält einen Ausschnitt o Fig. 1. für die freie Bewegung der Zapfen der untern Walze m. Soll die Oberwalze l eine höhere Stellung erhalten, so hebt man das Unterlager k durch untergelegte Eisenplatten, um so viel als die Oberwalze gehoben werden soll, und schraubt gleichzeitig die Stellschraube n um eben so viel zurück.

Die Zapfen der untern Walze m bewegen sich ebenfalls in metallenen Einlegelagern, welche in die Ständer eingelassen sind.

Der untere Theil der Abschabe-Vorrichtung besteht (wie Fig. 20—22. Tafel LII.) aus einer gußeisernen Platte p, welche in horizontaler Lage auf dem schmiedeeisernen Riegel q ruht. Der Riegel q wird mit beiden Enden in die vorderen Nuthen r der beiden Gerüstständer eingeschoben und darin durch eingesetzte Stützen s unterstützt. An den beiden Enden der Platte p sind 3 Zoll hohe, $1\frac{1}{2}$ Zoll starke Leisten t angegossen, welche an ihren äußern Seiten $1\frac{1}{2}$ Zoll starke Federn erhalten, mit denen sie in die Nuthen r der Gerüstständer eingreifen. Außerdem umfassen die Leisten t die vorderen Seiten der Gerüstständer mit ihren angegossenen äußerlich gerundeten Ohren u in einer Breite von $1\frac{1}{3}$ Zoll. Auf der obern Seite der Platte p ist, an der den Walzen zugekehrten Seite derselben, eine plattenförmige 2 Zoll hohe Verstärkung v, in der ganzen Länge der

Platte für die Vorlage angegossen. Durch diese Verstärkung ist, in gleicher Flucht mit der oberen Seite der Platte, ein 1½ Zoll hoher Schlitz, von gleicher Länge mit den Walzen, horizontal durchgeführt. In diesen Schlitz werden die eisernen Leitungsschienen w, in welchen je zwei an einanderliegende kaliberähnliche Leitungskanäle eingeschnitten sind, eingeschoben. Damit sich die Leitungsschienen w nicht durch den Schlitz, nach den Walzen hin durchziehen können, legen sie sich mit einer an ihren hintern Enden angebrachten Nase α gegen die obere Schlitzbacke an, wie aus Fig. 3. hervorgeht. An der oberen Seite der Platte p ist, lothrecht über dem Riegel q, die untere Abschabeschiene β Fig. 2, 3. durch starke Schrauben mit versenkten Köpfen befestigt. Die Schabekante ist abgeschrägt und gut verstählt.

Die obere Abschabeschiene δ, welche mit ihren Enden in die dazu an den innern Seiten der Leisten t angebrachten vertikalen Nuthen eingreift, und welche an der untern abgeschrägten Abschabeseite ebenfalls verstählt seyn muß, ist vermittelst der beiden schrägen Zugschienen x, welche mit der Abschabeschiene δ ein Dreieck bilden, mit dem Hebelsarm y verbunden, durch welchen letzteren die Abschabeschiene δ, mit Hülfe der an dem vordern Ende des Hebelarms y beweglich befestigten, herabhängenden Zugstange z, gehoben und niedergedrückt werden kann. Der Ruhepunkt des Hebelarms y ist ein an der innern Seite des rechtsstehenden Ständers eingeschraubter Bolzen, welcher von demselben gabelförmig umfaßt wird, und mit welchem er mittelst eines durchgesteckten Splintbolzens beweglich verbunden ist. Damit der Hebelsarm y, welcher, wie aus Fig. 4. hervorgeht, um die vordere Seite des vordern Schenkels des linken Gerüstständers gekröpft ist, stets in der Vertikalebene auf- und nieder bewegt werde, muß er von einem vorn an dem linken Ständer angeschraubten Gabelschenkel ϑ geleitet werden. Die Zugstangen x umfassen mit den unteren gabelförmigen

Enden (Fig. 3.) die Abschabeschiene δ und sind mit letzterer durch kleine durchgehende Splintbolzen ε verbunden, indem zwischen der Abschabeschiene und den Gabeln der Zugstangen x, kleine genau passende Bleche, wie in Fig. 2. und 3. angedeutet ist, zugleich mit den Bolzen ε zur Aufstellung der Gabeln befestigt sind. Soll ein Bandeisenstab zwischen die Walzen gebracht werden, so erhebt ein Knabe die obere Abschabeschiene δ durch den Hebelsarm y mittelst der Zugstange z, und der Walzarbeiter steckt das obere Ende des Stabes durch das correspondirende Kaliber der Vorlage, zwischen die Walzen. Sobald diese den Stab ergriffen haben, drückt der Knabe das Abschabeeisen δ nieder, wodurch der Glühspahn abgestreift wird.

An der hintern Seite der Walzen wird in die beiden Nuthen r' ebenfalls ein eiserner Riegel q' horizontal eingesetzt und durch Stützen s' unterstützt. Auf dem Riegel q' liegt eine gußeiserne Platte a', deren vordere, unten abgeschrägte Kante auf der untern Walze m aufliegt. Diese Platte soll verhindern, daß sich das Bandeisen nach unten umbiegt, und bewirken, daß es über derselben weggleite. Damit sich die Platte a' nicht über den Riegel q' zurückziehe, sondern fest an demselben anliege, wird sie auf ihrer untern Seite mit einer angegossenen Leiste η versehen, mit welcher sie sich gegen die innere Seite des Riegels q' stemmt.

In Fig. 4. ist die Oberansicht dieser Abschabe-Vorrichtung und der Vorlage, nebst dem horizontalen Querschnitt der vordern Schenkel der beiden Gerüstständer, dargestellt.

Fig. 5—8. Feineisen-Walzwerk mit drei über einander liegenden Walzen nebst Vorlagen. (§. 1005.)

Fig. 5. Vordere Längenansicht, Fig. 6. Vertikaler Querdurchschnitt, Fig. 7. Aeußere Stirnansicht des Walzwerks, Fig. 8. Oberansicht der Vorlage mit dem Grundriß eines Theils der Gerüstständer.

Die Gerüstständer a werden eben so wie die vorigen in

Fig. 1 — 4. zwischen den auf der Sohlplatte angegossenen, schwalbenschwanzförmig hervorstehenden Leisten, festgekeilt. Ganz in derselben Art sind auch die Ständerkappen b, in welche die Ständerschenkel oben mit einer Versatzung eingreifen, durch die Schraubenbolzen e mittelst der Muttern f und der Keile c an den Ständern befestigt. Die Schenkel der Gerüstständer sind an den innern Seiten mit 2 Zoll breiten und eben so tiefen Falzen g Fig. 6. versehen, in welche die Unterlager h und die Oberlager m der Mittelwalze k, so wie die Unterlager n und die Oberlager o der Oberwalze i, mit den eben so starken Blättern ihrer Falzen, von den innern Seiten der Gerüstständer aus, eingeschoben werden. Vermittelst der Schrauben p, welche durch die Brüstungen der Falzen der Ständerschenkel durchgehen, werden die Unterlager n und h, folglich auch die Ober- und Mittelwalze, in unveränderter Lage erhalten, so daß sich letztere in horizontaler Richtung nicht gegen einander verschieben können. Die Muttern dieser Schrauben p sind in die viereckigen Löcher r Fig. 7, welche durch die Brüstungen der Ständerschenkelfalzen durchgehen, und sich von außen nach innen erweitern, eingesetzt. Die unteren Lager h der Mittelwalze, welche mit der untern Seite auf dem Ständer zwischen dessen Falzen aufliegen, erhalten einen Ausschnitt q, wie bei dem Walzgerüst in Fig. 1 — 4. für die freie Bewegung des darunter durchgehenden Zapfens der untern Walze l. Die Lager s der untern Walze l sind in die Ständer unten eingelassen und haben darin eine feste Lage. In sämmtliche Lager werden metallene Einlegelager α Fig. 7. eingesetzt, in welchen sich die Walzen unmittelbar mit ihren Zapfen bewegen. Durch die Stellschraube t, deren Mutter in der Ständerkappe b, von deren untern Seite aus, mit Versatzung eingelassen ist, wird das Erheben der Mittel- und Oberwalze verhindert. Die vier starken Schraubenbolzen u, Fig. 5, 6. verbinden beide Gerüstständer mit einander, wie schon zu Fig. 1 — 4. erwähnt worden.

Für die untere und mittlere Walze sind auf der einen Seite und für die mittlere und obere Walze auf der andern Seite, des Walzgerüstes Vorlagen zwischen den Ständern angebracht, um die Stäbe vermittelst derselben schnell und sicher in die Kaliber der Walzen zu führen. Diese Vorlagen bilden viereckige gußeiserne Rahmen v, welche die Entfernung der Gerüstständer zur Länge haben und so breit sind, daß sie sich möglichst den Walzen nähern. Die Rahmen v werden mit ihren vordern Seiten, welche breiter als ihre andern drei Seiten sind, in die Nuthen w der Gerüstständer horizontal befestigt, indem diese Seiten an jedem Ende durch $1\frac{1}{2}$ Zoll lange Federn verlängert sind, mit welchen sie in die Nuthen eingreifen. Unterhalb dieser Rahmen sind Stützen in den Nuthen w eingesetzt, von welchen die Rahmen der Vorlagen getragen werden. Durch die vordern und hintern langen Seiten der Rahmen gehen $1\frac{1}{2}$ Zoll hohe $17\frac{3}{4}$ Zoll lange Schlitze horizontal durch, in welche die Leitschienen x hochkantig eingeschoben werden. In je zwei dieser Leitschienen sind in den aneinander liegenden Seiten derselben, wie in Fig. 5. u. 6. angegeben und schon vorhin erörtert worden, Kanäle kaliberförmig eingeschnitten, welche den Querschnitt der durchzusteckenden und schwächer auszustreckenden Stäbe zum Querschnitt erhalten, jedoch so, daß die Stäbe willig durch dieselben hindurchgeführt werden können. Damit die Leitschienen mit ihren Kanälen möglichst nahe zu den Walzen reichen, ohne dieselben zu berühren, müssen sie an den vordern Enden oben und unten abgeschrägt werden. Die Kanäle der Leitschienen erweitern sich an den Einmündungen etwas, um das Hineinführen der zu walzenden Stäbe zu erleichtern. Die Leitschienen sind an den hintern Enden oben und unten mit Ansätzen versehen, mit welchen sie sich, wie aus Fig. 6. hervorgeht, gegen die obere und untere Kante des Schlitzes in der vordern Seite des Rahmens v anstemmen, damit sie sich nicht gegen die Walzen hin durchziehen, welches sonst wegen der Reibung der Stäbe in den Kanälen der Leitschienen unfehlbar geschehen würde.

Fig. 9—11. Vorrichtung zum Abschaben des Glühspans von dem Bandeisen; auf der Hütte zu Alf.

Fig. 9. Vordere Längenansicht des Walzgerüstes mit der Abschabevorrichtung. Fig. 10. Vertikaler Durchschnitt der Abschabevorrichtung mit dem Theil des Walzgerüstes, woran diese Vorrichtung angebracht ist.

Die Abschabe-Vorrichtung besteht aus einer seitwärts durch die beiden vordern Schenkel a der Gerüstständer durchgesteckten, starken gewalzten Schiene b, Schraper genannt, welche auf der untern Seite abgeschärft und verstählt ist. Dieser Schraper ist so lang, daß er in den Löchern der Gerüstständerschenkel, worin er steckt, weitergeschoben werden kann, wenn eine Stelle desselben abgenutzt ist.

Der andere bewegliche Theil der Abschabe-Vorrichtung ist ein viereckiger Rahmen oder Gestelle von gewalztem Eisen. Die langen Rahmenschienen c und d sind mit ihren Enden in die Enden der kurzen Rahmenschienen e eingezapft und durch Schrauben an den Ecken verbunden, so daß die Schienen c und d verwechselt, und auch umgekehrt werden können, wenn ihre Kanten sich bei dem Abschaben abgenutzt haben. Die kurzen Schienen e erhalten an den äußern Seiten, außer der Mitte derselben liegende, horizontal befestigte Zapfen g, an deren vorderen Seite eine Kurbel h angebracht ist, mittelst deren der Rahmen die verlangte Stellung erhält. Mit dem Zapfen g liegt der Rahmen in den Zapfenlagern i, welche an den vordern Seiten der vordern Ständerschenkel a angegossen sind. An den Lagern i sind kleine Lagerdeckel α geschraubt.

Zwischen dem Schraper b und den beiden Hartwalzen k und l befindet sich eine in der Zeichnung nicht angegebene Leitung (Vorlage), durch welche die Bandeisenstäbe f, von dem Schraper b aus, zwischen die Hartwalzen geführt werden. Soll ein Bandeisenstab durch die Abschabe-Vorrichtung zwischen die

Hartwalzen gebracht werden, so erhält zuvörderst der Rahmen mittelst der Kurbel h die in Fig. 11. angegebene vertikale Lage, so daß dessen Schrapeschiene c, welche dem Zapfen g näher liegt, nach unten, und die andere Schrapeschiene d nach oben zu stehen kommt. Sodann steckt man den Stab zwischen die beiden Schienen c und d des Rahmens, führt ihn unterhalb des Schrapers b in die Vorlage und schiebt ihn zwischen die Hartwalzen. Alsdann wird der Rahmen mittelst der Kurbel h in die Lage gebracht, welche Fig. 9. und 10. darstellt, so daß die Schiene c desselben, die vorher unten war, nach oben zu liegen kommt, die Schiene d aber, welche vorher oben war, nach unten gerichtet ist, und zwar so, daß die Schiene c den Stab erhebt und gegen die Schneide des Schrapers b preßt, die Schiene d aber denselben niederdrückt. Je mehr der Rahmen der vertikalen Stellung näher gebracht wird, vorausgesetzt daß die Schiene c oben und die d unten bleibt, um so stärker wird das Abschaben erfolgen, weil dann fast sämmtliche Neigungen am Rahmen rechte Winkel bilden.

Fig 12—14. Abstreif-Vorrichtungen bei Feineisen-Walzgerüsten mit drei Walzen.

Fig. 12. Vertikaler Durchschnitt eines Walzgerüstes mit 3 Walzen; Fig. 13. Vertikaler Durchschnitt einer untern Walze in vergrößertem Maaßstabe nach AB in Fig. 14.; und Fig. 14. Oberansicht der untern Walze mit den Abstreifeisen im vergrößerten Maaßstab. An der vordern Seite des Walzwerks ist auf einem in die Nuthen d der Gerüstständer horizontal eingeschobenen eisernen Riegel e die gußeiserne Vorlegeplatte f befestigt. Sie liegt horizontal und reicht mit ihrer vordern, unten abgeschrägten Kante ganz nahe bis zur untern Walze a, indem sie zugleich etwas höher liegt, als oben der Einschnitt der Walze. An der untern Seite der Platte sind Zapfen g festgeniethet, mit welchen die Platte den Riegel e umfaßt. In die Schlitze dieser Zapfen werden, unterhalb des Riegels e,

Schließkeile i fest eingetrieben, durch welche die Platte f auf dem Riegel e befestigt ist. Vermittelst dieser Platte soll der zu walzende Stab leichter und bequemer in die Kaliber zwischen die beiden Walzen a und b oder überhaupt (bei Bandeisen) auf den Theil der Walzenkörper, welcher in Gebrauch genommen wird, hineingeführt werden. Zweckmäßiger ist es, diese Platte mit einer Vorlage, wie oben beschrieben worden, zu verbinden. Die Abstreifplatte k der untern Walze a Fig. 1., und die k' der mittleren Walze b liegen ebenfalls auf Riegeln e, welche in die Nuthen d der Gerüstständer horizontal eingeschoben werden und darin unterstützt sind. Die vordern Kanten dieser Platten sind den Weiten der Kaliber der Walzen entsprechend ausgezahnt. Mit den hervorragenden und auf der untern Seite abgeschrägten Zähnen liegen sie in den Einschnitten der Walzen und bewirken, daß die Stäbe aus den Kalibern herausgehoben werden, über die Oberflächen der Platten gleiten und sich nicht nach unten um die Walzen biegen können. Damit die Abstreifplatten k, k' nicht über die Riegel e abgleiten, sind an ihren untern Seiten kleine Leisten α angegossen, mit welchen sie sich an den Riegel anlegen.

Bei den Walzen zur Anfertigung von feinem Flacheisen bedient man sich auch besonderer Abstreifeisen a und b Fig. 13. und 14. Die ersteren a sind an ihrem vordern Ende mit Zähnen versehen, welche an der untern Seite scharf abgeschrägt sind, mit welchen sie die Walzen beinahe berühren. Mit den Brüstungen zu beiden Seiten der Zähne, liegen sie auf den hervorragenden Kaliberringen der Walze auf. Mit den in den Nuthen c der Walzgerüstständer d befestigten Riegeln e sind sie ganz in der Art verbunden, wie die Vorlageplatte f in Fig. 12. mit dem Riegel e.

Einfacher sind die Abstreifeisen b (Fig. 13. und 14.). Diese liegen lose mit ihrem hintern Ende auf dem Riegel e. Damit sie über demselben nicht zurückgeschoben werden können, ist an ihrer untern Seite ein Zapfen genietet, mit welchem sie sich wie die Platten k und k' Fig. 12., an den Riegel e anlegen. Die vorderen, unten ebenfalls abgeschrägten Enden dieser Abstreifeisen liegen in den Walzen-Einschnitten auf und heben, wie die vorigen, das Bandeisen aus den Kalibern.

Fig. 15—19. Abstreifeisen-Vorrichtung bei Stabeisen-Walzen zu Neunkirchen im Saarbrückischen.

In jedem Einschnitt der Walze liegen zwei Abstreifeisen, wie der Vertikal-Durchschnitt Fig. 15. von einem Theil des Walzwerks darstellt. Das obere Abstreifeisen a, welches in Fig. 16. in der Seiten-Ansicht und in Fig. 17. in der obern Ansicht nach größerem Maaßstabe angegeben ist, hat eine horizontale Lage und greift mit seinem abgeschrägten vordern Ende oben in das Kaliber der Walze; das Abstreifeisen b liegt unter dem vorigen, hat eine schräge Stellung und greift mit seinem geschärften Vorderende in dasselbe Kaliber. Die Vorrichtung mit den doppelten Abstreifeisen ist der größeren Sicherheit wegen getroffen. Fig. 18. ist die Seiten-Ansicht und Fig. 19. die Ober-Ansicht des Abstreifeisens b, nach größerem Maaßstabe. Beide Abstreifeisen a und b werden mit ihren hinteren Enden in den Falz der Riegel c und c', welche zwischen den Walzgerüstständern befestigt sind, lose eingesetzt (§§. 965—971.).

Tafel LIX.

Fig. 1—40. Schneidewerk zur Anfertigung von geschnittenem Eisen; auf der Elisenhütte zu Paruschowitz in Oberschlesien.

Fig. 1. Vertikaler Querdurchschnitt des Schneidewerks nach der Linie AB in Fig. 2; Fig. 2. Vordere Längen-Ansicht desselben.

Die Gerüstständer a Fig. 1. und 2. welche Fig. 4. in der innern Stirn-Ansicht, Fig. 5. in der Seiten-Ansicht und Fig. 6. in der Ober=Ansicht besonders darstellen — zwischen denen die Schneide=Vorrichtung angebracht ist, stimmen mit den Feineisen=Walzwerksständern überein und sind mit den Fußplatten b, mittelst deren sie auf Schwellen befestigt werden, aus einem Stück gegossen. Die ovale Form der Gerüstständerschenkel, welche aus der Ober=Ansicht Fig. 6. hervorgeht, ist nicht wesentlich. Auf Taf. LX. sind die Ständer ganz in der Gestalt wie die gewöhnlichen Walzgerüstständer construirt. Die Ständerkappen c sind für sich gegossene Stücke, welche auf die Schenkel der Gerüstständer dann erst aufgeschoben werden, wenn die mit den Schneide=Vorrichtungen armirten Spindeln d und e zwischen den Gerüstständern in ihre Lager eingelegt und durch die Oberlager der obern Spille d zwischen den Ständerschenkeln auf die Laufzapfen der Spindel d eingesetzt sind. Fig. 7 bis 9. stellt die Ständerkappen besonders dar. Fig. 7. ist der mittlere Längendurchschnitt, Fig. 8. die untere Ansicht und Fig. 9. die obere Ansicht derselben. Wenn die Ständerkappen mit den muffenförmigen ovalen Oeffnungen f Fig. 7. und 8. auf den Gerüstständerschenkeln aufgesetzt sind, werden sie durch die Bolzen g, Fig. 1. und 10., die in die Löcher h dieser Kappen (Fig. 7. und 8.) und in die Löcher h′ der Ständerschenkel (Fig. 4.) eingetrieben werden, befestigt und durch die Schrauben k Fig. 1. und 2., deren Muttern in den Ständerkappen bei i Fig. 7. und 8. eingeschnitten sind, fest gegen die Ständerschenkel angezogen. Fig. 11. stellt die Schraube k besonders dar. Die unteren Lager l der unteren Spindel e sind, wie in Fig. 4. und 5. angegeben ist, zugleich mit den Ständern a aus einem Stück gegossen und haben metallene Einlegelager, in denen sich die Laufzapfen der Spindel e bewegen. Fig. 21. ist die Ober=Ansicht und Fig. 22. der Längendurchschnitt dieser metallenen Einlegelager. Die Mittellager q und q′ Fig. 1. welche von gleicher Gestalt und Größe sind und von denen Fig. 16. die Oberansicht und Fig. 17. die Stirn=Ansicht des untern Lagers q' der obern Spindel d darstellen, sind aus weißbuchenem Holz angefertigt. Mittelst dieser beiden Lager kann man die obere Spindel d leicht höher stellen, wenn man zwischen beide ein Zwischenstück einlegt, und wieder tiefer legen wenn das Zwischenstück weggenommen wird. Von einem der Oberlager r der obern Spindel d Fig. 1., stellt Fig. 18. die obere Ansicht, Fig. 19. die Stirn-Ansicht und Fig. 20. die untere Ansicht dar. Sie sind von Gußeisen und werden mittelst der großen Stellschraube s auf die Laufzapfen der obern Spindel d niedergedrückt, wodurch das Erheben derselben verhindert wird. In die Oberlager werden ebenfalls metallene Einlegelager (Fig. 21, 22.) eingesetzt.

Die Stellschrauben s werden mittelst der Schraubenschlüssel t gedreht. Die Muttern u der Stellschrauben s sind unmittelbar in den Ständerkappen c, wie die Zeichnungen Fig. 7—9. angeben, eingeschnitten. Vorzuziehen ist es indeß, diese Muttern von Metall anzufertigen und für sich besonders in die Kappen einzusetzen.

Die beiden Spindeln d und e auf welche die Schneidescheiben aufgeschoben und befestigt werden, sind von Schmiedeeisen angefertigt. Damit sich die Spindeln nicht in horizontaler Richtung verschieben können, sind ihre, den Kuppelungszapfen α zunächst befindlichen Laufzapfen β Fig. 3. durch vorspringende Ränder γ begränzt. In der Mitte sind sie mit hervorragenden Scheiben δ, δ' Fig. 3. versehen, von welchen ab die Spindeln in der gleichmäßigen Stärke von $4\frac{1}{2}$ Zoll abgedreht sind. Die Scheibe δ' der untern Spindel e erhält denselben Durchmesser wie die Schneidescheiben dieser Spindel, die Scheibe δ der obern Spindel d aber einen geringeren als den der zugehörigen Schneidescheiben. In jede der Spindeln d und e sind zwei verstählte Federn ε in passenden Vertiefungen eingesetzt, welche mit dem einen Ende die Scheiben δ berühren. Die Schneidescheiben τ Fig. 1, welche Fig. 37. in der Stirn-

Ansicht und Fig. 38. im Durchschnitt darstellen, werden aus geschmiedeten Platten angefertigt, deren Umfang, so weit er als Schneide gebraucht wird, verstählt seyn muß. Sie werden auf der Drehbank auf beiden Seiten genau und sorgfältig abgedreht und dann gehärtet. Man könnte sie ganz aus Stahl anfertigen, wenn es nicht schwierig wäre, ihre beiden Seitenflächen bei dem Härten ganz gerade zu erhalten. Die Zwischen- oder Mittelscheiben π Fig. 1., welche Fig. 39. in der Stirn-Ansicht und Fig. 40. im Profil darstellen, sind nur von Schmiedeeisen, indem sie eines verstählten Randes nicht bedürfen. Sie werden auf die Spindeln dergestalt aufgeschoben, daß zwei Schneidescheiben immer durch eine Zwischenscheibe getrennt werden, indem durch ihre Stärke die Dicke der Stäbchen (Ruthen) bestimmt wird, in welche das vorgewalzte Flacheisen der Länge nach durchschnitten wird. Die Schneide- und Mittelscheiben werden in der Art auf die Spindeln d und e Fig. 1, 2, 3. aufgeschoben, daß sie mit ihren innern kleinen Ausschnitten auf die Federn ε der Spindeln greifen. Dieses Aufschieben geschieht mittelst eines hölzernen Aufsetzers, welcher an die Scheiben angelegt und auf welchen mit einem Hammer geschlagen wird, wodurch das Verbiegen der Scheiben verhütet werden soll. Die Schneidescheiben und Mittelscheiben werden in einer solchen Reihefolge auf die Spindeln aufgetrieben, daß zuerst eine Schneidescheibe gegen die Schneidescheiben δ, δ' der Spindeln zu liegen kommt, alsdann eine Mittelscheibe, dann wieder eine Schneidescheibe, darauf wieder eine Mittelscheibe u. s. f. folgt, und eine Schneidescheibe immer wieder den Beschluß macht. Auf der obern Spindel d sind auf diese Weise in der Zeichnung 5 Schneide- und 4 Mittelscheiben, auf die untere Spindel e aber 6 Schneide- und 5 Mittelscheiben aufgetrieben. Gegen die letzten Schneidescheiben werden bewegliche Scheiben η und η' auf die Spindeln aufgeschoben, deren inneren kleinen Ausschnitte ebenfalls auf die Federn ε Fig. 3. greifen. Diese Scheiben, welche Fig. 31.

in der Stirn-Ansicht und Fig. 32. in der Seiten-Ansicht der kleinern Scheibe η der obern Spindel darstellen, erhalten mit den Scheiben δ und δ' gleiche Durchmesser und Stärken. Nachdem endlich noch die Schraubenringe ζ Fig. 2. (welche in Fig. 29. in der Stirn-Ansicht und in Fig. 30. in der Seiten-Ansicht besonders dargestellt sind, und gegen deren runden Vertiefungen (Fig. 29.) die Schrauben wirken, durch welche die Schneide- und Mittelscheiben fest zwischen den Scheiben η, δ, und η', δ' zusammengepreßt werden) gegen die beweglichen Scheiben η η' auf die Spindeln geschoben worden sind, werden die vier mit Schraubenmuttern versehenen Schrauben ϑ, von denen eine in Fig. 25. in der Seiten-Ansicht und in Fig. 26. in der Ober-Ansicht dargestellt ist, in die mit Gewinden versehenen Löcher ϱ der Spindeln **d** und **e** Fig. 3. eingeschraubt. In die über den Spindeln hervorragenden und in den vier Schrauben ϑ eingeschnittenen Muttern, werden Schrauben ν eingedreht und scharf gegen die Ringe ζ gegengeschraubt, wodurch die Schneidescheiben und die Mittelscheiben zwischen den Scheiben η, δ und η', δ', wie bereits erwähnt, ihre Befestigung erhalten. Damit aber auch die Schrauben ϑ durch die Erschütterungen der Spindeln nicht lose werden und sich nicht zurückdrehen, so greifen nicht allein die Schrauben ν mit ihren vordern Gewindeköpfen in die Vertiefungen der Ringe ζ (Fig. 2, 29, 30.) ein, sondern es sind auch außerdem noch kleine Klötzchen zwischen den Schrauben ν und den Spindeln, gegen die äußeren Stirnseiten der mit den Muttern versehenen Schrauben ϑ eingeklemmt und mittelst der vorgeschraubten Zwingenringe μ befestigt. Fig. 27. ist die Stirn-Ansicht und Fig. 28. die Seiten-Ansicht eines solchen mit einer Schraube versehenen Zwingenringes.

So sinnreich auch diese Art der Befestigung der Schneide- und Mittelscheiben auf den Spindeln seyn mag, so ist sie doch sehr umständlich und zusammengesetzt, auch aus dem Grunde nicht ganz tadelfrei, weil die Schrauben ν nicht hinreichende

Festigkeit und Dauer zu versprechen scheinen. Statt dieser Construction hat man eine andere gewählt, bei welcher die Scheiben auf eine einfachere und dauerhaftere Weise auf den Spindeln befestigt werden, und welche sogleich näher erläutert werden soll.

Wenn die Spindeln in dieser Art armirt worden sind, so wird zuerst die untere Spindel e mit ihren Zapfen in die unteren Lager horizontal eingelegt, zugleich die Muffe der Kuppelungs- oder Zwischenwelle v auf den Zapfenkopf ι der Spindel e aufgeschoben, und mittelst der in die Vertiefungen des Kopfes α einzulegenden kleinen runden Triebbolzen befestigt. Alsdann wird der vordere, untere Brillenhalter w, Fig. 1 und 2., den Fig. 15. in der vordern und Fig. 14. in der obern Ansicht besonders darstellen, an den Leisten x (Fig. 1, 2, 4.), welche an den Gerüstständern angegossen sind, angeschraubt; und die erforderlichen fünf unteren sogenannten Brillen σ, die in Fig. 35. in der Stirn-Ansicht und in Fig. 36. in der Seiten-Ansicht gezeichnet sind, in das Schlitzloch α des Brillenhalters mit ihren Zapfen eingesetzt. Nachdem auch die vorderen Zapfen dieser Brillen in das Schlitzloch des unteren hinteren Brillenhalters w′ eingesetzt und zugleich die Brillen zwischen den Schneidescheiben der unteren Spindel eingeschoben sind, werden die Brillenhalter w′ inwendig an den hinteren Leisten x′ der Gerüstständer, ebenfalls durch Schraubenbolzen befestigt. Hierauf werden die beiden unteren hölzernen Mittellager q auf die Zapfen der Spindel e zwischen den Ständerschenkeln eingesetzt und auf dieselben dann die oberen Mittellager q′, die zugleich als untere Zapfenlager für die obere Spindel dienen, eingelegt. Alsdann werden die vier oberen Brillen σ′, die Fig. 33. in der Stirn-Ansicht, und Fig. 34. in der Seiten-Ansicht darstellen, mit ihren Zapfen in die Schlitzlöcher der oberen Brillenhalter y und y′ eingesetzt und die Brillenhalter an den inneren Seiten der oberen Leisten z und z′ der Gerüstschenkel mit Schraubenbolzen befestigt. Fig. 12. ist die vordere Ansicht und Fig. 13. die obere Ansicht der obern Brillenhalter. Endlich wird die armirte obere Spindel d mit ihren Zapfen in die oberen Mittellager q', und zwar so eingelegt, daß die vier oberen Brillen zwischen den Schneidescheiben zu liegen kommen. Zugleich wird auch die Muffenwelle v' auf den Zapfenkopf α der Spindel, eben so wie bei der unteren Spindel, aufgeschoben und befestigt. Sind auch die Oberlager r auf die Zapfen der obern Spindel d, zwischen den Ständerschenkeln gelegt worden, so werden zuletzt die Ständerkappen c in der schon erwähnten Art auf den Ständerschenkeln befestigt und sodann die Stellschrauben s gegen die Oberlager r scharf angezogen.

Die Brillen haben den Zweck zu erfüllen, daß die Ruthen, zu welchen das breite Flacheisen zerschnitten wird, nicht zu tief zwischen die Schneidescheiben eindringen, sich darin nicht einklemmen und nicht stark gekrümmt aus dem Schneidewerk heraustreten. Sie sind auf ihren Streichseiten verstählt und überhaupt ein wenig schwächer als die Mittelscheiben, damit sie lose zwischen den Schneidescheiben spielen. Es ist nothwendig, daß sie sich nicht dicht an den Seiten der Schneidescheiben anschließen, weil sie sonst dem Zerbrechen leicht ausgesetzt sind.

Die Scheiben η und δ der obern Spindel d Fig. 2. erhalten deshalb einen geringeren Durchmesser als die zwischen ihnen befestigten Schneidescheiben, damit die obere Spindel auf die untere nach Erfordern herabgesenkt werden kann, wenn die Schneidescheiben an ihrem Umfange abgenutzt worden sind. Auch die obern Schneidescheiben dürfen nicht ganz fest zwischen den Scheiben η und δ eingeklemmt werden, sondern sie müssen einen geringen Spielraum zwischen den Mittelscheiben erhalten, damit sie sich zwischen den Schneidescheiben der unteren Spindel frei bewegen.

Um das zu zerschneidende Flacheisen genau und leicht zwischen die Schneidescheiben zu führen, ist eine Vorlage (Einlaßkasten) a' Fig. 1. und 2. angebracht, welche Fig. 23. in der vorderen Ansicht und Fig. 24. in der oberen Ansicht darstellen. Sie besteht aus einem kleinen Kasten, dessen Boden β' und Deckel δ'', Fig. 23. und 24. von $\frac{1}{4}$ Zoll starkem Eisenblech, die Seiten ε' aber von 2 Zoll breiten 1 Zoll starken Eisenstäben angefertigt sind. Der Deckel δ'' ist zugleich mit den Seitenstücken oder Leisten ε mittelst der Schrauben φ an dem Boden β' befestigt. Die durch die Leisten ε' durchgehenden Schraubenlöcher sind länglich, damit man, wenn die Schrauben φ etwas gelößt werden, die Leisten ε' von einander entfernen, also den Kasten, wenn es erforderlich ist, breiter machen kann.

Der Kasten oder die Vorlage ist auf einer breiten geschmiedeten Trägerschiene b' mittelst der Schrauben ψ Fig. 23. befestigt, und zugleich in einem kleinen Einschnitt derselben eingelassen.

Die Enden der Schiene b' sind gekröpft und mit Schlitzlöchern versehen, durch welche sie mit der Vorlage, wie aus Fig. 1. und 2. zu ersehen, mittelst der Schrauben τ' an den beiden vorderen Ständerschenkeln befestigt ist. Ehe die Schrauben τ' fest angezogen werden, wird die Schiene b' durch Hülfe der Schlitze in eine solche Lage gebracht, daß die Vorlage genau auf die Schneidescheiben trifft.

Um das Hineinführen des Flacheisens in die Vorlage zu erleichtern, wird sie an ihrer Einmündung durch die vordere Abschrägung der Leisten ε' erweitert, wie aus Fig 24. zu ersehen ist (§. 1007.).

Fig. 41—43. Diese Figuren stellen ein, mit dem eben beschriebenen im Allgemeinen übereinstimmendes Schneidewerk, in seiner Aufstellung und mit seiner Grundbefestigung, noch besonders dar.

Fig. 41. Vertikaler Quer-Durchschnitt des Schneidewerks

und dessen Schwellwerks, quer durch das Fundamentgewölbe und durch die dasselbe einfassenden Fundamentmauern; Fig. 42. Vordere Längen=Ansicht des Schneidewerks und zugleich vertikaler Längendurchschnitt durch die Mitte des Fundamentgewölbes; Fig. 43. Ober=Ansicht des Schneidewerks.

Die einzelnen Theile des Schneidewerks sind mit denselben Buchstaben bezeichnet, wie auf den Zeichnungen Fig. 1 — 40. Zur Bezeichnung der einzelnen Theile der Grundbefestigung dienen die kleinen stehenden lateinischen Buchstaben a, b, c, d ꝛc.

Die Gerüstständer a stehen mit ihren Fußplatten b auf den Langschwellen b Fig. 41. und 42., deren obere Kanten in gleicher Höhe mit den Fundamentmauern a und zugleich mit der Hüttensohle liegen. Die Langschwellen b sind auf den Querschwellen c drei Zoll tief eingekämmt und liegen mit den äußern Seiten dicht an den Fundamentmauern a an, welche letztere $3\frac{1}{2}$ Fuß von einander entfernt sind und das Widerlager für das gewölbte Fundament bilden. Die Querschwellen b liegen 1 Fuß 9 Zoll tief unter der Oberkante der Mauern a und sind mit ihren Enden horizontal eingemauert.

Die innern Seiten der Ständerplatten b sind mittelst der Schraubenbolzen d Fig. 41, 42, 43. mit den Langschwellen b verbunden, unter welchen diese Bolzen durch starke Splinte e gegen zwischengelegte Scheiben befestigt sind. Die äußeren Seiten der Ständerplatten b werden durch lange Schraubenbolzen f, welche durch die Langschwellen b und die Querschwellen c durchgehen, an den Querschwellen g angeankert, welche 2 Fuß 9 Zoll lothrecht unter den Querschwellen c ebenfalls mit ihren beiden Enden in der Fundamentmauer a vermauert sind. Die Bolzen f gehen durch die Schwellen g durch und sind unter denselben ebenfalls durch Splinte e befestigt.

Zweckmäßiger als die hier gewählte, ältere, ist die Aufstellung des Schneidewerks, welches auf Taf. **LX.** dargestellt worden ist. Die Ständer erhalten auf der gemeinschaftlichen

Sohlplatte nicht allein eine festere Stellung, sondern sie lassen sich auch schneller und leichter auf derselben befestigen und wenn es erforderlich werden sollte, leicht von einander entfernen oder näher an einander rücken. Da das Schneidewerk, mit Ausnahme der Schneidescheiben-Befestigung auf den Spindeln, mit dem in den Zeichnungen Fig. 1 — 40 dargestellten und erläuterten ganz übereinstimmt, so bleibt nur noch die veränderte Art der Befestigung der Schneidescheiben und Mittelscheiben auf den Spindeln näher zu erörtern.

Die Verschiedenheit beider Befestigungs-Arten ergiebt sich deutlich aus der Zeichnung Fig. 44., welche die obere Spindel d und die untere Spindel e des in Fig. 1 — 40. dargestellten Schneidewerks, und zwar erstere ohne Armatur, letztere hingegen armirt darstellen. Auf der Zeichnung Fig. 45. ist die obere Spindel d und die untere Spindel e des Schneidewerks Fig. 41 — 43. und zwar erstere ebenfalls ohne Armatur und letztere mit Armatur angegeben.

Die Scheiben δ und δ' der beiden Spindeln d und e Fig. 45., bestehen ebenfalls mit den Spindeln aus einem Stück, wie bei den Spindeln Fig. 44. des Schneidewerks Fig. 1 — 40., und ganz in derselben Art wie bei letzteren sind auch die Schneide- und Mittelscheiben auf den Spindeln Fig. 45. gegen die unbeweglichen Scheiben δ, δ' aufgetrieben, indem sie in die Federn ε der Spindeln greifen. Die Befestigung der Mittel- und Schneidescheiben geschieht hier aber nicht durch die bewegliche Scheibe η Fig. 44., und durch die gegen dieselbe fest angedrehten Schrauben ν, sondern einfach durch eine auf die Spindel e Fig. 4, 5. aufgeschobene Muffe η', die mit ihrer Scheibe mittelst des durch die Spindel e fest durchgetriebenen und zugleich in die Muffe eingreifenden Keiles ξ, fest gegen die, auf die Spindel geschobenen Schneidescheiben und Mittelscheiben gedrückt wird. Durch einen auf das schmälere durchreichende Ende des Keils ξ aufgeschobenen Ring und einen gegen diesen letztern durch den Keil durchgesteckten Stift, wird der Keil an der Spindel festgehalten und am Herausziehen verhindert (§. 1007.).

Tafel LX.

Fig. 1 — 11. Schneidewerk zur Anfertigung des geschnittenen Eisens; auf der Elisenhütte zu Paruschowitz in Ober-Schlesien.

Fig. 1. Vertikaler Querdurchschnitt; Fig. 2. Vordere Längen-Ansicht.

Die Gerüstständer a des Schneidewerks, welche wie die Walzwerksständer construirt sind, werden mit ihren abgeschrägten Füßen d (Fig. 1.) zwischen den auf der Sohlplatte angegossenen schräg hervorstehenden Leisten festgekeilt, und sind durch die langen Schraubenbolzen c mit einander verbunden. Die Ständerkappen werden auf die Gerüstständer mittelst der Schraubenbolzen f befestigt, welche in die 8 Zoll tiefen Löcher der Ständerschenkel hineingesteckt und mittelst der eisernen Riegelkeile e befestigt sind. Die unteren Flächen der Ständerkappen erhalten an ihren Enden zwei Zoll lange nach unten hervorragende Nasen g Fig. 1., mit denen sie in die Falzen von gleicher Tiefe in die oberen Seiten der Ständerschenkel eingreifen. Wo sich die Ständerkappen und Ständerschenkel berühren, sind sie mit kleinen flachen Einschnitten versehen, in welche schwache Keile eingelegt werden, ehe die Ständerkappe b aufgesetzt wird. In die cylindrische Erweiterung des mittleren Theils der Ständerkappen sind, von der untern Seite aus, wie bei den Walzgerüstständern, die metallenen Muttern für die Stellschrauben h eingesetzt.

Eine zweckmäßige Construction, um die Muttern in die Ständerkappen anzubringen und zu befestigen, ist bei den Walzgerüstständern auf Taf. LVII. angegeben. Die Aufbringung und Befestigung der Ständerkappen auf die Gerüstständer erfolgt erst dann, wenn die armirten Spindeln mit den dazu gehörigen Lagern schon zwischen den Gerüstständern eingelegt sind.

Die beiden Spindeln l und m Fig. 1. und 2. sind von

Schmiedeeisen angefertigt und erhalten zu beiden Seiten der Zapfen i (Fig. 2, 3, 4.) hervorstehende Ränder n, n', damit sie sich in ihren Lagern nicht in horizontaler Richtung verschieben können. Von den innern Rändern n' an, sind die Spindeln, deren Längen-Ansicht Fig. 3. und 4. besonders darstellen, auf 10½ Zoll Länge, 7 Zoll stark, und von da ab, wo sich ein Absatz bildet, auf 12¾ Zoll Länge, 6½ Zoll stark abgedreht. Auf diese Spindeln werden gegen die inneren Laufzapfenringe n zuerst die losen Ringe o, Fig. 2, 3, 4. und gegen letztere sodann die mit Scheiben versehenen Muffen p, p' aufgeschoben. Hierauf werden in die zu diesem Zweck auf den Spindeln angebrachten und einander gegenüberliegenden Vertiefungen die vier verstählten Federn α eingesetzt, welche vor der runden Fläche des 7 Zoll stark abgedrehten Theils der Spindeln einen halben Zoll hervorragen und zugleich ⅜ Zoll tief in die Scheiben der Muffen p, p' eingreifen (Fig. 3. und 4.). Auf die obere Spindel l werden die (5) Mittel- und (6) Schneidescheiben, und auf die untere Spindel m die (6) Mittel- und (7) Schneidescheiben, wie sich aus Fig. 2. ergiebt, so aufgeschoben, daß sich zuerst eine Schneidescheibe gegen die Scheiben der Muffen p und p' dicht anlegt und dann wechselsweise die übrigen Mittel- und Schneidescheiben folgen, also die Mittelscheiben sich immer zwischen den Schneidescheiben befinden.

Bei dem Aufschieben der Scheiben ist dahin zu sehen, daß sie mit ihren innern kleinen Ausschnitten auf die Federn α Fig. 3. u. 4. greifen. Demnächst werden die beweglichen Muffen q und q' mit ihren Scheiben gegen die zuletzt aufgetriebenen Schneidescheiben auf die Spindeln l und m aufgeschoben und mittelst der in die Löcher β Fig. 3 und 4. eingetriebenen Keile γ, welche zugleich in Ausschnitte der Muffen q und q' Fig. 2. eingreifen, gegen die Schneide- und Mittelscheiben fest gegengepreßt. Die Muffen q und q', welche mit ihren innern vorne an deren Scheiben angebrachten kleinen Einschnitten ebenfalls auf die Federn α Fig 3. und 4. greifen, dürfen nicht den Absatz berühren, der durch die Spindeln bei ϱ Fig. 3 und 4. gebildet wird, weil sie sich sonst nicht fest gegen die Schneide- und Mittelscheiben antreiben lassen würden. Damit sich die in den Löchern der Spindeln eingetriebenen Keile γ nicht herausziehen, sind auf die durchreichenden schmälern Enden derselben Ringe aufgeschoben und durch kleine Splinte befestigt, wie in Fig. 2. punctirt angedeutet ist. Die Scheiben der Muffen p, q, p', q', müssen sich mit ihren innern Rändern scharf an den Schneidescheiben anlegen, weshalb ihre innern Flächen nach dem Mittelpunct eine Verjüngung von $\frac{1}{18}$ Zoll erhalten, wie sich aus den Zeichnungen 3. und 4. ergiebt, welche die Muffen im Längenprofil darstellen.

Zunächst wird die armirte untere Spindel m in ihre unteren Zapfenlager zwischen den Gerüstständern eingelegt, horizontal gerichtet und zugleich mit der Kuppelungs- oder Zwischenwelle in Verbindung gebracht. Alsdann werden die beiden Brillenkastenträger r Fig. 1. mit ihren Enden horizontal in die Nuthen s der Gerüstständer eingesetzt und darin durch hölzerne Stützen festgehalten.

Der gußeiserne Brillenkasten, dessen Längen-Durchschnitt Fig. 1. und Fig. 2. die Vorder-Ansicht darstellen, ist in Fig. 5. noch besonders in der Seiten-Ansicht und in Fig. 6. in der Ober-Ansicht gezeichnet. Zwischen den Seitenwänden t desselben, welche zur Verminderung des Gewichts an der äußern Seite Fig. 5. in der Mitte vertieft gegossen sind, befinden sich an jedem Ende, $2\frac{1}{4}$ Zoll lothrecht über einander, zwei kleine horizontale Platten u und u', von denen die hintere u' an den Seitenplatten t des Brillenkastens angegossen ist, die vordere u aber in $\frac{1}{4}$ Zoll tiefe Falze δ Fig. 1. eingeschoben und mittelst der Doppel-Splintkeile ε Fig. 1, 2, 5 und 6. darin fest eingetrieben wird. Die Splintkeile ε, welche durch die Seitenwände t des Brillenkastens durchgehen, greifen zugleich in die an den äußern Kanten der Platten u (Fig. 1.) angebrachten Nuthen ein. Ehe die Splintkeile s eingetrieben werden, sind zwischen den beiden unteren Platten u', u, die unteren Brillen v', und zwischen den oberen beiden Platten u', u, die oberen Brillen einzusetzen, worauf die Splintkeile s so eingetrieben werden, daß sich die Brillen noch zwischen den Platten u', u, seitwärts verschieben lassen. Der Brillenkasten wird auf die beiden Brillenkastenträger r Fig. 1. und 2. dergestalt aufgesetzt, daß die letzteren in die unteren Einschnitte η der Seitenwände t des Kastens hineingreifen; zugleich werden die unteren Brillen v' so geordnet, daß sie zwischen den Schneidescheiben w', also auch über den Mittelscheiben x' der unteren Spindel zu liegen kommen. Hierauf werden die Riegel r' in die Nuthen s der Gerüstständer unterhalb des Brillenkastens eingeschoben, so daß sie zugleich in die oberen Einschnitte η der Seitenwände t des Brillenkasten eingreifen.

In die Nuthen s der Gerüstständer werden endlich über den Riegeln r' Fig. 1. Hölzer eingetrieben, um das Erheben der Riegel zu verhindern. Nachdem der Brillenkasten in die richtige Lage gebracht worden ist, werden die Träger r mit den Riegeln r' durch die Schraubenbolzen x mit einander fest verbunden und hierdurch der Brillenkasten zwischen denselben fest eingeklemmt.

Nun werden die Mittellager auf die Zapfen der unteren Spindel zwischen den Gerüstständerschenkeln eingesetzt und in die obere derselben die obere armirte Spindel l so eingelegt, daß die oberen Brillen v Fig 1. zwischen den Schneidescheiben w der oberen Spindel eingreifen. Alsdann werden die oberen Lager der oberen Spindel l eingesetzt, die Ständerkappen b auf die Ständer befestigt und die Stellschrauben h gegen die obern Lager fest angezogen.

In Fig. 7. ist eine von den oberen Brillen v von oben, in Fig. 8. von der Seite, und eine der unteren Brillen v', in

Fig. 9. von oben, und in Fig. 10. von der Seite dargestellt. Die Brillen sind in den Theilen, mit welchen sie zwischen den Schneidescheiben zu liegen kommen, hinreichend schwach, um einen Spielraum für die Scheiben zu gewähren; in den übrigen Theilen sind sie, wie aus Fig. 7 — 10. zu ersehen, verstärkt, damit sich die Ruthen, in welche das Flacheisen zerschnitten wird, nicht zwischen denselben durchziehen können. Aus diesem Grunde sind auch die hintern Enden der untern Brillen v′ Fig. 9. und 10. noch ganz besonders durch ein angeniethetes Blatt ϑ verstärkt.

Der Einlaßkasten oder die Vorlage, welche Fig. 11. in der Ober-Ansicht darstellt, besteht aus einer Deckplatte π, aus einer Bodenplatte ψ und aus zwei Seitenschienen (Leisten) ν. Mittelst der vier Schrauben φ wird die Deckplatte π gegen die Bodenplatte ψ befestigt, wodurch auch zugleich die Seitenschienen ν eine feste Lage erhalten. Die Bodenplatte ψ ist an der vordern Seite $3\frac{1}{2}$ Zoll tief, mit einem Blatte ψ' rechtwinklich nach unten gekröpft, wie aus Fig. 1. und 2. hervorgeht.

Mittelst dieses Blattes ψ' und des darin angebrachten Schlitzes σ wird die Vorlage an dem Trageriegel r Fig. 1. und 2. durch die Schraube τ befestigt, indem sie frei zwischen den beiden Platten u des Brillenkastens zu stehen kommt. Ehe die Schraube τ fest angezogen wird, erhält die Vorlage erst die richtige und genaue Stellung gegen die Schneidescheiben der Spindeln. Das Schlitzloch σ des Blattes ψ' gestattet die dazu etwa erforderliche Seitenverschiebung. Die Unterseite der Bodenplatte ψ der Vorlage erhält zwei kurze angeniethete Stifte, welche der Vorlage auf der untern Platte u des Brillenkastens zur Auflagerung dienen, damit die untern Brillen v′ unter der Vorlage freien Spielraum behalten.

Die hier beschriebene Art der Brillen und die Construction des Brillenkastens ist mit der Unbequemlichkeit verbunden, daß bei dem Herausnehmen einer zerbrochenen Brille nicht allein die obere Spindel in die Höhe gehoben, sondern auch der Brillenkasten ganz herausgenommen werden muß, weil sich die langen Splintkeile *c* nicht zwischen den beiden Gerüstständern herausnehmen lassen. Diesem Uebelstande kann dadurch begegnet werden, daß an der vorderen Seite der Seitenwände t des Brillenkastens zwei Schienen in gleicher Höhe der Platten u angeschraubt, und die beweglichen Platten u, von diesen Schienen aus, durch zwei in jeder derselben anzubringende Schrauben festgestellt werden.

Damit die Schneidescheiben der oberen Spindel, wenn sie sich abgenutzt haben, auch noch ferner angewendet werden können, erhalten die Scheiben der Muffen p und q einen kleinern Durchmesser als die zwischen ihnen befestigten Schneidescheiben, wodurch es möglich wird, die obere Spindel nach Erfordern tiefer zu senken (§. 1007.).

Fig. 12 — 16. Stellt ein mit dem vorigen übereinstimmendes Schneidewerk in seiner Befestigung auf einer gußeisernen Sohlplatte dar.

. Fig. 12. Vertikaler Querdurchschnitt; Fig. 13. Hintere Längen-Ansicht; Fig. 14. Ober-Ansicht.

Die Gerüstständer a sind mit ihren abgeschrägten Füßen b zwischen den beiden an der gußeisernen Sohlplatte A angegossenen Leisten oder Knaggen *a* mittelst der Keile *b* festgekeilt, und erhalten auf der gemeinschaftlichen Sohlplatte einen festeren Stand, als wenn sie, wie auf Taf. LIX., jeder für sich allein, unmittelbar auf den hölzernen Sohlschwellen stehen und darauf besonders festgeschraubt werden. Diese Art der Befestigung der Gerüstständer gewährt auch noch den Vortheil, daß die untere Spindel, bei dem Einsetzen in die Gerüstständer nicht über dieselben gehoben werden darf, wenn der eine Gerüstständer um die erforderliche Länge von dem andern entfernt wird, indem man dann die Spindel zuerst seitwärts in den festen Ständer einlegt, dieselbe von unten absteift und dann den andern Ständer wieder vorwärts schiebt. Dieses Schieben oder Rücken der Ständer wird durch die Oeffnungen *c* in der Sohlplatte A sehr erleichtert, denn es ist dazu nichts weiter nöthig, als eine eiserne Brechstange (Hebelstange) in die Oeffnungen zu setzen und so den Ständer fortzuschieben. Die Oeffnungen *c* tragen außerdem zur Verminderung des Gewichts der Sohlplatte bei. Die auf der Zeichnung angegebene größere Breite der Sohlplatte A, an dem einen Ende derselben, hat keinen anderen Zweck als den, daß auf derselben zugleich noch der Angewelleständer einer Vorgelegewelle befestigt ist.

Das Schneidewerk stimmt mit dem in Fig. 1 — 11. dargestellten in der Hauptsache überein, weshalb dieselben Gegenstände und Theile auch mit gleichen Buchstaben wie bei dem Schneidewerk Fig. 1 — 11. bezeichnet sind. Die Construction des Brillenkastens und dessen Anbringung, so wie die Befestigungsart der Brillen dürften weniger als bei dem Schneidewerk in Fig. 1 — 11. zu empfehlen seyn.

In Fig. 15 und 16. sind die beiden Spindeln des Schneidewerks (Fig. 12 — 14.) im unarmirten Zustande, in der äußeren Längen-Ansicht dargestellt.

Die Schrauben o Fig. 13. sollen die Lager in unverrückter Lage gegen die Spindeln festhalten, damit diese sich nicht in horizontaler Richtung verschieben können. Bei dem Schneidewerk in Fig. 1 — 11. sind dergleichen Schrauben nicht angebracht, weil dort angenommen wird, daß die Lager in den Ständern eine unverrückbare Lage erhalten, und daß sich die Spindeln mit den Rändern n, n' der vordern Zapfen genau und fest an den Lagern zu beiden Seiten derselben anschließen, also ein Verschieben der Spindeln nicht erfolgen kann (§. 1007.).

Fig. 17 — 23. Feineisen-Walzwerks-Ständer für drei Walzen; in der Elisenhütte zu Baruschowitz in Oberschlesien.

Fig. 17. Innere Stirn-Ansicht des Ständers mit der

Kappe; Fig. 18. Ober-Ansicht der Ständerkappe; Fig. 19. Horizontaler Durchschnitt des Ständers nach der Linie AB in Fig. 17.; Fig. 20. Aeußere Stirn-Ansicht desselben; Fig. 22. Mittlerer vertikaler Querdurchschnitt; Fig. 23. Horizontaler Durchschnitt desselben nach der Linie CD in Fig. 20.

Die Ständerschenkel sind oben mit kurzen Federn a versehen, in welche die Ständerkappen b mit den an der untern Fläche befindlichen Nuthen eingreifen. In den mittleren cylinderförmig verstärkten Theil der Ständerkappe b Fig. 17 und 18. wird von der untern Seite aus die punctirt angedeutete metallene Mutter für die Stellschraube, welche Fig. 21. in der äußeren Ansicht darstellt, eingesetzt. Die Ständerkappe wird auf den beiden Schenkeln des Ständers mittelst zweier Schraubenbolzen befestigt, welche durch die beiden Löcher c der Ständerkappe b Fig. 18. durchgehen. Die Schraubenbolzen werden in den lothrecht in die Ständerschenkel 6 Zoll tief hineingeführten Löchern durch Schlußkeile festgehalten, welche in die Löcher d der Ständerschenkel eingetrieben werden. Auf die durch die Ständerkappe durchreichenden Gewinde dieser Bolzen werden starke Muttern gegen die obere Seite der Kappe fest angeschraubt. Vier lange Schraubenbolzen, deren mit Gewinden versehenen Enden durch die Löcher e Fig. 17. und 18. durchgehen, dienen zur gegenseitigen Befestigung der beiden zusammengehörigen Ständer.

Das untere Lager f, Fig. 17 und 20. der unteren Walze wird mit den an beiden Enden angebrachten vertikalen Federn in die Nuthen g (Fig. 22 und 23. des Ständers eingelassen, und ist mit einem metallenen Einsetzlager α versehen. An den innern Seiten erhalten die Ständerschenkel $1\frac{1}{4}$ Zoll tiefe und 2 Zoll breite Falze h Fig. 17, 19, 22 und 23. in welche die unteren Lager i der Mittelwalze, die Oberlager k der Mittelwalze, die Unterlager l der Oberwalze und die Oberlager m der letztern mit den Brüstungen ihrer Falzen eingesetzt sind, wie in Fig. 20. angegeben ist. Das untere Lager i der Mittelwalze, welches unten einen Ausschnitt n für die freie Bewegung des durchgehenden Zapfens der unteren Walze erhält, steht mit der untern Seite in den Falzen h des Ständers. Die Lager i, k, l, m bekommen ebenfalls metallene Einsetzlager α Fig. 20. Mittelst zweier Schraubenbolzen, welche durch die Löcher o Fig. 18. der Ständerkappe, und durch die Lager m, l, k, Fig. 20. durchgehen und unterhalb des letztern k mit starken Splinten befestigt werden, wird die Oberwalze von der Ständerkappe b getragen und kann zugleich mittelst der Muttern, die oberhalb der Ständerkappe auf den durchreichenden Gewinden der Hängeschraubenbolzen aufgeschraubt sind, höher gestellt werden. Das Erheben der Mittelwalze geschieht nur durch Unterlagestücke unter die Lager i Fig. 20. Damit sich die Walzen in horizontaler Richtung nicht verschieben, sondern die Kaliber derselben immer genau auf einander passen, werden die Lager i, l durch die kleinen Stellschrauben p Fig. 19. gegen die Stirnen der Walzen gepreßt, und dadurch in unverrückter Lage erhalten. Die Muttern ε Fig. 19. dieser Schrauben sind in den schwalbenschwanzförmigen Einschnitten β der Brüstung der Ständerfalzen eingesetzt. In Fig. 17 und 20. sind γ viereckige Löcher, welche durch die eben gedachten Brüstungen bis zu den Einschnitten β durchgehen und durch welche die Schrauben p frei durchgesteckt werden.

Die an den innern Seiten der Ständerschenkel angebrachten Nuthen q Fig. 17. dienen zur Anbringung der Vorlagen und der Abstreifeisen, worüber die Erläuterungen zu Taf. LVIII. nachzusehen sind (§§. 965 — 971, 1005.).

Fig. 24 — 27. Feineisen-Walzwerksständer mit drei übereinander liegenden Walzen und mit zwischen den Lagern eingelegten Keilbolzen, zur vertikalen Erhebung oder Senkung der Mittel- und Ober-Walze.

Fig. 24. Aeußere Stirn-Ansicht des Ständers; Fig. 26. horizontaler Durchschnitt nach der Linie AB in Fig. 24.; Fig. 27. vertikaler Durchschnitt nach CD in Fig. 24. mit der äußern Ansicht der Walzen; Fig. 25. Oberansicht der Ständerkappe.

Der Ständer a stimmt im Allgemeinen mit dem vorigen überein, auch wird die Ständerkappe b in derselben Art auf den Ständer befestigt.

Das Erheben der mittlern und obern Walze geschieht mittelst der Keilbolzen δ, welche je zwei und zwei, zwischen den Unterlagern der Oberwalze l und den Oberlagern der Mittelwalze m, so wie zwischen den Unterlagern der Unterwalze n und den an den Ständern angegossenen Knaggen g in schrägen Einschnitten liegen. Diese Keilbolzen erhalten an dem Theil, mit welchem sie in den Einschnitten der Lager und der Knaggen g liegen, eine abgekürzte pyramidale Gestalt, und sind an ihren vordern, vor den Lagern vorragenden Enden mit Gewinden ε versehen. Auf diese Gewinde ε sind Muttern η aufgeschraubt, welche zur Unterlage $\frac{1}{2}$ Zoll starke, 2 Zoll breite und $3\frac{1}{2}$ Zoll lange geschmiedete Blätter oder Schienen β erhalten, die in $\frac{1}{4}$ Zoll tiefe Einschnitte der äußern Seiten der Lager f, h, i und der Knaggen g eingelassen sind. Durch das Anziehen der Muttern η werden die Keilbolzen in horizontaler Richtung von innen nach außen bewegt, wodurch ein Erheben der Lager f, h, i, und also auch der Walzen m und l erfolgt. (§§. 965—971. 1005.)

Tafel LXI.

Fig. 1—5. Eisenblech-Walzwerk-Ständer-Gerüst, nebst Vorrichtung um die obere Walze von unten zu heben.

Fig. 1. Längenprofil nach der gebrochenen Linie EF, GH, IK in Fig. 2; Fig. 2. Vertikaler Querdurchschnitt nach der gebrochenen Linie AB, CD in Fig. 1.; Fig. 3. Oberansicht des

Walzwerks; Fig. 4. Innere Stirnansicht eines Kuppelungsgetriebe-Ständers; Fig. 5. Oberansicht desselben nach abgenommener Kappe.

Die Walzgerüstständer a stehen mit ihren abgeschrägten Füßen b (Fig. 2.) unmittelbar auf Leisten α, welche an den oberen Seiten der gußeisernen $2\frac{3}{4}$ Zoll starken Sohlplatte c angegossen sind. Die oberen Seiten dieser Leisten sind so abgeschliffen, daß sie genau in einer Ebene liegen und den Ständern einen sicheren festen Stand gewähren.

Die Sohlplatte c bildet einen flachen Kasten mit $7\frac{1}{8}$ Zoll hohen Seitenwänden d, der aus zwei Theilen zwischen dem Kuppelungsgetriebe-Gerüst und dem Walzgerüst unterhalb der Kuppelungswellen so zusammengesetzt ist, daß jedes dieser Gerüste auf einem zusammenhängenden Theil der Sohlplatte steht. Gegen die Längenwände d der Sohlplatte, welche nach innen eine schräge Stellung haben, sind die Füße des Walzgerüstständers a an den äußern abgeschrägten Seiten festgekeilt. Außerdem werden die Füße b der Ständer noch durch Schraubenbolzen e, Fig. 1, 2, 3., welche durch die doppelt übereinander liegenden hölzernen Sohlschwellen f durchgehen, mit der Sohlplatte c und den Schwellen f verbunden. Nicht allein die obern Enden dieser Bolzen, über den Ständerfüßen, sondern auch deren untern Enden unter den Sohlschwellen f sind mit Schraubenmuttern versehen, um die Bolzen nach Erfordern herausziehen zu können.

In derselben Art, wie die Walzgerüstständer, sind auch die beiden Kuppelungsgetriebeständer gg, auf der Sohlplatte c, mittelst der Schraubenbolzen e befestigt; auch stehen die Ständer mit der untern Seite der Füße b, ebenfalls auf Leisten α, die an der Sohlplatte c angegossen sind.

Um die Muttern der Bolzen e, unterhalb der Sohlschwellen f, anziehen oder losschrauben zu können, sind unter den Sohlschwellen f in den Fundamentmauern A kleine Nischen k

Fig. 1. angebracht, durch welche man zu diesen Muttern frei gelangen kann.

Um den vorderen Walzgerüstständer bequem verrücken, nämlich gegen den hintern (zunächst der Betriebswelle) stehenden Ständer verschieben und dann feststellen zu können, wenn Walzen von andern Längendimensionen eingelegt werden sollen, sind für die Bolzen e dieses Ständers mehre, mit hervorragenden Rändern versehene Bolzenlöcher i Fig. 1, 2, 3. in der Sohlplatte c angebracht, für welche auch die dazu erforderlichen Löcher durch die Sohlschwellen f berücksichtigt werden müssen.

Die schrägen Längenwände oder die Ränder d der Sohlplatte c sind an der äußern Seite mit Falzen versehen, in welche Seitenplatten l hochkantig eingesetzt und mittelst der Schraubenbolzen β an den Rändern d befestigt werden. Die Seitenplatten, welche die beiden Theile der Sohlplatte c zugleich zu einem Ganzen verbinden, erhalten an ihren äußeren Seiten angegossene Leisten m Fig. 2. und 3., durch welche oberhalb derselben Falze gebildet werden, die zum Auflager von Gediehlen (Laufböden) dienen.

Der Sohlplatte, welche $1\frac{1}{4}$ Zoll tief in die Sohlschwellen f eingelassen wird, sind an ihren Längenseiten starke Lappen (Ohren) n Fig. 2. und 3. zugetheilt, mittelst deren sie durch starke Schraubenbolzen o auf den Schwellen f befestigt und in den Fundamentmauern A verankert ist. Die Schraubenbolzen o gehen durch die Sohlschwellen f und reichen 8 Fuß 7 Zoll in die Fundamentmauer A hinein, wo sie durch die daselbst der Länge nach eingemauerten eichenen Schwellen p durchgehen und unterhalb derselben eben so wie an ihren obern Enden über den Ohren n der Sohlplatte, durch aufgeschraubte Muttern befestigt sind. Um zu den untern Muttern der Bolzen c, unterhalb der Schwellen p frei gelangen zu können, sind ebenfalls kleine Ausschnitte oder Rieschen q im Mauerwerk angebracht, wie sich aus der Zeichnung ergiebt.

Es ist keine lobenswerthe Konstruktion, die hölzernen Schwellen p der Länge nach in die Fundamentmauern A einzulegen, so daß sie die Hälfte der Stärke dieser Mauern einnehmen. Bei der tiefen Lage sind die Schwellen nämlich dem Verstocken leicht ausgesetzt, wodurch das Zusammenbrechen des über denselben aufgeführten Theils der Fundamentmauern, auf welchem die ganze Last des Walzwerks ruht, herbeigeführt wird, indem dann die Grundlage fehlt, da das Mauerwerk nicht so weit reicht, daß der übrige Theil der Fundamentmauern das alsdann 1 Fuß $10\frac{1}{2}$ Zoll frei überragende Mauerwerk festhalten und tragen kann. Vorzuziehen ist es, statt der eichenen Schwellen p gußeiserne durch Rippen verstärkte Bohlen (wie auf Tafel **LXIII.** Fig. 18. angegeben) in die Fundamentmauern A einzulegen und die Bolzen o daran zu befestigen.

Die Sohlschwellen f, welche der Länge nach auf der Fundamentmauer A aufliegen, und nach innen gegen den überwölbten Raum des Fundaments $2\frac{1}{2}$ Zoll weit frei hervorragen, sind an den äußern Seiten bis zu ihrer oberen Fläche vermauert. Sie werden durch eingezapfte hölzerne Riegel r, r Fig. 1. und 3. in unverrückter Entfernung von einander erhalten, so daß sie sich einander nicht nähern können, und durch die horizontal durchgehenden Schraubenbolzen δ werden sie verhindert, sich von einander zu entfernen. Die vordern Enden dieser Schwellen sind ebenfalls durch Schraubenbolzen o an der Fundamentmauer A befestigt.

Innerhalb der 3 Fuß 9 Zoll im Lichten breiten Walzgerüstgrube B Fig. 2. sind zwei halbzirkelförmige Gewölbe C und D zwischen den beiden Seitenwänden der Fundamentmauern AA gespannt, welche den durch die Seitenwände AA hindurchreichenden eichenen Querschwellen t, t als Grundlage, oder als Auflager dienen. Zur Sicherung der Widerlager sind quer durch diese Gewölbe und durch die Seitenwände AA starke Ankerbolzen γ gelegt, die durch aufgeschraubte und gegen aufgeschobene starke Bleche wirkende Muttern, ihre Befestigung erhalten. An den Enden der Schwellen t sind starke Anker ε angenagelt und durch Splinte η befestigt.

Auf den Schwellen t liegen die gußeisernen Fußplatten u, auf welchen die gußeisernen Lagerständer v für die vier Hebel oder Balanciers w, mittelst der Schraubenbolzen ϑ festgeschraubt sind. Die Fußplatten u werden durch die Schraubenbolzen ζ auf den Schwellen t befestigt. Diese Bolzen ζ gehen zugleich durch die Scheitel der Gewölbe C und D lothrecht durch und werden daselbst durch starke Köpfe, welche mit großen starken Scheiben gegen die innere Gewölbfläche anliegen, festgehalten.

Die Axen μ der Hebel w bilden an ihrer untern Auflagerseite einen rechten Winkel, mit welchem sie in den stumpfwinklig vertieften Lagern der Lagerständer v Fig. 1. liegen.

An den Enden der kürzeren Arme der Hebel w stehen, in $\frac{3}{4}$zölligen Vertiefungen, die geschmiedeten Hebestangen x, durch welche die beiden Unterlager der obern Walze getragen werden. An den äußern Enden der langen Arme der Hebel w hängen die aus einzelnen Ringen oder Scheiben bestehenden (mit dem Gewicht der obern Walze und dem ihrer beiden Lager korrespondirenden) Gegengewichte y, mittelst der Zugstangen z, auf welcher sie aufgeschoben sind.

Die oberen Theile der Zugstangen z liegen innerhalb eines am äußern Ende der Hebelsarme angebrachten lothrechten Schlitzes, wie Fig. 3. zeigt, und hängen an dem oben durch die Zugstangen durchgesteckten Bolzenkeil ν, welcher in einer kleinen halbrunden Vertiefung oben in den Backen der Schlitze der Hebelsarme beweglich ist. Das Gewölbe D ist $2\frac{1}{2}$ Fuß länger als das Gewölbe C, in welchem Längenverhältniß auf dem ersteren auch mehr Schwellen t neben einander liegen, als auf dem letzteren, damit, wenn beim Einlegen kürzerer Walzen der vordere Walzwerksständer näher gegen den hinteren geschoben wird, auch die dazu gehörigen beiden Gegengewichtshebel w in demselben Verhältniß den andern beiden Gegengewichtshebeln näher gerückt und auf den Schwellen t in der angegebenen Art wieder befestigt werden können. Deshalb sind durch diese Schwellen, außer den beiden Löchern, durch welche in Fig. 1. die Befestigungsbolzen ζ der Fußplatte u für die Hebelständer v durchgehen, noch sechs Löcher ρ gebohrt und in dem Gewölbe D die hierzu erforderlichen Löcher ebenfalls angebracht, so daß für vier verschiedene Walzenlängen, oder für vier verschiedene Stellungen des vordern Walzgerüstständers, auch eben so viel verschiedene und korrespondirende Stellungen der zugehörigen Gegengewichtshebel ausführbar sind. Durch diese 8 Bolzenlöcher von 2½ Zoll Weite in den Schlußsteinen des Gewölbes D wird dasselbe an der wichtigsten Stelle geschwächt. Ueberhaupt ist die Art der Befestigung der Bolzen ζ unterhalb der Gewölbe C und D den letzteren nicht sehr zuträglich, und es würde zweckmäßiger seyn, das Fundament nicht zu überwölben, sondern statt der hölzernen Schwellen t, gußeiserne, dreizöllige, auf den untern Seiten mit 4 Zoll breiten Verstärkungsrippen versehene Platten nebeneinander einzulegen.

Auf den Zeichnungen Fig. 1. und 2. ist punktirt angedeutet, wie in den Schwellen t über dem Gewölbe D, 5¾ Zoll tiefe, kastenartige Vertiefungen eingestemmt sind, um frei zu den Muttern der Schrauben e, unterhalb der Langschwellen f, f gelangen zu können.

Für die Hebe- oder Tragestangen x des vordern Gerüstständers sind wegen der vier verschiedenen Stellungen der zugehörigen Gegengewichtshebel, ebenfalls vier viereckige Löcher in der Sohlplatte c angebracht, durch welche sie durchgesteckt werden können. In Fig. 3. sind zwei dergleichen bei σ angegeben, welche mit über der Sohlplatte hervorragenden Rändern versehen sind. Die einzelnen Scheiben oder Ringe, aus welchen die Gegengewichte y an den Hebeln w bestehen, sind wie Fig. 1. und 3. zeigen, mit Einschnitten versehen, um sie auf die Zugstangen z aufstecken oder von derselben abnehmen zu können, je nachdem die Gegengewichte vermehrt oder vermindert werden sollen, ohne die Zugstangen z jedesmal abnehmen zu müssen.

Die Walzgerüstständer a sind oben durch starke Ankerbolzen *α* mit einander verbunden, in deren Gewinde die Muttern *π* greifen, um sie fest anziehen zu können und dadurch die Ständer in unveränderter Entfernung von einander zu erhalten.

Die Gerüstständer erhalten keine beweglichen Kappen, welche nur bei kleinen Walzwerken vortheilhaft anzuwenden sind, bei größeren aber nicht die erforderliche Stabilität gewähren würden. Die mit den Gerüstständern aus einem Stück gegossenen Kappen sind in der Mitte mit einer cylinderförmigen Verstärkung *b* versehen, in welche, von unten her, die metallenen Muttern für die Stellschrauben *c* eingesetzt werden. Die Muttern erhalten eine sechsseitige äußere Gestalt, damit sie sich in den Ständerkappen nicht drehen können. Gegen die untere Seite der Ständerkappen sind sie mit hervorstehenden Rändern *φ* Fig. 2. versehen, durch welche sie mittelst der gußeisernen geschweiften Ringe *ψ*, in welche sie eingelassen sind, getragen werden. Die Trageringe *ψ* sind durch die Schraubenbolzen *τ* an den Ständerkappen befestigt.

Die metallenen Einlegelager *d* der untern Walze *e* Fig. 2. werden unmittelbar in die Ständer a eingeschoben. Die untern Lager *g* und die obern Lager *h* der obern Walze *f* setzt man von der innern Seite her in die Falzen der Ständerschenkel. Sie liegen mit ihren an den Seiten hervorragenden Blättern gegen die Brüstungen dieser Falzen. Vermittelst der untern Lager *g* wird die obere Walze *f*, wie schon erwähnt, durch die Gegengewichtshebel w mittelst der Hebelstangen x getragen und so gehoben, daß die Oberlager *h* mit ihrer Oberseite gegen die großen Stellschrauben *c* gepreßt werden, wenn die Stürze oder die Bleche durch die Walzen gehen, und daß die obere Walze mit ihren Lagern nur mit einem geringen Uebergewicht auf die untere Walze zurückfallen, weshalb die Gegengewichte dieser Absicht angemessen normirt werden müssen. Zuweilen sucht man das Zurückfallen der oberen auf die untere Walze ganz zu vermeiden, welches theils durch die Größe des Gegengewichts, theils durch die gleich anzuführende Einrichtung bei den Zugstangen bewirkt wird. In die obern und untern Lager *g* und *h* sind ebenfalls metallene Einlegelager *d* eingesetzt. Damit bei einem etwa eintretenden Bruch der Gegengewichtshebel w oder der Zugstangen z, die Oberwalze *f* nicht mit ihrem ganzen Gewicht auf die Unterwalze *e* falle, wodurch leicht ein Zapfenbruch der letztern herbeigeführt werden könnte, sind an den Hebelstangen x Verstärkungen α' Fig. 2. angeschweißt, mit welchen sich dieselben auf dem Rand der durch die Ständer hindurchgehenden Löcher aufsetzen können.

An den Köpfen der großen Stellschrauben *c* sind horizontale, gezahnte Scheiben *i* befestigt, zwischen deren Zähnen die schräg herabhängenden Hebelsarme k eingelegt werden um die Schrauben zu drehen. Die Arme sind gabelförmig und beweglich an Ringen β' befestigt, welche auf den runden Obertheil der Scheiben *i* drehbar aufgeschoben werden, wie in Fig. 1. 2. und 3. angegeben ist. Durch diese Einrichtung lassen sich die Hebelsarme *k*, die den Arbeitern bequem zur Hand sind, stets so stellen, daß die Gerüstständer bei dem Drehen der Stellschrauben nicht hinderlich werden, und die Hebelsarme immer auf einer und derselben Seite der Gerüstständer bleiben können.

Die an den äußern und schmalen Seiten der Gerüstständer mit angegossenen, horizontal hervorragenden und durch Knaggen (Consolen) *l* unterstützten Trageplatten *m* dienen zur Befestigung der 4 Zoll starken, eichenen Platten oder Bohlen *n*, statt deren zweckmäßiger schwache gußeiserne Platten zu wählen sind. Die Befestigung geschieht durch die Keilbolzen δ'. Die vordere Platte ist zum Auflager für die zu walzenden Stürze, Pakete und Bleche, die hintere Platte zum Auflager für die Stürze u. s. f. bestimmt, welche zwischen den Walzen gestreckt worden sind. Die beiden Abstreifeisen ε', welche mit ihren vordern unten abgeschrägten Enden auf der untern Walze g aufliegen, sind der Vorsicht wegen angebracht.

Die Kuppelungsgetriebe-Ständer $\mathfrak{g}$ Fig. 1. und 2. werden, eben so wie die Walzgerüstständer, durch 4 Ankerbolzen o horizontal mit einander verbunden. In Fig. 4. sind η', die für diese Bolzen in den Ständern angebrachten Löcher. Die Ständerkappen p sind mittelst der Schraubenbolzen ϑ' Fig. 1, 3. und 4. auf den Ständern $\mathfrak{g}$ befestigt. Die untern Enden dieser Bolzen reichen 16 Zoll tief in die lothrechten Löcher γ' Fig. 5. der Ständerschenkel hinein, und werden durch Keile ζ' Fig. 4. befestigt. In die untern Seiten der Ständerkappen, welche, wie gewöhnliche Lagerdeckel, mit ihrem mittlern Theil 3—5 Zoll zwischen die Ständerschenkel eingreifen, ist das metallene Einlegelager ν' für die Zapfen des obern Getriebes eingesetzt. Die gußeisernen, ebenfalls mit einem metallenen Einlegelager ν' versehenen untern Lager q Fig. 4., für die Zapfen des obern Getriebes, werden von der Kappe p mittelst der beiden Schraubenbolzen μ' getragen, an welchen die gekröpfte Schiene ϱ', die mit beiden Enden durch die Lager q durchgeht, angeschweißt ist. Die Lager q sind seitwärts mit Nuthen versehen, mit welchen sie auf die vorspringenden Federn der Ständerschenkel eingeschoben werden. Mittelst der Schraubenbolzen μ' und der zwischen den Kappen p und den obern Seiten der Ständerschenkel einzulegenden Zwischenhölzer r von Buchenholz, kann das obere Getriebe mehr oder weniger gehoben oder gesenkt werden. Die metallenen Einlegelager ν' für die Zapfen des untern Getriebes werden unmittelbar in die Ständer $\mathfrak{g}$ eingeschoben. Auf den Ständerkappen befinden sich angegossene

Tüllen *s* in welche das Oel gegossen wird, welches, mittelst einer dünnen Röhre durch die Kappen *p* und die Einlagelager *v'*, zur Schmiere für die Zapfen des obern Getriebes dient.

Die Zwischen- oder Kuppelungswellen *t*, *t'* für die beiden Getriebräder *u u'* zur Bewegung der Walzen, sind mit den Zapfenköpfen der Walzen und denen der Getriebewellen durch die Muffen *v* verbunden. Der rosettenartige Querschnitt der Zapfenköpfe stimmt mit dem der Zwischenwellen *t*, *t'*, wie aus Fig. 2. hervorgeht, überein. Damit sich die Muffen *v*, die ebenfalls eine rosettenartige Gestalt erhalten, durch die Erschütterungen nicht auf die Zwischenwellen zurückschieben können, sind in die Vertiefungen der letztern hölzerne Stäbe *w* eingelegt, welche durch umgeschnallte Riemen *x* an den Zwischenwellen festgehalten werden. Durch diese Stäbe werden die Muffen abgespreizt, so daß sie sich einander nicht nähern können, wie schon in der Erläuterung zu Tafel XXXVII. erörtert ward.

Die Welle des untern Getriebrades *u'* ist mittelst einer gezahnten Schiebemuffe z, z' mit der Schwungradwelle *y* in Verbindung gesetzt. Der Theil z der Schiebemuffe wird auf dem Zapfenkopf der Schwungradwelle *y* befestigt, der andere Theil z' auf die Welle des untern Getriebes geschoben und greift in die runde Vertiefung *w* derselben mit seiner halbrunden innern Feder ein. Das Aus- und Einrücken des horizontal verschiebbaren Theils z' der Schiebemuffe geschieht mittelst des Hebelarmes a', welcher an der kleinen horizontalen Welle b', die sich in den Zapfenlagern c' bewegt, befestigt ist. An dieser Welle b' wirken die beiden Hebel f', an deren äußern Enden die runden Bolzen e' befestigt sind, welche in die Nuth g' des verschiebbaren Theils z' der Muffe eingreifen, und durch die Bewegung der Welle b' mittelst des Hebels a', den Muffentheil z' ein- oder ausrücken, je nachdem der Hebel niedergedrückt oder gehoben wird. Der Lagerständer g' Fig 1. und 3. der Schwungradwelle *y* ist auf der Sohlplatte c mittelst langer Schraubenbolzen (wie o, und auch in derselben Art, wie in Fig. 1. punktirt angegeben ist) befestigt. Die 11 Zoll rechtwinklig nach oben gekröpfte Sohlplatte c liegt auf den Schwellen b, denen die Fundamentmauer E zur Grundlage dient.

Der Lagerdeckel *k'* ist, wie bei den Kuppelungsgetriebeständern, mit einer Tülle (Schmierbüchse) i' versehen, in welche das zum Schmieren der Zapfen der Schwungradwelle erforderliche Oel gegossen wird. (§§. 859—861. 1039.)

Tafel LXII.

Fig. 1—14. Eisenblech-Walzwerk; Ständergerüst mit Keilstellung (Einrichtung zum Feststellen der oberen Walze mit horizontalen Keilen) und Vorrichtung zum Heben der obern Walze von oben.

Fig. 1. Aeußere Längenansicht; Fig. 2. Aeußere Stirnansicht; Fig. 3. Oberansicht des Walzwerks; Fig. 4. Längenansicht der Hebelvorrichtung zum Heben der obern Walze; Fig. 5. Vertikaler Durchschnitt derselben nach AB in Fig. 4.; Fig. 6. Obere Ansicht eines solchen Hebels; Fig. 7. Längenansicht der Keilstellungsvorrichtung; Fig. 8. Stirnansicht derselben; Fig. 9. Oberansicht ohne die untern Keile; Fig. 10. Stirnansicht der obern Platte, Fig. 11. Untere Ansicht der Vorrichtung ohne die untern Keile in dem horizontalen Durchschnitt nach der punktirten gebrochenen Linie ABCDEF in Fig. 7; Fig. 12. Vertikaler Durchschnitt nach der Linie GIKLMN in Fig. 11.

Die Gerüstständer a, welche mit ihren Kopfstücken oder Kappen aus einem Stück gegossen sind, stehen auf der gußeisernen Sohlplatte b und sind zwischen den schräg hervorstehenden Leisten c derselben mittelst hölzerner Keile d festgekeilt. Die Sohlplatte b liegt auf den hölzernen Langschwellen e, Fig. 2., welche in den beiden Fundamentmauern f eingelassen sind. Die Befestigung der Sohlplatte auf den Schwellen e geschieht durch lange Ankerbolzen g, welche durch die 6 bis

7 Fuß tief in den beiden Mauern ff horizontal eingemauerten gußeisernen Ankerplatten durchreichen und unten in der früher schon erwähnten Art durch starke Splinte angezogen und festgehalten werden. Die oberen mit Gewinden versehenen Enden der Bolzen g sind durch versenkte Muttern α Fig. 3. in den an der Sohlplatte angegossenen Ohren h befestigt.

Die Lager i Fig. 2. der untern Walze l werden zwischen die Schenkel der Gerüstständer unmittelbar eingeschoben und greifen mit kurzen Federn seitwärts in die dazu angebrachten kleinen Nuthen der Ständer ein. Die untere Walze k wird von der Schwungradwelle mittelst der Zwischenwelle a', die mit der Walze durch die Muffe b' und mit der Schwungradwelle durch eine Schiebemuffe verbunden ist, in Bewegung gesetzt und theilt der obern Walze durch Friktion die Bewegung mit. Besser ist es jedoch, wie es jetzt immer mehr in Ausführung kommt, beide Walzen durch Zwischenwellen mittelst Kuppelungsgetrieben in Bewegung zu setzen, indem dadurch die starken Stöße und Erschütterungen, welchen das Gerüst ausgesetzt ist, bedeutend vermindert werden, weil die obere Walze dann nicht plötzlich aus der Ruhe in Bewegung gebracht wird, welches ohne bedeutenden Kraftaufwand und ohne Stöße nicht ausführbar ist. Die gußeisernen unteren Lager m und die obern Lager n der obern Walze l, in welchen metallene Einlegelager β eingesetzt sind, werden mit Seitenblättern, (d. h. mit den Brüstungen ihrer Falzen) in die inneren Ständerfalzen eingesetzt. Die obere Walze l wird mit ihren beiden obern Lagern n von den untern Lagern m getragen. Letztere hängen an den beiden Hängebolzen o, welche durch die in dieser Absicht in den untern Lagern m, in den oberen Lagern n und in den Ständerkappen angebrachten Löcher durchgehen und unter den untern Lagern m mit Splinten befestigt sind, die in die unteren Seiten dieser Lager, wie Fig. 2. zeigt, $\frac{1}{2}$ Zoll tief eingreifen. Ueber den Ständerköpfen gehen die oberen mit Gewinden versehenen

Enden der Hängebolzen o durch die 3 Zoll starken und in der Mitte verstärkten, gußeisernen Hängeplatten p durch, und sind über denselben durch aufgeschraubte Muttern befestigt. Oben in der Mitte der Hängeplatten p sind starke Oesen q, durch aufgeschraubte, in der untern Seite dieser Platten versenkte Muttern befestigt. In die Oesen q greifen mittelst starker sförmiger Haken r, die 1⅝ Zoll starken geschmiedeten Zugstangen s (Fig. 1 — 6.), deren mit Splintlöchern versehenen obern Enden durch die Schlitze der kurzen Hebelsarme der starken gußeisernen doppelarmigen Hebel t Fig. 4, 5, 6. durchgehen und mittelst der durch die Splintlöcher derselben durchgesteckten ¾ Zoll starken und 2½ Zoll breiten Splinte u an den kurzen Hebelsarmen angehängt sind. Die Splinte u greifen mit den untern abgerundeten Seiten in ⅜ Zoll tiefe halbrunde Einschnitte und oben in die gabelförmigen Enden der Hebelsarme ein, um darin ohne ausgleiten zu können, beweglich zu sein An den hintern Enden der langen Hebelsarme der doppelarmigen Hebel t, befinden sich gußeiserne (angegossene) Kasten v, welche zur Aufnahme der Gegengewichte für die obere Walze dienen, und welchen man daher auch die große Eisenstärke von 2¾ Zoll in Wänden und Boden zutheilt. Die Größe des Gegengewichts wird so eingerichtet, daß der obern Walze mit ihren beiden obern und untern Lagern n, m und den Zugstangen nebst Zubehör ꝛc. etwas mehr als das Gleichgewicht gehalten wird, so daß die mit den Oberlagern n in Verbindung stehenden untern Keile der Keilstellungs-Vorrichtung, stets an den untern Seiten der obern Keile anliegen. Die gußeisernen, mit Lagern und aufgeschraubten Lagerdeckeln versehenen Lagerständer w, in denen sich die Hebel t mit ihren Axenbolzen bewegen, sind auf den hölzernen Schwellen x durch Schraubenbolzen befestigt, die Schwellen x aber auf den Dachbalken y des Hüttengebäudes eingekämmt und mit denselben ebenfalls durch Schraubenbolzen fest verbunden.

Die Keilstellungs-Vorrichtung, durch welche die Höhe der Hebung der oberen Walze bestimmt wird, ist aus den Zeichnungen Fig. 7—14., nach einem größern Maaßstabe dargestellt, wobei dieselben Theile mit denselben Buchstaben bezeichnet sind.

Die auf allen Seiten sorgfältig abgeschliffenen beiden obern Keile a, welche, nebst den unmittelbar mit ihnen fest verbundenen Theilen, in den Zeichnungen Fig. 13. in der untern Ansicht und in Fig. 14. in der äußern Längenansicht besonders dargestellt sind, werden mittelst dreier Schrauben α mit versenkten Köpfen, wie in Fig. 7. punktirt angedeutet, unten an einer auf allen Seiten abgeschliffenen Platte *b* festgeschraubt. Auf der Platte *b* sind mittelst der Schrauben β die gezahnten Schienen *c* befestigt, in welche das kleine Getriebe *d* eingreift, durch welches sie in horizontaler Richtung vor- und rückwärts geschoben werden können.

Unter der gemeinschaftlichen und auf der untern Seite abgeschliffenen, gußeisernen Trageplatte *e* sind, an beiden Enden derselben, die mit zwei Seitenblättern gekröpften, inwendig geschliffenen Platten *f* von unten durch die Schrauben γ (mit versenkten Köpfen) befestigt. An den innern Seiten der beiden Seitenblätter der gekröpften Platten *f* sind unten kleine abgeschliffene Leisten *g* mittelst der Schrauben δ angeschraubt. Durch diese Leisten *g* bilden sich gegen die gekröpften Platten *f* die kleinen Nuthen ε Fig. 10., in welche die Platten *b* mit den Keilen *a* (Fig. 13, 14.) eingeschoben werden, und sich darin, wie auch die Keile *a* zwischen den Leisten *g* mit geringem Spielraum horizontal bewegen lassen. Indem die Keilplatten *b* in den Nuthen ε eingeschoben sind und mit ihren obern Seiten an den untern innern Seiten der gekröpften Platten *f* anliegen, liegen die auf erstere befestigten gezahnten Schienen *c* mit ihren obern Seiten an den unteren Seiten der Trageplatte *e* an, wie sich aus Fig. 7. und 12. ergiebt.

In der Mitte der Trageplatte e ist auf dieselbe der gußeiserne Getriebekasten *h* aufgeschoben und durch Schrauben *ϑ* (Fig. 7, 12.) mit von innen versenkten Köpfen befestigt. Die Bodenplatte i dieses Kastens ist mit zwei von den Seiten nach Innen um einen Zoll hineinspringenden, rechtwinklig angegossenen Seitenplatten *k* Fig. 12. versehen, mit welchen dieselbe zwischen den Seitenplatten des Kastens *h* eingreift und vermittelst derselben auch durch Schrauben *ζ* mit dem Kasten verbunden ist. Die Seitenplatten *k* der Bodenplatte *i* reichen so weit noch oben in den Kasten hinein, daß die gezahnten Schienen c Fig. 7, 8, 11, 12. mit ihren untern Seiten darauf Auflager erhalten und sich horizontal darauf bewegen können. Ehe die Bodenplatte i an den Kasten h befestigt wird, setzt man das Getrieberädchen d in den Kasten ein, so daß das obere Ende der senkrechten Welle l (Fig. 12.) derselben, oben durch die in der Trageplatte e und in der Deckplatte des Kastens h korrespondirend über einander angebrachten runden Löcher durchgeht, und die Zähne des Getriebes zwischen den Zähnen der gezahnten Schienen c eingreifen. Nachdem dann die Bodenplatte i unten an dem Kasten befestigt worden, wird die Welle l des Getriebes d mit ihren untern Zapfen in das in der Bodenplatte befindliche Zapfenloch eingesetzt. In Fig. 7. ist das Getrieberädchen mit der vertikalen Welle punktirt angedeutet. Auf dem über dem Getriebekasten h hervorragenden vierkantigen Zapfen der vertikalen Getriebewelle l, ist zunächst eine runde kleine Scheibe n Fig. 7, 12. und über dieser das gußeiserne gezahnte Sperrrad m Fig 7, 8, 9, 12. aufgeschoben und durch die auf das Gewinde dieses Zapfens aufzuschraubende Mutter *η* befestigt. Auf dem Sperrad sind, einander gegenüber liegend, vier Handgriffe p mit ihren angekröpften Blättern o durch Schrauben *ν* festgeschraubt. Durch diese Handgriffe wird das Getrieberädchen d in Bewegung gesetzt.

Damit die Keile a, wenn sie durch das Drehen des Getriebsrädchens d mittelst der Handgriffe p die gehörige Stellung erhalten haben, sich durch die Erschütterungen des Walzgerüstes nicht wieder zurückziehen können, greift in die Zähne des Sperrrades m ein mit einem Handgriff q versehener Sperrhaken r Fig. 7, 8, 9. ein, welcher durch eine Feder s gegen die Zähne des Sperrades angedrückt wird. Der Axenbolzen des Sperrhakens τ ist an der Trageplatte e befestigt.

Die ganze Keilstellungs-Vorrichtung, mit Ausnahme der untern Keile t Fig. 7, 8. ist mit ihrer Trageplatte e in die Einschnitte eingesetzt, welche zu diesem Zweck in den untern Seiten der Ständerkappen ausgespart sind. Sie wird gegen die gleichfalls in jene Einschnitte eingeschobenen, geschmiedeten Zwischenplatten π Fig. 2. gedrückt, durch die beiden Hängebolzen φ Fig. 1. getragen und durch diese in den Einschnitten festgehalten. Die Hängebolzen φ, welche durch die Löcher μ Fig. 9. der Trageplatte e durchgehen, sind mit ihren Köpfen von unten in die Platte eingelassen. Die oberen, mit Gewinden versehenen Enden dieser Bolzen gehen durch die Trageschienen w Fig. 1, 3. durch, und werden durch aufgeschraubte Muttern ψ befestigt. Die Trageschienen w, welche vermittelst der Bolzen φ die Keilstellungs-Vorrichtung tragen, liegen quer über den Ankerbolzen x, durch welche die beiden Gerüstständer a, a mit einander verbunden sind.

Die untern, auf allen Seiten ebenfalls abgeschliffenen Keile t Fig 1, 2, 7., welche mit ihren unteren Flächen zwischen den Ohren ρ der Oberlager u Fig. 2. in abgeschliffenen Einschnitten liegen, sind an den vordern Enden mit Schraubenspindeln v Fig. 1, 3, 7. verbundeu, deren Köpfe in den vorderen Stirnenden dieser Keile versenkt und durch darüber angeschraubte kleine Platten u befestigt sind. Die Schraubenspindeln reichen mit ihren vordern Enden durch die geschmiedeten Schienen y Fig 1, 2, 3., deren Enden an den geschmiedeten Stäben z mit Schraubenmuttern befestigt sind. Die Stäbe z sind horizontal an den Ohren ρ der Oberlager o Fig. 2. angeschraubt. Mittelst der auf den Schraubenspindeln v gegen die Schienen y aufgeschraubten Muttern σ können die Keile t angezogen werden. Die oberen Keile a werden durch das Rechtsumdrehen des Getrieberädchens d Fig. 11, 12. mittelst der Handgriffe p Fig. 7—9. angezogen.

Wenn die obere Walze l höher gestellt werden soll, als es durch das Verschieben der Keile a und t gegen einander möglich ist; so kann dies dadurch bewirkt werden, daß man die in die Einschnitte der untern Seite der Ständerkappen eingelegten Zwischenplatte π Fig. 2., gegen welche die Keilstellungs-Vorrichtung mit ihrer Trageplatte e anliegt, entweder ganz herausnimmt oder eine schwächere Zwischenplatte einsetzt. (§. 1039.)

Der Keilstellung hat man sich zeither zwar nur bei den Blechwalzwerksgerüsten bedient; es ist indeß einleuchtend, daß sie sich auch bei den Stabeisenwalzwerksgerüsten, statt der Schraubenstellung, ganz zweckmäßig anwenden läßt.

Fig. 15—21. Eisenblechwalzwerk; Pilarengerüst, mit Vorrichtung zum Heben der oberen Walze von oben.

Fig 15. Aeußere Stirnansicht; Fig. 16. Vordere Längenansicht; Fig. 17. Obere Ansicht des Walzwerks; Fig. 18. Vertikaler Durchschnitt desselben nach der punktirten Linie AB in Fig. 17.

Der untere Theil oder der Fuß a der Ständer ist mit seiner Fußplatte b aus einem Stück gegossen; er steht auf der Sohlplatte d und wird zwischen daran schräg hervorragenden Rändern oder Leisten c festgekeilt. Die gußeiserne Sohlplatte ist in der schon früher beschriebenen Art, auf den hölzernen Langschwellen e Fig. 15. mittelst langer, tief in die Fundamentmauer f hineinreichender Ankerbolzen befestigt.

Die Gerüstfüße a, welche die untern Lager i der untern Walze g aufnehmen, erhalten abgekürzt-kegelformige Verstärkungen k, in welchen eben so gestaltete Löcher ausgebohrt sind, die durch die Fußplatten b durchgehen. In diese Löcher werden die gußeisernen runden Säulen oder Pilaren l, mit ihren konischen Füßen, wie in Fig. 15, 16, 18. punktirt angedeutet ist, eingeschoben, ehe die Gerüstfüße a auf der Sohlplatte d befestigt worden sind. Die Zapfen der unteren Walze g, welche nach der Seite der Betriebswelle durch die Muffe m mit der Zwischenwelle n verbunden sind, liegen in den Lagern i, welche in der schon erwähnten Art in den Untertheil a Fig. 15. eingelassen werden. Die obere Walze h erhält ihre Bewegung durch Friktion von der untern Walze und steht daher nicht, wie diese, mit einer Zwischenwelle in Verbindung. Es ist indeß schon oben bemerkt, daß es eine zweckmäßigere Einrichtung ist, beide Walzen durch Kuppelungswellen mittelst Kuppelungsgetrieben, deren unteres mit der Schwungradwelle in Verbindung steht, in Bewegung zu setzen. Die Oberlager p, in welche, so wie in die Unterlager r, metallene Einlegelager γ eingeschoben werden, sind an den Enden mit cylindrischen Verstärkungen versehen, durch welche, wie die Oberansicht Fig. 19. eines solchen Oberlagers zeigt, runde Löcher q lothrecht durchgehen, mittelst deren sie auf die Pilaren l aufgeschoben werden. Die untern Lager r Fig. 15. der Oberwalze h, deren Gestalt mit derjenigen der untern Lager m Fig. 2. des vorigen Walzwerks übereinstimmt, werden mit ihren concaven Seitenflächen zwischen den Pilaren l horizontal eingeschoben und eben so wie die obere Walze durch die Hängebolzen s von den obern Lagern p getragen. Die Hängebolzen, welche durch die obern und untern Lager durchgehen, sind unten durch Splintkeile α befestigt, die mit ¾ Zoll tiefen Einschnitten in die unteren Flächen der Lager (Fig. 15.) eingreifen. Die obern mit Gewinden versehenen und über die Oberlager p hervorragenden Enden der Hängebolzen s sind durch aufgeschraubte starke Muttern β, auf den obern Seiten der Oberlager befestigt. In der Mitte der obern

Seite der Oberlager p sind starke geschmiedete Oesen t eingeschraubt oder auch eingegossen, an welche die Zugstangen u, mittelst der Haken v befestigt sind. Diese Zugstangen haben — in der vorhin erwähnten Art — die Bestimmung, die obere Walze mit ihren untern und obern Lagern mittelst Gegengewichtshebeln zu tragen oder zu heben, um das Niederfallen der Walze mit ihrem ganzen Gewicht zu verhindern. Durch die aus einem messingartigen Metallgemisch angefertigten — seltener gegossenen eisernen — Schraubenmuttern w, deren Gewinde mit den in den Pilarenköpfen eingeschnittenen Gewinden y korrespondiren, wird die Stellung der obern Walze bewirkt, zu welchem Zweck die mit vier Handgriffen versehenen Stellkränze x Fig. 15, 18. auf die Muttern geschoben werden. Durch das Niederschrauben der Schraubenmuttern werden nämlich die Oberlager p gegen die Zapfen der obern Walze gedrückt, wodurch die jedesmal erforderliche höhere oder niedrigere Erhebung der Walze, oder deren Stellung, bewirkt wird. Damit dies Niederdrücken der Oberlager p durch die Muttern w gleichmäßiger erfolge, läßt man die Muttern nicht unmittelbar auf die Oberfläche der Oberlager, sondern auf die darunter befindlichen auf die Pilaren aufgeschobenen Ringe z und z' Fig. 15, 18. wirken, von denen die untern z auf kleine, in die Kappen oder Oberlager p eingelassene Dübel δ drücken, deren obern Flächen verstählt und abgerundet sind. Die untern und obern Flächen der Ringe z und z' sind abgeschliffen. Dadurch, daß die untern Ringe z mit den untern abgeschliffenen Flächen nicht gegen die breiten Flächen des Oberlagers oder der Kappe, sondern nur gegen die schmalen, abgerundeten, geschliffenen und verstählten Dübelflächen drücken, wird die Friktion sehr vermindert und das Drehen der Muttern w erleichtert. Die 3 Dübel δ werden durch ⅜ Zoll tiefe schwalbenschwanzförmige Vertiefungen ε Fig. 19. in die obere Seite der Oberlager p eingelassen und können sich daher nicht herausziehen. Diese Einrichtung mit den Dübeln δ ist sehr zweckmäßig, wird indeß nur selten angetroffen, indem man gewöhnlich den Druck der Mutter w gegen das Oberlager p nur mittelst eines einzigen zwischengeschobenen Ringes (Brille) z, mit abgeschliffenen Flächen, geschehen läßt.

Auf die Pilaren l werden die gußeisernen, an beiden Enden halbrund gebogenen Schienen oder Riegel ζ, ζ' aufgeschoben und liegen horizontal auf den halbrunden gußeisernen Untersätzen η, welche sich an den Pilaren anlehnen und auf den konischen Verstärkungen k der Gerüstfüße ruhen. In Fig. 20. ist einer der Riegel ζ, ζ', in der Oberansicht und in Fig. 21. in der Vorderansicht dargestellt. Auf den Riegeln ζ und ζ' liegen geschmiedete Schienen ϑ und ϑ' in horizontaler Lage und sind an denselben durch die gabelförmig angenietheten Stäbe φ mittelst der Keile π Fig. 16, 18. befestigt.

An der vordern Seite des Walzwerks ist auf den Schienen ϑ, eine gußeiserne Platte μ Fig. 16, 18. aufgeschraubt, auf welche die zu walzenden Stürze und Bleche aufgelegt werden, um sie zwischen die Walzen zu schieben. Die hinteren Schienen ϑ nehmen die zwischen den Walzen herauskommenden Bleche auf, welche zugleich von den beiden, den Riegel ζ klauenförmig umfassenden Abstreifeisen ψ von der untern Walze abgestreift werden.

Fig. 22—25. Darstellung der verschiedenen Arten, wie die Kaliber zu den flachen Eisenstäben in die untere Walze eingedreht oder eingeschnitten werden.

Das Eingreifen der oberen Walze in die untere geschieht entweder so, daß die Kalibereinschnitte in der unteren Walze in der Mittellinie AB Fig. 22, 23. zwischen beiden Walzenaxen liegen; oder so, daß diese Mittellinie, wie in Fig. 24., die Kalibereinschnitte halbirt. Die wirkenden Flächen, nämlich die Matricen a in den untern, und die Patricen d in den obern Walzen, können entweder gleiche Durchmesser erhalten, oder man kann den Patricen d einen etwas größeren Durchmesser zutheilen als den Matricen a. Sehr ungewöhnlich und nicht zu empfehlen ist das umgekehrte Verfahren, bei welchem die Matricen einen größeren Durchmesser erhalten als die Patricen, indem dadurch der durchzuwalzende Stab noch mehr veranlaßt wird, dem Lauf der unteren Walze zu folgen und sich um dieselbe herumzulegen.

Es mag den wirkenden Flächen beider Walzen ein gleicher oder ein ungleicher Durchmesser zugetheilt werden, so ist immer die Linie AB zu ziehen, welche als Hülfslinie zum Abtheilen der Kalider dient, um nach den vorgeschriebenen Dimensionen der Kaliber (Erläuterung zu Tafel LIII.) die Breite und Tiefe derselben aufzutragen und diese Abmessungen für das künftige Einschneiden derselben zu bezeichnen. Wie zu verfahren ist, wenn die Kaliber ganz unterhalb der Linie AB eingedreht, oder wenn die Kaliber durch die Linie AB halbirt werden sollen, geht aus den Zeichnungen Fig. 23. und 24. unmittelbar hervor, so daß nur hinsichtlich der Dimensionen für die Zwischenringe b in der untern Walze, durch welche die Kaliber von einander getrennt werden, und derjenigen für die mit ihnen korrespondirenden Einschnitte c in der obern Walze zu bemerken bleibt, daß man diesen Ringen und Einschnitten eine möglichst geringe Stärke (Breite) zutheilt, um auf dem Walzenkörper an Raum für einzudrehende Kaliber zu ersparen. Eine Stärke von 4—6 Linien, je nachdem schwächere oder stärkere Kaliber abgetheilt werden, ist für die Zwischenringe b völlig hinreichend. Die Ringe b müssen ferner in die Einschnitte c so weit hineingreifen, daß sie, für den Fall, wenn die obere Walze auf die größte Entfernung von der unteren gestellt ist, noch mindestens 4 Linien tief in die korrespondirenden Einschnitte hineinragen.

Bei drei über einander liegenden Walzen trifft man, wie die Zeichnung Fig. 25. ergiebt, gewöhnlich die Einrichtung, daß die Kaliber unterhalb (und oberhalb) der Mittellinie der Walzenaxen der oberen und der mittleren, so wie der mittleren und der unteren Walze (also übereinstimmend wie in Fig. 23.) zu liegen kommen. Die Mittellinien der Walzenaxen können indeß, wie von selbst einleuchtet, auch bei 3 Walzen die Kaliber in der in Fig. 24. angegebenen Art halbiren; immer vertritt aber die mittlere Walze, — für die obere sowohl als auch für die untere Walze, — die Stelle der unteren Walze (§§. 965—961. 1005.).

Tafel LXIII.

Fig. 1—5. Walzwerk zum Walzen von Eisenbahnschienen mit bauchförmiger Verstärkung auf der untern Seite.

Fig. 1. Längen-Ansicht; Fig. 2. Ober-Ansicht; Fig. 3. Vertikales Querprofil des Walzwerks nach AB in Fig 1. u. 2.

Das Walzwerk besteht aus zwei Gerüsten A und B, welche unten durch die Kuppelungswellen d, d, mit einander verbunden sind. Das Gerüst A wird durch die Kuppelungsgetriebe mittelst der Kuppelungswellen d', d', in Bewegung gesetzt und theilt dem Gerüst B mittelst der Kuppelungswellen d, d die Bewegung mit.

Die Gerüstständer a stehen auf den eisernen Schwellen b, welche bei einer Stärke von 3 Zoll und einer Breite von 11½ Zoll, 3 Zoll tief in die obere Fläche der beiden Fundamentmauern c eingelassen sind. Sie sind mit schwalbenschwanzförmigen, drei Zoll hoch hervorragenden Leisten b versehen, zwischen denen die Füße der Gerüstständer festgekeilt werden.

In den Fundamentmauern c werden die Schwellen b, welche für das Walzgerüst A 4 Fuß 4 Zoll und für das Walzgerüst B, 5 Fuß 2 Zoll lang sind, durch starke Ankerbolzen m, Fig. 3. verankert.

In jedem der beiden Walzgerüste liegen zwei Walzen über einander. Die metallenen Einlegelager der untern Walzen sind zwischen den Ständerschenkeln in den Ständern eingelassen, die metallenen Einlegelager der obern Walze werden in besondere Lager g eingeschoben. Diese Lager g gehen mit 2 Zoll starken, 4 Zoll breiten und 13½ Zoll langen Zapfen durch die in den Ständerschenkeln zu diesem Zweck angebrachten Schlitzlöcher durch, worin sie in vertikaler Richtung den erforderlichen Spielraum behalten, um höher und niedriger gestellt werden zu können. Die an den äußern schmalen Seiten der Gerüstständer 5 Zoll lang hervorragenden Zapfenenden dieser Lager, liegen in den Schlitzlöchern der kurzen geschmiedeten Hängeeisen f, deren oberen mit Schraubengewinden versehenen 1½ Zoll starken Enden, durch die an den Gerüstständern angegossenen starken Knaggen h lothrecht durchgehen und oberhalb derselben durch aufgeschraubte Muttern befestigt sind. Auf diese Weise werden die obern Walzen mittelst der riegelförmigen Lager g und der Hängeeisen f von den Knaggen h nicht allein getragen, sondern sie können auch mittelst der auf die Gewinde der Hängeeisen f aufzuschraubenden Muttern höher oder niedriger gestellt werden. In den mittleren cylinderförmig erweiterten Theil der Ständerkappen, die mit den Ständern aus einem Stück gegossen sind, werden von der untern Seite her die metallenen Muttern für die Stellschrauben n eingesetzt. Die Stellschrauben werden in gewöhnlicher Art mittelst der Schraubenschlüssel o gegen die Oberlager p Fig. 3. der Oberwalze angezogen. Die oberen Theile der zusammengehörigen Gerüstständer sind durch Ankerbolzen q mit einander verbunden. An den Knaggen k, welche an den Gerüstständern angegossen sind, werden gußeiserne Platten i durch Schrauben befestigt, welche dem durchzuwalzenden Eisen zur Auflage dienen.

Das Walzwerk B hat die Bestimmung die in starker Schweißhitze befindlichen Kolben unter den ersten drei vierkantigen Einschnitten $\alpha, \alpha', \alpha''$ bis zu einer Stärke von 3 Zoll im Quadrat auszuwalzen und dann unter dem ersten flachen Einschnitt β am andern Ende der Walzen zu Schienen von

2 Zoll Stärke und $3\frac{1}{2}$ Zoll Breite auszustrecken. Die vorgestreckten Schienen gelangen zu den folgenden beiden façonirten Kalibern γ und δ derselben Walzen, und erhalten dadurch die obere Rundung für den Lauf der Räder. Von diesem Walzwerk werden die vorbereiteten Schienen unter die Walzen des kleineren Gerüstes A gebracht und zuerst durch den ersten Einschnitt ε hochkantig durchgelassen. Bei dem Durchgange durch diesen Kaliber-Einschnitt wird den Schienen die bogenförmige Ausbauchung mitgetheilt, indem das Kaliber in der unteren Walze r Fig. 1 und 3. excentrisch eingeschnitten ist. Unter den beiden Kalibern η und ϑ erhalten die Eisenbahnschienen zu beiden Seiten hervorspringende Leisten oder Verstärkungsribben. Damit sich die Schienen in dem tiefen Einschnitt der untern Walze nicht festsetzen, wird der bewegliche Einleger (Abstreifer) t auf der hintern Seite der untern Walze r in die Kaliber eingelegt, welcher die Schiene, wie in Fig. 3. angedeutet ist, aus der Vertiefung des Einschnitts heraushebt. Der Einleger oder Abstreifer t ist mit einem rechtwinklig gebogenen, an der Knagge u (Fig. 2 und 3.) des nächsten Gerüstständers mittelst einer Schraubenmutter befestigten geschmiedeten Stabe v beweglich verbunden.

Fig. 4. ist die Ober-Ansicht und Fig. 5. der Aufriß einer gußeisernen Schraubenzwinge, in welche die Eisenbahnschienen eingespannt werden, um die Enden nach der erforderlichen Schmiege zu verhauen. Die gußeiserne Zwinge besteht aus zwei Hälften a und b, in deren beiden sich berührenden Flächen das Kaliber der Eisenbahnschienen eingeschnitten ist. Die beiden Hälften der Zwinge sind über einander und zugleich auch auf dem eingerammten Klotz c durch Schraubenbolzen d und Muttern e befestigt. Die unteren schienenförmigen Enden dieser Bolzen sind an zwei gegenüberliegenden Seiten des Klotzes c festgenagelt. Das Verhauen der Enden der Eisenbahnschienen f nachdem sie durch das Kaliber der Zwinge mit dem einen Ende durchgeschoben sind, geschieht mittelst eines Aufsetzhammers (Schröters) g (§. 970.).

Fig. 6—11. Ofen zur Bereitung des Gußstahls nebst den dazu erforderlichen Vorrichtungen.

Fig. 6. Vertikaler Durchschnitt des Ofens durch dessen Feuerungsthür und zugleich durch einen Theil des zugehörigen Gebäudes.

Die Oefen befinden sich in dem Raum des Gebäudes zwischen den Widerlagern der Gurtbögen, welche den aus 2½ Zoll starken gußeisernen Platten bestehenden Fußboden der obern Etage tragen. Es ist a der halbkreisförmig überwölbte Ofenraum, dessen inneren Wände b, so wie das Gewölbe c aus feuerfesten Ziegeln bestehen. d ist der gußeiserne Rost, über welchem der mit einem Verschlußdeckel e versehene Schmelztiegel f auf dem Fuß g steht. Der Ofen erhält oben im Scheitel des Gewölbes eine 22 Zoll weite, runde Oeffnung h, die in dem Fußboden l der darüber befindlichen Etage mit einem gußeisernen Rahmen i eingefaßt ist, in dessen Falz ein gußeiserner mit einer kleinen Oeffnung m versehener Deckel k eingelegt wird. Durch die Oeffnung h wird der Schmelztiegel mittelst der in Fig. 10 dargestellten Zange in den Ofen eingesetzt, und aus demselben wieder herausgenommen. Vor der Schüröffnung n, welche mit einer gußeisernen Platte o überdeckt und mit dem gußeisernen Rahmen p versehen ist, befindet sich die gußeiserne Feuerungsthür q, welche mittelst einer Klinke verschlossen wird. r ist der Aschenfallraum, in welchen die äußere Luft durch die Oeffnung s eingeführt wird. Unter der Oeffnung s dient die breitere Oeffnung t zum Herausziehen der Koaks-Asche.

In Fig. 11. ist der Tiegel f mit seinem Deckel e im größeren Maaßstabe im vertikalen Durchschnitt und darunter der Fuß g desselben in der äußern Ansicht in demselben Maaßstabe besonders dargestellt. In diesen Tiegel werden, wie die Fig. 11. zeigt, die zu schmelzenden Stahlstücke eingelegt, worauf derselbe mittelst des Deckels luftdicht verschlossen wird. Letzteres geschieht durch Verstreichen mit Thonmörtel.

Der geschmolzene Stahl wird in eine gußeiserne Form gegossen, welche inwendig mit Thon bestrichen ist. Diese Form besteht aus zwei Theilen, deren untere Hälfte Fig. 7. in der obern Ansicht und Fig. 8. im vertikalen Längendurchschnitt darstellt. In Fig. 9. ist a das Querprofil des untern Theils und b das des obern Theils der Form. Der obere Theil greift mit einem vorstehenden Rande α in den Falz β des untern Theils ein.

An der einen schmalen Seite der Form befindet sich die Eingußöffnung c Fig. 7 und 8. (§. 1104.).

Fig. 12 — 14. Vorrichtung zum Zurückgeben oder zum Ueberheben der schweren Bleche über die obere Walze, auf der Rybnicker Hütte in Oberschlesien.

Fig. 12. Vordere Ansicht; Fig. 13. Seiten-Ansicht; Fig. 14. Grundriß nach AB in Fig. 13.

In die Nuthen der Gerüstständerschenkel an der hintern Seite des Walzgerüstes ist ein gußeiserner Riegel a mit den an seinen beiden Enden angegossenen vertikalen Leisten oder Lappen b eingesetzt und darin befestigt. Die Riegel a tragen 4 horizontal liegende eiserne Schienen c, welche durch die gebogenen Stäbe d, von der Sohlplatte aus, worauf die Gerüstständer stehen, unterstützt werden. Die hinteren auf der untern Seite abgeschrägten Enden der Schienen c berühren fast die untere Walze e, wodurch die zwischen den Walzen hervortretenden Bleche von den Schienen c aufgenommen werden. Die beiden mittleren Schienen c ragen 11 Zoll vor dem Riegel a hervor, die beiden äußeren aber 1 Fuß 8 Zoll.

Die vorderen Enden der beiden äußeren Schienen c sind, wie in Fig. 13. punctirt angedeutet ist, oben mit halbrunden Vertiefungen versehen, in welchen eine 1¾ Zoll im Durchmesser starke geschmiedete kleine Walze g ihr horizontales Auflager hat. Die kleine Walze g ist an den Enden mit runden Zapfen in den beiden beweglichen Schienen (einarmigem Hebel) h eingezapft und an den durchreichenden Zapfen mittelst Splinten befestigt. Die Schienen h sind durch kleine Splintbolzen an den Ohren i, welche an den Riegeln a Fig. 13 und 14. angegossen sind, beweglich befestigt. Mit den vordern Enden der Schienen oder Hebel h werden die lothrechten geschmiedeten Zugstangen k, welche die ersteren gabelförmig übergreifen, durch kleine Splintbolzen verbunden und an ihren obern Enden durch eine geschmiedete horizontale Verbindungsstange l Fig. 12. parallel zusammengehalten. An den oberen Enden der beiden Zugstangen k ist zugleich mittelst der Verbindungsstange l ein geschmiedeter Bügel m Fig. 12 und 13. befestigt, welcher durch die Kette n mit dem äußeren Ende des kürzeren Armes des hölzernen, doppelarmigen Hebels o in Verbindung steht. Der Hebel o liegt mit seinem Axenzapfen in den hölzernen Ständern p, welche in den Schwellen q (von denen die eine ein Balken vom Dachgebälk ist) eingezapft und durch die Strebebänder r verstrebt sind. Die Schwellen q liegen auf den Balken oder Unterzügen s auf. Am äußeren Ende des längeren Armes des Hebels o ist eine herabhängende Zugstange befestigt mittelst welcher der Hebel bewegt wird. Sobald ein Sturz oder ein Blech so weit herausgewalzt ist, daß das vordere Ende desselben auf die kleine Walze g zu liegen kommt, wird der lange Arm des Hebels o niedergezogen, wodurch sich der kurze Arm des Hebels erhebt. Hierdurch erhalten die Schienen h mit der zwischen ihnen befestigten Walze g, auf welcher das Blech ruhet, die in Fig. 13. punctirt angedeutete Lage und die Blechtafel läßt sich nun über die obere Walze f bequem an den Walzarbeiter zum abermaligen Durchlassen durch die Walzen zurück geben (§. 1039.).

Fig 15 — 17. Grobeisen-Walzgerüstständer, bei welchem die untern Walzenzapfen sich zwischen zwei Seitenlagern und einem Unterlager, die obern Walzenzapfen aber zwischen zwei Seitenlagern, einem Unter- und einem Oberlager bewegen.

Fig. 15. Innere Stirnansicht des armirten Ständers; Fig. 16. Vertikaler Querdurchschnitt durch die Mitte desselben; Fig. 17. der obere Theil desselben Durchschnittes, aber des nicht armirten Ständers.

Der Ständer mit seiner Kappe ist aus einem Stück gegossen. Die von der untern Seite der Ständerkappe eingesetzte metallene Mutter a für die Stellschraube b ist unten mit einem vorspringenden Rand α versehen, mit welchem sie sich gegen die untere Seite der Kappe stemmt. Dieser Rand schweift sich in zwei einander gegenüberliegende Lappen oder Ohren aus durch welche die Schraubenbolzen c durchgehen, um die Muttern a Fig. 16. in der Ständerkappe festzuhalten.

Das Oberlager d der obern Walze, in dessen Oberfläche die Stellschraube b mit ihrem untern convexen Ende $\frac{3}{4}$ Zoll tief eingreift und dadurch deren Stellung bewirkt, nämlich die Höhe vorschreibt bis zu welcher sie sich erheben kann, ist mit beiden Enden in die Nuthen e Fig. 15 und 17. eingesetzt, so daß es von keiner Seite ausweichen kann. Oben in den innern Brüstungen dieser Nuthen sind Ausschnitte f befindlich, um die Oberlager d, von der innern Seite der Ständer aus, in diese Nuthen einbringen zu können.

Zwischen den Ständerschenkeln, zu beiden Seiten der Walzenzapfen g und h, stehen die beiden lothrechten gußeisernen Lagerhalter k, k mit ihren untern Enden in 1 Zoll tiefen langgeschlitzten Löchern des Ständers, mit ihren oberen Enden aber in den durch das Oberlager d lothrecht durchgehenden Schlitzlöchern. An den inneren Seiten dieser Lagerhalter k sind die schrägen Knaggen i angegossen, zwischen welchen je zweien die metallenen Seitenlager l für die Zapfen der obern und untern Walze schwalbenschwanzförmig eingesetzt und befestigt sind. Mittelst der seitwärts durch die Ständerschenkel durchgehenden Stellschrauben m werden die Lagerhalter k mit ihren Einlegelagern l gegen die Walzenzapfen g, h festgestellt.

Das untere Lager n der obern Walze, in welches das metallene Einlegelager o schwalbenschwanzförmig eingesetzt und darin befestigt ist, wird von einer 3 Zoll starken und 5 Zoll breiten geschmiedeten Schiene p getragen, auf welche das Lager mittelst des durchgehenden Loches q Fig. 16. aufgeschoben und befestigt wird. Die Schiene (der Trageriegel) p geht durch die beiden Ständerschenkel und die beiden Lagerhalter k durch, weshalb, sowohl in jenen als in diesen, gehörig hohe Schlitzlöcher angebracht sind, um die obere Walze mittelst des Riegels p zugleich höher oder niedriger stellen zu können, welches durch Keile bewirkt wird, die in die Schlitzlöcher der Ständerschenkel eingetrieben werden.

Für die Stellschrauben m sind in den Ständerschenkeln besondere Muttern r, wie aus Fig. 17. hervorgeht, in gewöhnlicher Art eingesetzt.

In das Oberlager d der obern Walze wird ebenfalls ein metallenes Einlegelager o eingeschoben. Das metallene Einlegelager o der untern Walze ist unmittelbar in den Ständer eingelassen.

In Fig. 15. sind s durch den Ständer durchgehende Löcher für die Ankerbolzen mit ihren Gewinden, durch welche zwei zusammengehörige Ständer mit einander verbunden und in unveränderlicher Entfernung von einander festgehalten werden (§§. 859 — 861.).

Fig. 18. Innere Stirn-Ansicht von einem Grobeisen-Walzgerüstständer, nebst vertikalem Querdurchschnitt der Fundamentmauern und der gußeisernen Sohlplatte, worauf der Ständer befestigt ist.

Dieser Ständer ist auf Taf. LVII. speciell dargestellt und dessen Construction dort erläutert. Hier soll die Art seiner Befestigung auf dem Fundament angegeben werden

Die Fundamentmauern a reichen 8 Fuß tief unter die Hüttensohle, haben eine Stärke von 3 Fuß und bilden zwischen sich einen $2\frac{1}{4}$ Fuß breiten Raum b, dessen Sohle mit einem Pflaster c von Ziegeln bedeckt ist. In die beiden Fundamentmauern a sind, $5\frac{1}{2}$ Fuß tief unter der Hüttensohle die beiden gußeisernen 2 Fuß breiten 2 Zoll starken Platten d der Länge nach mit den innern Seiten der Mauern bündig, horizontal eingemauert. An diesen Platten (Ankerplatten) ist die auf den Fundamentmauern gelagerte, gußeiserne Sohlplatte e mittelst der in Fig. 18. punctirt angedeuteten geschmiedeten Ankerbolzen f befestigt.

Die Bolzen reichen mit ihren untern, mit Splintlöchern versehenen Enden durch die Ankerplatten d und sind unterhalb derselben durch $\frac{3}{4}$ Zoll starke und $2\frac{1}{4}$ Zoll breite geschmiedete Splinte g befestigt. Um von dem Raum b aus frei zu den Splinten gelangen, und einen etwa zerbrochenen oder am obern Gewinde schadhaft gewordenen Bolzen auswechseln zu können, sind in den Fundamentmauern a, unterhalb der Ankerplatten, da wo die Bolzen f durchgehen, 1 Fuß hohe und 1 Fuß breite Kanäle h, ausgespaart, welche durch die Mauern quer durchgeführt sind.

Ueber den Fundamentmauern werden gußeiserne, 5 Zoll starke Balken i mit ihrer ganzen Stärke in die Mauerung eingelassen. Sie dienen als Lagerschwellen für die Sohlplatte e, welche bei k durch versenkte starke Muttern an den Ankerbolzen f befestigt ist. Zwischen den an beiden Seiten schwalbenschwanzförmig hervorstehenden Rändern oder Leisten l der Sohlplatte werden die abgeschrägten Füße der Walzgerüstständer bei α festgekeilt.

(Die Vignette auf dem Umschlage des Kupfer-Atlasses stellt die Laurahütte in Oberschlesien mit drei Hohöfen, mit der Puddling-Frischhütte und mit dem Walzwerkgebäude dar).

Register.

(Die Zahlen zeigen die Paragraphen an.)

Th. I. §. 1—336. Th. II. §. 337—618. Th. III. §. 619—849. Th. IV. §. 850—1122.

A.

B.

C.

D.

E.

F.

G.

H.

J.

K.

L.

M.

N.

O.

P.

Q.

R.

S.

T.

U.

V.

W.

Z.

Erklärung

der Kupfertafeln in Band V.

Ueber Entstehung der sogenannten Uchabi oder wellenförmigen Unebenheiten der Schlittenbahn auf den Landstrafsen, und deren Verhütung. Von Herrn Hofmeister.

Ueber die Moskauer Wasserleitung nach dem im Jahre 1779 eingereichten Entwurfe des Ingenieur-General von Bauer.

Von einigen der neueren statistischen Werke und deren Resultaten über die Bevölkerung der Russischen Städte.

IV. Allgemein - Literarisches.

Neueste Russische Literatur. Von Varnhagen von Ense.

Inhalt des zweiten Heftes.

Physikalisch - mathematische Wissenschaften.

Additamentum in F. G. W. Struve mensuras micrometricas stellarum duplicium, editas anno 1837 etc.

Ueber Beiträge zur Kenntnifs der mittleren Temperaturen und einiger andern meteorologischen Erscheinungen im Europäischen Rufsland von A. Erman.

Ueber den dermaligen Zustand und die allmälige Entwickelung der geognostischen Kenntnisse vom Europäischen Russland. Von A. Erman. (Mit einer geognostischen Karte.) (Beschlufs.)

Ueber gediegenes Eisen aus der Petro - Pawlowsker Gold-Seife.

Ueber die Contraction welche das Quecksilber beim Gefrieren erleidet, nach Herrn Helms Versuchen in Jekatrinburg. Von A. Erman.

Auffindung Devonischer Schichten bei Orel. Von Herrn von Helmersen.

Historisch-linguistische Wissenschaften.

Neue Data, die Saporogischen Kosaken betreffend. Von A. Skalkowskii.

Ueber den Einflufs der Griechen auf bürgerliche Bildung in Rufsland. Von Dombrowskji.

Briefliche Nachrichten über die Tschuwaschen und die Tscheremissen des Gouvernements Kasan. Von A. Fuchs.

Beweis, dafs Herodot seine historischen Nachrichten über Persien aus Persischen Quellen erborgt hat. Von Erdmann in Kasan.

Ueber Pater Hyacinth's Kitai (China). Von W. Schott.

Allgemein - Litterarisches.

Der Russkii Wjestnik. Von W. Schott.

Reise um die Erde durch Nord - Asien und die beiden Oceane, in den Jahren 1828, 1829 und 1830 ausgeführt von *Adolph Erman.*

Zweite Abtheilung: **Physikalische Beobachtungen.** Zweiter Band: **Inclinationen und Intensitäten** (auf dem Lande und auf der See). — **Declinationsbeobachtungen auf der See.** — **Periodische Declinationsveränderungen.** 3½ Thlr.

FSC
www.fsc.org
MIX
Papier | Fördert gute Waldnutzung
FSC® C083411

Kolibri 360 GmbH
Ferdinand-Jühlke-Straße 7
99095 Erfurt, Deutschland
produktsicherheit@kolibri360.de